新世纪

新世纪应用型高等教育财经类课程规划教材

金融学概论

Principles of Finance

（第二版）

主　编　钱　静　林益峰　曹文娟

副主编　林乔金　吴容容　毕玲娜

张　霞　刘循循

主　审　芮训媛

大连理工大学出版社

图书在版编目(CIP)数据

金融学概论 / 钱静，林益峰，曹文娟主编. -- 2 版
. -- 大连 ：大连理工大学出版社，2021.8(2025.7 重印)
新世纪应用型高等教育财经类课程规划教材
ISBN 978-7-5685-3091-0

Ⅰ. ①金… Ⅱ. ①钱… ②林… ③曹… Ⅲ. ①金融学
—高等学校—教材 Ⅳ. ①F830

中国版本图书馆 CIP 数据核字(2021)第 138876 号

大连理工大学出版社出版

地址：大连市软件园路 80 号　邮政编码：116023
营销中心：0411-84707410　84708842　邮购及零售：0411-84706041
E-mail：dutp@dutp.cn　URL：https://www.dutp.cn
大连雪莲彩印有限公司印刷　大连理工大学出版社发行

幅面尺寸：185mm×260mm　印张：18.75　字数：480 千字
2018 年 7 月第 1 版　2021 年 8 月第 2 版
2025 年 7 月第 3 次印刷

责任编辑：王晓历　责任校对：李明轩
封面设计：张　莹

ISBN 978-7-5685-3091-0　定　价：49.80 元

本书如有印装质量问题，请与我社营销中心联系更换。

前言

《金融学概论》(第二版)是新世纪应用型高等教育教材编审委员会组编的财经类课程规划教材之一。

本教材可作为应用型本科院校财经类专业"金融学""货币金融学""货币银行学"课程的教材使用。

我国的高等教育近十年大力提倡应用型人才的培养目标。围绕这一培养目标,各院校掀起了课程改革与教学改革的浪潮,形成了一批高品质的特色专业和精品课程,"金融学""货币银行学"等课程的改革也不例外。在此背景下,编者通过对多年在应用型本科院校课程教学改革经验的积累,更加明确了该课程的教学设计理念,那就是一切教学活动皆以学生的能力培养为核心。本教材旨在实现的学习方式:学生与教师同为教学主体,形成以教师讲授为引导,师生课堂交流、小组讨论、自学研习、课外实践为主的教学过程。教师以知识的输出推动学生知识的自我输入,使学生会理解、会创新、会看世界、会合作,既有较扎实的知识基础又有创新精神和实践能力。

因此,本教材的编写宗旨是深入浅出,理论联系实际,面向应用型本科院校,力求站在学生的角度,使用学生易于理解的语言文字,新颖、活泼,可读性强。在主题与内容选取上,尽量选择比较基本、重要的概念;在编辑形式上,学习优秀教材的多维度信息整合,穿插各式题材的辅助阅读资料;在书写方式上,强调语言生动活泼,浅显易懂,使学生能比较轻松地阅读,达到较好的学习效果。

本教材的特色主要有以下几点:

(1)每章均穿插"国际瞭望""看现象学理论""从理论到实务"等专栏,有助于引导学生观察现实中的金融现象,并拓宽国际视野,注重实际应用。

(2)每章均穿插"案例讨论"专栏,有助于配合教师的课内实践教学。即课堂内教师通过案例引导、问题引导、现实现象分析引导,督促学生利用所学金融原理完成独立分析、小组讨论、合作学习、集中汇报等实践教学活动,实现双向交流。

(3)每章后均附有练习题,以此强调作为金融学专业入

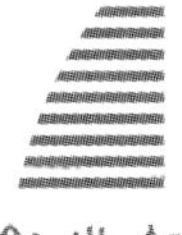

门教材,专业基础知识的重要性。练习题搭建起从课堂教学到课后复习的桥梁,既有助于教师灵活选用,也有助于辅助学生理解记忆基本理论,巩固重要知识点。

(4)金融领域近十年的变化日新月异,金融创新发展与金融危机并存。因此,就内容而言,本教材力求反映全球前沿金融动态,让读者与世界的金融发展接轨,同时了解国内近年来金融改革的主要成果与难题。

(5)本教材阅读的直观性较强,理论性适当降低。如本教材将信用与利率合为一章,将原来信用的理论部分和利率的理论部分适当缩减,增加对信用现象的认识,并自然延伸到对信用交易价格——利率的认识;将货币需求与货币供给、货币均衡合为一章,精简出其中的核心理论,凸显三者的内在逻辑关系。这两处调整的目的在于增强学生的整体认知和拓宽全面视角,不被晦涩难懂的抽象理论吓倒。另外,由于"国际金融学"是该课程开设的后续课程,因此,第三章外汇与汇率对国际收支和汇率理论等的论述为概论性质的简略介绍。

本教材响应党的二十大精神,随文提供视频微课供学生即时扫描二维码进行观看,实现了教材的数字化、信息化、立体化,增强了学生学习的自主性与自由性,将课堂教学与课下学习紧密结合,力图为广大读者提供更为全面并且多样化的教材配套服务。

为响应教育部全面推进高校课程思政建设工作的要求,本教材融入思政目标元素,逐步培养学生正确的思政意识,树立肩负建设国家的重任,从而实现全员、全过程、全方位育人。学生树立爱国主义情感,能够积极学习金融专业知识,立志成为社会主义事业建设者和接班人。

本教材由阳光学院钱静、林益峰、曹文娟任主编,由阳光学院林乔金、吴容容、毕玲娜、张霞、刘循循任副主编,铜陵学院芮训媛审阅了全书并提出了宝贵意见。具体编写分工为:林益峰编写第一章;林乔金编写第二章;吴容容编写第三章;刘循循编写第四章;钱静编写第五章;曹文娟编写第六章和第八章;毕玲娜编写第七章和第十一章;张霞编写第九章和第十章。钱静、林益峰、曹文娟负责全书框架拟定、章节安排、风格与专栏设计等。

本教材的编写得到了多所兄弟院校教师的大力协助以及阳光学院商学院于宝琴院长的鼓励和支持,在此一并表示感谢。

在编写本教材的过程中,编者参考、引用和改编了国内外出版物中的相关资料以及网络资源,在此表示深深的谢意!相关著作权人看到本教材后,请与出版社联系,出版社将按照相关法律的规定支付稿酬。

限于水平,书中仍有疏漏和不妥之处,敬请专家和读者批评指正,以使教材日臻完善。

编　者

2025 年 7 月

所有意见和建议请发往:dutpbk@163.com

欢迎访问高教数字化服务平台:https://www.dutp.cn/hep/

联系电话:0411-84708445　84708462

目　录

第一章 货币与货币制度

假设以下是某公司职员钱多多日常生活的几个片段:6 时 40 分,下楼购买早饭,采用微信支付;7 时 10 分,开车上班,不小心发生交通事故,保险公司现场勘察定损后,表示将于两个工作日之内支付赔款;13 时 20 分,接到银行的短信通知,本月房贷已经扣款成功;18 时 08 分,途经超市购买当日晚餐食材,听说下个月牛奶又将涨价,便拿出公司发的购物卡囤货两箱;20 时 35 分,查看自己在证券公司的户头,发现去年购入的几只股票今天全体涨停,随即在某网上商城的"海外购"拍下一双心仪已久的鞋子以示庆祝。这些活动中,货币(Money,Currency)以微信、银行卡、购物卡、支付宝等不同的形式出现,发挥着标价、购买、支付等不同的重要作用。

不仅如此,在各国经济中出现的失业、通货膨胀、经济低迷、债务危机乃至国际收支不平衡等现象,都在一定程度上与货币有关。可以说,在当今社会,货币已经融入并影响着经济运行的各个环节,同时扮演着极其重要的角色。

本章将带领大家追溯货币的起源,分析货币的职能,系统回顾货币制度的演进过程及熟悉货币在各个时期的表现形态。

思政目标

通过对货币起源及货币职能的学习,以马克思主义货币观为指导,正确认识货币的本质,通过案例分析培养学生的社会责任感,使学生能够树立正确的金钱价值观。

第一节 货币的起源与概念

货币是什么

一、货币的起源

货币产生于原始社会末期,距今已有五千年左右的历史,关于货币起源的学说古今中外有多种。如中国古代的先王制币说、交换起源说;西方国家的创造发明说、便于交换说、保存财富说;等等。它们或认为货币是圣贤的创造,或认为货币是保存财富的手段,许多法学家甚至说货币是法律的产物。凡此种种,不一而足。虽然从特定的历史背景下看,多数学说都存在一定的合理成分,但却无一能透过现象看本质,科学揭示货币的起源。

马克思从辩证唯物主义和历史唯物主义的观点出发,采用历史和逻辑相统一的方法观察问题,科学地揭示了货币的起源与本质,破解了货币之谜。循着这条思路,马克思用劳动价值论对货币问题做出了系统的理论阐述,并在此基础上清晰地指出,货币起源于商品本身,是商品的使用价值与价值这一对内在矛盾发展的必然产物,是商品交换的必然结果。整个起源过程可以分为以下四个阶段。

(一)简单的和偶然的价值形式中的单一媒介

简单的和偶然的价值形式是指一种商品的价值简单地、偶然地通过另一种商品表现出来。如图 1-1 所示，一只羊的价值通过两把斧子表现出来。之所以说它是简单的价值形式，是因为在这种价值形式中，一种商品的价值只简单地表现在另一种商品上；之所以说它是偶然的价值形式，是因为这只羊并不是为了交换而特地生产的，只是偶然多余的一只羊被拿去和两把斧子进行了交换。

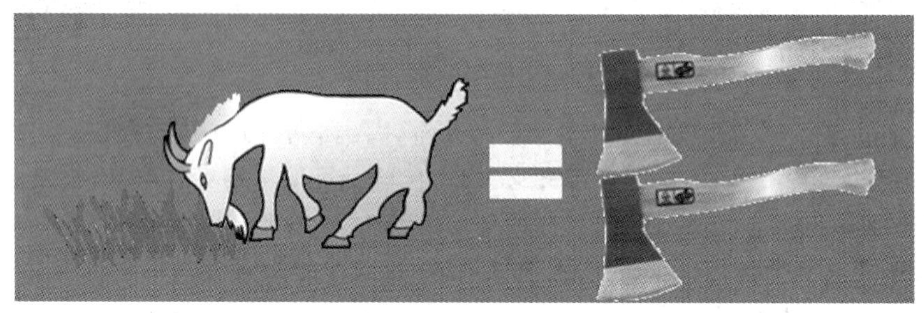

图 1-1　一只羊可与两把斧子进行交换

(二)扩大的价值形式中的系列媒介

随着生产力的发展和交换范围的扩大，一种商品开始同许多种商品进行交换。当一种商品的价值不是表现在单独的某一种商品上，而是表现在一系列的商品上的时候，这就是扩大的价值形式。如图 1-2 所示，羊的价值已经不再简单地被与它偶然交换的某类商品所反映，而是扩大了范围，反映在斧子、小麦、谷物等一系列与之交换的商品上。此时一系列等式的总和被称为扩大的价值形式，而羊就成了扩大的价值形式中的系列媒介。

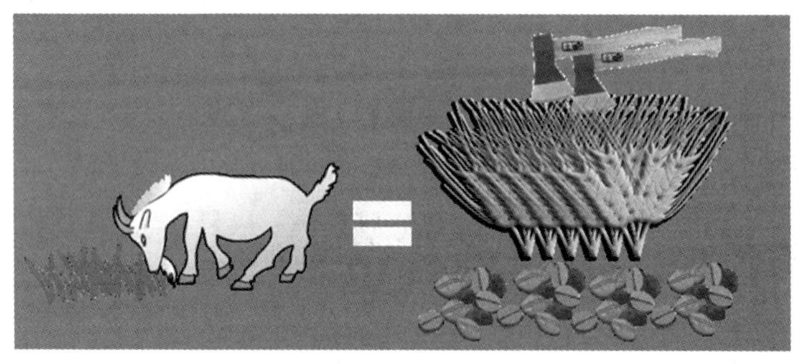

图 1-2　一只羊可与斧子、小麦、谷物等进行交换

(三)一般价值形式中的一般等价物

随着社会分工的进一步扩大和交换的进一步发展，某一种商品逐渐从众多商品中分离出来，充当一般等价物。到了这一阶段，一般等价物成了商品交换的普遍媒介，一切商品的价值便共同表现在这种充当一般等价物的商品上。即其他一切商品都需要和它交换，并且通过它来表现自己的价值；当人们拥有这种商品以后，也可以用这种大家都愿意接受的商品去换到其他任何自己所需要的商品。如图 1-3 所示，羊逐渐从商品世界中分离出来，充当了一般等价物，成为各种商品交换之间的普遍媒介。这时谷物与斧子的交换就可以通过“一担谷＝两只羊＝四把斧子”的交换过程来实现。

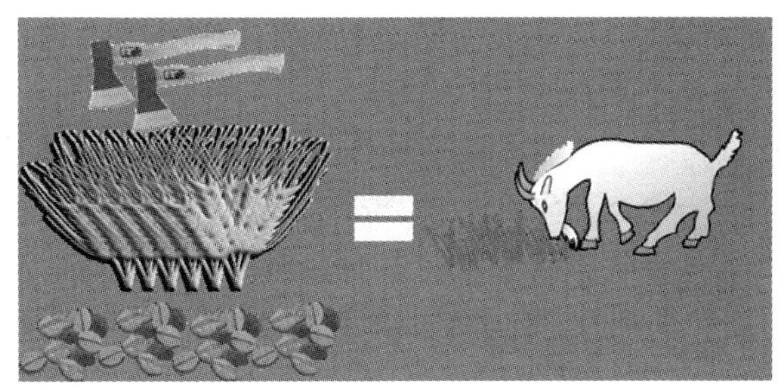

图 1-3　羊充当了一般等价物

(四)货币价值形式

在各国历史上，羊、布、贝壳、兽皮等都曾充当过一般等价物。这些充当一般等价物的商品往往都带有地域性、时间性和不稳定性等固有的局限性。所以随着商品数量的进一步增加和商品交换的进一步发展，一般等价物的职能便逐渐固定在贵金属，如金、银身上，这种稳定地充当一般等价物的金(或银)，便是货币，如图 1-4 所示。自从出现了货币，一切商品首先同货币交换，用货币表现自己的价值，从而就出现了货币的价值形式。货币的价值形式是价值形式发展的最高阶段。

图 1-4　货币的价值形式

通过以上四个阶段，用马克思的劳动价值论，可以将货币的演变总结为“简单的和偶然的价值形式—扩大的价值形式——般价值形式—货币价值形式”。从这一发展过程可以看出：

首先，货币是一个历史的经济范畴，是随着商品和商品交换的产生与发展而产生的。

其次，货币是商品经济自发发展的产物，而不是发明、人们协商或法律规定的结果。

最后，货币是交换发展的产物，是社会劳动和私人劳动矛盾发展的结果。

专栏 1-1　国际瞭望

雅浦岛上的石头货币

在太平洋的密克罗尼西亚联邦，有一个雅浦岛，这个岛不大，却被分为四块相近的陆地，由珊瑚礁相连，所以该岛也被称为雅浦群岛。令人意想不到的是，在这里除了美元外，至今人们还在用传统的石币进行买卖，堪称一绝。

岛上没有金属，于是那里的人们把石头打制成圆形，以此作为交换媒介。当地人把这种圆形的石头叫作费。奇怪的是，当岛上的居民完成某笔交易后，石头竟然可以不用搬走。曾经有一家人在某个盛产石头的岛上，采到了一块硕大的费，但在把费运回雅浦岛的途中遭遇风暴，最后只好砍断捆着费的缆绳，船上的人得救了，但费却沉入海底，无法打捞。人们回到岛上，都证明那家人得了一块质地优良、体积巨大的费。自从那时起，这块费虽然躺在大洋底下一动不动，但它却被其主人拿来进行了好几辈子的交易。

在雅浦岛上，这些平常的石头被做成固定形状，何以有如此神奇的功力？故事中被叫作费的石头，实际上是岛上用来充当交换的媒介，也就相当于我们现在所说的货币。货币是从商品中分离出来，固定地充当一般等价物的商品。货币的本质就是一般等价物。从货币的定义来看，货币是商品，而且是特殊的商品，它的特殊之处在于，它是“固定地充当一般等价物的商品”，这一特殊性也恰恰反映了货币的本质。

资料来源：米尔顿·弗里德曼.货币的祸害[M].北京：商务印书局，2006.

二、货币的概念

正如本教材开头所描述的那样，货币在我们的日常生活中扮演着非常重要的角色。但是当真正被问起什么是货币时，你是否能够给出一个清晰的答案呢？关于这个问题，其实自古以来很多先哲也和我们一样，他们也很苦恼，不同的经济学流派对于货币的概念有着不同的理解和界定。

（一）亚里士多德的货币定义

古希腊哲学家亚里士多德认为，货币必须具有实质价值，其价值由其金属价值决定，货币的实体必须由贵金属构成。这种观点后来演化成了“货币金属观”。特别是在资本主义原始积累阶段，重商主义者更是认为，货币的天然就是贵金属，天然是财富。所以他们认为，一个人货币多了，财富便多了；一个国家货币多了，国家便富庶了。

此后，还有很多人提出了很多观点，比如，有人认为货币仅仅是一种符号，它不一定需要用贵金属来铸造，只要有君王的印鉴即可。这样一来，货币的价值就是由国家的权威机构规定了，任何金属甚至非金属都可以充当货币。美国新生代著名经济学家米什金将货币定义为：“货币是任何在商品或劳务的支付或在偿还债务时被普遍接受的东西。”

（二）马克思的货币定义

马克思的劳动价值理论认为，货币是从商品中分离出来固定地充当一般等价物的特殊商品，是一定的社会经济关系的反映。

马克思的这一本质定义包含了两个层面的含义。

1.从本质上看，货币是能够充当一般等价物的特殊商品：它可以衡量和表现一切商品的价值；它可以购买任何商品；它具有与一切商品交换的能力，即货币是一般等价物。

2.从职能上看，货币是价值尺度和流通手段的统一。在当今世界各国的主币都是纸币的现实情况下，从币材角度看，货币已不是一种商品，因而这一层面的定义就显得更加重要。

（三）从货币职能出发定义货币

西方经济学的货币定义：货币是任何一种被普遍接受为交易媒介、支付工具、价值贮藏和计算单位的物品。货币就是货币行使的职能。

货币职能说认为，货币是从商品发展演变而来的，但是货币一旦产生之后，它就逐渐脱离商品、脱离货币材料的价值而独立存在。这时，货币材料的价值对货币本身来说已经没有了决定意义。货币的价值不是货币材料实体的价值，而是货币职能的价值。

因此，货币之所以能成为货币，具有价值，完全是因为货币具有流通职能和支付职能的手段。纸币虽然没有价值，但由于它能够完成货币的基本职能，因此成为货币。

专栏 1-2　看现象学理论

金属主义与名目主义的货币本质观之争

在金属货币向信用货币转换的过程中，当时的各主要西方资本主义国家都经历了一次理论上和政策上的关于金属主义与名目主义的货币本质观的大争论。

货币金属主义认为，贵金属货币就是财富，货币的增加意味着财富的增加，增加货币的唯一源泉是对外贸易。因此，金属主义者主张国家应限制信用货币并全力禁止金银货币外流，同时大力通过贸易顺差来积累资本和财富。金属主义起源于重商主义，经过古典和新古典经济学阶段，一直到第一次世界大战以后仍然存在。其主要代表人物包括托马斯·孟、亚当·斯密、大卫·李嘉图、约翰·穆勒、摩尔和波德格等。

货币名目主义认为，货币不是财富，而仅仅是便利交换的技术工具。货币虽然可以由贵金属铸造，但货币的价值不是货币本身所具有的，而是由国家的权威机构规定的，因此国家可以建立货币国定的制度，发行任何材料和形式的货币，只要在国家权威之下人们能普遍接受即可。名目主义在古希腊时期就存在，到 19 世纪随着信用制度的发展和奥匈帝国打破“黄金桎梏”的实践，逐渐在本质观之争中占据上风，并最终导致了凯恩斯的干预主义革命。其主要代表人物有尼古拉斯·巴本、大卫·休谟、查理·路易·孟德斯鸠、弗里德里克·彭迪生和约翰·梅纳德·凯恩斯等。

两种货币本质观之争体现了货币形式发展的渐进性。虽然金属主义早已式微，但并不表示金属主义就应该完全被淘汰或者货币形式就永远固定在信用货币形式上。货币形式的发展会是一个永无止境的进程。

资料来源：朱新蓉. 货币金融学[M]. 4 版. 北京：中国金融出版社，2015.

第二节　货币的职能

我们已经知道，个人、企业、政府和国家的收入与支出都与货币有关。那么货币在现实经济中究竟发挥着怎样的作用？根据马克思主义的货币信用理论和西方经济学描述，货币具有这样五种职能：价值尺度、流通手段、支付手段、价值贮藏和世界货币。

一、赋予商品价格形态——价值尺度

不管使用什么材料来制造货币，货币本身代表的都是其他物品的价值，从这个角度来看，货币承担了价值尺度这一职能。马克思把赋予交易对象价格形态称为价值尺度。用货币来计量商品和劳务的机制，如用重量单位（磅、千克）来计量重量、长度测量一样。货币是一种尺度，一种单位，所有商品和劳务的价值都可用它来衡量。从而可以方便地比较不同商品的价格，也可以比较同一商品的价格。“货比三家”可减少经济中的交易成本。另外，利息也称为货币价格，使会计核算成为可能，国民经济核算，企业折旧、投资等都可用货币计量。

因此，货币的价值尺度职能派生出两大功能。

（一）价格标准——货币单位

类似于要先有“磅”“千克”等重量单位，各个物体之间的重量大小可以被准确地衡量和比

较一样，货币要把商品的价值以价格的形式表现出来，本身也必须确立一个计量单位。这个货币的计量单位就叫作价格标准。由于各种货币商品本来就具有衡量各自使用价值的单位，所以最初的价格标准和衡量商品的使用价值的自然单位是一致的，如中国旧时以银为主要流通货币的时候，货币单位就是“两”。后来随着历史的演变，价格标准和自然单位逐渐分离了，如中国现阶段的货币——人民币(RMB)——的单位就是“元”。

价值尺度和价格标准之间的区别主要在于：

(1)货币作为价值尺度是在商品交换中自发形成的；货币作为价格标准，即作为服务于价值尺度的一种货币单位，是由国家法律加以确定的。

(2)货币作为价值尺度的作用是衡量各种不同商品的价值；货币作为价格标准的作用是计量货币本身的价格。

(3)作为价值尺度，货币的价值会随着劳动生产率的变动而变化；而货币价值的改变并不会影响它执行价格标准的职能，即作为价格标准的货币与其自身的价值变化无关。

两者也有着密切的联系，价值尺度依靠价格标准来发挥作用，而价格标准是从货币价值尺度职能中派生出来的，是为价值尺度服务的。

专栏 1-3 国际瞭望

不找零钱的意大利

在货币流通方面，意大利是一个特殊的国家。

意大利市面上流通的多是大面值的货币，小面值的硬币很少。由于硬币不值钱，因此有些人将它铸成了工艺品。

这样一来，在意大利买东西时要想找零钱，非常困难。

如果去邮局买邮票，邮局职员找的不是零钱，而是几张公用电话券。

如果去商店或超市买香烟，找的不是零钱，而是价值相当的邮票。

如果到博物馆参观，买了门票，没法找零钱，就请你挑选一张明信片。

如果在超市买食品，常常用巧克力代替零钱。

如果在药店买药，常常用口香糖代替零钱。

如果在照相馆照相，一本小小的照相簿就是零钱的替代品。

如果在一家面包店买面包，满脸笑容的售货员无法找给你零钱，就会给你两张到商业区的公交车的车票。

这些现象让消费者明白了，在意大利购物时不要期望找零钱。

资料来源：王吴军.不找零钱的意大利[J].中外文摘，2010(11).

(二)货币购买力

货币购买力是指单位货币购买商品或换取劳务的能力，其大小决定于货币价值与商品价值的对比关系，其变动与商品价格、服务费用水平的变动成反比，与货币价值的变动成正比。在货币价值不变的条件下，商品价格、服务收费降低时，单位货币购买力就提高；反之，则下降。

在纸币流通条件下，纸币本身没有价值，是价值符号。在社会商品总量一定的前提下，纸币发行过多，单位纸币代表的价值就会下降，表现为物价上涨，这时单位纸币的购买力也就下降。所以，决定纸币购买力的基本因素是：①商品价值的变化；②纸币发行的数量。

分析货币购买力的变化，通常用货币购买力指数来表示。货币购买力指数，是反映货币购买力变动的动态相对数。货币购买力指数与商品服务的价格指数互为倒数。价格高，货币购买力低，反之，货币购买力高。货币购买力的高低不是一个定值，而是随时在波动的。

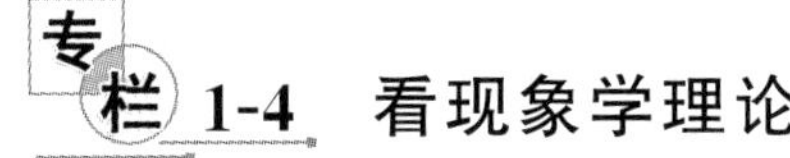

专栏 1-4　看现象学理论

国民党统治时期100元法币购买力的变化

1935年开始，国民党实行了“法币改革”，规定自1935年11月4日起，以中央银行、中国银行、交通银行三家银行（后增加中国农业银行）发行的钞票为“法币”，并宣布所有白银与银圆的持有人，应将其缴存政府，照面额换领法币。

1937年，抗日战争刚刚打响的时候，在国民党统治区内，人们用100元法币可以购买两头黄牛；

1938年，能买一头黄牛；

1939年，能买一头猪；

1941年，能买一袋面粉；

1943年，能买一只鸡；

1945年，能买两个鸡蛋；

1946年，能买六分之一块肥皂；

1948年，只能买0.002 416两大米；

1949年5月，这100元法币只能买0.000 000 245粒大米。

法币大量发行的结果，是法币急剧贬值，于1948年彻底崩溃。

资料来源：李国环.国民党统治时期的通货膨胀[J].南京经济学院学报，1996(4).

二、用于及时购买——流通手段

在商品和劳务的交易活动中，不论是及时支付，还是延期支付，都可以用货币来充当媒介的作用。用于及时支付时，货币执行的是流通手段职能；用于延期支付时，执行的是支付手段职能。

当商品和劳务交易行为的发生与货币支付在时间上无间隔，即“一手交钱，一手交货”的时候，货币发挥了流通手段的职能。流通手段职能需要现实的货币，在信用货币流通的条件下，货币量的多少与商品价格关系密切。一般来说，商品价值与商品价格成正比，而货币价值与商品价格却成反比。要保持物价相对稳定，控制适度的货币量是关键。

货币发挥流通手段职能，克服了物物交换的困难，促进了商品流通与市场的扩大；但同时货币作为流通手段，使商品交易变为买和卖两个独立的过程，从而使买卖存在脱节的可能性，容易产生商品供求失衡。

三、用于单方面支付——支付手段

当货币被用来清偿债务或支付赋税、租金、工资等时，就是货币在发挥支付手段的职能。支付手段是在信用交易中补足交换过程的独立环节，没有商品或劳务与货币做相向运动。

支付手段扩大了经济生活中的信用关系。一方面克服了现金交易对商品生产和流通的限制，对商品经济的发展起到了良好的促进作用；另一方面又因为延期支付产生了错综复杂的债权债务关系，加大了信用危机的可能性。

发挥支付手段职能的货币和发挥流通手段职能的货币一样，都是流通状态中的现实货币。所谓流通中的货币，就是指这两者的总体。

货币作为流通手段职能和支付手段职能的主要区别见表 1-1。

表 1-1　货币作为流通手段职能和支付手段职能的主要区别

	流通手段	支付手段
含义	充当商品交换媒介	被用来清偿债务或支付赋税、租金、工资等
产生背景	货币成为商品交换的媒介之后	赊账买卖的产生
购买对象	主要是实体商品	主要是服务
货币和实物的时空差	“一手交钱，一手交货”	在时间和空间上是可以分开的。或先交钱，后服务；或先服务，后交钱

四、用于积累保存价值——贮藏手段

货币的贮藏手段是指货币暂时退出流通领域，充当社会财富的一般代表被保存起来的职能。马克思将其称为货币的“暂歇”，弗里德曼则称为“购买力的暂栖处”。货币作为一般等价物可以购买到任何商品，因而成为社会财富的一般代表和直接化身，这引起人们贮藏它的欲望。而作为贮藏手段的货币必须是现实的足值的金属货币，以确保贮藏价值的稳定，这也是货币执行贮藏手段职能的一个基本前提。

在金属货币流通条件下，贮藏手段有自发调节货币流通量的作用：当流通中需要的货币量减少时，多余的货币就退出流通领域而被贮藏；当流通中需要的货币量增加时，部分被贮藏的货币就重新进入流通领域。

现代经济中的信用货币并不具有典型意义上的贮藏手段职能。即使在纸币币值稳定的前提下，货币所有者选择直接持有货币或者是把它存入银行，这部分货币并没有退出流通领域，而只是发挥了积累和储蓄手段的作用。

五、世界货币

（一）世界货币的概念

当货币走出国门，在世界市场上固定地充当一般等价物时，货币就发挥了世界货币的职能，如人民币、美元、英镑、日元、欧元。货币发挥世界货币的职能是货币的职能在国际领域的延伸。一国货币能否成为世界货币，与该国的经济实力、国际贸易水平等因素有关。

（二）世界货币的作用

（1）作为一般购买手段，用来购买外国的商品。

（2）作为一般支付手段，用来平衡国际收支差额。

（3）作为社会财富的代表，由一国转移到另一国。

（三）纸币执行世界货币的条件

（1）该国经济实力雄厚，在国际贸易和国际事务中占重要地位。

（2）纸币价值稳定。

（3）国际收支状况良好。

（4）执行开放的政策，货币兑换比较自由。

上述货币五大职能之间的联系与区别（表 1-2）。

表 1-2　　货币五大职能之间的联系与区别

职能	货币形态	作用	是否随着货币产生而产生
价值尺度	观念上的	衡量商品的价值	是
流通手段	现实的	商品交换的媒介	是
支付手段	现实的	清偿债务，支付赋税、租金、工资等	否
贮藏手段	现实的（足值的）	贮藏财富	否
世界货币	现实的	在世界市场上充当一般等价物	否

专栏 1-5　案例讨论

战俘营里的货币——香烟

第二次世界大战期间，在纳粹的战俘集中营中流通着一种特殊的商品货币——香烟。当时的红十字会设法向战俘营提供各种人道主义物品，如食物、衣服、香烟等。由于数量有限，这些物品只能根据某种平均主义的原则在战俘之间进行分配，而无法顾及每个战俘的特定偏好。人与人之间的偏好是有所不同的，有人喜欢巧克力，有人喜欢奶酪，有人则可能更想得到一件衣服。因此，这种分配显然是缺乏效率的，战俘们有进行交换的需要。

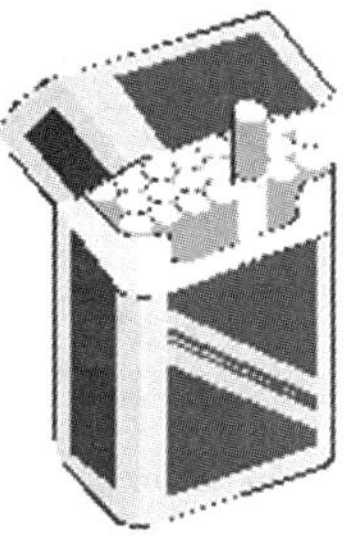

但是即便在战俘营这样一个狭小的范围内，物物交换也显得非常不方便，因为它要求交易双方恰巧都想要对方的东西，也就是需求的双重巧合。为了使交换能够顺利地进行，需要有一种充当交易媒介的商品，即货币。那么，在战俘营中，究竟哪一种物品适合做交易媒介呢？许多战俘都不约而同地选择香烟来扮演这一角色。战俘们用香烟来进行计价和交易，如一根香肠值 10 根香烟，一件衬衣值 80 根香烟，替别人洗一件衣服则可以换得两根香烟。有了这样一种记账单位和交易媒介之后，战俘之间的交换就方便多了。

案例讨论：

香烟为什么会成为战俘营中流行的“货币”？

资料来源：货币金融学案例集.西南财经大学，货币金融学精品课程网站.

第三节　货币层次

我们都有这样的经验，一种资产能否及时地变为现实的购买力，对货币需求具有很大的影响。某种资产具有可以及时变为现实的购买力的性质，就称为流动性。流动性不同，所形成的购买力也不一样，从而对社会商品流通的影响程度也就不同。所以，按照货币的流动性来划分货币层次的方法，被各国中央银行所采用。

一、货币层次的划分

货币层次，也称为货币分层，是指各国中央银行在确定货币供给的统计口径时，以金融资产流动性的大小作为标准，并根据自身政策目的的特点和需要，划分货币层次。

货币层次的划分与货币的范围密不可分，一般情况下，银行存款、有价证券等，与货币定义颇为相似但又被排除在货币定义之外，均称为准货币，而通货又只是货币的一部分。可见货币包含的范围很大很广，因此货币可以划分为许多层次。

关于货币层次划分，各国有各自的划分标准，而且就是同一国家在不同时期的货币层次划分方法也可能有差别。基本的思路是按照货币的流动性来划分的。按照国际货币基金组织的划分标准，一般情况下，可以将货币层次分为以下三个层次。

（一）M_0（现钞）

M_0 是指流通于银行体系以外的现钞，包括流通中居民手中的现金和企业单位的备用金，即银行报表中“流通中的货币”但不包括商业银行的库存现金。这部分货币是最原始意义上的货币，流动性最大（强）、最直接、最活跃，因而具有最强的购买力。

（二）M_1（狭义货币）

M_1 等于现金加上活期存款之和。其中商业银行的活期存款是构成 M_1 的主要内容，它往往是西方资本主义国家货币政策控制和调节的主要对象。在现实操作过程中，通常是通过控制放款制约存款，因为商业银行的活期存款绝大部分是由银行的投资、放款等资产业务形成的。

由于活期存款和现钞一样，是最具有流动性的货币，因此 M_1 是现实的购买力，M_1 对社会经济生活有着较为广泛、直接的明显影响，各种统计口径中的货币，通常是指 M_1。许多国家都把控制货币供应量的主要措施放在这一层次，使其成为货币政策调控的主要对象。

（三）M_2（广义货币）

M_2 是由狭义货币加准货币构成的。所谓准货币，也叫亚货币或近似货币，一般由银行的定期存款、储蓄存款、外币存款、各种可以提取的“通知放款”以及各种短期的信用工具，如银行承兑汇票、短期国库券等构成。准货币本身虽非真正的货币，但它们在经过一定的手续后，能比较容易地转化为现实的货币，故又称为亚货币或近似货币。

显而易见，广义货币相对于狭义货币来说，范围扩大了，它包括一切可能成为现实购买力的货币形式。M_2 层次的确立，对研究货币流通整体状况具有重要意义，特别是对金融体系发达的国家货币供应的计量以及对货币流通未来趋势的预测均有独特的作用。近年来，许多经济和金融发达国家，就出现了把货币供应量调控的重点从 M_1 向 M_2 转移的趋势。

不同的国家，不仅对货币层次的划分各不相同，而且同一层次中的具体内容也存在差异。比如美国联邦储备公告公布 M_1、M_2、M_3、L、Debt 几个层次的货币供给口径，其中 M_1 就与日本银行公布的 M_1、M_2＋CD、M_3＋CD、广义流动性等口径中 M_1 的内容不同。

二、西方国家货币层次的划分

货币的流动性在大部分西方经济学家眼里实质上就是货币的变现能力。根据大部分西方经济学家对货币层次的归纳，货币在一般情况下可分为以下几个层次：

M_1＝现金＋活期存款；

M_2＝M_1＋在银行的储蓄存款＋在银行的定期存款；

$M_3=M_2+$各种非银行金融机构的存款；

$M_4=M_3+$金融机构以外的所有短期金融工具。

以上只是一般情况，具体到每个国家都是不完全相同的。例如，有些国家只是很简单地划分为 M_1 和 M_2。但某些大经济体，如美国、欧盟和日本等，对货币的划分却复杂很多。

（一）美国

美国对货币层次的划分大致如下：

$M_1=$通货$+$活期存款$+$其他支票存款；

$M_2=M_1+$小额定期存款$+$储蓄存款$+$货币市场存款账户$+$货币市场基金份额（非机构所有）$+$隔日回购协议$+$隔日欧洲美元$+$合并调整；

$M_3=M_2+$大面额定期存款$+$货币市场基金份额（机构所有）$+$定期回购协议$+$定期欧洲美元$+$合并调整；

$L=M_3+$短期财政部证券$+$商业票据$+$储蓄债券$+$银行承兑票据。

（二）欧盟

欧盟在货币层次划分方面，相对于美国有很大的差别。欧洲中央银行将货币分为狭义货币、中间货币和广义货币三个层次。具体划分如下：

狭义货币：$M_1=$流通中的现金$+$隔夜存款；

中间货币：$M_2=M_1+$期限为两年以下的定期存款$+$通知期限三个月以内的通知存款；

广义货币：$M_3=M_2+$回购协议$+$货币市场基金（MMF）$+$货币市场票据$+$期限为两年以内的债券。

（三）日本

日本现行的货币层次划分为：

$M_1=$现金$+$活期存款；

$M_2+CD=M_1+$准货币$+$可转让存单；

$M_3+CD=M_2+CD+$邮政、农协、渔协、信用合作和劳动金库的存款以及货币信托和贷方信托存款。此外，还有广义流动性等于“M_3+CD”$+$回购协议债券、金融债券、国家债券、投资信托和外国债券。

三、中国货币层次的划分

在我国关于货币层次的划分，目前学术界也不统一，有主张以货币周转速度划分的，有主张以货币变现率高低划分的，也有主张按货币流动性划分的。若是按流动性划分，其依据是：

(1)相对能更准确地把握在流通领域中货币各种具体形态的流通特性或活跃程度上的区别；

(2)在掌握变现能力的基础上，把握其变现成本、自身价格的稳定性和可预测性；

(3)央行在分析经济动态变化的基础上，加强对某一层次货币的控制能力。

中国人民银行于 1994 年第三季度开始，正式确定并按季公布货币供应量指标，根据当时的实际情况，进行货币层次的划分。目前，中国人民银行公布的货币层次划分口径为：

$M_0=$流通中的现金；

$M_1=M_0+$活期存款；

$M_2=M_1+$城乡居民储蓄存款$+$定期存款$+$其他存款。

其中，M_1 是通常所说的狭义货币供应量，M_2 是广义货币供应量，M_2 与 M_1 之差是准货币。

总之，各国公布的货币供给量指标各不相同，但有一点是各学派和各国都承认的，即只有

M_1（现金和活期存款）是为人们所普遍接受的交易媒介，算作标准货币。而 M_1 以外的短期金融资产只能称为准货币、亚货币或近似货币，它们不能充当直接的交易媒介。

第四节 货币制度

货币制度有哪些构成要素

在商品经济中，货币作为一般等价物的本质是不变的，但货币的形式却随着生产和交换的发展由低级向高级不断演变。这种演变形式是随着交换成本的发生而变化的。

一、货币形态的演变

（一）实物货币

实物货币是指作为货币的价值与其作为普通商品的价值相等的货币。即它本身是商品，同时又发挥着货币的作用。

实物货币在发展的过程中经历了两个阶段：第一个阶段是朴素的商品货币，以其自然物理形态作为货币；第二个阶段是贵金属货币。前者充当货币具有不稳定性、接受范围有限、难以分割、缺乏统一价值衡量标准等缺点。相比之下，贵金属因其价值稳定、易于分割、易于贮藏和具有统一的价值衡量标准等优点而更适合充当货币。

（二）代用货币

贵金属货币由于需要铸造，流通成本比较高，而且有限的产量难以满足不断增加的商品流通对货币的需求，因此为了克服金属货币的不足，人们用一些价值比较低的金属或者纸张代替贵金属货币流通，这些在流通中代表着金属货币的价值并且其本身的价值低于它作为货币的价值的货币就叫代用货币。代用货币的发行基础是贵金属，要保证代用货币的正常流通，必须保证它与贵金属货币的自由兑换。

（三）信用货币

信用货币是由国家法律规定强制流通的，不以任何贵金属为基础的独立发挥货币职能的货币。信用货币本身价值也远远低于其货币价值，但与代用货币不同的是，它与贵金属完全脱钩，不再直接代表任何贵金属。

信用货币是货币形式进一步发展的产物，目前世界各国发行的货币基本都属于信用货币。除现金以外，信用货币的主要存在形式还有存款货币、信用卡、电子货币等。其中存款货币包含的范围较广，是现代货币的主要构成部分。

1. 现金（Cash）

现金是家庭、工商企业和政府部门所拥有的纸币和硬币，具有极高的流动性。现金数量的多少与一国的货币支付结算制度有关。支付结算制度越发达，对现金货币的需求就越少，反之亦然。现金对人们的日常消费影响重大。

目前中国流通的主要是第五套人民币，共有 1 元、5 元、10 元、20 元、50 元、100 元六种面额的纸币，其中 1 元有纸币与硬币两种。辅币，即辅助货币，是本币单位以下的小额货币，主要用来辅助大面额货币的流通，供日常零星交易或找零之用。辅币一般多为金属铸造的硬币，也有些纸制的纸币。我国辅币的面额为“角”和“分”。目前角币已逐渐变为边缘币种，大量沉淀在民间无法流通。分币甚至已经基本退出流通。

2. 存款货币(Deposit Money)

存款货币是以存款形式存在的一种支付手段和贮藏手段。按不同的标准可将存款划分为不同的种类。比较重要的划分标准是按可否通过银行转账完成支付交易行为来划分,可以分为两类:第一类是可直接通过金融机构划转完成支付的活期存款,这类存款具有普遍的接受性,流动性强,交易支付性强,活期存款在统计中属于狭义货币的范畴,被看作现实的购买力。

第二类是不可以直接进行转账结算的存款,包括定期存款和储蓄存款。这些存款必须先转化为现金或活期存款后,才能完成交易支付功能。在统计中将其纳入广义货币的范畴,被看作潜在的购买力。

3. 电子货币(Electronic Money)

电子货币实际上是由一组含有用户的身份、密码、金额、使用范围等内容的数字构成的特殊信息,人们使用电子货币交易时,实际上交换的是相关信息,这些信息传输到开设这种业务的银行后,银行就可以为双方交易结算,从而使消费者和企业能够通过比现实银行系统更省钱、更方便和更快捷的方式相互收付资金。

根据巴塞尔银行监督管理委员会的定义,电子货币是指在支付机制中,通过销售终端、不同的电子设备之间以及在公开网络上执行支付的"储值"和预付支付机制。电子货币是当代信用货币的表现形式之一,随着电子支付的日益发达,电子货币形式是未来发展的主要趋势之一。

电子货币作为一种货币,具有货币的基本属性,又有一些特殊的属性:一是发行主体的多元化,既有中央银行,又有一般金融机构;二是流通范围打破了地域限制,具有国际化特征;三是传统的货币防伪可依赖物理设备,而电子货币的防伪只能采取技术上的加密法或认证系统来实现。

目前主流的电子货币主要有四种类型:

(1)储值卡型电子货币。一般以磁卡或IC卡形式出现,其发行主体除了商业银行之外,还有电信部门(普通电话卡、IC电话卡)、IC企业(上网卡)、商业零售企业(各类消费卡)、政府机关(内部消费IC卡)和学校(校园IC卡)等。

(2)信用卡应用型电子货币。主要是指商业银行、信用卡公司等发行主体发行的贷记卡或准贷记卡。

(3)存款利用型电子货币。主要有借记卡、电子支票等,用于对银行存款以电子化方式支取现金、转账结算、划拨资金。

(4)现金模拟型电子货币。主要有两种:一种是基于互联网环境使用的且将代表货币价值的二进制数据保管在微机终端硬盘内的电子现金;另一种是将货币价值保存在IC卡内并可脱离银行支付系统流通的电子钱包。该类电子货币具备现金的匿名性,具有可用于个人间支付、并可多次转手等特性,是以代替实体现金为目的而开发的。该类电子货币的扩大使用,会影响通货的发行机制、减少中央银行的铸币税收入、缩减中央银行的资产负债规模等。

4. 数字货币(Digital Currency)

数字货币是电子货币形式的替代货币,它不能完全等同于虚拟世界中的虚拟货币,因为它经常被用于真实的商品和服务交易,而不仅仅局限在网络游戏等虚拟空间中。目前,世界各国对数字货币态度不一,主要分为:支持、不支持、谨慎支持三种态度。

对法定数字货币:英国、美国、加拿大、瑞典、新加坡、日本等国家的中央银行纷纷表示将对法定数字货币的制度设计和关键技术进行探索研究。几乎所有国家都支持无现金社会的到来与法定数字货币的推进,其疑虑均集中于非法定数字货币之上。

对非法定数字货币：日本、德国、加拿大等国家对比特币等数字货币不仅支持，还推行各种政策推动该行业发展；美国、英国、俄罗斯、法国等国家则持较为谨慎的态度；中国、韩国对去中心化的非法定数字货币持不支持态度，但均已开展国家层面的法定数字货币研究。

非法定数字货币分两类，即数字金币（数字黄金货币，如 e-gold）和加密货币（比特币类货币）。

（1）数字金币

数字黄金货币由很多供应商发行，每个竞争供应商都发行独立的数字黄金货币，基本都以他们的公司名字命名，如 e-gold，第一个数字黄金货币供应商，创立于 1996 年。这种货币的典型计量单位是金衡制克或者金衡制盎司，有时候也使用黄金迪纳尔做单位。

由黄金担保的数字货币是较流行的，e-gold、e-bullion 和 e-Dinar 还提供由白银担保的数字货币，而 Goldmoney 和 Crown Gold 也提供白银储备。其他数字白银货币包括 Liberty Dollar 和 Phoenix Silver，在黄金和白银之外，e-gold 还提供铂钯担保的数字货币。

（2）加密货币

加密货币不依靠法定货币机构发行，不受央行管控。它依据全世界的计算机运算一组方程式开源代码，通过计算机显卡、CPU 大量的运算处理产生，并使用密码学的设计来确保货币流通各个环节安全性。基于密码学的设计可以使加密货币只能被真实的拥有者转移或支付。

加密货币与其他非加密货币最大的不同，是其总数量有限，具有极强的数量稀缺性。这一组方程式开源代码总量是有限的，必须通过计算机显卡、CPU 的运算才可以获得。正因为加密货币总量有限，具有稀缺性，所以开采得越多，货币升值得越高。

现有的数字货币主要是以比特币、瑞波币、以太币、比特币现金和莱特币为主，它们的市值之和超过了总市值的 95%。

总体上而言，信用货币的量直接与中央银行的信用规模相关。信用货币具有较强的弹性。通过信用规模的调整，可以影响经济的规模。所以调节中央银行的信用规模，维持适度的信用货币量是所有国家货币政策的核心内容。

综上所述，历史上货币经历了各种不同形态的演变，而这种演变还会随着社会发展、科技进步而不断持续下去（表 1-3）。

表 1-3　货币形态的演变

按照货币价值与币材价值是否相等	实物货币		代用货币	信用货币	
货币的自然属性	商品货币	金属货币	可兑换纸币	不可兑换纸币	电子货币
主要特征	具有货币与商品双重身份，且货币价值与商品价值相等		纸币代替金属货币在市场上流通，随时可兑换为金属货币	货币本身没有价值，依靠信用发行和流通	
货币币材	贝壳、牛、布、羊等	金、银、铜、铁等	纸币	纸币	电子存储卡

专栏 1-6　国际瞭望

五大数字货币简介

比特币(Bitcoin)：数字货币鼻祖，较具价值的虚拟货币。最初由中本聪在 2009 年提出，根据中本聪的思路设计发布的开源软件以及建构其上的 P2P 网络。比特币是一种 P2P 形式的数字货币，点对点的传输意味着一个去中心化的支付系统。比特币与其他虚拟货币最大的不同，是其总数量非常有限，具有极强的稀缺性。该货币系统在曾经一段时间内只有不超过 1 050 万个，之后的总数量将被永久限制在 2 100 万个，具有强烈的通缩属性。

瑞波币(Xrp)：由瑞波公司发行的一种协议币，瑞波网络的基础货支，它可以在整个瑞波网络中流通，总数量为 1 000 亿个，并且随着交易的增多而逐渐减少，瑞波币是 Ripple 系统中唯一的通用货币。和比特币不同，瑞波币是一种交易协议。支持用任意货币进行支付交易，而且无须中央数据交换中心的特性，使 Ripple 的交易确认时间仅为 35 秒，而比特币则需要 10～40 分钟。

以太币(Ether)：以太币是以太坊中使用的货币名称，2013 年末由俄罗斯程序员 Vitalik Buterin 创建。用于在以太坊虚拟机内支付计算，是一个开源计算机平台和区块链平台。以太坊和比特币所使用的区块链技术之间存在着关键性区别，以太坊的数据处理比比特币的速度更快，因为一经同意，以太坊的系统会自动适用于合同中的条款和条件。

比特币现金(Bitcoin cash)：比特币现金是比特币的一个分支。为了解决比特币交易时间过长的问题，在 2017 年 8 月 1 日 20:20，一小部分矿机开始使用 8M 的区块挖矿，交易确认速度是使用 1M 区块的比特币的数千倍。不过严格来说，这是比特币的新的分支还是"山寨币"，业内论调不一。不过现在比特币现金的报价正在不断上升，当作一种瓜分比特币流量的"山寨币"也并不为过。

莱特币(Wright)：基于比特币协议的一种货币，但是并不要求极高的计算能力，使用普通电脑也可进行挖掘。莱特币的算法，源于 Dr Colin Percival 为 Tarsnap 安全在线备份服务(供 Linux 及其他开源操作系统备份)设计的算法。长期以来一直有种声音"莱特币会取代比特币"，这是不可能的。将来的世界很可能存在多种密码学货币，但任何一种"山寨币"都取代不了比特币的主流地位，无论它的算法与比特币相比是多么优秀。

资料来源：王博，周朝晖. 如何投资数字货币[M]. 北京：电子工业出版社，2017.

二、货币制度

在商品经济社会，货币的存在形式是一个很重要的问题，使用什么类型的货币，关系到一个国家的货币制度，关系到一国的货币当局或中央银行控制货币供应的能力和方法。

(一)货币制度的组成部分

货币制度，简称币制，是一个国家以法律形式所规定的货币流通的组织形态。它是保证一个国家货币流通规范，统一运行的重要制度。货币制度主要包括以下四个方面的内容：货币材料与货币单位；货币的铸造、发行与流通；发行准备；对外关系(能否自由兑换)等。

1. 货币材料的选择和货币单位的确定

币材选择是一个国家从法律上肯定某种或某几种物品已经成为货币的客观现实。一旦明确了币材，货币制度就被称为该种物品的本位制，如金本位制。国家并不强制指定哪种物品可以作为货币材料，而是对已经形成的客观现实在法律上予以肯定。目前各国都实行不兑现的信用货币制度，对货币材料也就不再做明确规定。

对货币单位的规定包括两个方面：一是规定货币单位的名称，如镑、元、法郎等；二是规定货币单位的值。目前，世界各国的货币单位都是公制单位，即 1 单位币等于 100 个最小等分。

2. 规定本位币和辅币的铸造、发行与流通

本位币又称主币，它是按照国家确定的币材和货币单位制造的法定货币。本位币在使用过程中具有两个典型特征。

（1）具有无限法偿能力。所谓无限法偿也就是有无限的法定支付能力，不论支付的数额大小，收款人都不得拒绝接受。

（2）最后的支付手段。辅币是本位币以下的小额货币，供日常零星交易和找零之用。辅币用较贱的金属铸造，以节省流通费用。辅币的面额较小。

相比主币而言，辅币的垄断铸造、发行具有两个特点。

（1）辅币是法律规定的不足值货币。

（2）辅币是有限法偿货币。所谓有限法偿货币是指以辅币支付的金额不能过大，若超过一定的限额，收款人有权拒绝接受。

3. 规定货币发行的准备制度：金准备和信用准备

金本位制下，充当准备金的主要是黄金，保存于央行或国库，作用主要有三个：作为兑换银行券的准备金；用于调节流通中的货币量，用作国际支付的准备金。信用货币制度下，充当准备金的主要有黄金、外汇、有价证券等，其中金准备的作用是间接用作国际支付的准备金。

4. 对外价值，如汇率

对外价值是指用另一国的货币表示的本币币值。在引入汇率的概念后，一国货币的币值还可以用另一国的货币来表示。前者习惯上称为货币的对内价值，后者习惯上称为货币的对外价值。

（二）货币制度的演变

纵观货币制度发展史，曾存在四种不同的货币制度，依次为银本位制、金银复本位制、金本位制（包括金币本位制、金块本位制、金汇兑本位制）和纸币本位制（表 1-4）。

表 1-4　货币制度的演变

货币制度	银本位制		金银复本位制			金本位制			纸币本位制	
	银两本位制（中国）	银币本位制（欧洲）	平行本位制	双本位制	跛行本位制	金币本位制	金块本位制（生金）	金汇兑本位制（虚金）	布雷顿森林体系	牙买加体系
时间	16—17 世纪		16—18 世纪			19 世纪 70 年代至 20 世纪 30 年代			二战战后至今	
币材	银		金、银			金			纸币、电子货币	
主要特征	价值低，易磨损		市场决定金银比价	国家决定金银比价	银币充当辅币	金币流通	纸币在有限范围内可兑换成金币	纸币只能与外汇兑换后再换成黄金	除美元外可间接与黄金挂钩	不与黄金挂钩

1. 银本位制（Silver Standard）

银本位制的主要内容是以白银作为货币材料，银铸币为本位货币，具有无限法偿能力。银币可以自由铸造、自由熔化。国际间白银和银币可以自由输入、输出。流通中的纸币可以与银币自由兑换。

2. 金银复本位制（Gold and Silver Bimetallism）

18 世纪 40 年代，由于世界白银产量的增加，白银价格不断下跌，削弱了白银作为货币的能力。因此许多国家逐步过渡到了金银复本位制，即金币和银币都是一国的本位货币，都具有无限的法偿资格。

金银币可以自由铸造、自由熔化。国际间金银和金银币可以自由输入输出。流通中的纸币可以与金银币自由兑换。

金银复本位制根据不同时期货币制度的微小差别又可以分为平行本位制、双本位制和跛行本位制。

（1）平行本位制。平行本位制下，黄金和白银都可以自由铸造和熔化、自由输入输出，金币与银币之间的交换比率完全由市场价格决定。

（2）双本位制。双本位制下，由于金银比价的市场价格缺乏稳定性，金币与银币之间的交换比率是由政府以法律的形式予以规定的。于是，当法定比价和市场比价不一致时，就出现了“劣币驱逐良币”的现象。

金银复本位制有以下优点：①币材充足，能够满足流通需要。②复本位制下，金银比价由政府规定，能够反过来影响金银的市场价格，有利于金银币值的稳定。③便于交易，人们可以根据交易额的大小选择金币或银币进行支付。

专栏 1-7　看现象学理论

劣币驱逐良币

“劣币驱逐良币”规律也叫“格雷欣法则”（Gresham's Law），是指当一个经济体中同时存在两种或两种以上的货币形式时，如果其中一种或几种货币币值下跌，则人们在使用货币时会尽量先使用这种疲软货币，而将币值稳定的硬通货保存起来，从而使疲软货币即劣币充斥市场，引起持续的币值下跌、物价上涨，导致流通的混乱。

“劣币驱逐良币”现象最早由16世纪英国伊丽莎白王朝的造币局局长汤姆斯·格雷欣向国王上书建议改革币制时提到，当时是指成色差的铸币驱逐成色好的铸币。我国古代的一些士大夫也对此有过认识，如汉代贾谊在一篇上疏中就提到“奸钱日繁，正钱日亡”，从而“法钱不立”。

在贵金属流通的时期，大部分国家都实行金银复本位制，即将金和银同时作为主币材料。两种货币形式同时在经济中流通，并根据各自的内在价值自由确定相互之间的兑换比例。当兑换比例相对稳定时，货币流通和商品流通都会比较稳定。

到了18、19世纪，很多国家发现了储量极大的银矿，如智利、墨西哥等，使白银的劳动生产率急剧提高，因而银的价值大幅下降，银对金的兑换比例随之剧跌。此时，相对于价值较稳定的黄金来说，银货币就成了劣币，金货币成了良币，于是“劣币驱逐良币”现象就发生了。后来各国为了遏制该现象带来的不良后果，开始将银作为金货币的辅币材料，如金银跛行本位制。

“劣币驱逐良币”现象极大动摇了金银复本位制的根基，随后的金本位制虽然克服了“劣币驱逐良币”的不良后果，但因银退出了主币行列，所以本来就不足的货币金属量更显匮乏。

“劣币驱逐良币”现象在信用货币条件下也存在，而且现代经济中信息不对称条件下由道德风险引起的逆向选择问题也被认为是该现象的一种延伸。

“劣币驱逐良币”规律生效有一个基本的前提条件：良币和劣币均为法定货币，两者保持固定的兑换比例或均按法定偿付力流通。如果这个条件不具备，则会发生“良币驱逐劣币”也叫“反格雷欣法则”。如在解放战争时期，陕甘宁边区政府发行了自己的“边币”，始终不能驱逐国民党政府的“法币”；还有深圳特区在建立初期，曾经允许港元、外汇券和人民币三种货币同时流通，结果作为良币的港元和外汇券就把人民币从流通领域驱逐出近一半。

资料来源：朱新蓉.货币金融学[M].4版.北京：中国金融出版社，2015.

（3）跛行本位制。只有金币可以自由铸造，金币与银币之间的交换比率由政府以法律的形式予以规定。这是一种进一步受到削弱的复本位制，已经出现了向金本位制过渡的明显趋势。

3. 金本位制（Gold Standard）

金本位制就是以黄金为本位币的货币制度。在金本位制下，每单位的货币价值等同于若干重量的黄金。当不同国家使用金本位制时,国家之间的汇率由它们各自货币的含金量之比决定。金本位制又分为三种形式。

(1)金币本位制。从货币制度演变的历史来看,典型的金本位制是金币本位制,其产生是"劣币驱逐良币"规律发生作用的结果,同时也与19世纪以后黄金产量的增加使币材增加有关。金币本位制的最典型的特点是:规定金铸币为本位货币,黄金可以自由铸造和熔化。流通中的其他货币可以自由兑换为金币,黄金在国际间可以自由输入输出。黄金的价值相对比较稳定,促进了各国商品经济和国际贸易的发展。黄金由于产量有限,储备有限,不能够完全满足不断扩大的商品流通对流通手段的要求。金币本位制盛行了一个世纪,到第一次世界大战后才逐步开始受到削弱。

(2)金块本位制。典型的金本位制受到削弱后,逐步实行金块本位制。金块本位制的特点是:金币的铸造被停止,金币不再流通,流通的是由中央银行发行的纸币。纸币的发行以金块作为准备金。

货币的价值与黄金保持等值关系。人们持有的其他货币不能兑换金币,但可以兑换为金块,并且有兑现的最低限度的规定,因而这种制度也称为"富人本位制"。

(3)金汇兑本位制。主要特点和金块本位制大体相同,实行金汇兑本位制的国家,对货币只规定法定含金量,禁止金币的铸造和流通。国内实行纸币流通,纸币不能与黄金兑换,而只能兑换外汇,外汇可以在国外兑换黄金。这种制度的实质是把本国的黄金存于国外的银行,换取国外的货币。用国外的货币作为本国纸币发行准备金。国内居民可以购买外汇,该外汇可以与黄金自由兑换。

20世纪30年代,经济危机动摇了金本位制的基础,使这种货币制度难以为继,金本位制全面瓦解。

4. 纸币本位制(Paper Money Standard)——不兑现的信用货币制度

该制度是指一个国家的本位货币使用纸币而不与黄金发生任何联系的一种货币制度。它的主要特点:①纸币的发行不受黄金储备的限制,其发行量完全取决于实现货币政策的需要;②纸币的价值决定于它的购买力,纸币的购买力与发行量成反比,与商品供应量成正比;③纸币的流通完全决定于纸币发行者的信用;四是政府通过法律手段保证纸币具有一定的强制接受性。

纸币流通条件下,保证币值稳定是货币制度的核心,必须以社会公众提供给中央银行分配的资源或资产作为稳定币值的基础。我国人民币制度是一种纸币本位制,是不兑现的信用货币,它的发行不与任何贵金属挂钩,也不依附于任何一国的货币,是一种独立的货币。

(三)中国人民币制度

我国人民币制度是独立自主的、统一的、稳定的货币制度。其内容主要包括人民币的单位、发行、流通、黄金外汇储备、汇率以及保护国家货币的规定等,具体内容如下。

我国的法定货币是人民币,人民币具有无限法偿的能力。人民币的单位为元,辅币单位为角、分。人民币的发行权属于国家,中国人民银行是全国唯一的货币发行机关。人民币的发行必须坚持经济发行、计划发行与集中统一三个原则。国家规定,在我国境内流通的货币,只能是人民币。金银储备和外汇储备是国际支付的准备金,由中国人民银行集中掌管,统一调度。严禁伪造、变造人民币。任何单位和个人不得印制、发售代币票券,以代替人民币在市场上流通。

1997年和1999年,香港和澳门相继回归中华人民共和国后,出现了人民币、港币、澳元"一国三币"的特有历史现象。由于这三种货币是在不同的地区流通,所以不会产生"格雷欣法则"现象。

专栏1-8 国际瞭望

什么是央行的数字货币 DC/EP?

央行数字货币就是人民币电子版，英文名字：Digital Currency/Electronic Payment(数字货币/电子支付)，简称 DC/EP。

在定位上，DC/EP 可以替代 M_0(一般是指流通中的现金)，而不是 M_1(M_0+各单位的活期存款)、M_2(M_1+居民储蓄存款+单位定期存款+单位其他存款+证券公司客户保证金)的替代。在使用场景上，央行数字货币不计付利息，可用于小额、零售、高频的业务场景；使用时应遵守现行的所有关于现钞管理和反洗钱、反恐融资等规定，对央行数字货币大额及可疑交易向中国人民银行报告。2019 年 12 月，中国人民银行数字货币研究所所长穆长春表示，对于人民银行研发的数字人民币，并不是大家理解的加密资产，而是人民币的数字化。因此，央行数字货币是法币，与法定货币等值，具有国家信用、法偿性，其效力和安全性是较高的。这正是数字货币与比特币等虚拟货币的根本区别。

众所周知，比特币没有任何价值基础，也不享受任何主权信用担保，无法保证币值稳定，不可能成为一个有效的支付工具。“人民币是用来花的，不是用来炒作的，数字货币既不具有比特币的炒作特性，又不具有像稳定币一样需要货币篮子资产进行币值支撑的要求。”穆长春表示。

目前，央行数字货币仍处在内部封闭试点测试阶段。未来，随着央行数字货币正式落地，人们的支付选择将更加丰富，也更加方便、快捷，可以进一步降低交易成本，提高金融运行效率。

(资料来源：央视新闻 2020-04-23)

(四)区域货币一体化与欧元

伴随着布雷顿森林体系在 20 世纪 70 年代初的崩溃，区域货币一体化便成为一股方兴未艾的潮流。究其原因主要有两方面：一方面，随着区域经济一体化不断的货币一体化深化，客观上要求各成员国货币金融领域的合作，借此增强国际市场上的竞争力；另一方面，在目前浮动汇率制度盛行的情况下，主要货币之间的汇率波动剧烈，影响了国际金融体系的稳定。

为了稳定汇率抵御货币危机的冲击，开展区域性货币金融合作成为各种区域性经济组织的适应性选择。于是，在国际金融领域涌现了各种各样的区域性货币组织，比如欧洲货币体系(欧元)、西非货币联盟(西非法郎)、中非货币联盟(中非法郎)、东加勒比海货币联盟(东加勒比元)、太平洋货币联盟(太平洋结算法郎)等。

虽然 20 世纪 70 年代出现过各式各样的区域性货币组织，但能与美元抗衡的只有欧元。欧洲货币一体化的完成与欧元的产生，是世界经济史上一个具有里程碑意义的事件，它不仅对欧盟内部成员国的经济活动，而且对世界其他国家的经济往来以及国际金融市场、国际货币体系的运作等方面均产生重大而深远的影响。

1999 年 1 月 1 日，欧元准时启用。欧洲货币单位以 1:1 的比例转化为欧元，欧元与成员国货币的兑换率锁定，欧洲中央银行投入运作并实施统一的货币政策，欧元可以以支票、信用卡等非现金的方式流通，各成员国货币亦可同时流通，人们有权选择是否使用或接受欧元。从 2002 年 1 月 1 日起，欧元纸币和硬币开始全境流通，届时人们必须接受欧元。2002 年 7 月 1

日,各成员国货币完全退出流通,欧盟货币一体化计划完成,欧元正式启动。

欧元是人类历史上跨国货币制度的创新。可以预见:一个主权国家内部的货币制度发展成为跨国货币制度,地区性的跨国货币制度发展成为全球性的跨国货币制度,将是货币制度发展的必然历史趋势。

第五节 国际货币体系

国际货币体系亦称国际货币制度,是各国政府为适应国际贸易与国际结算的需要,对货币的兑换、国际收支的调节、国际储备等所做的安排或确定的原则,以及为此而建立的组织形式的总称。国际货币体系主要针对下列三方面内容进行规定:各国货币比价的确定;国际储备资产的确定以及储备资产的供应方式;国际收支的调节方式。

一、国际金本位制体系

金本位制(Golden Standard System)是指一国的本位货币以一定量的黄金来表示的货币制度。

(一)金本位制体系:1880—1914 年

金本位制的特点:

(1)国家法令规定的金铸币的重量、成色和形状;

(2)金币是无限法偿的货币,可以自由铸造、自由熔化、自由输入输出;

(3)各国货币储备是黄金,各国间结算也使用黄金,它具有无限制的支付手段权力;

(4)各国根据金币重量成色,确定黄金官价;

(5)外汇收支具有自动调节的机制。

(二)金汇兑本位制体系:1915—1943 年

1929 年在意大利热那亚召开的经济与金融会议上,确立了国际金汇兑本位制(Gold Exchange Standard)。

(1)规定国内货币单位的含金量,国内流通纸币,而不是银币。纸币与规定的含金量保持等价关系,但禁止铸造金币。

(2)纸币与银行券不能直接兑换黄金,但可以兑换成外汇,用外汇在国外可兑换黄金。

(3)当国际贸易需对外支付时,可以向央行请求兑换金块、金币或外汇。

(4)实行金汇兑本位制,对外汇买卖有限制,不是自由放任,外汇买卖只能通过央行进行。

(三)以美元为中心的国际货币体系——布雷顿森林体系:1944—1973 年

1. 两个方案

第二次世界大战末期,美、英等国经济学者与专家着手拟订战后国际货币体系的方案。1943 年 4 月 7 日,英、美两国政府分别在伦敦和华盛顿同时公布了英国财政部顾问凯恩斯(J. M. Keynes)拟订的"国际清算同盟计划"(通称"凯恩斯方案")、美国财政部长助理怀特(H. D. White)的"联合国平准基金计划"(通称"怀特方案",White Plan)。

2. 布雷顿森林会议:签订协议

1944 年 7 月 1—22 日,在美国新罕布什尔州的布雷顿森林(Bretton Woods)召开了有 44 个国家参加的联合国货币金融会议(United Nations Monetary and Finance Conference)。鉴于美国当时强大的综合国力,与会代表经过激烈争论,通过了以"怀特方案"为基础的《联合国货币金融会议决议书》,以及《国际货币基金协定》和《国际复兴开发银行协定》这两个附件。这就是《布雷顿森林协定》(Bretton Woods Agreement)。

至此,建立了以美元为中心的国际货币制度——布雷顿森林体系。

3.布雷顿森林体系的主要内容

布雷顿森林体系是一种典型的通过国际合作建立的国际货币制度,它以基金制为基础,以国际货币基金组织为中心,美元在布雷顿森林体系中占有特殊的霸主地位。其主要内容有:

(1)建立一个长久性的国际金融机构,即国际货币基金组织,对货币事项进行磋商;

(2)确立黄金和美元并列的储备体系;

(3)实行可调整的钉住美元汇率制;

(4)建立国际收支的调节机制;

(5)建立国际性的资金融通设施。

4.布雷顿森林体系的崩溃

1960年以来,布雷顿森林体系成立后总共爆发了四次大的美元危机(表1-5)。1972年6月和1973年初,连续爆发两次美元危机。1972年8月,国际黄金市场的金价上涨到每盎司64美元,高于官价82.9%。在这种情况下,美国政府不得不在1973年2月12日宣布再次将美元贬值10%,每盎司黄金官价提高到42.22美元。这是美元在14个月内的第二次贬值。同年3月,欧共体和日本等国宣布本国货币对美元实行浮动。于是,各主要资本主义国家的货币进入了普遍浮动的时期,不再承担维持美元汇率的义务,美元也不再成为各国货币所围绕的中心。

表1-5　布雷顿森林体系成立后的四次大的美元危机

危机	时间	挽救措施
第一次美元危机	1960年	“借贷总安排协定”“黄金总库”
第二次美元危机	1968年	黄金双价制、设立特别提款权
第三次美元危机	1971年	史密森协议
第四次美元危机	1972—1973年	彻底瓦解,发达国家进入浮动汇率制

专栏1-9　看现象学理论

特里芬两难

罗伯特·特里芬(Robert Triffin),美国著名国际金融专家、美国耶鲁大学教授。

1960年,他在其《黄金与美元危机——自由兑换的未来》一书中提出“由于美元与黄金挂钩,而其他国家的货币与美元挂钩,美元虽然取得了国际核心货币的地位,但是各国为了发展国际贸易,必须用美元作为结算与储备货币,这样就会导致流出美国的货币在海外不断沉淀,对美国来说就会发生长期贸易逆差;而美元作为国际货币核心的前提是必须保持美元币值稳定与坚挺,这又要求美国必须是一个长期贸易顺差国。这两个要求互相矛盾,因此是一个悖论”。这一内在矛盾在国际经济学界被称为“特里芬两难(Triffin Dilemma)”,正是这个难题决定了布雷顿森林体系的不稳定性和垮台的必然性。

资料来源:姜波克.国际金融新编[M].5版.上海:复旦大学出版社,2012.

二、牙买加体系

布雷顿森林体系瓦解后,国际金融形势更加动荡,各国都在探寻货币制度改革的新方案。1976年,国际货币基金组织(International Monetary Fund,IMF)的“国际货币制度临时委员会”在牙买加首都金斯敦召开,并达成《牙买加协议》。同年4月,IMF理事会通过了IMF协定的第二次修订案，从而形成了国际货币体系的新格局。

《牙买加协议》的主要内容：浮动汇率合法化；黄金非货币化；增加基金组织会员国缴纳的基金份额，由原来的292亿特别提款权单位增加到390亿特别提款权，增加了33.6%；扩大信贷额度，增加对发展中国家的资金融通；提高特别提款权的国际储备地位。

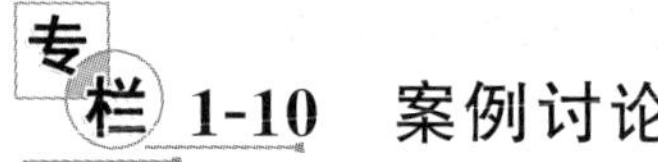

专栏 1-10　案例讨论

人民币加入SDR有助于进一步完善国际货币体系

北京时间2015年12月1日凌晨1点，IMF（国际货币基金组织）正式宣布，人民币2016年10月1日加入SDR（特别提款权）。距离上一轮评估历时整整五年，IMF终于批准人民币进入SDR，SDR篮子相应扩大至美元、欧元、人民币、日元、英镑五种货币，人民币在SDR篮子中的权重为10.92%，新的SDR篮子将于2016年10月1日生效。IMF总裁拉加德在发布会上表示，人民币进入SDR将是中国经济融入全球金融体系的重要里程碑，这也是对于中国政府在过去几年在货币和金融体系改革方面所取得的进步的认可。

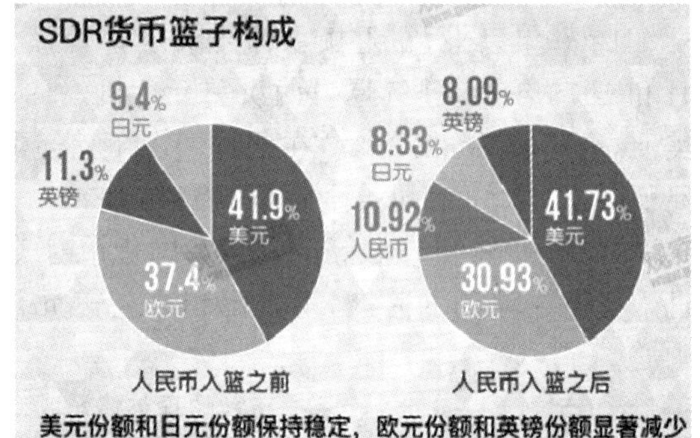

历史经验表明，过度依赖单一主权货币的国际货币体系都是内在不稳定的。2008年爆发的国际金融危机就深刻地反映了现行国际货币体系过度依赖美元的内在缺陷。人民币加入SDR后，会逐渐发展成为全球主要币种之一，这有助于促进国际货币体系的多元化，提高国际货币体系的稳定性和韧性。同时，人民币加入SDR意味着自20世纪80年代以来，第一次有新兴市场货币进入SDR篮子，这有助于改善以往单纯以发达国家货币作为储备货币的格局，增强SDR本身的代表性和吸引力。此外，人民币加入SDR还有助于提高SDR的稳定性，提升它在国际货币体系中的地位，增强它作为国际储备货币的功能，这也会进一步完善国际货币体系。

资料来源：中国人民银行网站，2016.9.27

三、欧洲货币体系

自1960年第一次美元危机后，西欧各国受到剧烈冲击和严重影响，深切感到有必要进一步统一货币政策，加强协作，建立一个稳定的欧洲货币体系，摆脱美元的控制影响，与美国抗衡。

欧洲货币体系于1978年12月5日欧洲理事会决定创建，1979年3月13日正式成立，其实质是一个固定的可调整的汇率制度。它的运行机制有两个基本要素：一是货币篮子，即欧洲货币单位（ECU）；二是格子体系——汇率制度。欧洲货币单位是当时欧共体12个成员国货币共同组成的一篮子货币，各成员国货币在其中所占的比重大小是由他们各自的经济实力决定的。欧洲货币体系的汇率制度以欧洲货币单位为中心，让成员国的货币与欧洲货币单位挂钩，然后再通过欧洲货币单位使成员国的货币确定双边固定汇率。这种汇率制度被称为格子体系或平价网。

欧洲货币单位确定的本身就孕育着一定的矛盾。欧共体成员国的实力不是固定不变的，一旦变化到一定程度，就要求对各成员国货币的权数进行调整。虽规定每隔5年权数变动一次，但若未能及时发现实力的变化或者发现了未能及时调整，通过市场自发地进行调整就会使欧洲货币体系爆发危机。

欧洲货币单位最终发展成欧洲共同体的统一货币——欧元。欧洲货币一体化的发展经历了从德洛尔报告到《欧洲联盟条约》的通过等几个阶段，成立了欧洲经济货币联盟。1998年7月1日，欧洲中央银行正式成立并于1999年1月1日开始决定和执行欧洲统一的货币政策，欧元准时启动。

本章重点摘要

1. 货币根源于商品本身，它是商品内在矛盾（使用价值与价值矛盾）发展的必然产物，是商品交换的必然结果。马克思认为货币是固定地充当一般等价物的特殊商品。

2. 货币可发挥以下五大职能：价值尺度、流通手段、支付手段、价值贮藏和世界货币。赋予商品价格形态是货币的价值尺度职能。用于购买支付的是流通手段和支付手段，两者的区别在于货币和商品的转移是否同时发生。贮藏手段的职能是用于积累和保存货币价值。当货币在世界市场上充当一般等价物时，货币就发挥了世界货币的职能。

3. 货币形态经过了从低级向高级发展的四个阶段：商品货币、金属货币、信用货币和电子货币。

4. 货币层次划分，目的是要考察各种具有不同货币性的货币供应量对社会经济的影响，并选定一组与经济的发展密切相关的货币，作为货币流通管理的科学依据，作为中央银行的控制重点。

5. 货币制度，简称币制，是一个国家以法律形式所规定的货币流通的组织形态。它是保证一个国家货币流通规范，统一运行的重要制度。货币制度主要包括以下四个方面的内容：货币材料与货币单位；货币的铸造、发行和流通；发行准备；对外关系（能否自由兑换）等。

6. 国际货币体系亦称国际货币制度，是各国政府为适应国际贸易与国际结算的需要，对货币的兑换、国际收支的调节、国际储备等所做的安排或确定的原则，以及为此而建立的组织形式的总称。

重要名词

货币　价格尺度　价格标准　流通手段　支付手段　贮藏手段　货币制度
本位币和辅币　法定货币　电子货币　数字货币　比特币　有限法偿　无限法偿
布雷顿森林体系　M_1、M_2

课后练习

一、单项选择题

1. 纸币的发行是建立在货币（　　）职能基础上的。

A. 价值尺度　　B. 流通手段　　C. 支付手段　　D. 储藏手段

2. 货币执行（　　）职能的具体表现是将价值表现为价格。

A.. 价值尺度　　B. 流通手段　　C. 支付手段　　D. 贮藏手段

3. 在双本位制的条件下，如果国家法定金银的比价为1∶15，因采银技术进步，导致金银市场比价为1∶6，王某有6 000枚银币，请回答下列问题：

(1) 王某用6 000枚银币一次性套利周转，（　　）。

A. 损失400枚银币　　B. 盈利400枚银币　　C. 损失800枚金币　　D. 盈利800枚金币

(2)王某如果初始持有的是金币,在市场购物用(　　)

A. 金币　　　　B. 银币

4. 如果金银的法定比价为1∶13,而市场比价为1∶15,这时充斥市场的将是(　　)。

A. 银币　　　　B. 金币　　　　C. 金银币同时　　　　D. 都不是

5. 下列信用流通工具中,属于我国广义货币供应量的有(　　)。

A. 商业票据　　　　B. 储蓄存款　　　　C. 国库券　　　　D. 定期存款

E. 证券公司客户保证金

6. 在货币层次中,货币具有(　　)的性质。

A. 流动性越强,现实购买力越强　　　　B. 流动性越强,现实购买力越弱

C. 流动性越弱,现实购买力越弱　　　　D. 答案AC是正确的

二、填空题

1. 在以下活动中,货币体现的是________职能。

①一袋苹果50元;

②花6 000元买手机;

③KFC向来打工的学生支付上月工资2 304元;

④妈妈去银行支取利息360元;

⑤奶奶临终时把10块银圆留给小明;

⑥根据《马关条约》,清政府向日本支付2亿两白银。

2. ________是由足值货币向现代信用货币发展的一种过渡性的货币形态。

3. 在现代经济中,信用货币存在的主要形式是________和________。

4. 所谓流通中的货币,就是发挥________职能的货币和发挥________职能的货币的总和。

三、计算题

设某一时点我国流通中现金为10 000亿元,居民活期储蓄存款20 000亿元,居民定期储蓄存款40 000亿元,农村存款8 000亿元,企业活期存款9 000亿元,企业定期存款7 000亿元,机关团体部队存款6 000亿元,其他存款4 000亿元。试计算M_1层次点货币供应量。

四、简答题

1. 简述货币、收入和财富三者之间的关系。

2. 什么是信用货币?其基本特征是什么?

3. 论坛币、Q币等电子货币,对中央银行的货币发行和监管会带来怎样的影响?

4. 对于非法定货币的数字货币,你是持有什么态度?

5. 央行数字货币DC/EP的推出有何现实意义?

6. 谈谈你对建立亚洲货币区的看法。

7. 什么是货币制度?其主要构成要素有哪些?

8. 试述货币在经济发展中的重要作用。

五、案例分析

数字人民币的基本理念

2017年8月4日,“央行青年·复兴讲堂”举办第20期专题讲座,人民银行科技司副司长、数字货币研究所所长姚前应邀为人民银行系统广大青年职工作了一场题为《央行数字货币理论和实践探索》的精彩讲座。姚前所长指出,数字人民币(Digital RMB)基本理念可以从以下几个方面进行理解:

(一)法定货币

数字人民币由中国人民银行发行,是有国家信用背书、有法偿能力的法定货币。与比特币

等虚拟币相比，数字人民币是法币，与法定货币等值，其效力和安全性是较高的，而比特币是一种虚拟资产，没有任何价值基础，也不享受任何主权信用担保，无法保证价值稳定。这是央行数字货币与比特币等加密资产的最根本区别。

(二)双层运营体系

数字人民币采取了双层运营体系。即中国人民银行不直接对公众发行和兑换央行数字货币，而是先把数字人民币兑换给指定的运营机构，比如商业银行或者其他商业机构，再由这些机构兑换给公众。运营机构需要向人民银行缴纳100%准备金，这就是1∶1的兑换过程。这种双层运营体系和纸钞发行基本一样，因此不会对现有金融体系产生大的影响，也不会对实体经济或者金融稳定产生大的影响。

数字人民币体系(Digital Currency Electronic Payment，DC/EP)投放采用双层运营模式，不对商业银行的传统经营模式构成竞争，同时能充分发挥商业银行和其他机构在技术创新方面的积极性；数字货币投放系统保证DC/EP不超发，当货币生成请求符合校验规则时才发送相对应的额度凭证。

(三)以广义账户体系为基础

在现行数字货币体系下，任何能够形成个人身份唯一标识的东西都可以成为账户。比如说车牌号就可以成为数字人民币的一个子钱包，通过高速公路或者停车的时候进行支付。这就是广义账户体系的概念。银行账户体系是非常严格的体系，一般需要提交很多文件和个人信息才能开立银行账户。

(四)支持银行账户松耦合

支持银行账户松耦合是指不需要银行账户就可以开立数字人民币钱包。对于一些农村地区或者偏远山区群众，境外旅游者等，不能或者不便持有银行账户的，也可以通过数字人民币钱包享受相应的金融服务，有助于实现普惠金融。

资料来源：揭开央行数字货币的神秘面纱——人民银行科技司副司长、数字货币研究所所长姚前作客“央行青年·复兴讲堂”。

第二章 信用与利率

民无信不立。——孔子

世界上最强大的力量不是相对论，而是复利。——爱因斯坦

当你需要融通资金的时候，你会想到哪些方式？亲朋好友，银行，P2P网贷，不同的信用主体有什么特征？银行利率调整对你的借贷行为有何影响？利率如何决定？

思政目标

结合信用实际案例，以新时代中国特色社会主义经济思想指导金融发展，学习利率的波动，培养学生具备正确的金钱价值观、对我国社会主义经济制度优势的认同感以及信用体系建设的使命感。

第一节 信用及其形式

信用和商品货币的发展关系紧密相连，既是一个古老的经济范畴，又是金融学中一个基本概念。它是社会经济发展到一定阶段的产物，同时又以不断变化的形式及相应的工具载体反作用于社会经济，渗透到人们生活的方方面面。

一、信用的要素构成

什么是信用

经济学意义上的信用从属于商品货币的经济范畴。信用是一种借贷行为，是不同所有者之间，建立在信任基础上以还本金支付利息为条件的价值单方面转移。信用是指在商品交换或者其他经济活动中授信人在充分信任受信人能够实现其承诺的基础上，用契约关系向受信人放贷，并保障自己的本金能够回流和增值的价值运动。

(一)信用关系的要素构成

1. 信用主体

债权债务双方，即授信人与受信人。企业、政府、个人及银行等，在不同的信用中，可以扮演不同身份。

2. 信用条件

期限与利率。信用关系不是一手交钱，一手交货的买卖关系，而是货币职能中的延期支付职能，有一定的时间间隔。信用是价值在不同时间的相向运动，价值转移的时间间隔，构成货币单方面让渡与还本付息的基本条件。利息是指债权人在让渡中产生的报酬。其他信用条件，如计息方式、支付次数、本金的偿还等。

3. 信用标的

实物或者货币。

4. 信用工具

信用工具是信用关系的载体，表明债权债务关系的合法凭证，如支票、汇票、债券等。这些可以在市场上流通转让，便于扩大规模，促进经济的发展。

(二)信用产生的基础

商品交换和私有制的出现是信用产生的基础。原始社会末期社会分工出现，有了剩余产品，有了商品交换；私有制的出现产生了贫富差别，贫者为了生存就要向富者借贷，信用由此产生。商品货币关系的发展，使商品与货币在各个生产者之间分布不均衡，出现了商品需要卖，但拥有货币的人不需要买，而需要商品的人却没有货币，商品交换无法进行的情形。为解决这一问题，出现了赊购赊销的方式，即商品赊卖者或货币贷出者成为债权人，商品赊购者或货币借入者成为债务人，二者发生了债权债务关系，双方达成了到期归还并支付利息的协议，这便是典型的信用关系。

二、信用的分类

(一)按照有无中介人分类

按照借贷关系中债权人与债务人关系的不同，信用可以划分为直接信用和间接信用。

1. 直接信用

直接信用是债权人和债务人直接发生借贷行为，不需要中介人参与的信用关系。直接信用形式极其古老，历史上最初产生的借贷就是直接借贷，绝大部分高利贷都是直接借贷。随着新兴金融工具的发展，直接信贷展示了其适应经济潮流的生命力，在互联网金融蓬勃发展的今天，部分 P2P 网贷也属于直接借贷。

在商业信用、国家信用和一部分消费信用中，借贷双方不通过中介人而直接发生借贷关系，因此，它们都属于直接信用。但在现代金融体系中，直接信用往往是指一种特殊的信用形式，即借贷双方不是通过中介机构，而是在资本市场上由贷款人(债权人)直接购买借款人(债务人)发行的债券或股票来完成借贷行为，这类交易通常由投资银行来安排。

2. 间接信用

间接信用是债权人和债务人通过信用中介机构而间接发生的借贷行为。在现代信用体系中，属于间接信用的形式有银行信用、信托信用和信用合作社信用等。银行信用是典型的间接信用，也是间接信用的主体。间接信用的基本特征是借款人(债务人)和贷款人(债权人)不直接见面，互相也不需要了解，而是由信用中介机构替借贷双方办理一切信用手续。除非信用中介机构破产，在正常运营的情况下，信用中介机构，如银行，对存款者而言，是债务人，对借款人而言，是债权人；银行承担了存款人提前支取存款，贷款人到期不能还款的信用风险，但如果银行倒闭，由此造成的损失将由银行股东和存款人承担。

(二)按照有无抵押或担保分类

1. 担保信用

担保信用是指以动产(股票、债券等)或不动产(房产、汽车等)为担保品，质押或抵押给对方而取得的信用，因而又称为“对物信用”。

2. 无担保信用

无担保信用是指无须任何担保或抵押品，完全以信用为基础的授信行为，因而又称为“对人信用”。

（三）按照信用主要参与主体分类

商业信用、银行信用、国家信用、消费信用、国际信用、民间信用、证券信用等。

（四）按照信用期限的长短分类

1. 长期信用

长期信用通常指偿还期限在5年以上的信用。证券市场上常见有10年期或20年期的国债产品，企业厂商为购置机器设备、建造厂房，以及政府机构为基础设施的建设而借入的款项，通常属于长期信用。

2. 中期信用

中期信用是指偿还期限在1年以上5年以下的信用。如政府或企业发行的1～5年期的债券，银行发放的3年期贷款等均属于中期信用。

3. 短期信用

短期信用是指偿还期在1年以下的信用。这种信用多见于企业购买原材料、存货周转的流动资金需要。

三、信用工具的特征

信用工具是现代信用关系建立的重要条件之一，信用工具是指载明债权债务关系的一种凭证。信用工具的种类很多，不同的信用工具有不同的用途和特征。但总体说来，信用工具的基本特征是偿还性、流动性、风险性和收益性。

1. 偿还性

偿还性是指信用工具的发行者或债务人必须按期归还全部本金和利息。如果到期债务人未能归还，并且没有得到债权人的展期同意，那么债务人就是违约的。

信用工具一般都会注明期限，债务人到期必须偿还信用凭证上所记载的应偿付债务。如一张标明3个月后支付的汇票，其偿还期就是3个月；5年到期的公司债券，偿还期则为5年等。就偿还期而言，对持有人来说，更有实际意义的是从持有之日起到到期日之日止的时间。如一张2010年发行、2030年到期的国债，从发行到偿还是20年的期限。但如果是2016年购买的，对购买者来说偿还期限则只有14年。也有一些特例，如股票支付股息，可以随时出售，但没有偿还期限。还有一种永久性债务，这种债务往往是国债，经借款人同意后债务人无限期地支付股息，但始终不偿还本金。这是长期信用的一个极端。

偿还期限的长短对贷款人和借款人有着不同的意义。从债权人的角度来看，选择不同的期限取决于债权人对现时消费与未来消费的估计，同时还取决于债权人将能得到的收益率与对未来货币价值涨落的预期。这些因素从客观与主观上对债权人有着不同的影响。如果在收益率一定的情况下，债权人趋向于持有期限比较短的金融工具。这主要是为了防止意外的情况，期限短从而具有更多的灵活性。从债务人的角度看，通常希望偿还期限长些，这有利于债务人有更多的时间来安排债务的偿还。如果债务人想得到这样的允诺，或许不得不牺牲其他的一些收益，比如给债权人更高的利息。

2. 流动性

流动性是指金融资产可以迅速变现而不致遭受损失的能力，通常用金融资产变现成本的大小来衡量。

对持有人而言，债务人发行的信用工具或金融工具就是其金融资产。除现金和活期存款外，各种金融资产都存在不同程度的不完全流动性，即任何金融资产如果在到期之前需要转换成现实购买力的话，都可能会损失一部分利息或本金，或者要花费一些费用和时间，这些损失和费用就构成了金融资产的变现成本。金融工具的变现成本越高，其流动性就越小；反之，其流动性就越大。一般情况下，金融资产或金融工具如果具备下述两个特点，就可能具有较高的流动性。第一，发行金融资产的债务人信誉高，在以往的债务偿还中能及时足额地履行其义务；第二，债务的期限短，受市场利率的影响小，变现时遭受亏损的可能性低。

流动性、偿还期和发行人信誉三者之间的关系为：流动性与偿还期成反比，即偿还期越长，流动性越小；流动性与债务人的信誉成正比，即债务人信誉越高，流动性越大。这样说来，中央银行发行的纸币和商业银行活期存款具有最充分的流动性，政府发行的国库券尤其是短期国库券也具有较强的流动性。其他金融工具，如商业票据、企业债券、保险单和股票等，或者短期内不易脱手，或者在变现时受市场波动影响要蒙受损失，或者在交易过程中要耗费相当多的交易成本，这些因素都导致其流动性下降。

3. 风险性

风险性是指投资于金融资产的本金以及相应的利息是否会遭受损失的风险。信用工具面临的风险主要有两类：一类是债务人违约风险；另一类是市场风险。

债务人违约风险是指债务人不履行债务的风险，即债务人不能按约定的时间和利率足额偿还债务的风险。对债权人来说这是最致命的风险。这种风险主要取决于债务人的还款能力和还款意愿。通常认为信誉好和社会地位高的债务人发行的信用工具风险性小一些。例如，政府发行的国债与企业债券相比，人们普遍会认为国债的风险性小于企业债券。就某一特定的债务人而言，其所承担的不同债务也有风险大小之分，因为不同债务对同一债务人的资产或收入的要求权有先后之别。例如，某一有限股份公司因遭破产而清算，按《中华人民共和国企业破产法》规定，剩余资产或收入应先偿还银行贷款，其次是债券持有人，然后为优先股的持有人，最后为普通股的持有人。因此，从债务人违约风险这个角度分析，股票的风险大于债券，普通股的风险大于优先股。

市场风险是指金融资产的市场价格随市场利率的上升而跌落的风险，当利率上升时，有价证券的市场价格就下跌；当利率下降时，有价证券的市场价格就上涨。债券的偿还期越长，则其价格受利率变动的影响就越大，市场风险也越大。

金融资产的风险性也可以理解为它的安全性，这是风险的另一面。一般来说，金融资产的安全性与偿还期成反比，即偿还期越长，其风险越大，安全性越低；与流动性成正比，与债务人的信誉也成正比。

4. 收益性

收益性是指金融资产能够定期或不定期给持有人带来收益的特性。收益性是通过收益率来表示的，收益率是净收益对本金的比率，有名义收益率、当期收益率和实际收益率之分。

一般说来，金融资产的收益性与它的风险性成正比，与安全性和流动性成反比。也就是说，金融资产的风险性越大，人们要求的回报率就越高；反之，金融资产的流动性越强，安全性越高，债务人支付的成本越低。

四、现代信用的主要形式

信用作为一种借贷行为，是通过一定形式表现出来的，表现信贷关系特征的形式称为信用形式。

(一)商业信用

1. 定义

商业信用是指工商企业之间相互提供的以商品交易直接相关联的信用,指在进行商品和劳务交易时以延期支付和预付货款的形式提供的信用。不论是用货币还是用商品提供,必须与商品交易直接联系在一起。商业信用形式多样化,包括企业之间以赊销、分期付款、委托代销等方式提供的信用,以及在商品交易中以预付款或者定金形式提供的信用。商业信用的典型形式是赊销,产生应收账款管理、融资及其坏账。

2. 商业信用优点及其局限性

商业信用的债权人和债务人都是企业,贷放出去的是商品资本。因此商业信用的优点在于:方便及时;有利于横向经济联系;节约交易费用。但在具体运作中暴露出来的局限性不容忽视。

(1)具有方向性。受商品流向限制,一般是上游企业给下游企业提供。商业信用是以商品买卖为前提的,比如纺织工业中,织布厂、印染厂、纱厂之间可以相互提供商业信用;又如生产钢材的企业只能与机器制造企业之间发生信用关系,一般不能与纺织企业建立商业信用关系。

(2)信用规模有限,商品和资金受企业规模限制。因为商业信用在企业之间进行,只能在它们之间对现有资本进行再分配,而不能在此之外再获得追加资本。而从个别大厂商来看,其以延期付款方式出售的商品,也并非它的全部资本,只是暂时不用于再生产过程中的那部分资本,主要是再生产过程最后阶段的商品资本和可以出售的半成品。

(3)范围有限,一般是供求双方。商业信用发生在两个相互了解的企业之间,尤其是卖方一定要了解买方的支付能力和信用能力,否则在两个没有交易、互不往来、缺乏了解的企业之间不会发生商业信用。另外,商业信用只能解决短期资金融通的需要。

(4)信用关系具有不稳定性。商业信用是在众多企业之间发生的,经常形成一条债务链,如果某一个企业到期不能偿还债务,就会引起连锁反应,触发信用危机。而国家调节机制对商业信用的控制能力又十分微弱,商业信用甚至与中央银行调节措施的反应完全相反,如中央银行紧缩银根,使银行信用的获得较为困难时,恰恰为商业信用活动提供了条件。只有当中央银行放松了银根,使银行信用的获得较为容易时,商业信用活动才可能相对减少。

(二)银行信用

1. 定义

银行信用是指银行或其他金融机构通过货币形式,以存贷款、贴现等多种业务形式提供的信用。主要表现形式是吸收存款和发放贷款,以及开出汇票、支票、开立信用账户、发行货币等。银行信用和商业信用一起构成经济社会的信用主体。

2. 银行信用的优点及其局限性

银行信用是在商业信用的基础上发展起来的,它突破了商业信用的局限性,比商业信用更适应社会化大生产的需要,对商品经济的发展起巨大的推动作用,标志着信用制度更加完善。与商业信用相比,银行信用具有广泛性、综合性、创造性和稳定性特点;具有专业化规模,可以转化为长期资金。2017 年底,我国银行贷款总规模已接近 120 万亿元。

局限性:信用风险,形成银行不良资金,信用链条倒闭,引发破坏性大的信用危机,因此,信用风险的防范与管理是银行信用的核心。

(三)国家信用

国家信用又称公共信用,是指政府以债务人身份筹集资金的形式。通常国家信用的债务人是国家(政府),债权人是购买债券的企业和居民等,但有时国家也以债权人的身份有偿让渡筹集的部分社会财力,用于生产建设和公共事业。

国家信用的重要性是随着国家干预经济加深及其财政赤字的增长而显现出来的,有以下几种实现形式。

1.发行国家债券

国家债券简称国债。这是一种长期负债,一般在1年以上、10年或10年以上。政府发行这种债券,往往是进行大型重点项目投资或较大规模的建设,但在发行时并不注明具体用途和投资项目。

2.发行国库券

这是一种短期负债,主要是为解决财政年度内先支后收的问题。国库券以1年以下居多,一般是1个月、3个月、6个月。

3.银行透支或借款

透支是一种自动贷款,对借款人的约束力比较小,借款的偿还期限也比较长。1994年以前,我国财政部门可以向中国人民银行进行透支和借款,从1995年开始,财政赤字只能通过发行国库券和长期债券的方式解决。

现代经济的特点之一是国家债务在不断增加,几乎各国都存在这一特点,即赤字预算。赤字预算的大部分国家是为发展经济和维持国家机器的正常运转,而弥补赤字的主要手段就是发行公债,所以发行公债是国家信用的主要方式。

国家公债主要依靠金融机构来发行,推销的对象主要是银行、股份公司和个人,也可以通过银行向各类投资基金进行销售。

(四)民间信用

民间信用是民间个人之间的借贷往来。它主要分散在城乡居民群众中,尤其是乡镇。民间信用有以货币形式提供的,也有以实物形式提供的,历史悠久,随信用的产生而产生。

民间信用大都根据生活和生产需要在个人之间临时无组织地进行,但有些数额大、时间长,非一家一户所能解决,故也产生了一些民间信用的临时组织形式,如摇会、标会、轮会等,通称合会。

中国目前的民间信用有两大发展趋势。

1.规模范围扩大

借贷范围从本村本乡发展到跨乡、跨县甚至跨省;交易金额从几十元、几百元发展到几千元甚至上万元;借贷双方关系从亲朋好友发展到非亲非故,只要信用可靠,即可发生借贷关系;借贷期限发展到长达1～2年,最长5～10年。

2.借款用途多样化

从解决温饱、婚丧嫁娶或天灾人祸等生活费用和临时短缺需要,发展到以解决生产经营不足为主,主要用于购买生产资料、运输工具、扩大再生产,一部分大额借贷用于建房。城市居民之间发生借贷主要用于购买耐用消费品或个体户用于生产经营。

民间信用毕竟是一种自发的、盲目的、分散的信用活动,是一种较为落后的信用形式,因此,在充分发挥民间信用积极作用的同时,也应防止其消极的一面。

(1)风险大。具有为追求高盈利而冒险、投机的盲目性。

(2)利率高。有干扰银行和信用社正常信用活动、扰乱资金市场的可能性。

(3)借贷手续不严。容易发生违约,造成经济纠纷,影响社会安定。

由于民间信用具有上述消极作用，这就要求在承认并利用其积极作用的同时，对这种信用活动适当加以管理，采取积极措施，对其加以引导，使其逐步合法化、规范化。

专栏 2-1 案例讨论

温州民间借贷危机

2011 年 3 月～10 月，股市震荡，赚钱效应大减，而另一方面，银行收紧信贷，导致民间借贷利率水涨船高，在广州等沿海地区，月息普遍高达 5%～10%，一年下来，放贷收益率高到 50%～60%，赚钱效应凸显。一时之间，无论是沿海地区，还是内陆市场，民间借贷盛行起来。2011 年 10 月，温州民间借贷利率持续高涨的问题引发广泛关注。记者获得的当地相关监管机构监测信息显示，当地民间借贷中介机构年化最高利率为 39%～40%，这可能还稍低于实际水平。不过对借款人来说，实际利率高低已经退居其次。

随着“老板跑路”的事件不断增加，温州民间借贷危机爆发。

2011 年 10 月 3 日至 4 日，国务院总理温家宝到浙江，就当地经济运行情况进行调研。4 日下午，温家宝在温州主持召开会议，听取浙江省温州市关于小企业发展情况汇报。而其针对温州金融和经济危机问题的调研，成为各界关注的焦点。

温家宝在温州调研期间，与企业、金融机构召开三次座谈会，向企业负责人详细询问中小企业生产经营、小额贷款公司和民间信贷的情况。

2011 年 4 月份开始，温州部分中小企业的资金链出现断裂，有多达 90 个企业老板因欠下巨债而外逃，初步估计相关的信贷规模达到了 200 亿元。

一份政府机构的报告显示，2011 年温州民间高利贷中介已经出现系统性风险，全市公安系统受理的有关民间借贷的案件共 7400 多起，涉案金额 50 亿元，8 月份以后趋势更加明显，当月立案金额超 11 亿元。截至 2011 年 9 月 20 日，当地银行上报倒闭企业 32 家，其中 7 月份以来发生 23 家。

中央提出：一是在金融贷款的结构上加以调整，重视对小型企业包括微型企业的支持；二是财政部对企业税负要继续进行结构性调整，这是 2011—2012 年的重要任务。而结构性减税的重点，是小型和微型企业。加大财税政策对小型和微型企业的支持力度，延长相关税收优惠政策的期限，研究进一步加大政策优惠力度。

案例讨论：

1. 温州民间借贷危机爆发的原因是什么？
2. 请通过温州民间借贷盛行的现象分析民间借贷这种信用形式的利弊。

资料来源：《21 世纪经济报道》，2011.10.9

(五)消费信用

消费信用是指企业、银行和其他金融机构向消费者个人提供的，用于生活消费目的的信用。消费信用与商业信用、银行信用的主要区别，在于授信对象和授信目的不同。从授信对象来看，消费信用的债务人是消费者，即个人与家庭。从授信目的来看，消费信用是为满足和扩大消费者的消费需求，如信用卡的使用、旅游贷款、助学贷款、汽车贷款、住房贷款等。

消费信用的提供有如下几种方式：

1. 赊销

赊销是指零售商对消费者提供的短期消费信用，即延期付款方式销售。西方国家对一般消费信用采用信用卡方式，即由银行或其他金融机构发给消费者信用卡，消费者可凭卡在约定单位购买商品或做其他支付，定期结算清偿。

2.分期付款

购买消费品时，消费者只支付一部分货款，然后按合同分期加息支付其余货款，多用于购买高档耐用消费品或房屋、汽车等，属中长期消费信用。

3.消费贷款

银行及其他金融机构采用信用放款或抵押放款方式，对消费者发放贷款，规定期限偿还本息，有的时间可长达二三十年，属中长期消费信用。

消费信用在一定条件下可以促进消费品的生产与销售，甚至在某种条件下可以促进经济的增长。

但是消费信用在一定条件下会产生消极作用，消费信用发展得过快，容易导致超前消费，助长信用膨胀，造成市场的虚假繁荣，促使物价上涨，对经济产生消极影响。

在我国，随着经济体制改革和社会主义市场经济的建立与完善，各种信用形式得到广泛的发展，形成了以银行信用为主，多种信用形式并存的信用格局。

专栏 2-2 看现象学理论

消费信用贷款知多少？

如今，是一个消费的时代，国家要把内需打造成新的经济增长动力。随着居民收入的增加，大家的消费热情也高涨了起来。伴随着大家高涨的消费热情，消费金融在这两年也开始变得火热，“无抵押、无担保、快速放款”似乎成了所有消费金融广告的标配。消费金融可以简单地理解为用于消费的信用贷款，在消费金融公司、网贷平台争抢市场份额的时候，传统银行在这两年也开始逐渐重视消费信用贷款，各种类型的消费信用贷款产品增加了不少。下面我们就来一起了解下消费信用贷款。

1.额度30万元以下自由支配

银行消费信用贷款的放款方式分为两种，一种是受托支付，直接付给贷款人的交易对象；另一种是直接打到贷款人的账户，由其自由支配。消费信用贷款额度超过30万元时，银行必须按照银监会的要求采用受托支付，不能把钱直接打给贷款人，而是要通过受托支付，直接付给贷款人的交易对象；当消费信用贷款的额度不超过30万元时，银行可以直接打款到贷款人的账户，由其自由支配。各家银行针对30万元以下的消费信用贷款产品繁多，门槛也各有不同。

2.四大行门槛高

通过消费金融公司或网贷平台，贷款人通常能够快速地拿到贷款，但这些公司也因为高利和暴利催收广受贷款人的诟病，银行因其专业性和相对合理的利息更容易受到贷款人的信赖。四大国有银行属于不差钱的“高冷范儿”，它们对消费信用贷款的热情不高。目前，农业银行几乎不做消费信用贷款业务；工商银行和建设银行只对邀请客户提供消费信用贷款业务；中国银行除了针对邀请客户提供消费信用贷款业务外，同样也为普通用户提供这项业务，但是准入门槛较高且额度较低，本地有房产是准入门槛之一。

虽然四大行的门槛较高，但许多消费者依然倾向选择国有银行进行消费信用贷款，主要原因是国有银行的贷款利率在同业中处于较低水平。以北京一年期消费信用贷款为例，工商银行的利率为5.22%，建设银行的利率为5.6%，中国银行贷款无利率，但要收取4%的手续费。

3. 主流年利率6%左右

四大行的消费信用贷款对普通用户来说申请难度较大，放款的效率也较低，但是除四大行之外，很多商业银行也提供消费信用贷款，并且申请难度相对于四大行要小不少。

以广州地区为例，广发银行消费信用贷款主要根据公积金缴纳基数决定授信额度，一般为公积金缴纳基数的12～15倍，最长贷款期限为3年，利率根据贷款人的信用资质进行定价，范围在6.8%～13%。

招商银行的消费信用贷款利率一般在6%～10%，最长期限为10年。

渣打银行消费信用贷款月利率根据客户资质在1.0%～1.5%浮动，但如果一次性申请15万元以上额度的消费信用贷款，则可按照1%的最低月利率贷款。因为外资银行是本息递减的算法，所以折合下来年利率在6.6%左右，是比较划算的。

资料来源：新浪财经，《消费信用贷款知多少？》，2017.1.26

第二节　利息与利率概述

信用为资源的跨期配置提供了可能，利率则给出了资源的时间价格。利息和利率是“货币银行学”中非常重要的一对概念，有着丰富的内涵和外延。

一、利息

（一）利息的含义

利息是在借贷活动中，债权人除收回本金外，额外获得的收入，是借款者为使用一段时间的资金，而对债权人支付的报酬。从数量上看，就是超过本金的那部分金额。利息是资金借入者的成本，资金借出者的报酬。在借贷行为中，原来所借的资金称为本金。利用本金的时间长度称为投资期。

（二）对利息的理解

利息是与信用相伴相生的经济范畴。在借贷行为发生时，贷款者不会无代价地将其资金转让给他人使用，通常会要求资金的使用者在归还借款时，加上本金的一定比例作为借款的代价。

我们可以从货币在经济生活中的作用来理解利息。在现代经济中，货币是唯一的购买力。从消费的角度看，货币可以用来购买消费品，满足消费者的欲望，那么，出借货币资金的人就是推迟了自己的即期消费，因此，应该获得补偿，利息是延期消费的报酬。

从生产的角度看，货币可以用作生产资本，资本所有人提供生产资本，可以有两种方式：一种方式是直接提供厂房、机器等生产设备，另一种是提供货币，由借款者自己采购生产资料。信用经济中，通常采取的是后一种方式。因此，一般所称的资本，指的是货币资本（Money Capital），利息即指这种货币资本所有人出借货币资本所获得的报酬。换言之，货币资本在现代社会中是资本的标准形态，而利息则被视为资本利得。

二、利率的概念、表示方法及计算

利率是对利息的量化规定，利率的存在使利息的计算和支付变得可操作。以信用为基础的利率，对个人理财、公司决策及政府宏观管理都至关重要。

（一）利率的概念

利率，是指借贷期间内所形成的利息额与所贷资金额的比率，日常简称为利率。用公式表

述，即

$$利息额=借贷本金额\times期限\times利率$$

现实生活中的利率都是以某种具体形式存在的。如3个月期贷款利率，1年期储蓄存款利率，6年期国债利率，可转让大额定期存单利率，贴现利率，等等。金融市场越发达，金融工具的交易越活跃，利率的种类也就越多。在我国有中国人民银行基准利率，有金融机构法定存贷款利率，有全国统一同业拆借市场利率，有各种外汇存贷款利率，还有各种债券利率，等等。

由于借贷期限有长有短，因此，利率也有长短期之分。通常将1年期以下借贷合同的利率称为短期利率；1年期以上借贷合同的利率称为长期利率。在大多数情况下，长期利率的利率水平要高于短期利率的利率水平。

（二）利率的表示方法

利率是资本的时间价值，表现为一定时期内利息额与本金之比。因此，利率通常表示为年利率、月利率和日利率。年利率是以年为时间单位计算利息，用百分之几（%）来表示；月利率是以月为时间单位计算利息，用千分之几（‰）来表示；日利率，习惯叫“拆息”，是以日为单位计算利率，用万分之几（‱）来表示。在实际生活中，利率通常用年利率表示。

年利率、月利率和日利率的计算关系是：

$$日利率\times30=月利率\quad 月利率\times12=年利率$$

或

$$年利率\div12=月利率\quad 月利率\div30=日利率$$

在中国的传统习惯中，有用“厘”和“分”表示利息的习惯。不论是年息、月息，还是拆息，都可以用“厘”作单位，但意义不同。年息3厘是指3%，如果借款1万元，1年要支付的利息为300元；月息3厘是指3‰，如果借款1万元，1个月要支付的利息为30元，一年的利息是360元；拆息3厘是指0.3‰，如果借款1万元，每日的利息是3元，一年按360天计，全年要支付利息1080元。分是厘的10倍，如“月息3分”就是3%。这些习惯在民间借贷中还保留着。

（三）利率的计算

1.单利

所谓单利，是指仅按本金和时间的长短计算利息，本金所生利息不加入本金重复计算利息，其计算公式为

怎样计算利息

$$I=P\times r\times n$$

$$S=P(1+r\times n)$$

式中，I为利息额；P为本金；r为利率；n为借贷期限；S为本金和利息之和，简称本利和。整个借贷期内不把前周期中的利息加入本金计算。

特点：本金在借贷期内每个间隔时间所产生的利息额是相等的。单利与本金、计息周期、利率成正比。

2.复利

复利指以本金及其累计利息为基数计算的利息。复利是一种将上期利息转为本金并一并计息的方法。其计算公式为

$$S=P(1+r)^n$$

$$I=S-P$$

式中，I为利息额；P为本金；r为利率；n为借贷期限；S为本利和。

复利的计算公式是根据单利的计算公式推导出来的：根据单利的计算方法，第一期本利和$S_1=P(1+r)$；

假定到第二期，将第一期的利息加入为第二期的本金，即第二期的本金等于第一期的本利和，则有

$$S_2 = S_1(1+r)$$

因为 $$S_1 = P(1+r)$$

所以 $$S_2 = P(1+r)(1+r) = P(1+r)^2$$

到第 n 期，则有

$$S_n = P(1+r)^n$$

下面举例说明单利和复利的计算。

假如，有一笔为期 5 年、年利率为 10％的 1 万元贷款，如果按单利计算利息，利息额与本利和分别为

$$I = 10\ 000\text{元} \times 10\% \times 5 = 5\ 000(\text{元})$$

$$S_n = 10\ 000\text{元} \times (1 + 10\% \times 5) = 15\ 000(\text{元})$$

如果按复利计算利息，本利和与利息额分别为

$$S_n = 10\ 000\text{元} \times (1+10\%)^5 = 16\ 105.1(\text{元})$$

$$I = 16\ 105.1\text{元} - 10\ 000\text{元} = 6\ 105.1(\text{元})$$

显然，在同一利率水平下，按复利计息比按单利计息可多得利息 1 105.1 元。根据我国现行利率政策，活期存款每年结息一次，结息日为每年的 6 月 30 日，利息计入本金起息，因而活期存款计息带有一定的复利性质，其余各类存款均按单利计息。我国各项贷款均依单利按季结息，每季度末月第 20 日为结息日。

专栏 2-3 看现象学理论

神奇的复利

故事一 假如曾贷出一盎司黄金

在公元元年 1 月 1 日贷出一盎司黄金，如果年利是 3％，过了 2 000 年，本利和分别按单利和复利计算，其结果会有多大的差别呢？

单利法：$1 \times (1 + 3\% \times 2\ 000) = 61$(盎司)

复利法：$1 \times (1 + 3\%)^{2000} = 4.725\ 5 \times 10^{25}$(盎司)

故事二 假如印第安人会投资

1626 年，荷属美洲新尼德兰省总督 Peter Minuit 花了价值大约 24 美元的珠子和饰物从印第安人手中买下了曼哈顿岛。到 2000 年 1 月 1 日，曼哈顿岛价值大约 2.5 万亿美元。

假如当时的印第安人会投资，使 24 美元能够达到 7％的年收益率，那么，到 375 年后的 2000 年的 1 月 1 日，他们可买回曼哈顿岛。

$$24 \times (1+7\%)^{375} = 2.506\ 8(\text{万亿})$$

资料来源：谢海涛. 我最需要的金融常识书[M]. 上海：上海财经大学出版社，2011.

三、终值与现值

与利率相关的还有终值与现值的概念。利息是个时间性很强的概念，这是因为利息反映了现在购买力和将来购买力的交换，通过利率可以计算现在的一笔资金，例如，1 万元，在未来是多少钱；也可以计算未来的一笔资金 1 万元，等于今天的多少钱。这就是终值与现值的概念。

(一)终值

通俗地说，一段时期内的资金在将来某一时点值多少钱是“终值”，其计算公式就是复利本利和的计算公式。

$$S=P(1+r)^{n}$$

(二)现值

将来一段时期内的资金在现在值多少钱是“现值”。这个“逆算出来的本金”称“现值”，也称“贴现值”。

$$P=S\times\frac{1}{(1+r)^{n}}$$

在市场利率可预期的条件下，任何一笔资金都可以运用复利计算公式计算其终值；反过来，也可以运用复利计算公式计算它的现值。

现值与终值的应用范围很广，例如，银行贷款定价、有价证券交易、保险精算、财务管理、工程概算等都会用到。

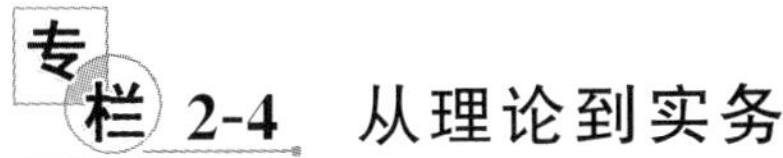

专栏 2-4　从理论到实务

现值概念的运用

比如说，我们要投资一项需要 10 年建成的工程，有以下两种投资方案：

甲方案：第一年投入 5 000 万元，此后 9 年每年年初再投资 500 万元，共投资 9 500 万元。

乙方案：每年年初投资 1 000 万元，共投资 1 亿元。

请问哪种投资方案更经济？为什么？(把不同时间、不同金额的投资换算成统一时点的值，再进行比较)(表 2-1)。

表 2-1　　**投资方案比较**

	甲方案		乙方案	
年份	投资额	现值	投资额	现值
1	5 000	5 000	1 000	1 000
2	500	454.55	1 000	909.09
3	500	413.22	1 000	826.45
4	500	375.66	1 000	751.31
5	500	341.51	1 000	683.01
6	500	310.46	1 000	620.92
7	500	282.24	1 000	564.47
8	500	256.58	1 000	513.16
9	500	233.25	1 000	466.51
10	500	212.04	1 000	424.10
合计	9 500	7 879.51	10 000	6 759.02

资料来源：姜旭朝. 货币银行学[M]. 北京：经济科学出版社，2010.

(三)收益率

一张债券的票面利率固然反映了资金借贷的成本和收益，但是如果考虑到债券的交易价格，对借贷双方而言，更有现实意义的是收益率。收益率是净收益对本金的比率，有名义收益率、当期收益率和实际收益率之分。债券是金融市场上主要的交易品种，下面以债券为例，介绍在单利条件下，不同收益率的概念和计算方法。

1. 名义收益率

名义收益率是名义收益与本金的比率，或者说是债券的票面收益与票面金额的比率。计算公式为

$$名义收益率=年利息收入/面值\times 100\%$$

例如，某种债券票面金额为 100 元，10 年还本，每年利息为 5 元，其名义收益率就是 5%。

2. 当期收益率

当期收益率是名义收益与实际交易价格的比率，或者说是债券的票面收益与其市场价格的比率。计算公式为

$$当期收益率=年利息收入/市场价格\times 100\%$$

例如，上述债券可以在市场上自由买卖，某日的成交价格为 95 元，则当期收益率就是 5 元/95 元×100%=5.263%。

3. 实际收益率

实际收益率是实际收益与实际交易价格的比率，或者说是将当期收益和本金损益共同计算在内的收益率。计算公式为

$$实际收益率=\frac{年利息额+\dfrac{卖出价-买入价}{持有年限}}{买入价}\times 100\%$$

如果未持有到期就卖出，形成的买卖差价称为资本利得或资本赢利，资本利得可以为正也可以为负。

如果一直持有到期，未卖出，则面值与市场价格之差是资本利得，实际收益率公式可以表示为

$$实际收益率=\frac{年利息额+\dfrac{面值-买入价}{持有年限}}{买入价}\times 100\%$$

仍以上述债券为例，某投资者以 95 元在市场上买入该债券并持有到期，那么实际收益率为 5.789%。

$$年利息收入=5\text{ 元}$$

$$资本赢利=面值-市场价格=100\text{ 元}-95\text{ 元}=5\text{ 元}$$

$$实际收益=50\text{ 元}+5\text{ 元}=55\text{ 元}$$

$$实际收益率=55\text{ 元}\div 10\text{ 年}\div 95\text{ 元}\times 100\%=5.789\%$$

如果买入价格为 105 元，资本赢利为负 5 元，实际收益率则为 4.286%。可见，实际收益率与名义收益率成正比，与债券的交易价格成反比。

第三节　利率的种类

在现实经济生活中，由于利率是以各种金融交易的合同价格的形式出现的，因此利率的具体种类有很多。但是，根据利率的性质、形成机制和经济含义等因素，又可以将利率分成几大类。

利率是什么？
跟老百姓有什么关系？

一、基准利率

基准利率是在利率体系中起核心作用、能够制约和影响其他各种利率的利率，也称中心利率。基准利率的变化决定了其他各种利率的变化。

基准利率必须具备以下几个基本特征：

1. 稳定性

基准利率要求有很好的稳定性，并且能够为中央银行所控制。

2. 市场化

基准利率不仅要能够反映资金市场的实际供求，还要能够反映市场供求的预期，因此，理想的基准利率首先应该是一个市场化的利率，具有广泛的市场参与性。

3. 基础性

基准利率应在利率体系、金融产品价格体系中处于基础性地位，与其他金融市场的利率或金融资产的价格具有较强的关联性。

4. 传递性

基准利率所反映的市场信号，或者中央银行通过基准利率所发出的调控信号，能有效地传递到其他金融市场和金融产品价格上。

世界上影响最大的基准利率有伦敦同业拆放利率（London Interbank Offered Rate，LIBOR）和美国联邦基金利率（United States Federal Funds Interest Rate）。基准利率一旦形成，其他金融交易合同的利率通常就是在基准利率的基础上加若干个百分点。例如，我国的外汇贷款利率就是采用 LIBOR 加点的方法确定的。

在利率市场化条件下，融资者衡量融资成本，投资者计算投资收益，客观上都要求有一个普遍公认的基准利率水平做参考。所以，基准利率是利率市场化机制形成的核心。目前，我国金融市场最为接近基准利率的利率为上海银行间同业拆放利率（Shanghai Interbank Offered Rate，SHIBOR）。

什么是 SHIBOR？

1. SHIBOR 的概念

SHIBOR 意思是上海银行间同业拆放利率，是 Shanghai Interbank Offered Rate 的英文缩写。这个利率普通用户接触不多，但是经常出现在股市新闻中，是金融行业中非常重要的利率之一。

SHIBOR、LIBOR、美国的联邦基金利率都是一个意思，就是各国的银行间同业拆借利率。

所谓银行间同业拆借，其实就是指银行间互相借钱的行为。银行除上缴或留存一部分存款准备金外，部分银行账面上会留有超额准备金，同时一部分银行的账面上会出现准备金短缺的现象。一旦银行间的超额准备金出现交易市场，那么拆出（贷方）和拆入（借方）便可以在一定利率的基础上进行准备金的借贷交易。

2. SHIBOR 的形式有哪些？

SHIBOR 的形式有隔夜利率、1 周利率、隔周利率、1 个月、3 个月、6 个月、9 个月、12 个月利率等形式，给银行间的拆借提供指导价格。

3. SHIBOR 的意义是什么？

SHIBOR 是根据 18 家商业银行组成的报价行，每天给出的报价平均值计算出来的，但这个报价并不是成交报价，对报价单位的资金价格没有任何约束力，所以造成 SHIBOR 价格严重偏离市场资金价格，尤其以长期为甚，短期一个月以内还有一些参考价值，长期的报价与市场价相差 200～300 基点，从这个角度看，质押式回购利率更能反映市场情况。

如果 SHIBOR 的报价与实际资金价格偏差很大，那它的意义是什么呢？SHIBOR 的意义在于，这是一个了解银行资金是否充足的晴雨表。每当中国人民银行上调存款准备金率或者有上调预期时，SHIBOR 会有一定幅度的上升。而一旦 SHIBOR 下行，意味着银行资金充足，市场偏宽松，这就为投资业在进行市场资金面分析时提供了一个重要的指标。

4. SHIBOR 是如何发布出来的？

SHIBOR 的发布流程是这样的：首先由中国人民银行成立 SHIBOR 工作小组，依据《SHIBOR 实施准则》确定和调整报价银行团成员，监督和管理 SHIBOR 运行，规范报价行与指定发布人行为。

然后，全国银行间同业拆借中心授权 SHIBOR 报价计算和信息发布。

最后，每个交易日根据 18 家报价行的报价，剔除最高和最低各 4 家报价，对其余报价进行算术平均计算后，得出每一期限品种的 SHIBOR，并于 9:30 对外发布。

二、市场利率、官定利率和公定利率

（一）市场利率

市场利率是由市场上资金供求决定的、可以自由变动的利率。例如，我国银行间同业拆借市场的利率就是由资金买卖双方商定的利率，利率水平完全由交易双方协商决定，体现了货币市场的资金供求状况。

（二）官定利率

官定利率是由政府金融管理部门或者中央银行确定的利率，又称法定利率或计划利率。世界上绝大多数国家包括美国、日本等市场经济国家，都经历过利率管制。金融管理部门或者直接规定利率水平，或者规定利率浮动范围。我国目前正处于从计划利率体制向市场利率体制过渡的阶段，在利率体系中一部分利率已经实现了由市场供求决定，如货币市场利率、国债市场利率（收益率）等，但利率的主体——银行的存贷款利率，还是以计划管制为主。各金融机构只能在规定的幅度内，在中国人民银行确定的基准利率上下浮动。

（三）公定利率

公定利率是由非政府部门的民间金融组织，如银行公会等所确定的行业利率。这种利率对会员银行有较强的约束性。例如，香港银行业所遵循的利率就是由香港银行公会对外公布的。

三、名义利率与实际利率

根据利率是否包含了货币贬值因素，可以将利率分为名义利率和实际利率。

所谓名义利率就是用名义货币表示的利率，表现为某一时点上的市场利率，如银行的挂牌利率；实际利率就是在某一定时点上对物价变动因素进行剔除后的利率。名义利率与实际利率的近似关系是

$$实际利率=名义利率-通货膨胀率$$

因此，决定实际利率的是名义利率和通货膨胀率两个因素。如果币值不稳定，即使名义利率相对稳定，实际利率也会发生变化。实际利率是使用资金的真实成本，其波动将会对货币资

金的供求状况以及人们的资产选择行为产生影响。因此，了解实际利率与名义利率的关系非常重要。

例如：

张三从李四处借 1 年期贷款 1 万元，年利息额 400 元，如果当年的物价没有变化，即通货膨胀率为 0，则名义利率与实际利率相等，都是 4%。如果该年的通货膨胀率为 3%，张三年末收回的 1 万元本金实际上仅相当于年初的 9 709 元（10 000 元/103%＝9 709 元），本金损率近 3%。为避免通货膨胀给本金带来的损失，并且保证张三获得 400 元的利息收入，必须把贷款利率提高到 7%左右。这个 7%就是名义利率，4%就是实际利率。

上面说到的名义利率与实际利率的关系是比较粗略的。因为，通货膨胀不仅会使本金部分贬值，也会使利息部分贬值。如果考虑这一点，名义利率还应做向上的调整。设 r 为名义利率，i 为实际利率，P 为通货膨胀率，那么，名义利率的计算公式就可以写为

$$r=(1+i)(1+P)-1$$

这样，上面的例子中，名义利率 $r=(1+4\%)(1+3\%)-1=7.12\%$，而不是 7%。

名义利率计算公式的推导如下：

设 S_n 为按名义利率计算的本利和，Sr 为按实际利率计算的本利和，则有等式

$$S_n=S_r(1+P)$$

设 A 为本金，则

$$S_n=A(1+r),S_r=A(1+i)$$

$$A(1+r)=A(1+i)(1+P)$$

$$1+r=(1+i)(1+P)$$

于是，可得

$$r=(1+i)(1+P)-1$$

$$i=(1+r)/(1+P)-1$$

这是目前国际上通用的计算实际利率的公式。

因此，在纸币流通条件下，货币购买力的波动会导致实际利率的变化：假设名义利率不变，货币贬值，即通货膨胀指数大于零时，实际利率低于名义利率；如果货币升值，即通货膨胀指数小于零时，实际利率就会高于名义利率。

现实中，实际利率可能为负。当通货膨胀率高于名义利率时，实际利率为负，这就是通常所说的“负利率”。

但名义利率不可为负。当货币的升值率大于实际利率时（如通货紧缩时期），名义利率会极大地下降乃至逼近于零，但一般不会降到负利息。这是因为利息不仅包含通货膨胀风险的补偿，还包含对机会成本和信用风险的补偿。

专栏 2-6　从理论到实务

通货膨胀率、名义利率与实际利率

1988 年，我国出现了严重的通货膨胀，当年的物价上涨率高达 18.5%，中国人民银行于当年的第四季度推出了保值储蓄存款。

中国人民银行推出保值储蓄存款依据的经济原理是：在信用货币制度中，由于货币数量发行过多会导致货币贬值，因此，货币的名义利率与实际利率并不一致。如果通货膨胀率高于市场利率（名义利率），实际利率就为负值，存款人将钱存入银行不但不能得到利息收入，本金的

实际价值也在减少。因此,负利率会导致存款减少,同时也侵蚀了公众财富。因此,人们更关心的是实际利率。在通货膨胀时期,如果名义利率不能随通货膨胀率进行相应调整,人们储蓄的积极性就会受到很大的打击。

1988年,我国的通货膨胀率高达18.5%,而当时银行存款的利率远远低于物价上涨率,居民在银行的储蓄不仅没有增值,就连本金的实际购买力也在日益下降。那么,对一个理性的人来说,最理性的行为就是减少货币储蓄,增加实物储蓄。当时的情况是,老百姓到银行排队取款,然后抢购商品,以保护自己的财产,由此发生了1988年夏天银行挤兑和抢购风潮。

针对这一现象,中国人民银行于1988年第四季度推出了保值存款,将名义利率大幅度提高,并对通货膨胀所带来的损失进行补偿。保值贴补率使总名义利率补偿了货币贬值给存款人带来的损失,总名义利率等于年利率和通货膨胀补贴率之和,使存款实际利率重新恢复到正数水平。以1989年第四季度到期的3年定期存款为例,从1988年9月10日(开始实行保值贴补政策的时间)到存款人取款这段时间内的总名义利率为21.5%,而这段时间内的通货膨胀补贴率仅为17.8%,因此,实际利率为3.7%(表2-2)。实际利率的上升使存款的利益得到了保护,人们又开始把钱存入银行,使存款下滑的局面很快得到了扭转。

表2-2　　1988年出台3年定期存款的保值利率

存款到期时间	年利率%	通货膨胀补贴率%	总名义利率%
1988年4季度	9.71	7.28	16.99
1989年1季度	13.14	12.71	25.85
1989年2季度	13.14	12.59	25.73
1989年3季度	13.14	13.64	26.78
1989年4季度	12.14	8.36	20.50

资料来源:《中华人民共和国国务院公报》1988年第18号

四、固定利率和浮动利率

按照货币资金借贷关系持续期间内利率水平是否变动来划分,可以将利率分为固定利率和浮动利率。

固定利率是指在整个借贷期限内,不随物价或其他因素的变化而调整的利率。固定利率在稳定的物价背景下便于借贷双方进行经济核算,能为微观经济主体提供较为确定的融资成本预期。但若存在严重的通货膨胀,固定利率则有利于借款人而不利于贷款人。

浮动利率是指在借贷期限内随物价或其他因素变化相应调整的利率。借贷双方可以在签订借款协议时就规定利率可以随物价或其他市场利率等因素进行调整。浮动利率可避免固定利率的某些弊端,但计算依据多样,手续繁杂。

第四节　利率的决定与影响因素

利率是市场经济中最重要的因素之一。利率是如何形成的?利率的决定因素有哪些?有哪些因素会影响利率的变动?只有弄清楚这些问题,我们对利率水平及其变化才可能做出正确的趋势判断,有利于经济调节和宏观调控。

一、利率决定理论

由于利率在市场经济中的重要作用,经济学家花了很多精力研究利率问题,因此形成了不同的利率理论。有代表性的利率理论是实际利率理论、流动性偏好利率理论和可贷资金利率理论。

(一)实际利率理论

传统货币数量论的主要代表人物欧文·费雪和马歇尔在继承和发展前人思想的基础上，提出了实际利率理论。该理论认为，经济中的实际因素——储蓄和投资——决定了利率水平，因此，实际利率理论也被称为储蓄投资决定论。

实际利率理论是从资本供给和需求两个方面来分析利率的形成与决定的。在资本供给方面，决定性的因素是自愿储蓄或自愿延迟消费的倾向，利息是延期消费的报酬，因此，储蓄流量会因为利率的提高而提高，储蓄是利率的增函数(图 2-1)。

从资本需求方面来看，占决定性地位的因素是投资机会或资本生产力，又因为利息是资本生产力的报酬，在边际生产力一定的条件下，利率越高，投资的成本越高，投资的需求就越小，因此，投资是利率的减函数(图 2-2)。

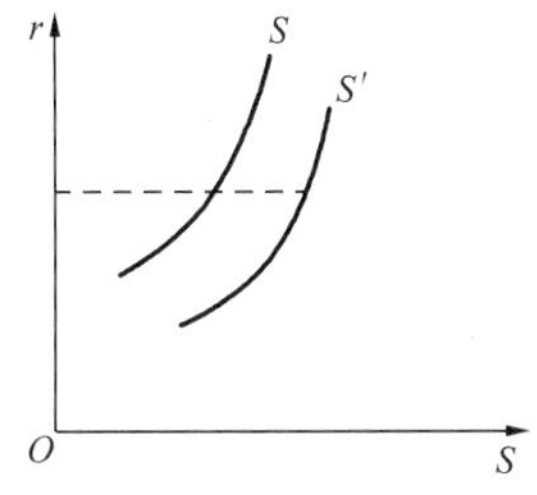

图 2-1　储蓄是利率的增函数

$S=S(r),\mathrm{d}S/\mathrm{d}r>0$

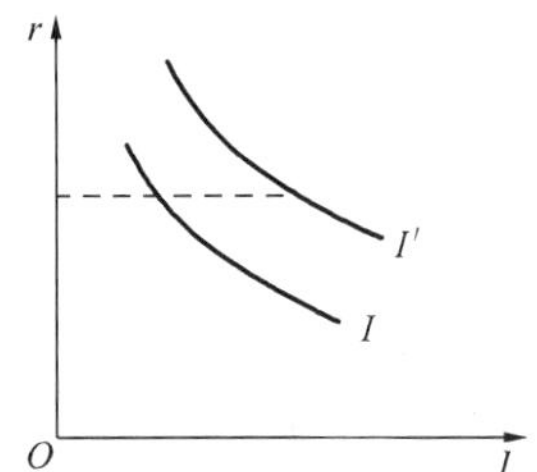

图 2-2　投资是利率的减函数

$I=I(i),\mathrm{d}I/\mathrm{d}r<O$

储蓄形成资本的供给，投资形成资本的需求，利率则是资本的租用价格，正如商品的供求决定均衡价格一样，资本的供求决定了均衡利率。储蓄与投资这两大因素相互作用，决定了均衡利率水平(图 2-3)。

供求有自动调节功能，使储蓄和投资自动趋于一致。因为当投资大于储蓄时，利率就会上升，从而储蓄增加，投资下降，二者趋于平衡；反之，则是利率下降，储蓄减少，投资增加。因此，只要利率是灵活变动的，资本的供求就不会出现长期的失衡，供求平衡自动实现(图 2-4)。

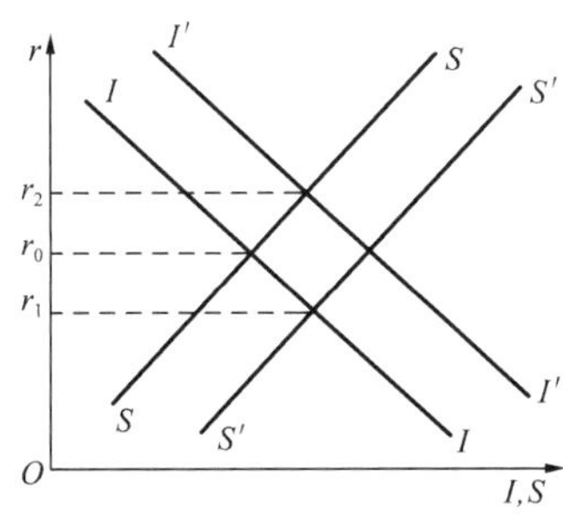

图 2-3　均衡利率水平

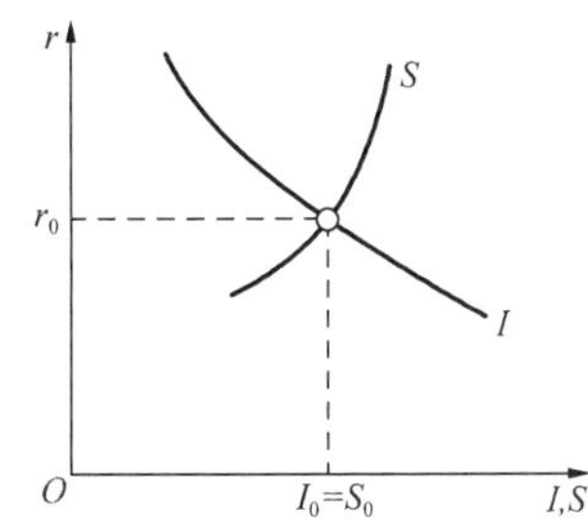

图 2-4　实际利率理论

(二)流动性偏好利率理论

凯恩斯(John Maynard Keynes，1883—1946 年)的利率理论与古典学派的利率理论不同，凯恩斯的利率理论是一种纯粹的货币理论，即从货币的供求关系来分析利率的决定因素，而不是从资本的供求关系来研究。

凯恩斯认为人们有一种“流动性偏好”，即人人都有一种将资产以灵活的、流动性强的现金形式保持在手中的意愿,由此产生了货币需求。货币需求取决于人们对持有货币所得的效用(流动性)与放弃货币所得的效用(利息收入)所做权衡的结果。

对理性经济人而言,利率越高,持有货币的成本越大,人们的流动性偏好就越小,货币需求就越少;反之,货币需求就越多。因此,货币需求 L 是利率 r 的减函数(图 2-5)。

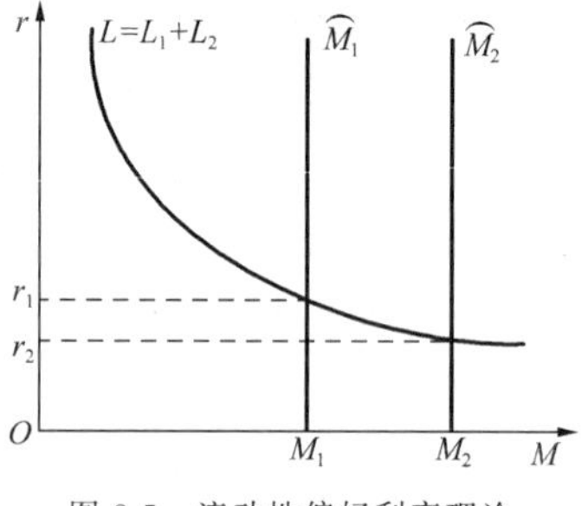

图 2-5 流动性偏好利率理论

另一方面,凯恩斯认为在中央银行制度下,货币供给量由货币当局决定,是由超经济的外在因素决定的。利率水平是由货币供求的对比关系决定的。

流动性偏好理论的主要观点是:

(1)利率水平由货币供给与需求的均衡水平决定。

(2)货币供给是由货币当局决定的外生变量,货币当局通过增加货币供给可以使利率下降。

(3)利率下降是有限度的,利率下降到一定水平时,即使货币当局继续增加货币供给,利率也不会再下降了。原因是"流动性偏好"的作用,使利率的降低有一个最低界限。这一界限称为"流动性陷阱"或"凯恩斯陷阱"。

(三)可贷资金利率理论

继流动性偏好理论之后,凯恩斯的学生罗伯逊(D. H. Robertson)提出了可贷资金理论,试图将储蓄投资等实际因素以及货币因素综合起来考虑利率的影响因素,反对片面性。可贷资金理论受到俄林(B. G. Ohlin)、勒纳(A. P. Lerner)等经济学家的支持,并成为一种流行的利率决定理论。

可贷资金理论认为,既然利息产生于资金的贷放过程,就应该从可用于贷放的资金供给与需求的角度来考察利率水平的决定因素。可贷资金需求由投资和货币的窖藏两部分构成。

1. 可贷资金需求

在现实经济生活中,储蓄者并不会把全部储蓄都用于投资,而是会把一部分储蓄以货币的方式持有。在计算货币供应量时,用于投资的货币和用于窖藏的货币都要计算在内,因此,在计算可贷资金需求时,应该包括一定时期的投资流量和这一期间人们希望保有的货币余额。由于利率既是投资的成本,也代表了持有货币的成本,所以可贷资金需求与利率负相关。

$$DL = I + \triangle MD, \mathrm{d}DL/\mathrm{d}r < 0$$

式中,DL 为可贷资金需求;$\triangle MD$ 为一定时期内货币需求的变动量;I 为投资流量。

2. 可贷资金供给

可贷资金供给由储蓄和货币供给的增加额两部分构成。其中,货币供给增加额也来自两个部分,一部分是信贷体系新增加的货币量,一部分是上一期的窖藏货币又重新进入资金市场,这两部分同储蓄一样,均与利率正相关。也就是说,利率越高,放贷越有利可图,进入借贷市场的可贷资金就越多。因此,可贷资金供给由一定时期的储蓄流量和这一时期的货币供给量变动共同构成。可贷资金供给与利率正相关,用公式表示为

$$SL = S + \triangle H, \mathrm{d}SL/\mathrm{d}r > 0$$

式中,SL 为可贷资金供给;$\triangle H$ 为一定时期内货币供给的变动量;S 为同期的储蓄流量。可贷资金供求均衡的条件为

$$I + \triangle MD = S + \triangle H$$

可贷资金供求均衡时的利率即均衡利率(图 2-6)。

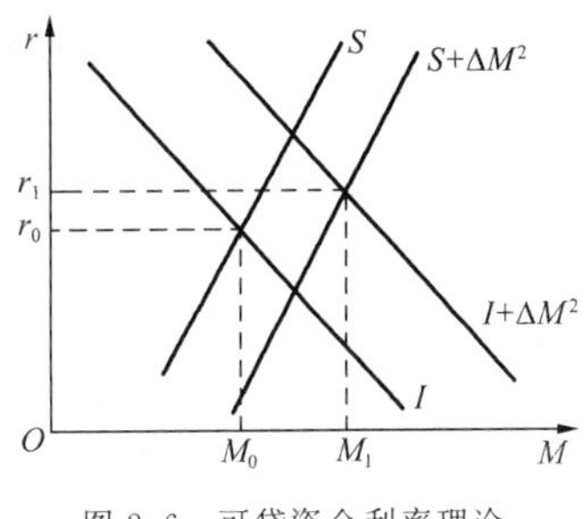

图 2-6 可贷资金利率理论

可贷资金利率理论实际上是在古典利率理论的框架内,将货币供求的变动等货币因素引入利率决定因素的分析中,以弥补古典利率理论只关注储蓄、投资等实物因素的不足。所以,也被称为新古典利率理论。

可贷资金利率理论在利率决定的问题上既考虑了商品市场因素,又考虑了货币市场因素,较好地解释了利率水平决定的问题,是应用比较广泛的一种利率决定理论。

二、影响利率水平的因素

利率理论有助于我们了解影响利率的因素,以及利率对其他经济变量的影响。根据可贷资金利率理论,影响利率水平的直接因素有储蓄、投资、货币供给、货币需求,那么在现实生活中,所有能够引起上述变量变动的因素都会影响利率。

讨论利率水平是将利率作为一个宏观变量来对待的,影响利率水平变动的宏观因素主要有以下几个方面。

(一)收入水平

收入水平的增加从两个方面影响利率:从货币供给的角度,收入水平提高意味着储蓄资金的来源增加,从而增加货币供给,利率下降;从需求的角度,收入水平提高意味着货币的交易需求增加,可能会导致利率上升。根据凯恩斯的观点,在信用货币制度中,货币供给是由中央银行控制的,如果货币供给不变,收入水平的上升会引起利率上升。

(二)货币政策

在信用货币制度中,中央银行的货币政策决定着货币供给的变动。中央银行实施宽松的货币政策时,货币供给增加,从而导致利率下降;中央银行实施紧缩的货币政策时,货币供给减少,导致利率上升。

(三)财政政策

一个国家的财政政策对利率有较大的影响,一般来说,当财政支出大于收入出现财政赤字时,政府会在公开市场上发行债券,以此来弥补财政收入的不足,这将导致利率上升。在我国,政府借债往往与政府扩大投资规模有关,投资过热会导致利率的进一步上升。

(四)通货膨胀

通货膨胀是指在信用货币条件下,国家发行过多的货币,过多的货币追求过少的商品,造成物价普遍上涨的一种现象。通货膨胀的成因比较复杂,因此,通货膨胀使得利率和货币供给之间的关系相对复杂。如果货币供给量的大幅增长不是通货膨胀引起的,那么利率不仅可能不下降,反而会上升,造成高利率现象,以弥补货币贬值带来的损失。因此,利率水平随着通货膨胀率的上升而上升,下降而下降。

(五)投资收益

投资的收益率高会刺激投资者的投资热情,投资需求高,信贷需求必然旺盛,由此抬升利率水平。在经济繁荣时期,由于投资的预期回报率高,企业看好投资前景,即使利率提高也愿意贷款,因此刺激利率上升。

(六)国际收支

国际收支对利率的影响主要是通过外汇储备导致货币供给增加实现的。以中国为例,国际收支顺差时，中央银行用人民币买进外汇，外汇储备增加的同时投放人民币，市场上货币供给增加，利率下降。

（七）国际市场利率

在开放经济条件下，一国的利率如果与外部利率有差价，就会产生套利行为，从而影响本国的利率水平。比如，本国利率如果高于外国利率的差额达到一定程度，就会产生套利机会。大量外汇涌入中国以套取利差收入，同时也增加了市场上的资金供给，如果中央银行不对利率加以干预，最终利率水平就会下降。因此，如果国际市场上利率水平很低，就会限制国内利率水平的提高。

三、利率风险结构与期限结构

我们讨论利率水平的决定因素时是将利率作为一个整体对待的，目的是分析利率的总体走势由哪些因素决定，因而忽略了不同种类利率即利率结构的差别。在实际经济生活中，即使在同一时期，每一种具体的金融交易的利率水平都不相同。这种现象可以分两种情况：一种是期限相同的债券（为方便分析，我们把所有利率问题都简化为债券利率）之间存在利率差异；一种是种类相同但期限不同之间的利率差异。研究上述问题的理论称为利率结构理论。以下根据利率结构理论来分析影响利率结构的因素。

（一）违约风险

违约风险（Default Risk）又称信用风险，是指债务人无法按时支付利息和本金的风险。违约风险主要取决于发行人的信誉，因此金融工具的发行主体不同，其违约风险也不同。一般来说，公司债券的违约风险要大于政府债券，因此公司债券的利率会高于政府债券。为补偿违约风险而产生的利率差额，被称为“风险升水”，其含义是指人们为持有某种风险债券所需要获得的额外利息。凡具有违约风险的金融资产通常有正值的风险升水；违约风险越大，风险升水也越大。

（二）流动性风险

流动性风险（Liquidity Risk）是指金融资产在必要时难以迅速转换成现金而且将使持有人遭受损失的可能。流动性用变现成本来衡量，变现成本等于变现的交易佣金加上买卖价差。有些金融资产的安全性很好，但不能转让，因此流动性很差。由于人们都有流动性偏好，因此流动性差的金融工具的发行人要对债权人进行补偿。为补偿流动性风险而产生的利率差额，被称作“流动性升水”。显然，金融工具的流动性越低，流动性升水就越大，利率也就越高，流动性与利率反方向变动；流动性风险与利率同方向变动，即凡具有流动性风险的金融资产通常有正值的风险升水，流动性风险越大，利率就越高。

由于政府信用要好于企业信用，并且有活跃的二级流通市场，根据上述观点，国家债券利率应低于企业债券利率，二者之间的差额不仅反映了违约风险，还反映了流动性风险。

（三）税收

除了违约风险和流动性风险之外，所得税也是影响利率水平的因素。这是因为，在税法规定利息所得要交税的国家，不同金融交易的税率会有所差别。通常政府债券的利息收入可以免税，企业债券的利息收入则要缴纳一定比例的所得税。税收因素直接影响金融资产的实际收益，因此金融资产的持有人真正关心的是税后的实际利率。

税后收益率＝税前收益率×（1－边际税率）

在期限和风险相同的条件下，由于不同种类的金融工具所得税特别是边际税率不同，导致了债券税后收益率的差异，这种差异也是通过利率的高低反映出来的。税率通常与税前利率同方向变动，也就是说，税率越高的债券，其税前利率也越高。

（四）投资者偏好

市场参与者不同的期限偏好会形成他们特定的投资取向。例如，商业银行可能偏好投资短期债券，而保险公司和养老金等机构则倾向于投资长期债券，因此，不同偏好的投资者会有一个优先的聚集地，形成相对分割的债券市场。如果投资者对某一种债券产生特别的偏好就会增加对这类债券的需求，导致其利率上升。

（五）期限长短

经济学家认为，利息是节制欲望、推迟消费的报酬，或者是放弃"流动性偏好"（Liquidity Preference）的报酬，因此，长期债券利率应该高于短期债券利率。

投资者虽然有期限偏好，但这种偏好不是绝对的。当不同期限的债券之间预期收益率（利率）达到一定临界值时，投资者就有可能放弃他所偏好的债券，转而投资预期收益率较高的债券。例如，当短期债券的收益率低于商业银行的融资成本时，商业银行就有可能卖掉短期债券，转而购买长期债券；同样的情况也会发生在长期债券的投资者身上。投资者偏好的变化会改变不同期限债券市场的供求关系，从而使不同期限的债券利率同方向波动。所以，在现实中，长期债券利率通常高于短期债券利率。

本章重点摘要

1. 信用是以偿还和付息为基本特征的借贷行为，利息与信用伴生，是资金借入者支付给资金贷出者的代价，也是资金贷出者贷出资金获得的报酬。按照借贷关系中债权人与债务人的不同，信用可以分为商业信用、银行信用、国家信用和消费信用。按照借贷关系中债权人与债务人关系的不同，信用可以分为直接信用和间接信用。

2. 信用工具是记载债权债务关系的信用凭证，短期信用工具是指期限在一年以下的信用工具，包括国库券、短期票据和可转让存单等。长期信用工具是指一年以上的信用工具，包括政府公债、公司债券和股票等。信用工具具有偿还性、流动性、风险性和收益性的特征。

3. 利息是与信用相伴相生的经济范畴。利率是一定时期内利息额与本金的比率。利息的计算方法有单利和复利两种。利息反映了现在购买力和将来购买力的交换，通过利率可以计算现在的一笔资金在未来若干年的终值；也可以计算未来若干年的一笔资金的现值。

4. 利率是对利息的量化规定，利率的存在使利息的计算和支付变得可操作。对投资者更有实际意义的是收益率的计算。

5. 利率体系由众多不同的利率种类构成，其中起到基准作用的利率称为基准利率。以名义数量表示的利率称为名义利率，剔除通货膨胀因素后的利率为实际利率；在借贷期间不做调整的利率是固定利率，定期调整的利率称为浮动利率；由市场资金供求决定的利率为市场利率，由金融管理当局决定的利率为官定利率，由行业协会确定的利率则为公定利率。

6. 从宏观上来说，国民收入水平、货币政策、财政政策、通货膨胀、投资收益、国际收支水平和国际市场利率等宏观经济因素通过对储蓄投资、货币供求等变量影响利率水平；而金融工具的流动性、违约风险、期限长短和投资者偏好等因素直接决定了每一种金融工具的收益率。

7. 投资是利率的减函数，储蓄是投资的增函数，利率对投资的作用取决于投资的预期收益率。在发达的金融市场上，信贷资金的供求均为利率的减函数，因此，运用利率政策实现收缩或放松银根的目的是十分有效的。

重要名词

信用 直接信用 间接信用 民间信用 利率 实际利率 固定利率 浮动利率 实际收益率 银行信用 单利与复利 利率市场化 政府信用 市场利率 终值与现值 消费信用 公定利率 官定利率 名义收益率 当期收益率 流动性偏好

课后练习

一、单项选择题

1. 下列业务属于直接信用形式的包括（ ）。

A. 企业发行股票　　B. 企业向银行贷款
C. 银行同业拆借　　D. 中央银行发行货币

2. 按利率决定主体不同，利率可以划分为（ ）。

A. 市场利率、官定利率与公定利率　　B. 名义利率与实际利率
C. 一般利率和优惠利率　　D. 固定利率与浮动利率

3. 某国某年名义利率为6%，通货膨胀率为3.5%，则实际利率应为（ ）

A. 2.5%　　B. 9.5%　　C. −2.5%　　D. 3.5%

4. 凯恩斯认为利率是由（ ）共同决定的。

A. 储蓄与投资　　B. 货币供给与需求
C. 可贷资金的供给与需求　　D. 收入水平与物价水平

5. 利率体系中起核心作用的利率是（ ）。

A. 实际利率　　B. 市场利率　　C. 一般利率　　D. 基准利率

6. 假设市场平均利率一直为10%，则1 000元资金在5年后的终值是（ ）。

A. 1 610.51元　　B. 1 500元　　C. 1 100元　　D. 1 000元

7. 下列属于间接融资工具的是（ ）。

A. 国债　　B. 企业债券　　C. 公司股票　　D. 银行存单

8. 金融资产的安全性与偿还期的关系是（ ）。

A. 偿还期越长，安全性越小　　B. 偿还期越长，安全性越大
C. 偿还期越短，安全性越小　　D. 二者不相关

9. 我国金融机构贷款基准利率是由（ ）制定的。

A. 中国人民银行　　B. 财政部　　C. 国家外汇管理局　　D. 税务局

二、多项选择题

1. 下列业务中属于间接信用形式的包括（ ）。

A. 小李向银行申请住房按揭贷款50万元　　B. 甲企业发行1 000万元短期融资券
C. 乙企业向银行申请贴现贷款100万元　　D. 中央财政发行500亿元短期国债
E. 丙企业与银行签订了500万元的回购协议

2. 下列情况会导致利率水平上升的有（ ）。

A. 债券的风险增大　　B. 投资的收益上升
C. 扩张性的货币政策　　D. 财政赤字下降
E. 预期通货膨胀率上升

3. 按对利率管制程度的不同，利率可以分为（ ）。

A. 一般利率　　B. 市场利率　　C. 公定利率　　D. 官定利率　　E. 优惠利率

4.影响利率风险结构的因素有(　　)。

A.违约风险　B.流动性　C.变现成本　D.税收因素　E.物价水平

5.利率作为经济杠杆发挥作用,其一般功能有(　　)。

A.中介功能　B.分配功能　C.调节功能　D.动力功能　E.控制功能

6.下列观点属于凯恩斯流动性偏好利率理论的有(　　)。

A.货币的供给与需求是决定利率的因素　B.货币供给是一个外生变量,由中央银行控制

C.货币需求取决于人们的流动性偏好　D.市场利率由储蓄和投资决定

E.市场利率由收入水平决定

7.信用工具的基本特征是(　　)。

A.公开性　B.偿还性　C.流动性　D.风险性　E.收益性

8.在纸币流通且名义利率不变的前提下(　　)。

A.若货币贬值,实际利率小于名义利率　B.若货币贬值,实际利率大于名义利率

C.若货币升值,实际利率大于名义利率　D.若货币升值,实际利率小于名义利率

E.货币价值变化不影响实际利率水平

9.根据可贷资金利率理论,影响利率水平的直接因素有(　　)。

A.储蓄　B.投资　C.货币供给　D.货币需求　E.收入水平

10.基准利率的基本特征有(　　)。

A.稳定性　B.市场化　C.货币供给　D.基础性　E.传递性

三、判断题

1.银行信用是间接信用。(　　)

2.买方信贷通常是对销售者发放贷款。(　　)

3.利息是出借资金的报酬或使用资金的代价。(　　)

4.债务人违约风险对债权人来说是最致命的风险。(　　)

5.伦敦同业拆放利率和美国联邦基金利率是目前世界上影响最大的基准利率。(　　)

6.我国人民币利率的决定机制还未完全实现市场化。(　　)

7.名义利率与通货膨胀预期呈反方向变动。(　　)

8.均衡利率理论认为货币因素决定利率水平的高低。(　　)

9.国家信用又称公共信用,是指政府以债务人身份筹集资金的形式。(　　)

10.利率市场化有助于利率发挥对经济的调节作用。(　　)

四、计算题

1.某投资者有现金 10 000 元,计划进行 5 年期的投资。有两种方式可以选择:(1)债券投资,当前 5 年期债券的票面收益率是 5%,100 元债券当下的市场价格为 98 元;(2)银行存款,当前银行 5 年期存款利率为 5.05%。问题:(1)在不考虑税收只考虑收益率的情况下,你建议投资者购买债券还是办理银行存款?(2)如果投资者计划进行 5 年期的投资,你又如何建议?

五、简答题

1.凯恩斯流动性偏好理论的主要观点是什么?

2.什么是基准利率?基准利率的特点是什么?

3.为什么说运用利率政策收缩或放松银根的效果比较好?

六、论述题

什么是利率市场?你认为我国是否应该实行利率市场化?利率市场化的利弊有哪些?

第三章 外汇与汇率

为什么汇率总是起伏不定？什么因素会影响汇率的变动？汇率的上升和下降有何重要性，代表什么意义？为了回答上述问题，本章将介绍外汇与汇率的含义，并解释汇率的变动。

思政目标

通过外汇专业知识的教学和外汇市场重大事件的剖析，培养学生的社会主义与爱国主义情怀，增强民族自信，树立正确的社会主义核心价值观。

第一节 外 汇

一、外汇(Foreign Exchange)的概念

在一国内部，货币关联着各种各样的经济交易，充当着一般等价物。由于各国都有自己独立的货币和货币制度，一国货币不可能在另外一国流通，因此当发生国际贸易或者在对因国际经济交易而带来的对外债权债务进行清偿时，人们就需要将外国货币兑换成本国货币，或将本国货币兑换成外国货币。

外汇是国际汇兑的简称。这个概念有动态和静态之分。动态的外汇是指人们将一种货币兑换成另一种货币，以清偿国际债权债务的金融活动。在这个意义上，外汇等同于国际结算。

静态外汇又有广义和狭义之分，广义的静态外汇是泛指一切以外国货币表示的资产，世界各国管制法令所称的外汇就是广义的静态外汇。如《中华人民共和国外汇管理条例》对外汇包含的内容有：①外币现钞，包括纸币、铸币；②外币支付凭证或者支付工具，包括票据、银行存款凭证、银行卡等；③外币有价证券，包括债券、股票等；④特别提款权；⑤其他外汇资产。

狭义的静态外汇是指以外币表示的，可用于进行国际结算的支付手段，狭义的静态外汇就是通常我们所说的外汇。按照这个定义，以外币表示的有价证券由于不能用于国际支付，故不属于外汇；同样，外国钞票也不能算作外汇。外钞只有携带回发行国，并贷记在银行账户上才能称作外汇。在这个意义上，只有存在外国银行的外币资金，以及将对银行存款的索取权具体化的外币票据，才构成外汇。外汇需要同时具备如下条件和特征：①必须是以外币表示的资产；②必须具有自由兑换性，即外汇资产能自由地兑换成本币资产；③具有普遍的接受性；④货币的币值具有较强的稳定性。

二、外汇的分类

从不同的角度，根据不同的标准，外汇可以分为不同的类型。

1. 按是否可以自由兑换，划分为自由外汇和记账外汇。

自由外汇是指无须发行国批准，可以随时动用，自由兑换成其他货币，或可以向第三方办

理支付的外汇。记账外汇，又称协定外汇或清算外汇，是指未经货币发行国批准，不能自由兑换成其他货币或对第三方进行支付的外汇。记账外汇只能根据两国政府间的清算协定，在双方银行开立专门账户记账使用。

2.按交割期限的不同，划分为即期外汇和远期外汇。

即期外汇又称现汇，是指在国际贸易或外汇买卖成交后1～2个工作日内交割的外汇。远期外汇，又称期汇，买卖双方先订立买卖合同，规定买卖外汇的数额、期限等，在约定的到期日，依照合同规定的汇率进行交割的外汇。

3.按来源和用途的不同，划分为贸易外汇和非贸易外汇。

贸易外汇是因商品进出口而发生的支出和收入的外汇。非贸易外汇是指因非贸易业务往来而发生的支出和收入的外汇。比如侨汇、劳务外汇、驻外机构经费等。

4.按持有者的不同，划分为官方外汇和私人外汇。

官方外汇是指财政部、中央银行和政府机构以及国际组织所持有的外汇。私人外汇是指具有自然人地位的居民和非居民所持有的外汇。在实行外汇管制的国家，不允许私人持有外汇。

第二节　汇率与汇率的种类

一、汇率(Exchange Rate)的概念

在国际经济交往中，债权债务是通过货币兑换、外汇买卖实现的，外汇是可以在国际上兑换、买卖的资产，也是一种特殊商品，汇率就是这种特殊商品的“特殊价格”。汇率又称外汇牌价，即外汇买卖的价格，是指用一种货币表示的另一种货币的相对价格。

二、汇率的标价方法

世界上有约200种货币，在了解其外汇汇率时，须先了解其标价方法。汇率的标价方法既可以用本国货币表示外国货币，也可以用外国货币表示本国货币。

(一)直接标价法(Direct Quotation)

直接标价法是以本国货币表示一定单位的外国货币，即以一定单位(1个单位或100个单位)的外国货币作为标准，折算为一定数量的本国货币表示的汇率。除英国、美国、欧元以外，大多数国家都采用直接标价法。

例如，我国2008年1月15日公布的外汇牌价中，100美元＝人民币725.66元。这种标价法的特点是：外币数额固定不变，折合本币的数额随着外国货币和本国货币币值的变化而变化。如果一定数额的外币折合本币数量增加，说明外汇汇率上升或本币汇率下降，即外币升值(Appreciation)，本币贬值(Depreciation)；反之，如果一定数额的外币折合本币数量比原来少，说明外汇汇率下降或本币汇率上升，即外币贬值，本币升值。

例如，某月我国人民币市场汇率为：

月初：　　USD1＝CNY 6.509 0

月末：　　USD1＝CNY 6.958 0

说明该月美元币值上升，人民币币值下跌。

(二)间接标价法(Indirect Quotation)

间接标价法是以外国货币表示本国货币的价格，即以一定单位(1个单位或100个单位)的本国货币作为标准，折算为一定数量的外国货币表示的汇率。这种标价法的特点是：本币数

额固定不变，折合外币的数额随着本国货币和外国货币币值的变化而变化。如果一定数额的本币折合外币数量增加，说明外汇汇率下降或本币汇率上升，即外币贬值，本币升值；反之，如果一定数额的本币折合外币数量比原来少，说明外汇汇率上升或本币汇率下降，即外币升值，本币贬值。

例如，某月伦敦外汇市场汇率为：

月初：　　　　　　GBP1＝USD 1.811 5

月末：　　　　　　GBP1＝USD 1.801 0

说明该月美元汇率上升，英镑汇率下降。

实行间接标价法的国家最早是英国，这是由于英国是资本主义发展最早的国家，英镑曾经是世界贸易结算的中心货币，因此长期以来伦敦的外汇市场英镑采用间接标价法。第二次世界大战以后，美国经济实力迅速增强，美元逐渐成为国际结算、国际储备的主要货币。为便于计价结算，从 1978 年 9 月 11 日开始，纽约外汇市场也改用间接标价法，以美元为标准，公布美元与其他货币之间的汇价。

美元对英镑、对欧元仍然沿用直接标价法。当今世界，实行间接标价法的国家有英国、澳大利亚、美国等。英镑长期以来采用间接标价法，对欧元采用直接标价法。

（三）美元标价法（U. S. Dollar Quotation）

第二次世界大战后，由于美元是世界货币体系的中心货币，因此又出现了另外一个标价法，即美元标价法，是以 1 个单位美元为标准，折合成一定数额的其他国家货币来表示汇率的办法。在这种标价法下，唯有美元是基准货币，作为计价标准，其他国家的货币是标价货币，作为计算单位。所以，用美元标价法，美元的数量不变，其他国家货币的数额随汇率的高低而变化。美元标价法的目的是简化报价并广泛地比较各种货币的汇价。

例如：瑞士苏黎世某银行面对其他银行的询价，报出的各种货币汇价为：

USD1＝CHF 5.554 0

GBP1＝USD 1.833 2

USD1＝CAD 1.186 0

人们将各种标价法下数量固定不变的货币叫作基准货币（Based Currency），把数量变化的货币叫作标价货币（Quoted Currency）。显然，在直接标价法下，基准货币为外币，标价货币为本币；在间接标价法下，基准货币为本币，标价货币为外币；在美元标价法下，基准货币是美元，其他货币是标价货币。需要指出的是，汇率的不同标价方法，只是方法表示上的不同，并没有实质的差别，也没有冲突。当我们看到一个兑换等式的时候，比如：100 美元＝人民币 725.66 元，在我国市场上看来是一个直接标价法，而在美国市场上就是一个间接标价法，不同的标价法是相对而言的，所以判断一个兑换等式是什么标价法，要看它在哪个市场上，对哪种货币而言。

三、汇率的种类

汇率是外汇理论和政策以及外汇业务的中心内容，在实际应用中，汇率可以从不同的角度划分为不同的种类。

（一）按汇率制度的不同划分

1. 固定汇率（Fixed Exchange Rate）

固定汇率是在金本位制度下和布雷顿森林体系下通行的汇率，这种制度规定本国货币与其他国家货币之间维持一个固定的汇率，汇率波动只能限制在一定范围内，由官方干预来保证汇率的稳定。

2. 浮动汇率(Floating Exchange Rate)

浮动汇率是指汇率根据外汇市场的供求关系自发形成，可自由浮动，官方在汇率出现过度波动时才出面干预。这是布雷顿森林体系解体后西方国家普遍实行的汇率制度。浮动汇率又可以分为自由浮动、管理浮动、联合浮动、盯住浮动等。

(二)按银行业务操作价格来划分

1. 买入汇率(Buying Rate or Bid Rate)和卖出汇率(Selling Rate or Offer Rate)

买入汇率又称买入价，是指银行向同业或客户买入外汇时所使用的汇率。由于这一汇率多用于出口商与银行之间的外汇交易，通常也称出口汇率。卖出汇率又称卖出价，是指银行向同业或客户卖出外汇时所使用的汇率。由于这一汇率多用于进口商与银行之间的外汇交易，通常也称进口汇率。需要注意的是，买入价与卖出价都是对银行而言的，是站在银行的立场上，银行买卖外汇的目的是追求利润，方法是贱买贵卖，赚取差价。

在外汇市场上，银行报价通常都采用双向报价的方法，即同时报出买入价与卖出价。在所报的两个汇率中，前面一个数值比较小，后面的数值比较大。在直接标价法下，前一个数值表示买入价，后一个数值表示卖出价；在间接标价法下，前一个数值表示卖出价，后一个数值表示买入价。买入价与卖出价之间的差额一般在 0.1%～0.5%，各国不尽相同，一般大银行买入价与卖出价的差额比较小，小银行的差额比较大；发达国家的银行的差额较小，发展中国家的差额比较大。买入价与卖出价的差额就是商业银行买卖外汇的利润。

外汇交易如何报价?

一位美国证券组合经理希望购买价值为 1 000 万美元的法国债券。这名经理希望知道在这 1 000 万美元的投资上可以得到多少欧元。他询问了几家银行的欧元/美元报价，其间，他并没有指明是购买还是出售欧元。银行 A 给出了报价：

欧元/美元＝0.800 00－0.800 20

也就是说，银行 A 购买 1 美元的价格是 0.800 00 欧元，而出售 1 美元的价格是 0.800 20 欧元。这个报价和下面的美元/欧元报价是一致的：

美元/欧元＝1.249 7－1.250 0

为了让报价变得更为迅捷，有时候银行只报出最后几位数字，我们把它们称为点(Points)。前面的报价通常可以表达为：

欧元/美元＝000－20

时刻跟踪市场行情的交易员会马上知道被遗漏的数字是什么。因为这些报价是净价，并没有包含佣金，所以买入价和卖出价之间的价差就构成了外汇交易商的一种报酬，而后者并不需要知道客户所希望的买卖方向。

回到我们的例子中，现在让我们假设证券组合经理从三家不同的银行得到了以下报价。

	银行 A	银行 B	银行 C
欧元/美元＝	0.800 009－0.800 20	0.799 85－05	0.799 95－15

这名经理会马上决定选择银行 A，同时他会决定以 1 000 万美元来购买 800 万欧元。双方要明确这笔交易中的美元和欧元在哪里进行转账。证券组合经理要求欧元转账到法国兴业银行的账户上，这是它在巴黎的商业银行，而银行 A 会要求把美元转账到它在美国纽约的花旗银行的账户上。以双方交换来电来确认口头的协议。两天以后，交易的结算会分别在巴黎

和纽约同时发生。

由于大多数货币都是相对美元进行报价的，所以它们之间的交叉汇率必须从相对美元的报价中计算出来。例如，我们通过使用日元/美元和欧元/美元汇率可以计算出日元/欧元汇率。这种方法通常意味着交叉汇率中存在更大的买卖价差。

下面是银行 A 的报价：

欧元/美元＝0.800 00—0.800 20

日元/美元＝120.00—120.01

我们用如下的方式得到日元/欧元的报价。

第一步，日元/欧元的买入价是银行 A 为了买入欧元而出售日元的价格，也就是它为买入1欧元而愿意支付的日元数量。这笔交易等价于以下两笔交易之和：以 120.00 的买入汇率进行卖出日元买入美元的交易，再以 0.800 20 卖出汇率进行卖出美元买入欧元的交易。从数学上看，日元/欧元的买入价＝120.00/0.800 20＝149.96。

第二步，日元/欧元的卖出价是银行 A 为出售欧元而买入日元的价格，也就是为出售 1 欧元而愿意得到的日元数量。这笔交易等价于以下两笔交易之和：以 120.01 的卖出汇率进行买入日元卖出美元的交易，以 0.800 00 的买入汇率进行买入美元卖出欧元的交易。从数学上看，日元/欧元的买入价＝120.01/0.800 00＝150.01。

由此得到，银行 A 的报价：

日元/欧元＝149.96—150.01

这些交叉汇率的计算很容易把我们搞糊涂。为了确信对于交叉汇率的计算处于正确的方向，那么第一步检查就是查看符号。为了得到日元/欧元汇率，我们可以用日元/美元汇率除以欧元/美元汇率。

日元 / 欧元 ＝(日元/美元)÷(欧元/美元)

这样美元符号就消失了。

与此类似，如果欧元的报价是 1 欧元兑换美元的数量(美元/欧元)，那么我们就有：

日元 / 欧元 ＝(日元/美元)÷(美元/欧元)

对所得的结果，第二步检查就是要确信你是否把买卖价最大化。

资料来源：东方财富网，2011.2.2

2. 中间汇率(Medial Rate)

买入汇率与卖出汇率的平均汇率为中间汇率，即

中间汇率＝(买入汇率＋卖出汇率)/2

中间汇率在西方常用于对汇率的分析，报刊报道的汇率也用中间汇率，它的作用：①说明外汇市场汇率的一般走势；②企业内部本币与外币核算时的计算标准。

3. 现钞价(Bank Note Rate)

前面分析的买卖汇率，是指银行买卖外币支付凭证的价格。在银行外汇牌价表中，除了列出买入与卖出汇率、中间汇率外，一般还会公布现钞价格，现钞即银行购买外币钞票的价格。由于外币现钞在外国不能流通使用，需要把它们运到发行国才能充当流通或支付手段，这需要经过一段较长的时间，同时把这些钱运到外国银行，还要有运费、保险费等支出，而银行购入外币汇票，可以通过银行划账很快存入外国银行，开始生息，调拨动用，所以，现钞买入价格比银行购买汇票等支付凭证的价格低。而银行卖出外国现钞时，则根据一般的卖出汇率。

(三)根据银行汇兑外汇的方式划分

1. 电汇汇率(Telegraphic Transfer Rate，T/T Rate)

电汇是指银行在出售外汇的当天，即以电报委托国外分行或代理行，将汇款付给收款人的一种汇兑方式。由于银行不能占用资金，所以这种方式汇率最高。目前，国际支付绝大多数用

电信传递，故电汇汇率是外汇市场的基准汇率，其他汇率都是以电汇汇率为基础而定。

2. 票汇汇率(Draft Rate，D/D Rate)

票汇是银行卖出外汇时，开立一张指定外国银行作为付款人的汇票交给汇款人，由汇款人自行携带或邮寄给国外收款人的一种汇兑方式。由于汇票从出售到付款会有一段时间的间隔，因此票汇汇率自然比电汇汇率低。票汇分为即期票汇和远期票汇两种，远期票汇汇率较即期汇率低，因为银行所占用客户资金的时间会更长。

3. 信汇汇率(Mail Transfer Rate，M/T Rate)

信汇是由银行通过航空邮件，向国外解付银行发出信汇委托书，以代替汇票。由于它同汇票相似，因此信汇汇率同票汇汇率通常相同。信汇汇率主要用于中国香港和东南亚，其他国家或地区很少采用。

(四)按外汇买卖交割期限不同划分

交割是买卖双方履行交割契约，进行钱货两清的授受行为。外汇买卖的交割，是指购买外汇者付出本国货币，出售外汇者付出外汇。由于交割日期不同，汇率就有差异。

1. 即期汇率(Spot Exchange Rate)

即期汇率是指外汇买卖双方成交后，在当日或两日内进行外汇交割所采用的汇率，它是外汇市场上使用最多的汇率。

2. 远期汇率(Forward Rate)

远期汇率是指外汇买卖双方成交后，在约定的到期日进行外汇交割所使用的汇率。一般为 1 至 6 个月或 12 个月进行交割。

银行一般都直接报出即期汇率，但对于远期汇率的报价，各国银行的做法则有不同。远期汇率的报价有两种。

(1)直接报价(Outright Rate)：与现汇报价相同，即直接将各种不同交割期限的期汇的买入价与卖出价表示出来。这种方法通常适用于银行对一般客户的报价。在日本、瑞士等国，银行同业间的远期外汇买卖均采用直接价方法。一般而言，期汇的买卖差价要大于现汇的买卖差价。

(2)掉期率(Swap Rate)或远期差价(Forward Margin)：即报出期汇汇率比现汇汇率高或低若干点来表示。这种报价方法为英、美、德、法等国所采用。期汇汇率与现汇汇率之间存在差价，这些差价称为掉期率或远期差价，通常也称汇水。远期差价有升水和贴水两种。升水(At Premium)表示期汇比现汇贵，贴水(At Discount)表示期汇比现汇便宜，还有平价(At Par)表示两个汇率相同。在实务中，银行报出的远期差价用点数表述，每点万分之一。银行直接报出即期汇率，再报出远期差价，远期汇率由交易者自己计算。

远期汇率的计算有以下的原则。

①在直接标价法下：

升水：　　远期汇率＝即期汇率＋掉期率(或汇水)

贴水：　　远期汇率＝即期汇率－掉期率(或汇水)

②在间接标价法下：

升水：　　远期汇率＝即期汇率－掉期率(或汇水)

贴水：　　远期汇率＝即期汇率＋掉期率(或汇水)

那如何去判断远期是升水还是贴水呢？如果只报出掉期率，不报出升、贴水，只报出汇率，不说明标价方法怎么办？

比如：在巴黎外汇市场上，某日 USD/FRF 即期汇率是 6.324 0－6.327 0，远期汇率如下。

1 个月 60/20

3 个月 110/70

6 个月 120/80

12 个月 10/170

在巴黎的外汇市场上，这是一个直接标价法，即期汇率是：银行对美元的买入价是 6.324 0，银行对美元的卖出价格是 6.327 0，远期汇率判断是升水还是贴水，遵循如下原则：直接标价法下“前大后小，贴水；前小后大，升水”，间接标价法下“前大后小，升水；前小后大，贴水”。间接标价法和直接标价法的计算公式完全相反，所以可以不必去计较是间接标价法还是直接标价法，只需掌握“前小后大，往上加；前大后小，往下减”。在回过来看这个例题，1 个月、3 个月、6 个月，都是前面的数量大，后面的数量小，在直接标价法下，这是一个贴水，所以 1 个月后的远期汇率：买入价(6.324 0—0.006 0＝6.318 0)，卖出价(6.327 0—0.002 0＝6.325 0)，3 个月，6 个月同理计算。再来看 12 个月后，汇水是 10/170，前小后大，可以判断是升水，往上加，买入价(6.324 0＋0.001 0＝6.325 0)，卖出价(6.324 0＋0.017 0＝6.341 0)。

(五)按汇率的确定方法划分

1. 基准汇率(Basic Rate)

一国货币对国际上某一关键货币(很多国家都以美元作为关键货币)所确定的比价称为基准汇率。因为这种汇率根据两种货币所代表的价值量直接计算得出，所以又叫直接汇率，它是作为确定与其他各种外币汇率的基础。

2. 套算汇率(Cross Rate)

套算汇率也称为交叉汇率。通过两种不同货币与关键货币的汇率间接地套算出两种不同货币之间的汇率称为套算汇率。

(六)按货币制度下汇率是否经过通货膨胀调整划分

根据纸币制度下汇率是否经过通货膨胀调整，可分为名义汇率和实际汇率。

1. 名义汇率(Nominal Rate of Exchange)

名义汇率是由官方公布的或在市场上通行的没有剔除通货膨胀因素的汇率。

2. 实际汇率(Real Exchange Rate)

实际汇率是在名义汇率基础上剔除通货膨胀率后的汇率。

$$实际汇率 = 名义汇率 - 通货膨胀率$$

第三节 汇率的决定与调整

由于汇率与各国的货币制度有着密切的联系，不同的货币制度，汇率的决定与调整的规律也不同，因此需要对不同货币制度下的汇率决定与调整问题分别进行研究。

在讨论汇率决定问题之前，首先回顾一下货币制度的演变。在人类历史上，货币制度的演变大致经历了以下几个重要的阶段，即金本位制、金块本位制、金汇兑本位制、纸币本位制。

金本位制最初是指金币本位制，即以黄金为货币制度的基础，黄金直接参与流通的货币制度。金币本位制发展到后期，由于黄金产量跟不上经济发展对货币日益增长的需求，黄金参与流通、支付的程度下降，其作用逐渐被以其为基础的纸币所取代。只有当大规模支付需要时，才会以金块的形式参与流通和支付。这种形式的货币制度，我们又称它为金块本位制。金块本位制依然是一种金本位制，因为在这种制度下，纸币的价值是以黄金为基础，代表黄金流通，并与黄金保持固定的比价。黄金仍然在一定程度上参与清算和支付。

随着经济的发展，黄金的流通和支付手段职能逐渐被纸币所取代，货币制度演变为金汇兑本位制。金汇兑本位制也是一种金本位制，但属于比较广义的范畴。在金汇兑本位制下，纸币成了法定的偿付纸币；纸币充当价值尺度、流通手段和支付手段，黄金只有发挥贮藏手段和稳定纸币价值的作用。第一次世界大战以及1922—1933年资本主义经济大危机期间，各主要资本主义国家为筹集资金以应付战争，大量发行纸币导致纸币与黄金之间的固定比价无法维持，金汇兑本位制在几经反复后最终瓦解，各国普遍实行纸币本位制。

一、金本位制下的汇率的决定：铸币平价

金本位制是以黄金为本位货币的货币制度。金币本位制是最典型的金本位制。1816年，英国首先实行金币本位制，随后，德国、法国、俄国、日本等国也先后实行金币本位制，美国于1900年也颁布了金本位法案。这一金币本位制一直维持到第一次世界大战爆发。在金本位制下，黄金可以用来自由铸造货币，可以自由地流通，也可以用于国际货款结算，作为一般等价物，黄金充当着世界货币。在金币本位制下，各国都规定金币的法定含金量，两种不同货币之间的比价，由它们各自的含金量对比来决定。所谓金平价，就是两种货币含金量或所代表金量的对比。例如：1925－1931年，1英镑的含金量为7.322 4克，1美元所含纯金为1.504 656克，两者相比等于4.866 5(7.322 4÷1.504 656)，即1英镑等于4.866 5美元。这种以两种金属铸币含金量之比得到的汇价被称为铸币平价。

铸币平价虽然是决定汇率的基础，但并不是实际的汇率。正如商品的价格是由商品的价值决定的，但是商品的价格由于受到市场供求关系的影响，围绕商品价值上下波动一样，货币的汇率也会受到市场供求的影响，围绕铸币平价上下波动。在金本位制下，汇率的波动不会漫无边际，其波动幅度受制于黄金输送点。黄金输送点就是指汇率的上涨和下跌超过一定界限时，引起黄金的输入、输出，从而起到自动调节汇率的作用。

黄金输送点是如何限制外汇汇率的波动呢？请看下面的例子：金本位制下，黄金是可以自由地输入、输出的。当时在英美两国之间运送一英镑黄金的各项费用(运输、包装、保险)为3美分，按照铸币平价1英镑＝4.866 5美元，如果英镑汇率上涨超过4.896 5(4.866 5＋0.03＝4.896 5)，那么对于支付英镑的美国客户而言，他们会选择在自己的国家把美元换成黄金，然后把黄金运到英国进行支付，而不愿意在市场上购买英镑，这样英镑由于没有人购买需求下降，从而使其汇率又下跌到4.896 5以下，4.896 5称为英国的黄金输入点，这个点是美国的黄金输出点。相反，如果英镑汇率下跌超过4.836 5(4.866 5—0.03＝4.836 5)，那么美国的出口商就不愿意按此低汇率将英镑换成美元，而宁愿用英镑在英国换成黄金，再运回美国，这样对英镑的需求就会上升，从而促使英镑汇率回升到4.836 5以上。4.836 5是英国的黄金输出点，美国的黄金输入点。

总之，在国际金本位制下，由于黄金可以自由输入、输出，当汇率变动对一国不利时，它就不用外汇，而改用输入、输出黄金的办法办理国际结算，使汇率的波动不会超过黄金输送点。因此，在金本位制度下，汇率波动的幅度较小，基本上是稳定的。

二、金块本位制和金汇兑本位制下的汇率的决定：法定平价

在金块本位制下，黄金已经很少直接充当流通手段和支付手段，金块绝大部分为政府所掌握，其自由输入、输出受到影响。同样，在金汇兑本位制下，黄金储备集中在政府手中，在日常生活中，黄金不再具有流通手段的职能，输入、输出受到极大限制。在这两种货币制度下，货币汇率由纸币所代表的金量之比决定，称为法定平价。法定平价也是金平价的一种表现形式。实际汇率因供求关系而围绕法定平价上下波动。但这时汇率波动的幅度已不再受制于黄金输送点。在金块本位和金汇兑本位制下，由于黄金的输入、输出受到限制，因此，黄金输送点实际上已不存在。在金块本位和金汇兑本位制下，虽说决定汇率的基础依然是金平价，但汇率波动的幅度则由政府来规定和维护。当外汇汇率上升时，便出售外汇；当外汇汇率下降时，便买进外汇，以此使汇率的波动限制在允许的范围之内。

三、纸币流通制度下的汇率的决定:货币实际代表的购买力

金本位制度崩溃后,资本主义国家普遍实行纸币流通制度,纸币本身没有价值,仅是流通中的价值符号。纸币之所以能够流通,是由一国政府通过法令规定纸币作为金属货币的代表。虽然有些国家仍然对其货币规定有含金量,但实际上都是不兑现的纸币,含金量的规定形同虚设。各国实行纸币流通后,经历了浮动汇率到固定汇率再到浮动汇率的汇率制度,但都有着根本一致的汇率决定基础。按马克思的货币理论,纸币是价值的一种代表,两国纸币之间的汇率便可用两国纸币各自所代表的价值量来确定。因此,纸币所代表的价值量是决定汇率的基础。在纸币流通制度下,由于各国货币发行量超出了兑换黄金的物质制约,货币的对内价值和对外价值势必出现变化。出于各国经济政治的需要,各国当局会通过外汇市场干预来影响外汇的供求与价格。对于纸币本位制下汇率的决定理论,比较有代表性的是购买力平价说、利率平价说。

(一)购买力平价说

购买力平价说(Theory of Purchasing Power Parity,PPP)是瑞典学者卡塞尔于 1922 年提出的。购买力平价说的基本思想是:货币的价值在于其具有的购买力,因此不同货币之间的兑换比率取决于各自具有的购买力的对比,也就是汇率与各国的价格水平之间具有直接的联系。购买力平价说反映了两个国家一种长期的货币均衡。从表现形式上来看,购买力平价说有两种形式,即绝对购买力平价和相对购买力平价。

绝对购买力平价认为本国货币与外国货币之间的均衡汇率等于本国与外国货币购买力或物价水平之间的比率,即

$$e=P_A/P_B$$

式中 e——本国货币兑换外国货币的汇率;

P_A——本国物价指数;

P_B——外国物价指数。

相对购买力平价认为汇率变动的主要因素是不同国家之间货币购买力或物价的相对变化;当两国购买力比率发生变化时,则两国货币之间的汇率就必须调整。相对购买力平价表示一段时期内汇率的变动,并考虑到了通货膨胀因素。如果本国通货膨胀率超过外国,则本国货币将贬值,即

$$\Delta e=\Delta P-\Delta P^*$$

式中 Δe——汇率的变动率;

ΔP——本国的通货膨胀率;

ΔP^*——外国的通货膨胀率。

(二)利率平价说

利率平价说(Theory of Interest Rate Parity)由英国经济学家凯恩斯于 1923 年首先提出,解释了利率水平的差异直接影响短期资本在国际间的流动,从而引起汇率的变化。利率平价说可分为套补的利率平价和非套补的利率平价。

套补的利率平价认为汇率的远期升贴水率等于两国货币利率之差。如果本国利率高于外国利率,则本币在远期将贬值;如果本国利率低于外国利率,则本币在远期将升值,即

$$\rho=i-i^*$$

非套补的利率平价的经济含义是:预期的未来汇率变动率等于两国货币利率之差。在非套补利率平价成立时,如果本国利率高于外国利率,则意味着市场预期本币在远期将贬值,即

$$E\rho=i-i*$$

利用非套补的利率平价的一般形式进行实验验证的并不多见。这是因为预期的汇率变动率是一个心理变量,很难获得可信的数据进行分析。

第四节　汇率变动

一、影响汇率变动的经济因素

一国汇率的变动受到许多因素的影响，既包括经济因素又包括政治因素，而许多因素之间又有相互的联系和制约，随着国际政治、经济形势的发展，这些因素的地位又经常发生变化。因此，汇率的变动是一个极其复杂的问题，下面分析影响汇率的几个重要因素。

(一)通货膨胀的差异

在纸币流通的条件下，两国货币之间的比率从根本上说，是由各自所代表的价值量决定的。物价是一国货币价值在商品市场上的体现，物价水平意味着该国货币价值绝对额的大小，而通货膨胀率则表示该国货币所代表的价值量的下降。因此，一国物价水平和通货膨胀率是决定该国货币对外汇率的主导因素。如果一国相对于其他国家具有较高的通货膨胀率，以外币表示的出口商品的价格就会提高，必然会削弱本国商品在国际市场上的竞争力，引起出口的减少，同时提高外国商品在本国市场上的竞争力，造成进口增加，从而导致国际收支的恶化。同时，如果一国通货膨胀率较高，人们就会预期该国货币的汇率将趋于疲软，继而在外汇市场上抛出手中持有的该国货币，造成该国货币汇率在外汇市场上的进一步下跌。总之，一国通货膨胀率高于别国，该国货币在外汇市场就趋于贬值；反之，则会升值。

(二)利率的差异

在国际资本流动规模大大超过国际贸易额的当今世界，利率的差异对汇率变化的影响比过去更为重要。利率的差异将引起短期资本的国际流动。受利益动机的驱使，资本总是从利率低的国家流向利率高的国家，这样利率高的国家就会吸引大量资金的流入，本国资本的流出就会减少，导致外汇市场上抢购本国货币，本国货币就会趋于升值；反之，如果一国利率低于其他的国家，则会引起外来资本和本国资本的外流，恶化资本与金融账户，外汇市场上会抛售本国货币，导致本国货币的贬值。

(三)经济增长的差异

一国经济增长形势对汇率的影响是多方面的。首先，一国经济增长率高，必然该国国民收入也就增长快，社会需求增加，由此导致进口支出的大幅度上升，从而带动外汇需求增加，这将拉动该国汇率的上升。其次，一国经济增长率高，往往意味着生产率的提高和生产成本的降低，由此提高本国产品的竞争力，增加出口，增加外汇供给。再次，经济增长势头良好，意味着投资利润高，由此吸引国外资金流入，改善该国资本账户收支。这些因素都会提高该国货币在外汇市场上的汇价。最后，高经济增长率在短期内不利于本国货币在外汇市场的汇价，但从长期来看，却强有力地支撑着本国货币的升值。美元自1995年以来持续坚挺的一个重要原因是美国经济的高速增长，美国自1991年3月开始，经济持续增长，到1999年12月已经达到105个月，而且增长强劲不衰，美国经济的持续增长支撑了美元的升值。相反，美国从2007年开始经济大幅下滑，由此也导致随后几年美元的大幅贬值。

(四)中央银行的干预

无论是在固定汇率制度下，还是在浮动汇率制度下，各国货币当局为保持汇率的稳定，都会有意识地操纵汇率的变动以服务于某种经济政策目的，都会对外汇市场进行直接干预。这种通过干预直接影响外汇市场供求的情况，虽无法从根本上改变汇率的长期走势，但对汇率的短期走向会有一定的影响。各国货币当局在第二次世界大战后通过直接干预抵消了市场供求因素对汇率的影响，将固定汇率制度维持了25年之久，这足以说明直接干预的成效。特别是

20世纪80年代以来,西方国家的管理浮动制走上了各国货币当局联合干预的阶段,直接干预成为今日影响汇率的一个不可忽视的重要因素。

(五)市场预期

市场预期是影响国际间资本流动的另一个重要因素。在国际金融市场上,短期性资金达到了十分庞大的数字。这些巨额资金对世界各国的政治、经济、军事等因素都具有高度的敏感性,受着预期因素的支配。一旦出现风吹草动,就到处流窜,获取高额投机利润。这会给外汇市场带来巨大的冲击,成为各国货币汇率频繁起伏的重要根源。可以说,预期因素是短期内影响汇率变动的最主要因素。只要市场上预期某国货币不久会下跌,那么市场上可能立即出现抛售该国货币的活动,造成该国货币的市场价格立即下降。

有时据以形成市场预期的甚至不是真实的政治、经济和政策动向。国际金融炒家索罗斯诱发、加剧"英镑危机"和"东南亚金融危机",就是最突出的例子。当索罗斯发现英国、泰国经济上的弱点和金融上的缺陷后,敢冒投机家之大忌而与一个国家或地区的中央银行相对抗。当他从英国赚取近10亿美元后,他的话成了国际投机分子的金科玉律,即使是谣言,也会在全世界不胫而走。1997年6月下旬他预言:不排除泰铢贬值20个或更多个百分点的可能性。全世界的投机家认为,这是索罗斯向他们发出攻击令:"卖泰铢,卖泰国股票。"于是全世界出现了抛售泰铢的狂潮,泰国政府无能为力,7月2日只得放开泰铢同美元挂钩的汇率,任其币值自由跌落,一下子贬值了1/3,并且这股危机很快蔓延到整个东南亚。

二、汇率变动对经济的影响

汇率是连接国内外商品市场和金融市场的一条重要纽带,一方面,汇率的变动受一系列经济因素的制约;另一方面,汇率的变动会对其他经济因素产生广泛的影响,它们之间的作用是相互的。了解汇率变动的经济影响,不论对于一国货币当局制定汇率政策,还是对于一个涉外企业进行风险管理,都是非常重要的。

(一)汇率变动对进出口贸易的影响

汇率变动会引起进出口商品价格的变化,从而影响到一国的进出口贸易。一国货币对外贬值有利于该国增加出口,抑制进口。这是因为,一国货币贬值后,以外币表示的出口商品的价格就会下跌,从而外国居民会增加对该国商品的需求,所以出口会增加。同时,以本币表示的进口商品的价格会上涨,迫使本国居民减少对外国产品的需求,抑制进口。

(二)汇率变动对非贸易收支的影响

一国汇率的变动对旅游和其他涉外劳务等非贸易性收支也会产生影响。一国货币贬值后,外国货币的价值相对提高,贬值国的商品、劳务、交通、导游和住宿等费用,相对变得便宜,这对外国游客无疑增加了吸引力,从而增加非贸易收入。贬值对其他无形贸易收入的影响大体也是如此。反过来说,贬值后,国外的旅游和其他劳务开支对本国居民来说相对提高,进而抑制了本国的对外劳务支出。但贬值对一国的单方面转移可能产生不利的影响。以外国侨民赡家汇款收入为例,贬值后,一单位外币所能换到的本国货币增加,对侨民来说,一定的以本币表示的赡家费用就只需要更少的外币来支付,这就意味着本国的外币侨汇的数量的下降。

(三)汇率变动对国际资本流动的影响

一国货币的贬值将对本国资本账户收支产生不利影响。这是因为,一国货币贬值后,本国资本为了防止货币贬值,大量地抛售该国货币,购进其他币种,从而使资金从国内流向国外。反之,当一国货币升值,则会吸引国外资金的流入。不过,由于对外汇市场变动趋势的预期不同,情况也可能发生相反的变化,如果人们认为贬值已使本国汇率处于均衡水平,本币定值过高而外逃的资金就会流回国内。如果本币升值,本币所表示的金融资产价值上升,吸引力增大,有利于外国资本流入。

(四)汇率变动对外债的影响

一国从国外借款,本币贬值,外汇汇率上升,不利于本国即债务国,有利于债权国。因为,外汇汇率的上升会使债务的还本付息的负担加重。如果这些债务负担沉重的国家形成了债务危机,则更不会有国际资本流向这些国家;反之,本币升值,外汇汇率下降,则有利于债务国而不利于债权国。

(五)汇率变动对国内经济的影响

1.汇率变动对国内生产的影响

一国货币对外贬值后,其国际贸易收支往往会得到改善,出口增加,进口会减少。如果该国还存在闲置的生产要素(包括劳动力、机器等资本品和原材料),则国内生产会扩大,从而带动国内经济增长,实现充分就业;反之,一国货币对外升值,则有可能引起国内生产的萎缩,因为货币升值会抑制本国产品的出口,直接阻碍出口工业的发展;同时,升值会刺激进口的增加,加剧本国产业受到来自国外产品的竞争压力,从而间接影响国内许多相关行业的生产水平,失业率就会增加。

2.汇率变动对国内物价的影响

汇率变动对国内物价水平有着重大的影响。如果本国货币对外升值,那么以本币表示的进口商品的价格会下降,进而带动国内同类商品价格以及进口原料在本国生产的产品价格的下降;同时,以外币表示的本国出口商品价格会上升,致使部分出口商品转为内销,国内市场上商品会供大于求,促使国内物价的下降。如果本国货币对外贬值,就会刺激出口,而出口商品的增加又会使国内市场的商品供应发生缺口,使价格上升;同时,以本币表示的进口商品价格会上升,进而带动国内同类商品以及用进口原来生产的产品价格的上升。

3.汇率变动对国内资源配置的影响

一国的产业结构可以从多种角度进行划分。其中,与汇率变动关系密切的划分方法是把产业结构分为两大部门,即国际贸易品部门和非国际贸易品部门。前者产品参与国际贸易,后者的产品主要在国内销售。汇率变动对这两个部门的产品有着不同的影响,从而影响社会资源在两个部门的配置。以贬值为例:一国货币贬值后由于出口规模的扩大,使出口部门的利润增加,进口替代品的价格由于进口贸易品以本币表示的价格的上升而被带动上升,从而整个国际贸易品部门的价格相对于非国际贸易品部门的价格上升。由此诱发生产资源从非国际贸易品部门转移到国际贸易品部门。这样,一国的产业结构就会导向国际贸易部门,在整个经济体系中,国际贸易品部门所占的比重就会扩大,从而提高本国的对外开放程度,即有更多的产品同外国产品相竞争。

(六)汇率变动对世界经济的影响

不发达国家或小国的汇率变动只对其贸易伙伴国的经济产生影响,而发达国家的自由兑换货币汇率的变动会对国际经济产生比较大的影响,原因是这些国家的货币一般被国际社会普遍接受。

(1)这些国家的货币大幅度贬值或升值至少在短期内会不利于其他工业国和发展中国家的贸易收支,由此可能引起贸易战和汇率战,并影响世界经济的景气。

(2)这些国家的汇率变动将会引起国际金融领域的动荡。货币的升值或贬值,对参与此种货币的交易或以此种货币作为交易媒介的经济主体,及跨国公司、跨国银行等将产生直接的利害关系。

(3)这些国家的汇率的不稳定,会给国家储备体系和国际金融体系带来巨大的影响,目前的国际货币多样化是其结果之一。历史上,英镑、美元的不断贬值使其原有的国际货币地位严重削弱,继而出现了日元以及欧元等货币与其共同充当国际储备的局面。

本章重点摘要

1. 外汇是国际汇兑的简称。这个概念有动态和静态之分。动态的外汇是指人们将一种货币兑换成另一种货币,以清偿国际债权债务的金融活动。静态外汇又有广义和狭义之分,广义的静态外汇是泛指一切以外国货币表示的资产,世界各国管制法令所称的外汇就是广义的静态外汇。狭义的静态外汇是指以外币表示的,可用于进行国际结算的支付手段,狭义的静态外汇就是通常我们所说的外汇。

2. 汇率又称外汇牌价,即外汇买卖的价格,是指用一种货币表示的另一种货币的相对价格。汇率的标价方法有直接标价法、间接标价法和美元标价法,判断一个兑换等式是什么标价法,要看它在哪个市场上、对哪种货币而言。在实际应用中,汇率可以从不同的角度划分为不同的种类,比如固定汇率、浮动汇率、即期汇率、远期汇率、电汇汇率、信汇汇率等。

3. 由于汇率与各国的货币制度有着密切的联系,不同的货币制度,汇率的决定与调整的规律也不同。金本位制度下,决定汇率的基础是铸币平价,汇率围绕着铸币平价上下波动,波动幅度受制于黄金输送点。纸币流通制度下,汇率决定的基础是两种货币实际所代表的价值量,并受外汇市场供求状况以及两国的政治、社会、经济条件的影响。

4. 汇率制度是指一国货币当局对本国汇率的确定、维持、调整与管理的原则、方法、方式和机构等所做出的一系统规定或安排。汇率制度被分为两大类型:固定汇率制度和浮动汇率制度。固定汇率制度又可以分为金本位制下的固定汇率制度和布雷顿森林体系下的固定汇率制度。浮动汇率制度是固定汇率制度崩溃后在全世界实行的汇率制度,可以分为自由浮动和有管理的浮动。

5. 一国汇率的变动受到许多因素的影响,既包括经济因素又包括政治因素。如果一个国家的通货膨胀率高于其他国家,则这个国家的货币会贬值,相反会升值;资本总是从利率低的国家流向利率高的国家,这样利率高的国家货币会升值;反之,如果一国利率低于其他的国家,导致该国货币的贬值;高经济增长率在短期内不利于本国货币在外汇市场的汇价,但从长期来看,却强有力地支撑着本国货币的升值。无论是在固定汇率制度下,还是在浮动汇率制度下,各国货币当局为保持汇率的稳定,都会有意识地操纵汇率的变动以服务于某种经济政策目的,都会对外汇市场进行直接干预。市场预期因素是影响国际间资本流动的另一个重要因素,这会给外汇市场带来巨大的冲击,成为各国货币汇率频繁起伏的重要根源。

6. 汇率的变动又会对其他经济因素产生广泛的影响。汇率变动会引起进出口商品价格的变化,从而影响到一国的进出口贸易。一国汇率的变动对旅游和其他涉外劳务等非贸易性收支也会产生影响,汇率变动会对国际资本流动产生影响,也会对一个国家的外债产生影响。

重要名词

外汇　汇率　升水　贴水　直接标价法　间接标价法　铸币平价　黄金输送点
基础汇率　套算汇率　固定汇率　浮动汇率　即期汇率　远期汇率

课后练习

一、填空题

1. 外汇的概念有动态、静态之分。动态外汇，是指人们将一种货币兑换成另外一种货币，以清偿________的金融活动。

2. 外汇按交割的期限的不同，可以划分为________和________两种；按照汇率制度的不同，可以划分为________和________两种。

3. D/D Rate 是指________。

4. 纸币流通制度下汇率决定的基础是________；金本位制度下汇率决定的基础是________。

5. 如果本国货币对外________，那么以本币表示的进口商品的价格________，进而带动国内同类商品价格以及用进口原料在本国生产的产品价格的下降。

二、名词解释

外汇　汇率　汇水　直接标价法　间接标价法　铸币平价

三、单项选择题

1. 下列属于外汇的是(　　)。

A. 人民币　B. 欧元　C. 美元　D. 外国货币

2. 一国货币升值会导致(　　)。

A. 进口上升　B. 出口减少　C. 资金流入　D. 外债增多

3. 如果一个国家的通货膨胀率高于别的国家，该国货币在外汇市场上趋于(　　)。

A. 升值　B. 贬值　C. 不变　D. 以上都不对

4. 以下汇率中，(　　)汇率最低。

A. T/T　B. D/D　C. M/D　D. 现钞

5. 在直接标价法下，汇率上升，代表着(　　)。

A. 本币升值　B. 外币贬值　C. 本币贬值　D. 外币升值

6. 在间接标价法下，汇率上升，代表着(　　)。

A. 本币升值　B. 外币贬值　C. 本币贬值　D. 外币升值

7. 如果一国利率高于外国利率，该国的货币将趋于(　　)。

A. 升值　B. 贬值　C. 不变　D. 以上都不对

8. 如果一国经济增长高于他国，则该国货币将趋于(　　)。

A. 升值　B. 贬值　C. 不变　D. 以上都不对

四、计算题

1. 某日汇率是 USD100＝CNY649.6/652.07，JPY100＝CNY5.956 4/5.996 4，请问美元对日元的汇率是多少？

2. 某日香港市场的汇价是 USD1＝HKD7.622 0/7.625 4 港元，三个月远期 27/31，试分析说明三个月远期港元汇率的变动以及美元汇率的变动。

3. 在伦敦外汇市场上，某日 GBP/USD 即期汇率为 1.586 4/1.587 4，根据下面提供的信息，计算各期远期汇率是多少。

1 个月　20/10

3 个月　50/20

6 个月　20/70

4.如果你是银行工作人员，你向客户报出美元汇率为USD1＝HKD7.805 7/67港元，客户要以港币向你买100万美元。请问：

(1)你应该给客户什么样的汇价？客户需要支付多少港币？

(2)如果客户以你上述报价，向你购买500万美元，卖给你港币。随后，你打电话给某位经纪人想买回美元平仓。几位经纪人的报价是：

经纪人A：7.805 8/65

经纪人B：7.806 2/70

经纪人C：7.805 4/60

经纪人D：7.805 3/63

请问，你应该同哪位经纪人交易？汇价是多少？

第四章 金融市场

提起金融市场，很多人都会首先想到股市。中国股市三十年，在创造了不少财富神话的同时，也出现过“千股跌停”“大盘熔断”等颇具特色的“奇观”。而股市正是金融市场的重要组成部分之一，在可能获取的高收益的另一面，充满了不确定的高风险。下面就让我们一起来认识这个机遇与挑战并存的金融市场。

思政目标

过对中国金融市场发展的历程及各个金融子市场的介绍，使学生增强“四个意识”，坚定“四个自信”，深刻体会到金融市场的发展和进步是整个中国经济社会不断前进的缩影，从而坚定中国共产党的领导和中国特色社会主义发展道路。

第一节 金融市场概述

一、金融市场的概念和构成要素

(一)金融市场的概念

金融市场又可称为资金融通市场，是货币资金的供需双方以金融工具为交易对象而形成的有形或无形的市场(图 4-1)。

这个市场可以是有形的，也可以是无形的。有形的金融市场是指有具体而固定的交易场所的金融市场，如证券交易所等。无形的金融市场是指没有固定交易场所的虚拟市场，通常通过现代化的计算机和通信技术实现金融资产的迅速转移。无形市场已逐渐成为现代金融市场的主体。

图 4-1 有形和无形的金融市场

与传统商品市场相比，金融市场有两大显著特性：

(1)金融市场上交易者之间的关系不是单纯的买卖关系，而是借贷关系或委托代理关系，是以信用为基础的资金的使用权和所有权的暂时分离或有条件的让渡。

(2)金融市场中的交易对象是一种特殊的商品,即货币资金。

(二)金融市场的构成要素

金融市场的构成要素包括:金融市场交易的主体(参与者)、金融市场交易的客体(货币资金)、金融市场交易的媒介(金融工具)、金融市场交易的价格(利率)、金融市场交易的管理和组织形式等。

1.交易主体

交易主体即金融市场交易的参与者,是指货币资金的供需双方。双方交易的最终目的是实现货币资金从盈余者向短缺者的转移,简单讲就是资金融通。其中,资金的供给方是资金盈余者(金融市场的投资者),资金的需求方是资金短缺者(金融市场的筹资者)。具体而言,金融市场的交易主体主要有以下五类:

(1)金融机构

金融机构包括商业银行和证券公司、保险公司、信托公司、养老基金等非银行金融机构,是金融市场的主导力量。它们既是资金需求者,又是资金供给者。它们通过发放贷款、拆借、贴现、抵押、买进证券等方式,向市场供应资金;同时也通过吸收存款、再贴现、拆借等方式,将资金集中到自己手里。更重要的是,金融机构的参与者在保证自身获得一定利润的同时,也保证了其他参与者交易意愿的实现,从而保证了金融市场交易的顺畅进行。从这个角度讲,金融机构是金融市场的特殊参与者。

(2)工商企业

作为金融市场的重要参与者,工商企业具有资金需求者和资金供给者的双重身份:工商企业为弥补自有资金的不足,可通过发行股票、公司债券等方式来筹集资金,而成为资金需求者。在生产过程中,会有一部分暂时闲置的资金出现,工商企业可将其存入银行、购买国债、投资其他企业发行的债券和股票,而成为资金供应者。

(3)居民

居民也称为个人。作为金融市场参与者,居民参与金融市场的方式主要是通过各种投资行为,如购买债券、股票、投资基金、保险等,向金融市场提供资金。因此,居民一般是金融市场上的最主要资金供给者。当然,居民有时也会成为金融市场上的资金需求者,如当个人收入或储蓄不足时,可以从金融市场上通过消费信贷方式而取得资金,以实现自己的消费行为。

(4)政府部门

在金融市场上,一方面,中央政府与地方政府主要是作为资金的需求者,为弥补财政赤字或用于基础设施建设,通过发行中央政府债券或地方政府债券来筹集资金。另一方面,政府部门也可以作为资金的供应者,将其在收支过程中出现的闲置资金存入金融机构或买入短期证券,从而向市场供应资金。

(5)中央银行

在金融市场上,中央银行具有特殊地位:不仅是金融市场的行为主体,也是金融市场的监管者。作为行为主体,中央银行既可以通过公开市场业务卖出债券或票据,回收资金,又可以通过购回证券、收购黄金和外汇的方式投放资金。而中央银行进行这些操作的目的不是营利,而是调控的需要。作为监管者,中央银行担负着执行货币政策、调控货币供给量、防范和化解金融风险、维护金融稳定的责任。

2. 交易客体

交易客体即交易对象，是指金融市场参与者进行交易的标的物。通常来看，绝大部分金融市场的直接交易对象是形形色色的金融工具，比如股票、债券和投资基金等，但从本质上讲，金融市场的最终交易对象是货币资金。二者的关系可以这样比喻：在金融这条河流上，航行着各种各样的船只，这些船只便是金融工具，而所有的船只上装载着同一种货物——货币资金。市场参与者表面上交易的是船只，而实际是为了船只上装载的货币资金，船只的往复航行便实现了货币资金的不断流动。由此可知，作为交易载体的金融工具，在货币资金的融通过程中起着关键作用。

3. 交易媒介

金融市场的交易媒介就是资金的供给者和需求者之间进行资金融通时所签发的、证明债权或所有权的各种具有法律效用的凭证，即金融工具。通常情况下，货币资金的流动必须以其为载体，才能实现资金的安全运转。

根据不同标准，金融工具主要有四种分类：

按照融资形式的不同，金融工具可以分为直接融资工具和间接融资工具。前者包括商业票据、股票、债券等，后者包括银行票据、长期人寿保单等。

按照流动性的不同，金融工具可以分为短期金融工具与长期金融工具。前者包括短期债券、支票、信用卡等，后者包括股票、长期债券等。

按照信用关系的不同，金融工具可以分为原生性金融工具和衍生金融工具。前者包括股票、债券、支票等，后者包括期货、期权、互换等。

按照基础工具种类的不同，金融工具可以分为债权式金融工具与股权式金融工具。前者包括债券、存单、商业票据等，后者包括股票、认股权证等。

不论哪种金融工具，都具有以下特点：

(1)流动性，指金融工具能够随时转变为现金(变现速度)而不至于遭受损失或损失在可以接受的范围内(变现成本)。

(2)收益性，指金融工具能够为其持有人带来收益。金融工具的收益一般有两部分：一是利息，如债券利息、股票红利；二是资本利得，即通过买卖金融工具获得的差价收入。

(3)风险性，指金融工具给投资者带来损失的可能性。

收益性和风险性就好比是一个硬币的两面，二者成正比，而流动性与收益性和风险性成反比。

4. 交易价格

在金融市场上，利率是货币资金商品的“价格”，其高低主要由社会平均利润率和资金供求关系决定。

5. 交易管理和组织形式

金融市场的管理主要包括管理机构的日常管理、中央银行的间接管理、国家的法律管理等。

金融市场的组织形式主要有交易所和柜台交易。

二、金融市场的分类

(一)按融资期限分类

按融资期限的不同，金融市场可分为货币市场与资本市场。

货币市场是指期限在一年以内的短期资金融通市场，主要由银行短期借贷市场、同业拆借市场、商业票据市场、短期债券市场、大额可转让定期存单市场、回购市场等构成。其主要作用是保持金融资产的流动性,调节资金的暂时性余缺。

资本市场是指期限在一年以上的长期资金融通市场,主要由银行中长期借贷市场和证券市场构成。其作用主要是调节长期性资金供求。

(二)按交割期限分类

按交割期限的不同,金融市场可分为金融现货市场和金融期货市场。在金融现货市场中,融资活动成交后立即付款交割。而在金融期货市场中,投融活动成交后按合约规定在指定日期付款交割。

(三)按融资方式分类

按融资方式的不同,金融市场可分为直接金融市场与间接金融市场。前者是指资金需求者直接从资金所有者那里融通资金的市场,一般指的是通过发行债券或股票方式在金融市场上筹集资金的融资市场。后者是指通过商业银行等金融中介机构作为媒介来进行资金融通的市场。

这里特别要注意的是,直接金融市场与间接金融市场的差别并不在于是否有金融中介机构的介入。因为除企业之间以延期付款或预付货款形式的直接资金融通外,债券融资、股票融资等直接融资均需金融中介机构参与。举个例子,如果我们要买贵州茅台的股票,难道必须到黔北赤水河畔的茅台镇,找到中国贵州茅台酒厂(集团)有限责任公司直接购买?并不,只需借助证券公司的服务而买到其股票即可。

直接金融市场与间接金融市场的真正不同在于金融中介机构所起到的作用。直接金融市场上的金融中介机构是作为服务中介而存在的,而在间接金融市场上则作为信用中介而存在(图 4-2)。

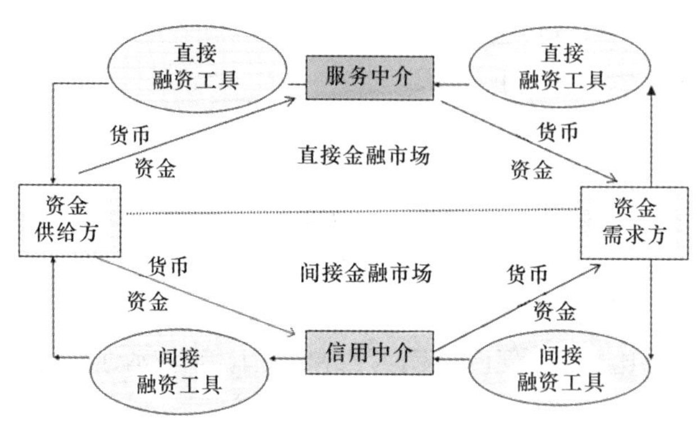

图 4-2　直接金融市场与间接金融市场

从上图中,我们可以明确看出:在直接融资过程中,如某上市公司作为资金需求方发行股票进行直接融资,投资者作为资金的供给方通过证券公司买到该公司的股票,完成了这次直接融资。在这里,证券公司只是为上市公司提供销售股票的服务,为投资者提供购买股票的服务,并从服务中获取收益,属于服务中介。

在间接融资过程中,如居民作为资金的供给方将资金存入商业银行,而商业银行在保留了必要的准备金之后,将其余资金贷给需求资金的企业,完成了这次间接融资。在这里,商业银行不仅为资金的最终需求方提供了服务,同时它自己扮演着资金供需的双重角色:对存入闲余资金的居民而言,商业银行是资金需求方;对需要贷款的企业而言,商业银行又是资金供给方。也就是说,商业银行也起到了信用中介的作用。

(四)按交易层次分类

按交易层次的不同,金融市场可分为一级市场与二级市场,也就是初级市场与次级市场,或者叫作发行市场与流通市场。一级市场(初级市场、发行市场)是指政府或企业首次发售证券给投资者以筹集资金的市场。二级市场(次级市场、流通市场)是指通过买卖已经发行的金融工具以实现流动性的交易市场。

二者的区别主要在于:一级市场是金融工具从发行者转移到投资者的市场,交易双方是发行者和投资者;二级市场是金融工具在投资者之间相互转让的市场,交易双方都是投资者。

(五)按交易标的物分类

按交易标的物的不同,金融市场可分为货币市场、证券市场、外汇市场、保险市场、黄金及其他投资品市场等。

(六)按地域范围分类

按地域范围划分,金融市场可分为国内金融市场和国际金融市场。融资活动的范围是以一国国境为限,只有本国居民参与交易的金融市场是国内金融市场,其交易活动受本国法律法规监督与管制。融资活动的范围超过了一国国境之限,而且交易的金融商品也不限于一种货币,允许外国居民参与交易的金融市场就是国际金融市场。

三、金融市场的功能

(一)资金的“蓄水池”

金融市场引导众多分散的小额资金汇聚成投入社会再生产的大规模资金。在此过程中,金融市场起着资金“蓄水池”的作用,这也是金融市场在现代经济中承担的最重要角色。一方面,通过“蓄水”,可以吸收社会闲散资金;另一方面,通过“放水”,又可将资金提供给众多急需资金的经济单位,闲置的资金便随之进入了社会再生产,从而推动了经济的发展。

(二)资源的“配置箱”

与土地、劳动力、技术、人才等物质资源相比,资金具有先导性。举例来讲,要新建一个工厂,在所有的资源中,资金必须首先到位。只有资金到位了,才可以完成土地的购买、劳动力的聘用、技术的引进等一系列任务,新工厂才得以兴建。在金融市场这个资源“配置箱”的作用下,随着金融工具的交易,实现了资金的配置,带动了社会物质资源的流动和分配,将社会资源由盈余部门向短缺部门转移,从而实现了资源的重新配置。

(三)价格的“发现者”

价格机制是市场经济中最重要的调控机制。作为“无形的手”,金融市场是金融工具的价格“发现者”,或者可以说,金融市场就是确定金融资产价格的一种机制。在金融市场上,通过买卖双方的行为,金融工具的价格得以确定。同时,由于市场信息的变化,交易者放弃一些金融工具而追求另一些金融工具,从而引起金融工具价格的不断变化,使之真正等于或无限接近于金融工具本身的价值。

(四)经济的“调节器”

首先,金融市场具有直接调节作用。在金融市场上,参与者会根据自身对宏观经济状况、各行业发展前景和工商具体情况的判断,来决定金融工具的选择,而这种选择,在资源“配置箱”的作用下,实际上是对投融资方向的选择,会对经济结构进行调节。例如,在国家大力发展节能环保、新能源、新材料等战略性新兴产业的背景下,投资者就会倾向于买入以上新兴产业的股票,资金就会较多地流向新兴产业,其他社会物质资源也会随之流向新兴产业。这种选择的结果，必然会优胜劣汰，从而达到对经济结构的调节和优化。

其次，金融市场为政府对宏观经济活动的间接调节创造了条件。政府实施货币政策和财政政策都离不开金融市场。存款准备金、再贴现、公开市场业务等货币政策的实施都以金融市场的存在为前提。以增减国债方式实施的财政政策同样要通过金融市场来实现。

（五）经济的"晴雨表"

金融市场历来被称为国民经济的"晴雨表"，是国民经济信号系统和预报台。

首先，金融市场是反映微观经济运行状况的指示器。在证券市场，个股价格的升降变化，反映了该公司经营管理和经济效益的状况；一个企业的贷款运行变化，反映了该企业资金周转状况及其质量。

其次，金融市场也反映着宏观经济运行状况。国家的经济政策，尤其是货币政策的实施情况、银根的松紧、通货膨胀的程度以及货币供应量的变化，均会反映在金融市场之中。

再次，在现代信息社会中，国内外金融市场已连为一体，密不可分，经常出现联动，于是，可以通过国内金融市场的变化及时了解世界经济发展变化的情况。

最后，这种"晴雨表"可以进行经济天气的预报。当实体经济持续繁荣出现过热但并未见顶时，金融市场会提前感知到风雨的变换，通常股票市场会达到一个历史高点并开始下跌，随后实体经济才开始出现衰退；当实体经济持续衰退但并未见底时，"春江水暖鸭先知"，金融市场会提前表现，此时，股票市场会提前见底，在一个历史低点附近徘徊并开始缓慢上涨，随后实体经济才开始出现复苏。

四、金融市场提供的服务

（一）提供便捷多样的投资渠道

金融市场为广大的个人和家庭提供了便捷的投资渠道。由于传统观念的制约和客观条件的限制，银行存款长期以来一直是我国居民的首选投资渠道。但通货膨胀率居高不下，存款利率却一路下行，货币贬值成为新常态的今天，如何寻找新的投资渠道，让货币财富不再无谓蒸发，就成为摆在我们面前的现实课题。

金融市场的存在为解决这一课题提供了可能：如今，债券、股票和投资基金等金融工具已经成为许多家庭闲置资金的投资渠道，为投资者提供了储存财富和财富增值的途径。投资者可以完全自由地决定何时进入市场、何时退出市场，投资的自由度大大提高。

（二）提供资金风险管理的途径

首先，金融市场上的金融工具，特别是迅猛发展的金融衍生工具，为企业和投资者提供了规避风险的有效方法。比如，企业可以通过期货合约来进行对冲交易，从而有效规避现货市场价格变动的风险。

其次，相对于投资实业，金融市场的投资可以为投资者降低风险。若投资者把资金直接投入实体经济，如创办一个新企业，那么当企业出现亏损甚至破产，则资金可能会全军覆没，甚至出现资不抵债的情况。如果通过金融市场投资，在不考虑加大杠杆的情况下，几乎不会出现本金全部亏损甚至负资产的情况，相信你从没听说过价格为负的股票吧！

最后，金融市场还可以为参与者分散风险。举例来讲，如果你有 50 万元闲置资金，也知道"不要把所有的鸡蛋都装进一个篮子里"的道理，但假设你将其用于投资实业，这样数量的资金却难以得到有效的分散，只能被动地将其投入一个或数量非常有限的项目里，显然这样做的风险相当大；但在金融市场上，你可以构建一个证券投资组合，这个组合可以包括不同行业、不同种类的证券，这样，你的风险便被有效地分散了，一个篮子破了，还有其他许多的篮子、许多的鸡蛋。

(三)提供流动性

比如，某投资者花10万元投资了某公司的某个项目，计划项目完成时间为3年。购买时他也预期10万元3年内不会动用。但刚过1年，正所谓“计划没有变化快”，他又急需动用这10万元。而项目尚未完成，转让非常困难，资金无法收回，这种情况在现实中屡见不鲜。而金融市场可以为投资者提供随时卖出资产即退出投资的服务：由于金融市场上存在着各种各样的金融工具，它们在期限、收益和风险等方面各不相同。同样的，资金供需双方参与金融市场的目的也各不一样，对资金的期限、收益和风险等要素的要求也不相同，而且这种要求经常处在变化之中。借助金融市场的交易组织、交易规则和管理制度，金融资产可以迅速变现，便利地转化为现金。资金得以顺利融通，资源得以有效利用。

(四)实现资金期限转换

如果没有金融市场，资金的融通是很困难的。货币既然是一般等价物，其最终目的就是与商品和劳务相交换，因此，实际上资金盈余者所盈余的资金都是暂时性的，必然有一个闲置的期限，不可能存在永远闲置的资金。这样，资金盈余者在提供给资金短缺者资金时，必须要求资金短缺者使用资金的期限与其闲置期限一致，而事实上，这是很难恰好匹配的。

若没有金融市场，资金盈余者和资金短缺者相互要花较大的成本去搜寻满足条件的交易方，这对经济而言是相当缺乏效率的。更严重的是，如果资金盈余者认为这种成本太大，就会拒绝提供资金，从而导致资源浪费。

但金融市场的存在，特别是商业银行等金融机构的作用，完全解决了这个问题，其为长期、短期资金的相互转化和顺利匹配提供了条件。比如，当投资者购买股票或公司债券时，短期资金转化成了长期资金；当投资者的闲置期限到了，只需卖出所持证券，收回资金。这样，投资者根本不需要自己去寻找交易方，去考虑期限问题，只需轻松享受金融市场提供的这项服务就行了。

第二节 货币市场

货币市场是指融资期限在一年以下的金融市场，是金融市场的重要组成部分。由于该市场所容纳的金融工具主要是政府、银行及工商企业发行的短期信用工具，具有期限短、流动性强和风险小的特点，在货币供应量层次划分上被置于现金货币和存款货币之后，称为准货币，所以该市场被称为货币市场。

货币市场的主要特点有：第一，融资期限短，最短的半天或一天，最长的不超过一年；第二，参与者主要是机构投资者，个人投资者很少涉足；第三，该市场的各种金融工具流动性较强，即“货币性”突出，风险较小。

货币市场可以分为以下几个子市场：

一、商业票据市场

(一)商业票据的基本概念

商业票据是货币市场上最古老的金融工具之一。商业票据是由企业签发的以商品交易为基础的短期无担保债务凭证。

商业票据主要有本票和汇票两种。本票(图4-3)又叫期票，是债务人向债权人开出的在约定期限偿付欠款的债务凭证，其本质是一种到期付款承诺。因此，通常债务人是出票人，债权人是持票人。

汇票(图 4-4)是出票人签发的，委托付款人在见票时，或者在指定日期无条件支付确定的金额给收款人或者持票人的票据，其本质上是一种无条件支付命令。其基本的法律关系最少有三方：出票人、受票人(付款人)和持票人(收款人)。

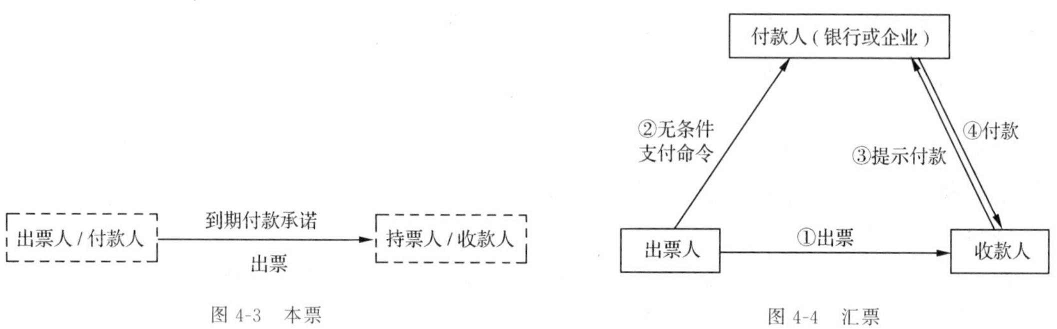

图 4-3 本票　　　　图 4-4 汇票

(二)商业票据市场的分类

商业票据市场可分为商业票据承兑市场和商业票据贴现市场。

1. 商业票据承兑市场

汇票可分为两种：一是远期汇票，是指出票或见票后在将来特定日期付款的汇票；二是即期汇票，即提示或见票时立即付款的汇票。只有远期汇票才需承兑。票据承兑是指汇票到期前，汇票付款人或指定银行确认票据证明事项，在票据上做出承诺付款的文字记载、签章的一种手续。

2. 商业票据贴现市场

票据贴现是商业汇票的持票人在需要资金时，将其持有的未到期商业汇票转给商业银行，银行扣除贴现利息后将余款付给持票人的行为。其主要有三种方式：

(1)贴现，即企业以未到期的商业票据向贴现银行融资，贴现银行按市场利率扣除自贴现日至到期日的利息之后，将票款付给出让人的行为。

(2)转贴现，指商业银行在资金临时不足时，将已经贴现但仍未到期的票据，交给其他商业银行或贴现机构给予贴现以取得资金融通的行为。

(3)再贴现，是指商业银行将已贴现的未到期商业票据再转让给中央银行的票据转让行为。

以上三种方式的操作过程几乎一样，主要区别有两点：

(1)参与主体的差别：贴现在企业与商业银行之间进行，转贴现和再贴现在商业银行之间，或者商业银行与中央银行之间进行。

(2)参与目的的差别：贴现和转贴现一般是企业或者商业银行的自主融资行为，再贴现更多地体现为中央银行对宏观经济进行调整的政策行为。

本章所阐述的主要是第一种形式，即发生在企业与商业银行之间的贴现。

贴现时的利率称为贴现率，贴现率是指商业银行办理贴现时预扣的利息与票面金额的比率。票据价格是票据贴现时银行付给贴现人的实付贴现金额。贴现利息的计算公式为

$$\text{贴现利息}=\text{票面金额}\times\text{贴现率}\times\text{贴现期限}$$

其中，贴现期限是指未到期天数，即办理票据贴现日起至票据到期日止的时间。需要注意的是，如贴现期限是天数，则贴现率应为日贴现率；如贴现期限是月份数，则贴现率应该为月贴

现率。

票据贴现价格的计算公式为

$$票据贴现价格=票面金额-贴现利息=票面金额\times(1-\frac{年贴现率}{360天}\times未到期天数)$$

上式中，年贴现率/360，将之转化为日贴现率，再与未到期天数相乘。票据贴现价格也就是贴现时，银行付给贴现人的贴现付款额。

例题：某公司要将3个月后到期，面额为50 000元的商业票据拿到银行贴现，银行的年贴现率为6%，请问贴现利息是多少？银行付给该公司的贴现付款额是多少？

贴现利息＝50 000×(6%/12)×3＝750(元)

贴现付款额＝票面金额－贴现利息＝50 000－750＝49 250(元)

(三)我国的商业票据市场

我国的商业票据市场起步于20世纪80年代初期。中国人民银行上海分行于1981年在分行辖区内进行初步试点，尝试了同城商业承兑汇票贴现业务。1986年，中国人民银行颁布了《再贴现试行办法》，正式开办了对商业银行的再贴现业务。1995年5月10日，第八届全国人民代表大会常务委员会第十三次会议通过了《票据法》，于1996年1月1日起正式施行，并于2004年8月28日修订。该法的颁布和施行，对规范票据行为，促进票据承兑和贴现市场的健康发展，具有重要意义。

2000年11月9日，经中国人民银行批准，上海开办了内地第一家专业化票据经营机构——中国工商银行票据营业部，标志着我国票据市场的发展进入专业化、规模化和规范化的新阶段。2003年6月30日，中国票据网正式启用，为全国统一票据市场的形成提供了必要的平台。

目前，票据市场已成为我国货币市场的重要组成部分，商业汇票的承兑、贴现和再贴现是票据业务的主要形式。

二、短期债券市场

短期债券市场可以分为短期政府债券市场和短期企业债券市场。(这里有一点要注意：我们习惯上说的“债券”实际上通常指的是期限在1年以上的中长期债券，若要说明是1年以内的债券，一定要用“短期债券”的说法。)

(一)短期政府债券市场

1.短期政府债券的概念和特点

短期政府债券是国家作为债务人发行的期限在1年以内的债务凭证。一般来讲，政府短期债券市场主要指的是国库券市场。

国库券市场是指由国家财政部发行、政府提供信用担保、期限在1年以内的短期债券的市场。需注意的是，在我国有把政府财政部门发行的政府债券均称为国库券的习惯，而不论其期限是在1年以内还是1年以上。但严格说来，期限在1年以上的中长期政府债券应被称为公债。其中，中央政府的债务称为中央债，又称国债。地方政府的债务称为地方债。在法律不允许地方政府借债的国家，公债和国债这两个概念是一致的，都是指中央政府的借债。

国库券是一种很受人们青睐的金融工具，具有鲜明的特点：

安全性高。国库券一般由国家财政部委托中央银行牵头，各大专业银行及其他金融机构办理，以国家的财政收入作为还本付息的保证，一般不存在违约风险。因而，国库券利率也被当作无风险利率，成为其他利率确定的依据。

流动性强。极高的安全性以及组织完善、运行高效的市场赋予国库券极强的流动性，使持有者可以随时在市场上转让变现。

税收优惠。政府为增强国库券的吸引力，通常给予购买者税收方面的优惠，如免缴所得税、交易税等。

2.短期政府债券市场的市场结构

(1)发行市场

财政部发行国库券主要是为政府筹措短期资金以弥补季节性、临时性财政赤字，或应付其他短期资金需求，如偿还已到期的国库券等。

国库券一般采用招投标方式折价发行。财政部的投标分为竞争性和非竞争性两种。竞争性投标应在标书中列明购买的价格和数量，投标人可能因出价太低失去购买机会，或者因投标价格太高造成损失，因而风险较高。非竞争性投标者应该在投标书中标明参加非竞争性投标，不提出投标价格，而是以竞争性投标者的平均价格作为买入价格。折价发行是指发行价格低于国库券面值，到期按面值偿还，其差价即购买者的投资收益。

(2)流通市场

在流通市场购买国库券有两种途径：一是通过银行购买国库券。某些大银行往往既是国库券的投资者，又是国库券的承销商。二是通过证券交易商购买国库券。不同交易商的收费有所不同。

银行和交易商主要是从买进和卖出的微小价差中获益。在国外，国库券市场非常活跃，不仅是投资者的理想场所，是商业银行调节资金的重要渠道，也是中央银行进行公开市场业务操作的重要场所。

3.我国的国库券市场

自1981年我国恢复发行国库券以来，一直在不断摸索和改革国库券的发行方式。1991年，我国首次进行了以承购包销方式发行国库券的试验，并获得成功。这标志着我国国库券一级市场机制开始形成。1993年，在承购包销方式的基础上，我国推出了国库券一级自营商制度，19家信誉良好、资金实力雄厚的金融机构获准成为首批国库券一级自营商。1994年，我国进行国库券无纸化发行的尝试，借助上海证券交易所的交易与结算网络系统，通过国库券一级自营商承购包销的方式成功地发行了半年期和一年期的国库券。1995年，在无纸化发行取得成功的基础上，引进招标发行方式，以记账形式，由国库券一级自营商采取基数包销、余额招标的方式成功地发行了一年期国库券。

1996年，我国国库券市场的发展迈上了一个新的台阶，国库券市场的发展以全面走向市场化为基本特色，“发行市场化、品种多样化、券面无纸化、交易电脑化”的目标基本实现。同时，国库券的二级市场也有了长足的发展，形成点面结合的格局，以证券交易所为点，以大量的柜台交易和场外电话交易为面。国库券现货市场和回购市场的交易价格也日益活跃，成为反映货币市场资金供求状况的重要标尺。

(二)短期企业债券市场

1.短期企业债券的概念和用途

短期企业债券是指企业依照法定程序发行，约定在一定期限内(通常是1年之内)还本付息的债券。企业债券的发行主体既可以是股份公司，也可以是非股份公司的企业。

企业债券是公司根据经营运作具体需要所发行的债券，它的主要用途包括固定资产投资、技术更新改造、改善资金来源的结构、调整资产结构、降低财务成本、支持企业并购和资产重组等。但在中国的企业债券中，发债资金的用途主要限制在固定资产投资和技术革新改造方面，并与政府部门审批的项目直接相联。

2. 短期企业债券市场的市场结构

与短期政府债券市场的市场结构相类似，短期企业债券市场也可分为企业债券发行市场和企业债券流通市场。其中，一级市场是指专为首次发行的企业债券确定价格和进行交易的场所或机制。二级市场是专为已发行的企业债券确定价格和进行交易的场所或机制。而企业债券流通市场又可分为证券交易所市场（场内交易市场）和场外交易市场两大类。从海外成熟的企业债券流通市场的交易情况看，大部分企业债券的交易是在场外交易市场中进行的。企业债券场外交易市场由成千上万名遍布全国的证券经纪人、交易商和投资者共同组成，主要通过电话委托系统进行交易。这些证券经纪商既可以作为投资者的经纪人（代理商）执行客户买卖债券的指令，又可以作为委托人从事债券的买卖，或者作为债券的做市商专门从事某几种债券的买卖。

在我国，债券市场相对于股票市场，发展较为滞后，在债券市场中，企业债券相对于国债和金融债的发展又更为缓慢。而企业发行债券又多数倾向于发行长期债券，尤以 3～5 年居多，很少发行 1 年以内的短期企业债券。因此，我国的短期企业债券市场目前交易清淡，需要得到进一步的加强和完善。

三、大额可转让定期存单市场

（一）大额可转让定期存单市场的概念和特点

大额可转让定期存单（Large-denomination Negotiable Certificates of Time Deposit，简写为 CDs）是商业银行按一定期限和利率发行的存款单据，其发行和流通的市场即大额可转让定期存单市场。

与普通定期存款相比，CDs 具有以下特点：

（1）不记名，可转让流通，而普通定期存单要记名，不能转让流通；

（2）金额固定，起点较高，如美国的大额可转让定期存单最低面额为 10 万美元，总额通常规定为 10 万美元的整数倍，而普通定期存单的金额是不固定的；

（3）必须到期方可提取本息，若未到期可以在流通市场上转让但不能要求银行还本付息，而普通定期存单可以提前提取本息，虽然利息有一定损失；

（4）期限短，一般为 3～6 个月，不超过 1 年，而普通定期存单的期限一般在 1 年以上；

（5）利率有固定的，也有浮动的，而普通定期存单利率固定。

CDs 与普通定期存款的主要区别见表 4-1。

表 4-1　大额可转让定期存单与普通定期存款的区别

大额可转让定期存单	普通定期存款
不记名、可转让	记名、不可转让
按标准单位发行	存款金额不固定
有固定利率，也有浮动利率	一般为固定利率
不得提前支取，但可在二级市场上转让	可以提前支取，但要损失一部分利息

CDs 作为商业银行为规避管制而创造的一种金融工具，具有较高的价值。对于投资者而言，其既有定期存款利息收入较高的优势，又有活期存款可随时转化为现金的特征，是一种能

获得稳定收益的投资渠道。对于商业银行而言，其可以主动地吸收存款，是一种可用于中长期资金运用的稳定资金来源。

（二）我国的大额可转让定期存单市场

我国的大额可转让定期存单市场开始于 1986 年 10 月。当时，交通银行上海分行成立，面对其他银行的强大竞争，经中国人民银行批准，设计并推出了大额可转让定期存单这一新型融资工具。中国人民银行总行 1989 年发布了《大额可转让定期存单管理办法》，大额可转让定期存单开始在全国推行。同时，该办法对我国 CDs 市场的有关事项做出明确规定，如发行单位只限于各类银行；发行对象为城乡个人和企业、事业单位，用个人资金或单位自有资金购买；票面格式由各银行总行统一设计，交中国人民银行总行审核等。

大额可转让定期存单的发行和转让，为我国金融市场增添了新的内容。但在其发行以后，却几乎没有大额定期存单的转让交易，其与不可转让存单没有实质区别。另外，1990 年后，银行存款额迅速上升，信贷资金短缺状态得到根本扭转，甚至出现资金过剩，致使 CDs 的发行大受影响。因为当时的市场体制还不够完善，相关的政策法规也不够健全，最后大额可转让定期存单市场没有能够按照预期的标准发展，管理层于 1996 年 12 月 14 日取消了大额可转让定期存单业务，该市场实质上以失败告终。

随着我国市场经济体制的不断完善，我国金融市场呈现良性发展的状态，2010 年 5 月 14 日，中国工商银行纽约分行成功在美国市场发行了第一笔大额可转让定期存单，标志着我国大额可转让定期存单市场重新启动。之后，为规范大额可转让定期存单业务发展，拓宽存款类金融机构负债产品市场化定价范围，有序推进利率市场化改革，中国人民银行制定了《大额存单管理暂行办法》，并于 2015 年 6 月 2 日起正式施行。新的管理办法施行之后，首批大额可转让定期存单于 2015 年 6 月 15 日起发行，发行机构包括工商银行、农业银行、中国银行、建设银行、交通银行、浦发银行、中信银行、招商银行、兴业银行 9 家银行，这 9 家银行都是市场利率定价自律机制核心成员银行。除兴业银行只面向机构投资者发行存单外，其余主要面向个人发售，利率均在基准利率的 1.3～1.4 倍，期限都以 1 年（含）内为主，面向个人投资者的起点金额是 30 万元，机构是 1 000 万元。采用电子化发行，非纸质存单。

央行发布的《2017 年第四季度中国货币政策执行报告》显示，2017 年金融机构陆续发行大额存单 2.3 万期，发行总量为 6.2 万亿元，同比增加 9 343 亿元。大额存单发行的有序推进，进一步扩大了金融机构负债产品市场化定价范围，有利于培养金融机构的自主定价能力，健全市场化利率形成和传导机制。

四、同业拆借市场

（一）同业拆借市场的形成

同业拆借市场是指金融机构之间以货币借贷方式进行短期资金融通的市场，是货币市场最重要的组成部分之一。

同业拆借市场形成的主要原因是存款准备金制度。根据法定存款准备金制度的要求，各商业银行必须按规定的法定存款准备金率向中央银行提交存款准备金，而不能将全部存款都用于资产业务。如果商业银行的存款准备金没有达到法定存款准备金的要求，中央银行将采取较严厉的措施予以惩罚或制裁。为此，商业银行都在中央银行保持一部分超额存款准备金，随时弥补法定存款准备金的不足。

由于法定存款准备金率是一种重要的货币政策工具，中央银行经常会根据经济形势调整法定存款准备金率，特别是在应对通货膨胀的时候，经常会连续调高法定存款准备金率，这会导致超额存款准备金较少的商业银行出现法定存款准备金的不足，形成缺口。而部分商业银行却可能拥有多余的超额存款准备金。因此，各商业银行都非常需要有一个能够进行短期临时性资金融通的市场。同业拆借市场也就应运而生。

（二）同业拆借市场的参与者

首先，商业银行是同业拆借市场最重要的参与者，该市场最早也被称为“银行同业拆借市场”。商业银行既是主要的资金供给者，又是主要的资金需求者。由于商业银行数量众多，定位各异，持有的超额存款准备金比例各不相同，这样，持有多余超额存款准备金的商业银行就扮演着资金供给者的角色，而超额存款准备金不足的商业银行，主要是一些大型商业银行，其是金融宏观调控的主要对象，在运营过程中会经常出现短期资金不足的情况，便扮演着资金需求者的角色。

其次，非银行金融机构（如证券公司、保险公司、信托投资公司等）和市场中介人，同样是同业拆借市场的重要参与者。非银行金融机构一般是以资金供给者的身份出现。市场中介人的主要作用是充当资金拆入者和资金拆出者的中介，提供联系，促成交易。市场中介人大体上分为两类：一类是专门从事同业拆借市场中介业务的机构，如融资公司、拆借经纪商或经营商等。另一类是兼营机构，它多由大的商业银行承担。

最后，随着金融市场的发展，同业拆借市场的参与者将进一步多样化，其功能范围将进一步扩大。

（三）同业拆借市场的期限与利率

同业拆借市场的期限通常以 1～2 天居多，短至隔夜，多则 1～2 周，一般不超过 1 个月。

同业拆借按日计息，包括两个利率，拆进利率表示金融机构愿意借款的利率，拆出利率表示愿意贷款的利率。同业拆借利率是拆借市场的资金价格，是货币市场的核心利率，也是整个金融市场上具有代表性的利率，它能够及时、灵敏、准确地反映货币市场乃至整个金融市场短期资金供求关系。当同业拆借利率持续上升时，反映资金需求大于供给，预示市场流动性可能下降，当同业拆借利率下降时，情况相反。世界上一些重要的金融市场及许多国家和地区均以该利率为基础利率，确定自己的资金借贷利率。

（四）我国的同业拆借市场

至今为止，我国银行同业拆借市场经历了三个发展历程。

1. 初始阶段（1984—1995 年）

1984 年，我国对银行体制以及信贷资金管理体制进行了重大改革，开始允许银行间互相拆借资金。1986 年 1 月，国务院颁布《中华人民共和国银行管理暂行条例》，从法律上第一次为我国同业拆借的开展提供了依据。

2. 规范阶段（1996—1998 年）

为使银行间的拆借行为更加规范，在 1996 年初建立了全国统一的银行间同业拆借市场。这个市场由两级网络组成：一级网络通过外汇交易中的通信网络和计算机系统进行交易，其交易主体主要由全国 15 家商业银行总行、多家全国性信托投资公司以及挂靠中国人民银行各分行的 35 家融资中心组成。二级网络以这 35 家融资中心为主导，经商业银行总行授权的分支机构和非银行金融机构共同参与。二级网络构架的相继建立，标志着我国同业拆借市场的基本形成。

3. 发展阶段(1999 年以后)

融资中心被逐步撤销,同业拆借市场交易的规模进一步扩大。2002 年 6 月 1 日起,外币拆借中介业务开始由外汇交易中心办理,这标志着我国统一规范的国内外币同业拆借市场的正式启动,拆借市场的规模也迎来了历史性的突破。2007 年 1 月 4 日,上海银行间同业拆放利率(SHIBOR)开始正式运行。SHIBOR 是由信用等级较高的银行组成报价团自主报出的人民币同业拆出利率计算确定的算术平均利率,是单利、无担保、批发性利率。目前对社会公布的 SHIBOR 品种包括隔夜、1 周、2 周、1 个月、3 个月、6 个月、9 个月及 1 年。从 SHIBOR 八个期限品种 2007 年以来的报价走势可以看到,短期限报价波动大,长期限报价波动较小(图 4-5)。

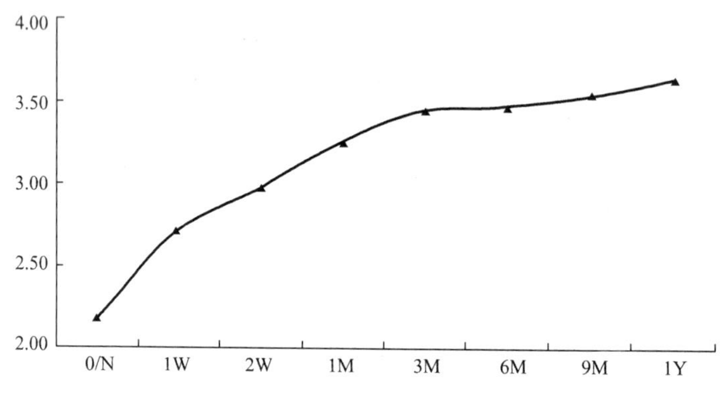

图 4-5 不同期限 SHIBOR 报价均值构成的利率曲线

近年来,SHIBOR 不但促进了货币市场的快速发展,对债券产品定价更是发挥着重要的基准作用。2017 年,我国共发行以 SHIBOR 为基准定价的浮动利率债券及同业存单 139 只,发行固定利率企业债 382 只,全部参照 SHIBOR 定价。

五、回购市场

(一)回购市场的概念

回购市场又称回购协议市场,是指通过回购协议进行短期资金融通的市场。所谓回购协议,是指交易双方签订协议,卖方将一定数额的证券卖给买方的时候,承诺一定的期限后按约定价格将该种证券如数买回,同时买方也承诺一定的期限后按约定价格将该证券卖给卖方的一种交易方式。

回购实质上是一种以证券为抵押品的短期资金融通形式。最主要的回购对象是国债。该交易过程对证券卖方而言,是卖出证券借入资金的过程,称为回购(或正回购)(图 4-6);对证券买方而言,则是买入证券借出资金的过程,称为逆回购。

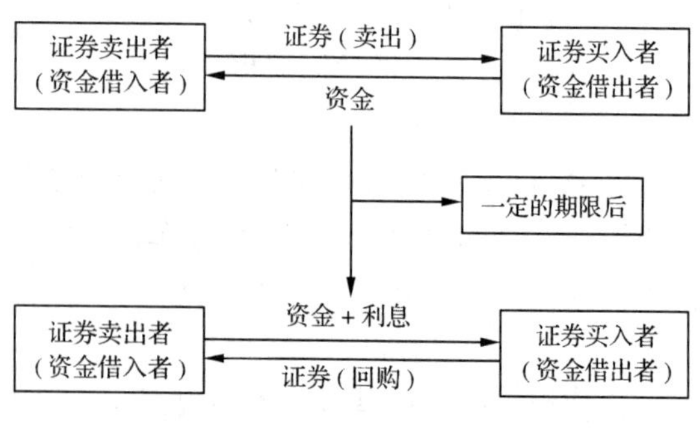

图 4-6 回购交易图

(二)回购市场的期限和利率

回购的期限分为隔夜、定期、连续性合约三种,其中以隔夜为多。隔夜是卖出和买回证券相隔一天,相当于日拆。定期是指卖出和买进的时间规定为若干天,一般不超过 30 天。连续性合约是指每天按不同利率连续几天的交易。

由于回购交易的期限很短，且有证券做抵押，所以风险小，但利率一般不低于同业拆借利率，故收益率较低。

(三)国债回购市场的作用

1.使国债的融资能力更加突出

随着国债回购业务的发展，投资者又增加了一个良好的投资渠道，刺激了各大金融市场对国债的需求。投资者在国债回购市场上频繁地进行回购与逆回购的操作，根据获利情况不断调整自己的资产组合与操作方式，这就变相增强了国债的流动性，活跃了国债市场，直接促进了国债发行规模的扩大。同时，投资者通过国债回购与逆回购的操作，可以将手中持有的长期国债随时变现卖出，增加手中资金的流动性，这也为长期国债的发行奠定了基础条件。

2.为证券公司和一些非银行金融机构提供了一个优良的融资渠道

在我国，银行业和证券业实行的是分业经营、分业管理，银行不能给证券机构贷款，各大证券公司的融资手段有限。各证券公司通过操作与国债回购相关的业务，就可以平衡证券机构同各种非银行金融机构之间的资金余缺，提高资金使用效率。一方面，券商在遇到短期或临时性资金短缺时，通过回购业务既可以短期内筹集到资金，又可以在将来继续持有国债；另一方面，有些机构或团体拥有很多的闲散资金，证券机构就可以利用其国债存量，通过回购交易进行一定期限的筹资，扩大自身的资金实力，使证券机构有足够的能力来应付每年大量的国债、股票及其他有价证券的承销工作。

3.成为中央银行开展公开市场业务操作的基本方式

公开市场操作主要有两种形式：一是公开买卖国债；二是在回购市场动作。二者都以调节金融系统中的货币流量为目标，都要利用回购市场。采用回购方式，即中央银行从商业银行买入国债，向商业银行供给资金，到期后按约定价格将国债卖给商业银行，收回资金，主动权完全掌握在中央银行手中，只要增大或减小国债回购力度，就可以灵活地调控商业银行的超额准备金。当通货膨胀提升时，中央银行在公开市场上以回购交易卖出国债，增加货币回笼量，社会上的货币流通量减少。反之，当通货紧缩时，中央银行在公开市场上以逆回购买进国债，向市场上投放货币，社会上的货币流通量增加，银根放松，得以实现间接调控货币市场的目的。

4.向金融市场传导中央银行的货币政策风向

当中央银行与商业银行或其他金融机构进行国债交易时，通过变动国债回购或逆回购的利率水平或者根据商业银行手中持有的国债进行买进、卖出，借此来吞吐基础货币，收紧或放松银根；商业银行通过与中央银行的国债回购或逆回购交易中反映出来的政策意图，及时调整信贷政策和利率政策，增加或减少信贷资金量。向社会传递中央银行货币政策的信息：证券公司、信托投资公司、企业法人等通过回购交易，再把货币政策的效应落实于社会经济的各个层面。

第三节 资本市场

资本市场是指期限在一年以上的中长期资金融通市场，其主要特点有：第一，融资期限长，至少在1年以上，最长的可以达到数十年，甚至没有期限；第二，参与者不仅局限于机构投资者，还包括大量的个人投资者，资本市场是居民家庭进行投资理财的重要金融市场之一；第三，资本市场上各种金融工具的收益和风险都比货币市场金融工具高，有较强的投机性。

资本市场主要分为股票市场、债券市场和证券投资基金市场。

一、股票市场

(一)股票

1. 股票的概念和实质

股票是股份公司发行的,用以证明投资者的股东身份,并据以获得股息的凭证。拥有某公司一定比例的股票,就在公司拥有一定比例的资本所有权,并凭此所有权定期分得股息收入。因此,股票实质上是所有权的代表,这是其与债券等债权凭证的根本区别。

2. 股票的主要特征

首先,股票具有金融工具的三大共同特征,即流动性、收益性和风险性。与债券相比,股票的收益和风险都非常大,主要因为股票的收益很大程度上来自资本利得,其既能让平常人"一夜暴富",又能让富人"一夜破产"。

其次,股票还具有两个与债券不同的"个性":一是无期性,这里的"期"是指"还本期限"。债券是有明确的期限规定的,到期必须偿还本金,而股票是没有还本期限的,或者说这个期限是永远,这也是股票风险大的重要原因之一。二是参与性,股票持有者可以参与公司的经营决策,而债券持有者一般不参与公司的经营决策,其只关心公司是否按约定还本付息。

3. 股票的分类

(1)按股东权利不同,可分为普通股和优先股

这是国际上最主要的一种股票分类方法。普通股是股份公司发行的无特别权利的股票,一般我们所说的股票都是指普通股。普通股是每个股份公司都要发行的股票,它具有一切股票的基本性质,也是最常见的资本市场投资工具。普通股股东具有相同的权利,即具有均等的利益分配权、对企业经营的参与权、均等的公司财产分配权、优先认购新股权等。

普通股与优先股最大的区别就在于普通股股东具有参与权,出席股东大会的会议权、表决权和选举权、被选举权等。而优先股股东一般不参与公司的经营决策,没有投票权、选举权和被选举权。

优先股是指在股息分配和剩余财产分配上优先于普通股的股票。在股息分配方面,股份公司在分配股息时,先派发给优先股股东,然后再派发给普通股股东。优先股的股息是固定不变的,而普通股的股息是不固定的,可能有,也可能没有,这不但取决于公司经营情况,还取决于股利政策。在剩余财产分配方面,当股份公司因解散、改组或破产清算时,优先股具有先于普通股的剩余财产分配权。所以,优先股比普通股风险小,对既想投资于股票,又想获得固定收益的人具有吸引力。但这里要注意的是,优先股所具有的以上两大权利的优先,仅是相对普通股而言。另外,目前我国还没有发行优先股。

(2)按投资主体不同,可分为国家股、法人股和个人股

这是我国股票的一种重要分类方法。国家股是指有权代表国家投资的政府部门或机构以国有资产投入公司形成的股份。法人股是指企业法人或具有法人资格的事业单位和社会团体以其依法可支配的资金投资入股所形成的股份。个人股是指社会个人或本公司内部职工以个人合法财产投入公司所形成的股份。

(3)按持有人的国别和身份不同,可分为 A 股、B 股、H 股和 N 股

A 股股票是指股份公司经过特定程序发行的以人民币标明面值、以人民币认购和交易、由中国人(境内)买卖的普通股股票。一般我们所说的沪深股市,就是指 A 股市场。

B 股股票是指中国境内股份有限公司经过特定程序发行的、在境内证券交易所上市、以人民币标明面值、以外币认购和交易的股票。其中,上海证券交易所的 B 股以美元交易,深圳证

券交易所的 B 股以港币交易。

H 股股票和 N 股股票是指我国在内地注册的企业，分别在中国香港联合证券交易所和美国纽约证券交易所发行上市的港元股票和美元股票。

4. 股票的价格

价格是股票交易的最重要因素，也是投资者关注的焦点。股票价格其实有两种：一是发行价格，是指发行新股时的实际价格，该价格确定后便不再变化，在发行结束后，发行价格只具有股价参考的作用，对投资的实际意义不大；二是流通价格或市场价格，该价格随着市场交易的进行，受政治、经济周期、宏观经济政策、公司经营情况、心理等诸多因素共同决定和影响，每时每刻都处在变化之中。一般我们所说和投资者关心的价格就是流通价格。

5. 股票价格指数

股票价格指数简称股价指数，是用来反映不同时期股价总体变动情况的相对指标，即把某一时期的股价平均数化为以另一时期股价平均数为基准的百分数，并以指数形式表示出来。

股价指数通常由一些专门从事股价变动分析的机构采样、计算并公布，它不但是衡量股票市场总体价格水平及变动趋势的尺度，而且反映了一国经济发展状态。这里需要注意的是：股价指数上涨只是说明该股票市场的股票价格总体上是上涨的，并不意味着该市场所有股票的价格都上涨，同样的道理，股价指数下跌只是说明该股票市场的股票价格总体上是下跌的，并不意味着该市场所有股票的价格都下跌。

世界证券市场上最具影响力和权威性的股票价格指数主要有美国的道琼斯股票价格指数与标准普尔股票价格指数、英国的《金融时报》股票价格指数、日经股票价格指数和中国的香港恒生指数。

(二)股票市场的分类

股票市场可以分为发行市场和流通市场，发行市场是流通市场的基础和前提，流通市场又是发行市场存在、发展的条件。发行市场的规模决定流通市场的规模，影响着流通市场的交易价格。没有发行市场，流通市场就成为无源之水、无本之木。流通市场是发行市场生存和壮大的必要条件，没有流通市场，发行市场也会失去活力。

1. 股票发行市场

股票发行市场是通过发行股票进行筹资活动的市场，一方面为资本的需求者提供筹集资金的渠道，另一方面为资本的供应者提供投资场所。发行市场是实现资本职能转化的场所，通过发行股票，把社会闲散资金转化为生产资本。由于发行活动是股市一切活动的源头和起始点，故股票发行市场又称为一级市场或初级市场。

(1)发行审核制度

证券发行的审核制度，在世界范围内主要有三种：审批制、注册制和核准制。

我国在证券市场建立之初主要实行行政审批制，在行政审批制度(额度审批制)下，完全由行政机关对证券发行进行审批。

在发达国家，占主导地位的是注册制，即发行人在准备发行证券时，必须将依法公开的各种资料完全、准确地向证券主管机关呈报并申请注册。证券主管机关的权力仅在于要求发行人提供的资料不包含任何不真实的陈述和事项，如果发行人符合上述原则，证券主管机关应准予注册。

核准制即发行人在发行证券时，不仅要以真实状况的充分公开为条件，而且必须符合有关法律和证券管理机关规定的必备条件，证券主管机关有权否决不符合规定条件的证券发行申请。目前，我国的股票发行实行核准制并配之以发行审核制度和保荐人制度。保荐人制度适用于有限公司首次公开发行股票和上市公司发行新股、可转换公司债券。我国证券保荐人制度要求保荐人（通常为券商）负责证券发行人的发行上市辅导和发行上市推荐，具体职责包括核实公司发行文件与上市文件中所载资料的真实性、准确性与完整性，协助发行人建立严格的信息披露制度并承担风险防范责任。公司上市后的法定期间内，保荐人还应协助公司建立规范的法人治理结构，督促公司遵守上市规定，并对上市公司的信息披露承担连带责任。

（2）发行方式

股票发行方式根据发行对象的不同，分为公募发行和私募发行。公募发行又称公开发行，是指以不特定的广大投资者为发行对象的发行方式。其优点是有利于扩大股票发行量，增加融资量；同时也有利于扩大股东范围，分散持股，提高发行者的知名度和股票的流动性。其缺点在于对发行公司要求较高，且手续复杂，费用较高。若无特别说明，我们所说的新股发行就是指公募发行。

私募发行又称非公开发行，是指以特定的投资者（如本公司的内部职工和与发行公司有密切往来的公司）为发行对象的发行方式。私募发行通常在股东配股和私人配售时采用，有利于节约费用，降低发行成本，但股票流动性差，难以在市场上公开转让。

（3）发行定价

发行定价是发行市场的关键环节，也是投资者最为关心的问题。在成熟市场上，若定价过高，会使股票发行数量减少，使发行公司不能筹集到所需资金、股票承销商遭受损失，甚至导致股票发行失败；若定价过低，发行公司可能蒙受损失。

股票发行定价最常用的方式有累积订单方式、固定价格方式以及累积订单和固定价格相结合的方式。累积订单方式是美国证券市场经常采用的方式。其一般做法是，承销团先与发行人商定一个定价区间，再通过市场促销征集在每个价位上的需求量。在分析需求数量后，由主承销商与发行人确定最终发行价格。固定价格方式是英国、日本等证券市场通常采用的方式。基本做法是承销商与发行人在公开发行前商定一个固定的价格，然后根据此价格进行公开发售。累积订单和固定价格相结合的方式主要适用于国际筹资，一般是在进行国际推荐的同时，在主要发行地进行公开募集，投资者的认购价格为推荐价格区间的上限，待国际推荐结束、最终价格确定之后，再将多余的认购款退还给投资者。

2. 股票流通市场

流通市场是已发行股票在投资者之间进行买卖交易相互转让的市场，故又称二级市场。流通市场一方面为股票持有者提供随时变现的机会，另一方面又为新的投资者提供投资机会。

（1）证券交易所市场

证券交易所是经证券监管部门批准的，证券买卖双方公开交易的市场，是一个高度组织化，有固定场所和设施，进行证券集中交易的市场。在证券交易所内进行股票交易的市场就是证券交易所市场。从地位上讲，该市场是整个证券市场的主体和核心。

证券交易所拥有完整且具有法律效力的交易规则和管理规则，其必须在指定地点公开营业，一切交易必须在场内公开成交，并向投资者公布每天交易的证券种类、证券价格、成交数量和成交金额等情况。根据组织形式不同，证券交易所分为公司制和会员制两种。公司制的证券交易所是以股份有限公司形式成立的以营利为目的的法人团体，其一般由商业银行、证券公司、投资信托公司及各类民营公司共同出资建立。会员制的证券交易所是由会员自愿组成的，不以营利为目的的社会法人团体，一般由证券公司、投资银行等证券交易商组成。我国的上海、深圳证券交易所属于会员制，各个证券公司都是两大交易所的会员，只有会员才能进入交易所参与交易。因此，投资者要参与证券交易，必须先到证券公司开户，成为证券公司的客户，然后证券公司接受投资者的委托，代表投资者在证券交易所内进行证券交易。

(2)场外交易市场

场外交易市场又称店头市场或柜台市场，是指在股票交易所外的各证券公司柜台上进行证券买卖的市场。它是一个分散的、无固定交易场所的市场，既可以在证券公司的营业点内，由买卖双方当面议价进行交易，又可以通过电话、电报和计算机网络联系成交。店头市场上的交易对象，既有小公司的股票，也有大公司的股票；既有上市股票，也有非上市股票。店头市场交易的参与者主要是证券商和客户。

(3)第三市场

第三市场是在股票交易所之外专门买卖上市股票的一种交易市场，是上市股票的场外交易市场。第三市场具有成本低、价格较优、手续简便等优点，因此，那些非交易所会员的证券商和大额投资者就在股票交易所之外买卖这些上市股票，以减轻大宗股票交易的费用负担。

(4)第四市场

第四市场是指买卖双方绕开证券经纪商，彼此间通过计算机网络系统直接进行大宗证券特别是股票交易的市场。该市场实际上也属于场外交易市场。

这里需要注意的是，近年来，随着现代通信技术与电子计算机在证券交易机构的广泛运用，柜台市场、第三市场与第四市场已逐渐合并为一个统一的场外交易体系。

二、债券市场

(一)债券

1.债券的定义和特点

债券是筹资者或债务人依照法定程序发行，承诺在一定时期支付约定利息并偿还本金的债务凭证。债券是债权凭证，其持有者是发行人的债权人，这是与股票的根本区别。

作为一种金融工具，债券同样具备金融工具的三大特征，即流动性、收益性和风险性。与股票相比，债券收益较稳定，风险较小，安全性较高，主要原因有：

(1)与股票不同，债券有“期限性”，即债券有明确的还本期限，到期必须偿还本金，这是其风险性较小的重要原因。

(2)债券利息是在发行时就确定好的，无论公司经营是盈利还是亏损，利息都必须支付。

(3)从分配顺序来看，债券利息的支付不仅排在股票之前，而且还排在国家税收之前。当然，债券的主要收益就是利息，价格比较稳定，不可能获得股票那样高的超额收益。

债券与股票都是有价证券，两者都在一级市场上发行，又都在二级市场上转让流通。对投资者来说，两者都是可以通过公开发行募集资本的融资手段，但两者却有明显的区别(表 4-2)。

表 4-2 债券与股票的主要区别

区别	债券	股票
发行主体	政府、工商企业、金融机构	股份制企业
收益稳定性	利率已定，到期就可以获得固定利息，而不管发行债券的公司经营获利与否	股息收入随股份公司的盈利情况变动而变动，资本利得随市场和投资者的决策而定
经济利益关系	债权	所有权
风险性	较低	较高

2.债券的分类

一般根据债券发行主体的不同,将债券分为政府债券、公司债券和金融债券。

(1)政府债券

政府债券是由政府及政府机构发行的债券,其包括中央政府债券、地方政府债券和政府机构债券三种。政府债券具有安全性高、流动性强及税收优惠等特点,很受社会各阶层欢迎。

中央政府债券,也被称作国债,是由一国中央政府为筹集资金而发行的。根据筹资目的不同,国债可分为为弥补财政赤字而发行的财政债券和为进行公共建设而发行的建设债券。国债由中央政府承担还本付息义务,由于中央政府既有征税权,又有货币发行权,故国债具有最高的信用级别,一般不存在信用风险。

地方政府债券是地方政府根据本地区经济发展和资金需求状况,以承担还本付息责任为前提,向社会筹集资金的债务凭证,简称地方债券。按用途,地方政府债券通常分为一般债券和专项债券。前者是指地方政府为缓解其资金紧张或解决临时经费不足而发行的长期债券,后者是指为筹集资金建设某项具体工程而发行的长期债券。地方政府债券的信用级别接近于中央政府债券,利率通常高于国债利率,但流动性不及国债。

政府机构债券是由政府所属的公用事业机构或公共团体发行的债券。其还本付息一般由政府担保,因此信用度也较高,但其发行比较分散,流动性不强。

(2)公司债券

公司债券是公司为筹措资金而发行的期限在一年以上的债务凭证。由发行债券的公司对债券持有人做出承诺,在一定时间按票面载明的本金、利息予以偿还。公司债券的风险虽然高于政府债券和金融债券,但同时利率或收益也较高,更比股票安全,因而成为以资金稳定增值为目标的各类长期性金融机构,如保险公司和各类基金的重要投资对象之一。

(3)金融债券

金融债券是金融机构为筹集资金而发行的期限在一年以上的债务凭证。由于金融债券资信程度高于普通公司债券,具有较高的安全性和流动性,因而成为个人和机构投资的重要品种。

(二)债券的发行与流通

1.债券的发行市场

(1)发行方式

债券的发行方式主要分为招标发行和非招标发行。招标发行是指发行者通过招标的方式来决定债券的投资者和债券发行条件。由于发行人可以通过招标方式降低成本,承购人可以通过投标表示自己所能够接受的条件,招标发行是目前世界各国最普遍采用的发行方式。目前各国采取的招标方式主要有两种:一是以价格竞争的招标方式。采用这种方式发行时,发行人预定票面利率,接受投标人提出买价投标,按投标人所报买价自高向低的顺序中标,直至满足预定发行额为止。二是以收益率竞争的招标方式。按照这种方式招标时,发行人事先不通告票面利率,由投标人以收益率投标,按照投标人所报的收益率从低至高中标,直至满足预定发行额为止。

非招标发行是指债券发行人与债券承销商或投资银行直接协商发行条件的发行方式,主要优点是其最适合发行人的需要和现行市场状况。

(2)发行定价

由于债券以票面金额即面值为标准偿还本金,故票面金额是确定债券发行价格的基础。

根据发行价格与票面金额的关系，可将债券发行价格分为三种。一是平价发行，是指以票面金额作为发行价格。二是溢价发行，是指按高于票面金额的价格发行债券。三是折价发行，是指按低于票面金额的价格发行债券。

票面利率和市场利率的关系是确定债券发行价格的关键因素。一般情况下，当债券票面利率等于市场利率时，债券发行价格等于面值；当债券票面利率低于市场利率时，若以面值发行就不能吸引投资者，故一般要折价发行；反之，当债券票面利率高于市场利率时，若以面值发行就会增加发行成本，故一般要溢价发行。

(3)发行构成要素

除发行价格外，发行债券还需考虑以下要素。

①发行额，即发行者发行债券筹集资金的总额。发行额的确定主要受到发行者的资金需要、发行者信用和还本付息能力、法律限额规定以及市场承受力等因素影响。

②票面金额，即面值，就是债券券面所标注或表示的金额。票面金额对债券有重要意义，既是还本的标准，也决定了投资者投资该债券的资金门槛。例如，票面金额为 10 000 元和 1 000元的两种债券，对投资者而言，显然投资前者需要的资金较多，门槛较高。票面金额主要受投资者购买能力和发行成本的影响。

③票面利率，即债券上面所载明的利率。其主要受债券期限、市场利率、利息支付方式等因素影响。这里要注意的是，票面利率与市场利率经常是不一致的，票面金额与票面利率(非市场利率)的乘积就是债券所付利息。

④偿还期限，即债券从发行到偿还本息的时间限度。偿还期限的确定主要考虑所需资金性质与用途、流通市场发达程度和自身信用等因素。

⑤偿还方式，主要有定期偿还和任意偿还两种方式。定期偿还是在经过一定期限后，每过半年或一年偿还一定金额的本金，到期时还清余额的偿还方式。任意偿还是债券发行一段时间(称为保护期)以后，发行人可以任意偿还债券的一部分或全部的偿还方式。

2.债券的流通市场

(1)流通市场基本情况

债券的流通市场可分为有组织的交易市场和场外交易市场。有组织的交易市场是指债券在证券交易所内交易，而场外交易市场是指在证券交易所以外的场所(主要是在证券公司柜台上)进行的债券交易。与股票绝大多数集中在证券交易所交易不同，大部分的债券都是通过场外交易市场进行交易的。其主要原因在于：第一，债券种类繁多，大家可以想一下，一个公司最多发行普通股和优先股两种股票，却可以根据期限不同发行 1 年、2 年、3 年等很多种债券，而证券交易所容量有限，难以承受。第二，债券风险较小，便于管理，场外交易市场的简单管理就已足够。再加上场外交易市场交易成本低，其便成为债券流通市场的核心，这是其与股票流通市场最大的不同。

(2)债券流通价格的确定

债券的流通价格理论上等于债券未来收益的现值。长期债券的未来收益是它的本息之和，由于一般情况下债券的面值、票面利率和期限都是发行时确定的，因此，长期债券的未来收益是一个确定的量。债券的理论价格由三个主要变量决定：一是债券的未来收益，可根据票面金额、票面利率和期限计算。二是债券的待偿期限，即从债券发行日或交易日至债券到期日的期限。三是市场利率。根据现值理论，可以得出不同计息方式的长期债券的交易价格计算公式。

按单利计算且一次还本付息的长期债券的价格决定债券现值公式为

$$P=\frac{A(1+in)}{(1+r)^n}$$

如果债券的利息按复利计算，一次还本付息，则债券的价格决定债券现值公式为

$$P=\frac{A(1+i)^n}{(1+r)^n}$$

一年付息一次的长期债券估价公式为

$$P=\frac{Ai}{1+r}+\frac{Ai}{(1+r)^2}+\frac{Ai}{(1+r)^3}+\cdots+\frac{Ai}{(1+r)^n}+\frac{A}{(1+r)^n}$$
$$=Ai\sum_{t=1}^{n}\frac{1}{(1+r)^t}+\frac{A}{(1+r)^n}$$

式中，P 为债券的现值，即交易价格；A 为债券的面值；n 为债券从发行日或交易日至到期日的年数；i 为债券的票面利率；r 为到期收益率。

例如：有债券 A，面值为 1 000 元，期限为 3 年，票面年利率为 5%，到期收益率为 4%，则债券 A 的内在价值是多少？

根据上述公式，可得 $P=50(\sum_{t=1}^{3}\frac{1}{1.04^t})+\frac{1\ 000}{1.04^3}=1\ 027.75$(元)

这里特别要注意的是，根据以上公式计算出的债券流通价格，只是理论上的价格，或者可以将之看作债券的内在价值，实际的市场交易价格并不完全等于该价格，而要受到宏观经济变化情况、市场供求状况、投资者心理预期等诸多因素的影响。当然，债券实际交易价格偏离理论价格的幅度一般比较小，其内在价值相对较好把握，这是债券与股票的重大区别。

3. 债券的信用评级

债券的信用评级是指评级机构根据一定的指标体系对债券还本付息的可靠程度做出客观公正的评价，是对一个发债机构能否于债券等发行债务工具到期日前按时偿还的能力和意愿提出的意见。

债券的信用评级有两大原则。第一，客观性原则，即所有的评定活动都应以第一手资料为基础，运用科学的分析方法对债券信用等级进行客观评价，评估结果不应受政府的意图、发行人的表述、证券业内人士的意见或者投资者的舆论所左右。第二，对事不对人的原则，即信用评级的评估对象是债券而不是债券的发行者。同一发行者在同一时期发行的不同种类的债券，其信用等级完全有可能不同。

目前国际上公认的最具权威性和影响力的信用评级机构是美国著名的标准普尔公司和穆迪投资公司。标准普尔公司信用等级标准从高到低为：AAA 级、AA 级、A 级、BBB 级、BB 级、B 级、CCC 级、CC 级、C 级和 D 级。穆迪投资公司信用等级标准从高到低为：Aaa 级、Aa 级、A 级、Baa 级、Ba 级、B 级、Caa 级、Ca 级和 C 级。两家机构的划分标准类似，根据此划分标准，可将债券分为两大类，即投资类和投机类，其中前四个级别的债券，即 AAA 级、AA 级、A 级和 BBB 级或 Aaa 级、Aa 级、A 级和 Baa 级属于投资类债券，信誉高，还本付息能力较好，违约风险小。从第五级开始的债券信誉低，还本付息的保障程度低，违约风险大，属于投机类债券。

4. 债券市场的重要作用

债券市场是发行和买卖债券的场所，是金融市场的一个重要的组成部分。债券市场不仅为政府、企业、金融机构等提供了稳定的资金来源，为投资者提供了具有良好流动性和营利性的金融产品，还成为中央银行实现对市场间接调控的重要工具。

拥有一个成熟发达的债券市场是一国金融市场成熟发达的标志，债券市场在融通社会资金、促进储蓄向投资转化、支持经济的高速增长等方面发挥着重要的作用。

(1)债券市场具有融资功能。债券市场作为金融市场的一个重要组成部分，是政府、企业、金融机构及公共团体筹集资金的重要渠道。政府在出现财政赤字和需要扩大公共开支时，通过发行国债可以在不引发通货膨胀的情况下，弥补财政赤字或进行公共建设。而企业通过发行债券这种直接融资的方式，可以避免从银行取得贷款受到的诸多限制，成为企业筹措长期稳定资金的重要渠道。

(2)债券市场具有投资功能。债券作为一种投资对象或金融资产，与银行存款相比，更能体现营利性和流动性的统一。作为一种长期投资，认购或持有债券可以获得较多的利息收益，同时由于二级市场的存在，可以在未到期前急需现金的时候变现。

(3)债券市场具有宏观调控功能。一国中央银行作为国家货币政策的制定与实施部门，通过公开市场业务在债券市场上买卖国债等有价证券，调节货币供应量，实现宏观调控。

由此可见，大力发展债券市场对于中国资本市场的完善将是不可缺少的关键一步。

专栏 4-1　案例讨论

股强债弱的“跷跷板”效应

自 2017 年以来，大类资产价格剧烈波动，资本市场呈现股强债弱的一边倒局面。全球股市迭创新高，全球债市联袂走弱，市场的风险偏好上升之快实为罕见。

作为全球股市风向标的美股市场，道琼斯、纳斯达克、标准普尔 500 三大指数齐创历史新高已不再是新闻，而是常态，相较之下，债市却是一路重挫。作为锚定全球各大类资产价格的美国，10 年期国债到期收益率自 2017 年末 2.40%起持续走高，并于 2018 年 2 月 2 日一度触及阶段高点的 2.85%。而 2.63%是 10 年期美债收益率的红线，一旦突破这一红线，不仅美国国债承压，连年高歌猛进的美股也将进入危险区间。

其实，除了少数国家如日本之外，世界多国都把融资渠道的焦点集中在股票和银行借贷上，而债市却备受忽视，股强债弱的“跷跷板”效应一直存在。其实要更有效地分配资源，债市的分量绝不逊于股市。目前，债券市场的发展滞后已经严重影响到我国资本市场的整体发展，特别是股市的系统风险和银行融资的风险已经越来越突出的现阶段，若仍然过于依靠股票和银行借贷，则会阻碍整个金融市场的发展，不利于资金的顺利融通和经济发展。

我国债券市场发展的思路

我们都知道，从发行主体的角度，债券可以分为政府债券、金融债券和公司债券。中央政府是国家权力的象征，投资者一般不用担心政府的偿还能力。而大多数国家为鼓励人们购买国债，往往在税收上给予优惠。因此，政府债券成为投资者最主要的投资对象，政府债券市场是各国最主要的债券市场，其发行量和交易量都非常大。

不断扩张国债发行规模有其充分的理论和现实依据。凯恩斯学派的公债理论认为，来自公债的公共支出可以促进经济增长、增加就业，还会刺激私人经济部门的发展。虽然公共选择学派对凯恩斯学派的公债理论提出了质疑，他们认为，无论是个人还是政府，当它们借助公债来耗尽未来的收入而满足于眼前的消费时，其结果都是在减少资产的价值，但同时他们也承认：如果是为真正的资本投资而筹措资金的话，那么发行公债就是一种合理的方式。中国政府通过国债的发行筹集的主要是用于各种基础设施建设以及发展贸易的资金,因而是良性的、合理的,同时对市场具有强大的吸引力。但仅依靠国债来支持整个债券市场显然是不够的,而且国债意味着国家负债,若发行过多,可能会造成财政负担过重,甚至导致债务危机。让全球经济和金融市场担心害怕的美国国债的违约问题就是一个典型例子。

美国国债可能违约的根源就在于美国发行的国债过多,已经达到法律规定的上限,因此在支付能力不足的情况下不能使用发新债还旧债的方法来解决,除非能提高发行国债的上限。面对 2011 年 8 月 2 日国债到期的最后期限,如果当时美国共和、民主两党未能相互妥协提高发行国债上限而出现国债违约的情况,那对于全球经济、全球金融市场,特别是作为美国国债最大持有者的中国,其后果不堪设想。虽然美国避免了短期的违约风险,但是国债规模却进一步扩大,为未来经济留下了难题,同样也给世界经济和金融市场带来了不小的冲击。以此为戒,我国要大力发展债券市场绝不能仅仅依靠国债市场,必须寻求新的方向。由于金融机构现在本身的问题也很突出,这样,公司债券就进入了我们的视野。

公司债券是公司依照法定程序发行,并约定在一定期限内还本付息的债券。由于公司主要以本身的经营利润作为还本付息的保证,因此,公司债券的风险比政府债券要高,因而利率也高于政府债券。对于发行者来说,企业在准备进行外部筹资的时候,与银行贷款和发行股票相比,发行债券是一种成本较低的选择。除此之外,中国发展公司债券市场还有其他方面的好处。

(1)难以从银行获取贷款的公司客户仍可以有融资的渠道。中国今天已经是全球拥有最多企业的经济体系之一,但难以发展超级跨国集团公司的主要原因是缺乏足够的资金。完善的股市和债市可以扫除这一障碍,同时创造数以万计的就业岗位。

(2)公司的资产和负债可以更加匹配,确保一些未能取得银行贷款的公司不会拖累其他大企业,防止金融危机中公司倒闭狂潮的重演。

(3)随着退休金、社会保障金和保险金的不断提升,债券市场可以确保其未来的收入。

因此,加速发展公司债券市场应该是中国债券市场发展的一个重要而可行的思路。

案例讨论:

1. 2017 年金融市场出现股强债弱现象的原因是什么?

2. 大力发展我国公司债券市场有何益处?又存在哪些风险?

资料来源:王姣. 股强债弱"跷跷板"或生变[N]. 中国证券报,2018.

三、证券投资基金市场

(一)证券投资基金

1. 证券投资基金的含义和特点

证券投资基金简称"投资基金"或"基金",是通过发行基金份额或基金单位将投资者分散的资金集中起来,由专业管理人员分散投资于股票、债券或其他金融资产,并由投资者按其所持有基金份额享受收益和承担风险的一种金融工具或投资方式。

证券投资基金主要有如下特点。

(1)规模经营,成本低

投资基金将小额资金汇集起来,经营具有规模优势,可以降低交易成本。对于筹集方来说,也可有效降低其发行费用。

(2)分散投资,风险低

投资基金可以将资金分散投到多种证券或资产上,最大限度地降低非系统风险。

(3)专家管理,机会多

投资基金是由具有专业化知识的人员进行管理,特别是有精通投资业务的投资银行的参与,从而能够更好地利用各种金融工具,抓住各个市场的投资机会,创造更好的收益。

(4)服务专业,方便快捷

投资基金的发行、收益分配、交易、赎回都由专门的机构负责,特别是可以将收益自动转化为再投资,使整个投资过程轻松、简便。

2. 证券投资基金的主要分类

(1)根据组织形式,可分为公司型基金和契约型基金

公司型基金是依据公司法成立的、以营利为目的的股份有限公司形式的基金,基金本身是股份制的投资公司,基金公司通过发行股票筹集资金,投资者通过购买基金公司股票而成为股东,享有基金收益的索取权。契约型基金是依据一定的信托契约组织起来的基金,其中作为委托人的基金管理公司通过发行受益凭证筹集资金,负责基金的投资营运,并将其交由受托人(基金保管公司)保管,投资者凭基金受益凭证索取投资收益。我国目前的基金均为契约型基金。

(2)根据运作方式或基金规模是否可变,可分为开放型基金和封闭型基金

开放型基金可以根据实际情况无限地向投资者追加发行股份,并且随时准备赎回发行在外的基金股份,因此其股份总数是不固定的,基金规模随时都在变化。封闭型基金是基金规模在规定的封闭期限内固定不变,投资者在不愿意持有基金时,不得向基金管理公司提出赎回,而只能在二级市场上进行转让交易。

(3)根据投资对象的不同,可分为五种

①股票基金,即基金的投资对象是股票,这是基金最原始、最基本的品种之一。

②债券基金,即投资于债券的基金,是规模仅次于股票基金的另一重要品种。

③货币市场基金,即投资于存款凭证、短期票据等货币市场工具的基金。

④衍生基金和杠杆基金,即投资于衍生金融工具,包括期货、期权、互换等,并利用其杠杆比率进行交易的基金。

⑤基金中的基金。基金中的基金是以本身或其他基金单位为投资对象的基金,其选择面比一般基金更广,风险也进一步分散降低。

3. 证券投资基金的组织结构

证券投资基金的组织结构是由基金主要当事人及其之间的关系构成的复合体,表现为基金当事人之间依据基金契约行使各自的权利并履行相应的义务,以及由此形成的分工协作、相互制衡的关系。基金主要当事人包括基金投资者、基金管理人和基金托管人(图 4-7)。

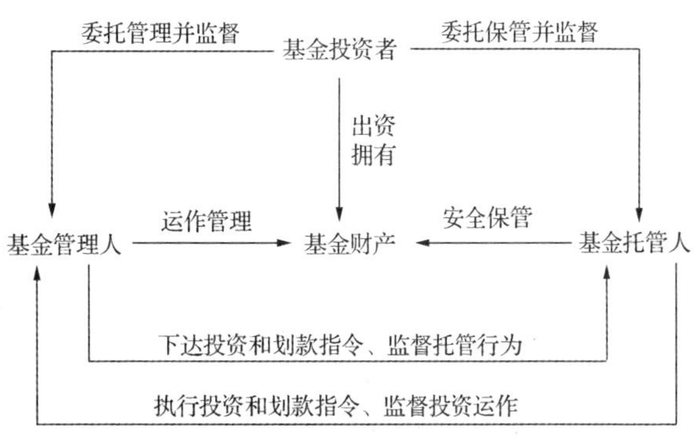

图 4-7　证券投资基金的组织结构

(1)基金投资者

证券投资基金投资者是投资购买并实际持有基金份额的自然人和法人,也就是证券投资基金的实际持有人。在权益关系上,基金持有人是基金资产的所有者,对基金资产享

有资产所有权、收益分配权和剩余资产分配权等法定权益。

(2)基金管理人

基金管理人是负责基金财产具体投资操作和日常管理的机构,它由依法设立的基金管理公司担任。《中华人民共和国证券投资基金法》规定,证券投资基金管理人由依法设立的基金管理公司担任。契约型基金必须聘请专业的基金管理人从事基金管理,如果基金管理公司作为基金发起人,则在基金成立后一般成为该基金的管理人,即基金管理公司可以同时担任同一基金的基金发起人和基金管理人。公司型基金则可以选择聘请或不聘请基金管理人。基金管理人的基本职能是依法募集设立基金(充当基金发起人)和管理基金财产。

证券投资基金的一切投资活动都是为了提高投资人的投资收益率并降低投资风险。所以,保护投资人的利益并使其获得理想的投资报酬是基金管理人所要追求的目标。

(3)基金托管人

基金托管人是负责基金财产保管的机构,它还是基金财产的名义持有人。基金托管人的出现是基金有效运作的一种制度安排。基金投资者与基金管理人之间的委托代理关系和信息不对称,容易使基金管理人出现道德风险行为,从而损害投资者的利益。基金托管人的引入则能够有效缓解基金投资者与基金管理人之间因信息不对称而产生的利益冲突。

基金托管人的基本职能是安全保管基金财产,监督基金管理人的投资运作以防止基金财产挪作他用,因此被称作基金安全的"守护神"。《中华人民共和国证券投资基金法》规定,证券投资基金托管人由依法设立并取得基金托管资格的商业银行担任。要特别注意的是,基金托管人与基金管理人不得为同一人,不得相互出资或者持有股份。

(二)证券投资基金市场

1.证券投资基金的发行和认购

基金的发行即基金的募集,就是基金发起人向投资者销售基金份额的行为和过程。它是投资基金整个运作过程的基本环节之一。基金的发行方式同样可以按发行对象和发行范围的不同分为私募和公募两种。

基金的认购是投资者的行为,即在基金发行期内投资者申请购买基金份额的行为。具体而言,对契约型基金的投资以购买基金份额来实现;而对公司型基金的投资则是通过购买基金公司的股票来实现的。

在一般情况下,对投资者首次认购基金份额都规定了最低认购投资额。若追加认购,则必须为某一数额(如1 000元)的整数倍。认购基金份额的程序与认购股票的程序类似,投资者须先申请开立基金账户,办理认购手续。

2.证券投资基金的交易和赎回

(1)封闭式基金的交易

封闭式基金成立之后即进入封闭期。在封闭期内,基金份额总额是固定的,不再售出或赎回基金份额。因此,投资者只能通过交易方式转让基金份额以获得现金,新的投资者要参与基金投资,只能通过二级市场购买基金。基金主要在证券交易所竞价交易。一般而言,封闭式基金在符合法律规定的条件后,在发起设立后的1～3个月内可以申请挂牌上市。

在证券交易所上市的基金的交易程序、方法与规则同股票类似,但封闭式基金的交易免征印花税,故交易成本低于股票。封闭式基金的交易价格和股票一样每时每刻都在变化,但其变化幅度远远小于股票。从理论上讲,封闭式基金的单位价值等于单位基金份额资产净值,但现实中,封闭式基金通常是折价交易,即交易价格低于单位基金份额资产净值。

单位基金份额资产净值=(基金资产总额-基金负债总额)÷基金份额总数

(2)开放式基金的申购和赎回

申购是指自基金开放日起投资者在基金存续期间向基金管理人提出申请购买基金份额的行为。赎回则是指投资者在基金存续期间向基金管理人提出申请卖出基金份额的行为。

基金单位申购或赎回价格是以基金单位净值为基础,具体而言,是按申购或赎回申请日当天每一单位基金份额资产净值加上申购费或减去赎回费计算的。单位基金份额的资产净值是某一时点上该投资基金每一单位实际代表的价值,是基金单位价格的内在价值。

开放式基金的买卖通常实行"金额申购,份额赎回"的原则,即申购以金额申请,赎回以份额申请。

基金单位申购价格=基金单位资产净值×(1+申购费率)

申购份额=申购金额÷基金单位申购价格

基金单位赎回价格=基金单位资产净值×(1-赎回费率)

赎回金额=赎回份额×基金单位赎回价格

专栏 4-2　看现象学理论

恪守政府基金职责 赋能区域产业发展
中韩盐城产业园基金提前完成首轮投资成效显著

中韩盐城产业园基金作为"全省组建较早、落地较快、运营最稳"的政府引导基金,锚定新发展阶段时代坐标,笃行不怠,仅用4年左右的时间就完成全部投资计划。其基金管理团队已在盐城市内外累计研究产业项目900多个,邀请组织200多个项目到盐城市各园区洽谈,成功招引50多个项目在盐城落地,投资带动项目落地总规模超过146亿元,重点领域项目占比超95%。所投项目总体质态良好,2020年在盐城开票超过92亿元,纳税超1.9亿元,累计带动就业超6000人,一批项目推进资本运作,基金运作成效显著。在极不平凡的2020年,基金管理团队牢记使命,在危机中育先机,于变局中开新局,统筹做好新冠肺炎疫情防控和经济发展工作,不断扩大招商引资战果、加速项目落地,注重投后管理和服务,成为区域产业高质量发展的重要力量。

砥砺担当,助力企业做大、做强

中韩盐城产业园基金于2016年4月由江苏省政府投资基金、盐城市财政局、江苏黄海金融控股集团有限公司、盐城东方投资开发集团有限公司、盐城市城南新区开发建设投资有限公司、盐城市大丰区城市建设集团有限公司六方共同发起设立,实缴规模20亿元,授权委托于江苏悦达金泰基金管理有限公司管理,首开江苏省、市、区三级出资设立区域引导母基金先河。

作为落实中韩自贸协定深化两国经贸合作的重要载体之一,2017年年底国务院批复设立中韩(盐城)产业园。2018年9月,《中韩(盐城)产业园建设实施方案》获江苏省政府批准。按照省委、省政府部署,中韩(盐城)产业园重点发展汽车(包括新能源汽车、智能网联汽车)、电子信息和新能源装备产业,积极培育临港产业和现代服务业,以新技术、新产业、新模式、新业态为核心,加快建设实体经济、科技创新、现代金融、人力资源协同发展的产业体系,为全省经济高质量发展和"一带一路"交汇点建设提供有力支撑。

发挥优势,开拓创新招引项目

产业项目,事关园区建设与发展,也是中韩盐城产业园基金工作的重中之重。基金成立以来,紧紧围绕园区产业定位,发挥专业优势,通过产业链摸排精准招商引资,真正做到强链补链。

2018 年 8 月,盐城阿特斯阳光能源科技有限公司一期开工建设,9 月一车间试生产,3 个月后,850 兆瓦满产。阿特斯总部随后决定,把最新推出的电池片产品放在中韩(盐城)产业园生产,实现盐城造、全球销。如今,自产订单已不能满足阿特斯海外电站采购用量,去年开展二期项目扩建,新增产能 2.5 GW。以盐城阿特斯为龙头,一大批产业配套企业纷纷跟进落地。

大项目落地,既是当地政府园区建设成效的实际检验,也是在政府基金引导和催化下,依托母公司的产业资源与中韩(盐城)产业园深度合作,以资本为纽带,"基地+基金+基业"紧密结合取得的硕果,开辟了招引重大产业项目、推动战略性新兴产业发展的新路。

时穷节乃见,一一垂丹青。去年,疫情肆虐,全球经济严重衰退。但中韩盐城产业园基金履行使命砥砺奋进,成果斐然。得益于政府基金的引导和推动,近年来包括集成电路、芯片设计、大数据、互联网医疗等一批新项目在盐城加速集聚,部分项目还填补了产业空白。

中韩盐城产业园基金及管理团队凭借业绩表现,在行业赢得一席之地,获颁"CLPA2018—2019 年度最佳产业强区政府引导基金 TOP4""中国母基金联盟 2020 中国最佳政府引导基金(市级)TOP30"等。经过多年对政府引导基金产业投资案例积累,基金管理人团队在 2019 年 10 月被江苏省发改委评为"省级创业投资优秀团队"以及苏北唯一的"省级创业投资品牌领军企业"。

面对国家级园区建设的重大使命,面对省委、省政府对中韩(盐城)产业园建设发展的殷切期待,中韩盐城产业园基金管理团队须臾不懈怠,时刻保持旺盛斗志,只争朝夕、不负韶华、不负时代,决心在"十四五"期间把更多智慧和力量奉献在这块蒸蒸日上的希望之地上。

资料来源:新华日报.2021-01-26 第 12 版

第四节　外汇市场

一、外汇市场的概念和种类

(一)外汇市场的概念

外汇市场是指进行外汇交易的场所或系统,是国际金融市场的重要组成部分。所谓场所,是指进行外汇交易的有形市场,即外汇交易所。它一般是采取交易中心方式,由参加交易各方于每个营业日的规定时间,汇集在交易所内进行交易。所谓系统,是指没有特定交易场所的无形市场,通过电话、传真、互联网等方式进行的外汇交易而形成的网络系统。同时,有形市场和无形市场也是外汇市场的一种重要分类。

外汇交易主要有两种类型:一类是本币与外币之间的交易;另一类是不同币种的外币之间的交易。如在中国香港外汇市场上,港元与日元之间的交易属于前者,而美元与欧元之间的交易属于后者。

目前，随着先进通信技术手段的广泛运用，世界各国的外汇交易大多是通过现代化通信工具来进行的，形成了以各外汇市场为中心、以全球为整体的世界性外汇市场，外汇交易也由局部或地区交易扩展为全国性及全球性交易，而无形市场已成为外汇市场的主体形式。目前全球的外汇交易 90%以上是通过无形市场进行的。

(二)外汇市场的种类

除按有无固定的交易场所将外汇市场分为有形市场和无形市场外，外汇市场还有如下划分方法。

1.按照外汇买卖交割的期限划分

这可分为即期外汇市场和远期外汇市场。即期外汇市场是进行即期外汇交易的市场，外汇买卖双方成交后，必须在两个营业日内办理货币收付交割手续。远期外汇市场是进行远期外汇交易的市场，外汇买卖双方成交后，根据合约规定，在未来某个日期按约定的远期汇率办理交割。

2.按照政府对外汇市场管理的程度划分

这可分为自由外汇市场与官方外汇市场。自由外汇市场是按照外汇自由买卖形成的汇率进行外汇交易的市场。官方外汇市场是按照中央银行或外汇当局规定的官方汇率进行外汇交易的市场。此外，在外汇管制比较严格的国家，由于不允许自由外汇市场的存在，还不可避免地存在着非法的外汇交易市场，即外汇黑市。

二、外汇市场的特征

(一)外汇市场全球一体化

首先，外汇市场分布呈全球化格局。从全球最主要的外汇市场来看，美洲有纽约、多伦多；欧洲有伦敦、巴黎、法兰克福、苏黎世、阿姆斯特丹；亚洲有东京、新加坡等。其次，外汇市场高度一体化，全球市场连成一体，各个市场在交易规则、方式上趋同。最后，各市场在交易价格上相互影响，联动效应明显，市场汇率趋向一致。

(二)外汇市场全天候运行

由于时差，从全球范围看，各主要外汇市场交易是 24 小时运行的(表 4-3)。

表 4-3　全球主要外汇市场交易时间表

市场	当地时间	北京时间的交易时间
日本东京	9:00—15:30	8:00—15:30
中国香港	9:00—17:00	10:00—17:00
瑞士苏黎世	8:30—15:00	13:30—21:00
德国法兰克福	9:00—16:00	14:30—23:00
法国巴黎	9:00—16:00	16:00—00:00
英国伦敦	9:30—15:30	夏令时 15:30—23:30 冬令时 16:30—00:30
美国纽约	8:30—15:00	夏令时 20:20—03:00 冬令时 21:20—04:00

其中，欧洲时间的13:00—15:00，是全球外汇市场交易量较大、较活跃和较繁忙的时间，此时，世界几大交易中心如纽约、伦敦、法兰克福均在营业，大的外汇交易商一般都选择在这一时间进行交易。

三、外汇市场的构成

从构成上看，外汇市场主要有两个层次（图4-8）。第一个层次是银行同业市场，主要参与者是外汇银行、外汇经纪公司及中央银行，该市场的交易金额较大，一般至少每笔100万美元，故也被称为批发市场。第二个层次是外汇银行与个人及公司即客户之间的交易市场，每笔交易数额较小，但交易笔数很多，交易频繁，也被称为零售市场。在两个交易层次中，银行同业市场是外汇市场的主体，其外汇交易量约占整个外汇交易总量的95%。

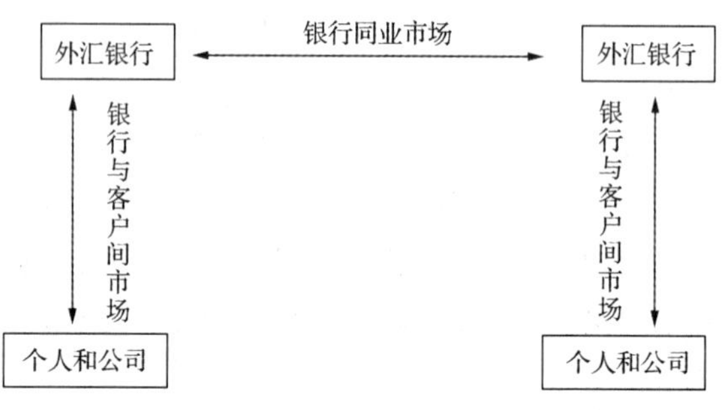

图4-8 外汇市场的结构

四、外汇市场的参与者

外汇市场上的参与者主要有四个：外汇银行、外汇经纪人、客户和中央银行。

（一）外汇银行

外汇银行一般包括经中央银行指定或授权的专营或兼营外汇业务的本国商业银行和开设在本国的外国商业银行分支机构，它们是外汇市场的主体。外汇银行参与外汇交易主要有两大目的：一是应客户的需要而买卖外汇；二是调整自身的外汇头寸，以减少和防止由汇率变动所产生的风险。

（二）外汇经纪人

外汇经纪人是外汇银行之间或外汇银行与客户之间的中介，为买卖双方联系交易并从中收取佣金的汇兑商，其主要功能是起到一种联络服务的作用。

（三）客户

客户就是外汇银行的顾客，主要包括：交易性的外汇买卖者，如进出口企业、国际旅游者；保值性的外汇买卖者，如套期保值者；投资性和投机性外汇买卖者，如国际投资者、外汇投机商。

（四）中央银行

中央银行参与外汇市场的主要角色是作为监管者，其要维护外汇市场的正常交易秩序，同时在必要时对外汇市场进行干预，实现其控制货币供给量、稳定汇率的政策目标。

五、我国的外汇市场

按照交易对手我国目前的外汇市场可分为两部分。

（一）银行与客户之间的零售市场

外汇指定银行每天根据中央银行公布的人民币兑换美元等货币的中间价，在一定浮动范围内制定对客户的挂牌价。

（二）银行间外汇交易市场

其交易载体是中国外汇交易中心即全国银行间同业拆借中心，其总部设在上海，备份中心建在北京，目前在广州、深圳、天津、济南、大连、南京、厦门、青岛、武汉、重庆、成都、珠海、汕头、福州、宁波、西安、沈阳、海口 18 个中心城市设有分中心。交易时间为每周一至周五（北京时间）9:30—17:30（法定假日不开市）。

交易的主要品种有：

(1)人民币/外币即期交易。交易品种有人民币兑美元、港元、日元、欧元和英镑的即期交易。

(2)外币/外币即期交易。交易的币种有美元/港元、美元/英镑、美元/加元、美元/欧元、欧元/日元等外汇交易品种。

(3)人民币/外币远期交易。交易的外币币种、金额、期限、汇率、交割安排等由交易双方协商议定。为明确交易双方的权利和义务，远期外汇市场会员应签订银行间远期外汇交易主协议。

(4)外币拆借。银行间外汇市场实行会员制管理，采用做市商报价驱动的报价机制，参与者包括外汇指定银行，具有交易资格的非银行金融机构和非金融企业。

我国外汇市场与发达国家的外汇市场相比，差距明显。

(1)市场主体结构不合理。我国目前外汇市场的组织体系实际上只有两部分，即中央银行和外汇银行，客户被排除在市场体系之外，真正意义上的外汇经纪人也远未成形。同时，中央银行是交易的绝对主力，外汇银行的主体作用远未发挥。

(2)地区间不平衡。统计数据显示，北京、上海和广东三地的外汇交易额占我国外汇市场交易额的 90%以上。

(3)市场币种仍然有限。目前，我国贸易伙伴已发展到 220 多个国家和地区，而外汇交易市场可以用人民币进行交易的外币币种仍主要集中在美元、日元、港元和欧元等。

尽管与发达国家外汇市场有很大差距，但近年来，我国外汇市场也取得了令人瞩目的成就：

(1)减少了对外汇市场的某些不必要的管制，如逐步放松了对资本流出、强制结售汇的要求，逐步释放人民币升值压力等。

(2)迅速扩大了市场交易主体。已由原来四家国有商业银行和三家股份制商业银行扩大到所有具有即期结售汇业务和衍生产品交易业务资格的银行，并且实行备案制的市场准入方式。

(3)逐渐丰富了交易品种。1994 年银行间外汇市场成立初期，只有美元和港元两个币种的交易，2002 年增加到美元、港元、日元和欧元四种货币兑人民币的交易。自 2005 年 5 月 18 日，推出了“货币对”即期交易，包括欧元兑美元、澳大利亚元兑美元、英镑兑美元、美元兑瑞士法郎、美元兑港元、美元兑加拿大元、美元兑日元和欧元兑日元。2005 年 8 月 10 日以前，中国外汇衍生产品品种主要是人民币与外汇远期结售汇交易。2005 年 8 月 10 日开始，允许开展银行间远期外汇交易，银行间即期与远期、远期与远期相结合的人民币对外币掉期交易，允许银行对客户办理不涉及利率互换的人民币与外币掉期业务，允许银行间远期交易采取到期日本金全额交割和轧差交割的方式等。2007 年 8 月 17 日，银行间外汇市场推出了人民币外汇掉期交易，交易的货币对有人民币兑美元、欧元、日元、港元、英镑五个“货币对”。

随着人民币国际地位和影响力的逐步提高和自由兑换的逐步实现，特别是上海国际金融中心的建设，我国的外汇市场必将迎来更大的发展。

专栏 4-3 金融政策解读

中国人民银行、国家外汇管理局将进一步便利跨国公司跨境资金统筹使用

为深入贯彻落实党中央、国务院关于推进粤港澳大湾区、中国(北京)自由贸易试验区和国家服务业扩大开放综合示范区建设的总体部署,支持建设更高水平开放型经济新体制,提升金融服务实体经济能力,中国人民银行、国家外汇管理局决定在深圳、北京开展跨国公司本外币一体化资金池业务首批试点,进一步便利跨国公司企业集团跨境资金统筹使用。

试点面向信用等级较高的大型跨国公司企业集团,主要内容包括:一是统一本外币政策。整合现有各类资金池,实现跨国公司企业集团内跨境本外币资金一体化管理。二是实行双向宏观审慎管理。适度调整外债和境外放款额度,在稳慎经营理念基础上提升跨境投资融资的自主性和资金利用效率。三是进一步便利资金划转和使用。主办企业国内资金主(子)账户结汇资金可直接进入人民币国内资金主(子)账户,国内资金主账户资金可直接下拨至成员企业自有账户办理相关业务。四是实现一定额度内意愿购汇。购汇所得外汇资金可存入国内资金主账户,用于对外支付。五是强化事中、事后监管。加强统计监测,强化风险评估、非现场核查与现场检查,有效防范跨境资金流动风险。

下一阶段,中国人民银行、国家外汇管理局将根据试点情况及政策效果,进一步完善跨国公司本外币一体化资金池业务管理框架,不断提升跨境贸易和投融资便利化水平,营造良好营商环境,促进涉外经济平稳健康发展。

资料来源:国家外汇管理局.2021-03-12

第五节　衍生工具市场

一、金融衍生工具简介

像票据、债券、股票等金融工具,价值直接依附于实物资产的金融工具,我们称为原生金融工具或基本金融工具。而在原生金融工具之上派生出来的金融工具称为金融衍生工具,其价值变化主要取决于金融原生工具的变化,具有依附、衍生的特征。

与原生金融工具相比,金融衍生工具的最大特点就是其具有杠杆效应。所谓杠杆效应,就是自有资金只占投资总规模的小部分,投资者用少量资金“撬动”了大规模的资金交易。想想阿基米德的名言“给我一个支点,我能撬动地球”,你就可以知道杠杆有多么巨大的放大作用了。

衍生工具通常实行保证金交易,初始交易时不需要投资者支付合约的全部金额的资金,只需要支付一定的较低比例的保证金,这意味着衍生合约交易都是低成本的,但是一份衍生工具合约代表的标的金融资产的交易规模却是比较大的。比如一份股票期货合约,内容为“6 个月后以 10 元/股的价格买入某公司股票 10 000 股,保证金比例为 5%”。该期货合约的交易额为 10 元/股×10 000 股=10 万元,但投资者却只需要缴纳10 万×5%=5 000 元的保证金就可以购买该合约。若投资者本来有 10 万元资金,就可以购买 20 份这样的合约,意味着此时金融衍

生工具的杠杆效应放大了20倍。因此,标的金融资产价格的任何微小的变动都可能给期货交易者带来巨大的收益或损失。特别要注意的是,杠杆放大的不仅是收益,其同样将风险放大了数倍,因此,金融衍生工具实际上是一把“双刃剑”。

金融衍生工具一般包括金融远期合约、金融期货合约、金融期权合约和金融互换合约。以金融衍生工具为交易对象而形成的市场就是衍生工具市场。衍生工具在交易中主要用于投机、套利和套期保值,其中套期保值是一般工商企业从事衍生工具交易的最主要目的。

二、金融远期合约市场

(一)金融远期合约的含义与特点

1.金融远期合约的含义

金融远期合约是指由买卖双方在成交日订立的,约定在未来某一时间以确定价格交割特定数量的某种金融资产的协议。

一份金融远期合约通常包括:

(1)标的资产。例如,标的资产是某公司发行的股票,或者是某种类型的债券。

(2)合约的买卖方。通常说的远期合约的买卖方是从标的资产的交割这个角度来说的。同意在未来某一时间按确定价格买入标的资产的交易方叫作合约的买方,也叫作多头。同意在未来某一时间按确定价格卖出标的资产的交易方为合约的卖方,也叫作空头。

(3)远期交割日期。标的资产的交割日是在合约订立日的未来某一确定时间。

(4)标的资产的交割数量。

(5)标的资产的远期价格(协议价格)。远期价格是在合约中约定的标的资产在交割日的交割价格,是事先确定的标的资产的未来交割价格。如果交易的资产是货币资金,那么用利率作为合约的价格。如果交易的资产是外汇,那么就用汇率作为合约的价格。

2.金融远期合约的特点

金融远期合约主要有两个特点。

(1)远期合约一旦被订立,合约中指明的交割条件(价格、数量、时间)对于双方来说既是权利也是义务,买卖双方都必须保证资产按条款交割。

(2)由于买卖双方的权利和义务是对等的,因此远期合约在订立时本身没有价值,任何一方都不必向另一方进行价值支付或者补偿。

(二)金融远期合约的交易

金融远期合约是非标准化合约,不在交易所交易,而是在金融机构之间或金融机构与客户之间通过谈判后签署的。在签署远期合约之前,双方可以就交割地点、交割时间、交割价格、合约规模、标的物的品质等细节进行谈判,以便尽量满足双方的需要。因此金融远期合约与后文将要介绍的金融期货相比,灵活性较大。这是金融远期合约的主要优点。

金融远期合约也有明显的缺点:首先,由于其没有固定的、集中的交易场所,不利于信息交流和传递,不利于形成统一的市场价格,市场效率较低。其次,由于每份远期合约千差万别,这就给远期合约的流通造成较大不便,因此远期合约的流动性较差。最后,金融远期合约的履约没有保证,当价格变动对一方有利时,对方有可能无力或无诚意履行合约,因此远期合约的违约风险较高。

(三)金融远期合约的主要交易目的

远期合约是为了套期保值、规避价格风险的需要而产生的。例如,一个农民的收入完全取决于几个月之后他收割时农作物的市场价格，这就存在巨大的价格风险，很可能丰收了也不能获得好收入。但如果在播种时就能确定农作物收割时卖出的价格，农民就可安心致力于农作物的生产而无须担心价格波动了。这样，远期合约便应运而生。

三、金融期货与金融期货市场

（一）金融期货的含义与特点

期货合约是指协议双方约定在将来的某一特定时间按约定条件（包括价格、交割地点、交割方式）买入或者卖出一定数量的某种金融资产的标准化协议。按照期货合约的标的资产，金融期货可分为利率期货、外汇期货、股价指数期货和股票期货。2010 年 4 月 16 日，中国正式推出股指期货，这标志着我国股票市场进入了一个新的时代，也标志着金融期货在我国的重大发展。

和金融远期合约比较，金融期货最大的特点就是标准化，这具体体现在：

（1）交易品种标准化。何种资产可以在交易所交易由交易所规定，同一品种都是同质的。

（2）交易数量标准化。每份合约代表的标的资产的交割数量是标准化的。交易数量只能是交易单位的整倍数。交易时直接选择买卖多少份合约。

（3）报价单位标准化。以什么单位和货币来报价有统一规定。

（4）最小变动价位标准化。交易竞价时的报价单位称为刻度，竞价者报价的变动必须是刻度值的整数倍。

（5）交割时间标准化。标的资产的交割月份、交割日期是标准化的，不能任意指定。交易时规定合约的到期时间，具体的交割日期则是按照各地惯例选择交割月份中某一天来进行。

（6）最低保证金比例标准化。这是限制交易违约风险的一个重要手段。在金融期货合约中，唯一没有被交易所指明的合约要素就是协议价格，这也是唯一需要交易双方确定的要素。

由上可知，金融期货与金融远期合约的实质是一样的，都是交易双方就某个金融标的资产的远期交割进行事先的约定。可以这样理解：标准化的金融远期合约就是金融期货。

（二）金融期货市场

1. 金融期货市场的特征与功能

金融期货市场主要由外汇期货市场、利率期货市场和股票期货市场组成。金融期货市场有四大特征：第一，交易场所限于交易所；第二，交易很少以实物交割；第三，交易合约即标准化合约；第四，交易每天进行结算。

金融期货市场有两大功能：

（1）转移价格风险

在金融市场活动中，市场主体面临着利率、汇率和证券价格波动等风险。有了期货交易后，就可以利用期货多头或空头把价格风险转移出去，从而实现避险目的。应该注意的是，由于金融衍生工具“双刃剑”的特点，金融期货在规避风险的同时，也可能由于交易主体运用不当而增加风险。

（2）价格发现功能

期货价格是所有参与期货交易的人对未来某一特定时间的现货价格的预期。不论期货合约的多头还是空头，都会依其个人所持立场或所掌握的市场资讯，并对过去的价格表现加以研究后，做出买卖委托。由于期货交易根本不必借助标的资产的实物交割，而且期货合约经过标准化以后，具有同质性，很容易在交易者之间转手，再加上有交易所保证交易的顺利进行和最大限度地防范违约风险，因此期货交易有连续性和交易透明的特点，能够即时将市场信息反映到价格上，从而能够指导现货价格的变动。这就是期货市场的价格发现功能。

2. 金融期货市场的交易机制

标准化的期货合约和交易所的间接清算制度使大多数期货交易都采用非实物交割的形式，这是期货交易的一个重要特点，这一特点也提高了期货交易的效率。在交易者不愿意交割实物，只想获取价格收益的时候，只要用一个操作相反的交易头寸去冲抵原先的交易头寸就可以了，这个过程称为“平仓”。事实上，多数交易者的交易目的只是获取价格收益，他们都是通过平仓来退出期货交易。当然，平仓未必总能获取收益。如果在价格变动对自己不利时平仓，比如期货合约卖方在价格上涨时平仓或者买方在价格下跌时平仓，那么就会造成交易者的损失。交易所每天都会统计当日没有被平仓的期货合约的数量，这被称为未平仓量。计算未平仓量时只要计算未平仓的多头合约数量或者空头合约数量就可以了。正是由于期货交易所这种每天进行结算的交易制度，使得期货的违约风险远远小于远期合约。

四、金融期权市场

(一)金融期权的含义

金融期权是指赋予购买者在规定期限内按双方约定的价格购买或出售一定数量某种金融资产权利的合约。期权合约买卖的是一种权利，为了取得这种权利，期权合约的买方必须向卖方支付一定数额的费用，即期权费。从本质上讲，这种权利是一种选择权。期权买方在支付期权费得到权利后，对于期权合约赋予他的权利，他有两种选择：第一，执行该合约即行使权利；第二，不执行合约即放弃该权利。

金融期货与金融期权的最大区别在于：金融期货的买卖双方的权利和义务是对等的，双方既有权利也有义务；金融期权的买卖双方的权利和义务却完全不对等，买方只有权利，而没有任何义务，卖方只有履行合约的义务，而没有任何权利。可以这样简单理解：权利可以放弃即弃权，但义务必须承担。

(二)金融期权的种类

按期权买方所获得权利的不同，期权可分为看涨期权和看跌期权。凡是赋予期权买者购买标的金融资产权利的合约，就是看涨期权；而赋予期权买者出售标的金融资产权利的合约就是看跌期权。

按期权买方执行期权的时限，期权可分为欧式期权和美式期权。欧式期权的买者只能在期权到期日才能执行期权，而美式期权允许买者在期权到期前的任何时间执行期权。

按照期权合约的标的资产，金融期权合约可分为利率期权、货币期权(或称外汇期权)、股价指数期权、股票期权和金融期货期权。

(三)金融期权的交易市场

金融期权与金融期货的交易有很多类似之处，但也存在两点不同。

1. 金融期权交易场所不仅有正规的交易所，还有一个规模庞大的场外交易市场

交易所交易的是标准化的金融期权合约，场外交易的则是非标准化的金融期权合约。对于交易所内交易的金融期权来说，其合约有效期一般不超过9个月，以3个月和6个月最为常见。同样，为保证金融期权交易的高效、有序，交易所对期权合约的规模、期权价格的最小变动单位、期权价格的每日最高波动幅度、最后交易日、交割方式等都做了明确规定。

2. 金融期权的交易品种远比期货品种多

首先，跟金融期货一样，由于交割月份的不同，同一种标的资产可以有好几个期权品种。

其次，同一标的资产还可以规定不同的协议价格而使期权有更多的品种。最后，同一标的资产、相同期限、相同协议价格的期权还可分为看涨期权和看跌期权两大类，这就使金融期权的种类更加丰富。

五、金融互换市场

(一)金融互换的概念和种类

金融互换是指交易双方在约定的合约有效期内，按照约定的条件，交换不同金融工具的一系列现金流的合约。金融互换曾被誉为20世纪80年代最重大的金融创新，金融互换合约本身已成为一种重要的可买卖的金融工具，并形成独立的金融互换市场。金融互换根据内容不同，可分为利率互换和货币互换，这是两种最基本的金融互换交易形式。

(二)利率互换市场

利率互换是指交易的一方同意在未来的一定期限内按照事先商定的固定利率，以一笔确定的名义本金(确定的币种和确定的金额)为基础，支付一系列的利息给另一方；同时，交易的另一方在同样的期限内按照某一浮动利率在同样的名义本金基础上支付一系列的利息给对方。

利率互换的期限通常在2年以上，有时甚至在15年以上。双方进行利率互换的前提是双方在固定利率和浮动利率市场上分别具有比较优势。最基本的利率互换形式，也是最常用的利率互换形式，是固定利率对浮动利率互换。由于利率互换只交换利率差额，因此信用风险很小。

(三)货币互换市场

货币互换是指一种货币的本金和利息与另一种货币的等价本金和利息进行交换。与利率互换不同的是，货币互换要求合同订立日和到期日都有本金的互换，本金的互换比率与订立日时两种货币的汇率一致。

货币互换的前提条件是交易双方在不同国家中的金融市场上具有比较优势。货币互换使交易者的债务或者资产在不同币种之间转换。由于货币互换涉及两种货币的本金和利息的互换，因此交易者要面临汇率风险，但是要比单纯的外币借款的汇率风险小得多。

专栏 4-4 案例讨论

巴林银行倒闭的警示

巴林银行宣布倒闭

1763年，弗朗西斯·巴林爵士在伦敦创建了巴林银行。截至1993年年底，巴林银行的全部资产总额为59亿英镑，1994年税前利润高达15亿美元。其核心资本在全球1 000家大银行中排名第489位。

1995年2月26日，英国中央银行——英格兰银行突然宣布了一条震惊世界的消息：巴林银行不得继续从事交易活动并将申请资产清理。10天后，这家拥有233年历史的银行以1英镑的象征性价格被荷兰国际集团收购。这意味着巴林银行彻底倒闭了。做为一家拥有232年历史，曾一度在世界排名第三位的老牌商人银行。巴林的破产极大地震动了全世界的金融界，使人们对银行业的信心受到了极大的打击，导致英镑汇率和银行股票的大幅下滑，同时也波及到其他金融市场，引起了世界股市的下挫。

巴林银行倒闭的原因

为什么这么一家曾辉煌一时的老牌银行竟在一夜之间破产？究竟是谁断送了巴林银行？要追寻答案则不能不提到尼克·里森和充满风险的金融衍生工具。

尼克·里森，精通金融衍生工具的运用，1989 年 7 月 10 日正式到巴林银行工作，其间，利用衍生工具为巴林银行创造了不菲的利润，本人也曾被称为“巴林银行的招财童子”。由于工作出色，他被伦敦总部视为期货期权交易方面的专家。1992 年巴林总部派他到巴林银行新加坡期货公司出任总经理。

里森上任时，巴林银行原本有一个账号为“99905”的“错误账户”，专门处理交易过程中因疏忽所造成的错误。1992 年夏天，伦敦总部全面负责清算工作的哥顿·鲍塞给里森打了一个电话，要求里森另设立一个“错误账户”，记录较小的错误，并自行在新加坡处理，以免麻烦伦敦的工作。由于账户必须是五位数，账户为“88888”的“错误账户”便诞生了。1992 年 7 月尼克·里森手下一名交易员由于操作失误，尼克·里森为其隐瞒并将损失放入“88888”帐户。此后，类似失误都被记入“88888”帐户，此帐户的亏损越来越大。为了弥补亏损，里森大量购入 225 种日经股票指数期货。但由于判断失误，造成巨额亏损，并又被转入“88888”帐户。巴林银行资不抵债，最终破产。

从案情过程看，巴林银行的倒闭似乎是里森的赌徒性格一手造成的。里森在服狱中，还因此出版了《我是怎样搞垮巴林银行的》一书。然而，如果追究一下为什么里森可以如此肆无忌惮，就不难发现，正是巴林银行在管理制度上的混乱与无效，以及管理层对金融衍生品风险的无知和由此引发的无畏才是更重要的原因。

从理论上讲，金融衍生品不会天然增加市场风险，若能恰当地运用，比如利用它套期保值，可为投资者提供一个有效的降低风险的对冲方法。但在其具有积极作用的同时，也有其致命的危险，即在特定的交易过程中，投资者纯粹以买卖图利为目的，垫付少量的保证金炒买炒卖大额合约来获得丰厚的利润，而往往无视交易潜在的风险。如果控制不当，那么这种投机行为就会招致不可估量的损失。尼克·里森正是对衍生产品操作无度才毁灭了巴林银行。尼克·里森在整个交易过程中一味盼望赚钱，在已遭受重大亏损时仍孤注一掷，增加购买量，对于交易中潜在的风险熟视无睹，结果使巴林银行成为衍生金融产品的牺牲品。

巴林银行倒闭案的启示

与发达国家相比较，中国的金融市场还显得非常的稚嫩，金融衍生品刚刚起步，却发展极快，需要通过不断的磨练而趋于成熟完善。我们既要借鉴其他成熟金融市场的成功之处，又要从别人的失败的案例中提取经验，使金融市场朝着健康有序的方向发展。

金融衍生工具的不断涌现是适应市场的客观需要而产生的。随着我国金融市场的不断国际化、现代化，必然要求引进和开发金融衍生产品。但同时，如果监控不到位，则会形成巨大的风险。

当然，巴林银行的倒闭并不能否定金融衍生本身，只要加强金融机构的内部监管，趋利弊害，衍生工具会成为投资者良好的融资和风险的防范手段。金融衍生工具本身并没有错，关键在于管理者如何运用它。

巴林银行倒闭后，英国监管当局进行了全面深入的调查，形成了一份 300 余页的研究报告《巴林银行倒闭的教训》(Lessons Arising From the Collapse of Barings)，对改善跨国银行的内部控制，提高其风险防范能力提出了具体的建议和要求。

监管当局总结的五条重要经验教训如下：

1. 管理层必须对其所经营管理的业务有充分的认识。

2. 银行内各项业务的职责必须确立并明示。

3. 利益冲突业务的隔离是内部控制有效性必不可少的一个环节。

4. 必须建立专门的风险管理机制以应对可能的业务风险。

5. 内部审计或稽核部门应当迅速将查悉的内部控制漏洞报告最高管理层和审计委员会，后者应尽速采取措施解决上述问题。

巴林银行的倒闭带给我们的警示是深远的，只有充分认识金融衍生工具“双刃剑”的特点，不断加强金融机构的管理和自我控制，以及整个国家社会的监管督导，健全金融法制，才能保证一个国家金融秩序的安全、和谐、高效。

案例讨论：1. 你认为导致巴林银行倒闭的根本原因是什么？

2. 你认为我们应从巴林银行倒闭事件中得到哪些警示？

资料来源：刘仲元. 股指期货教程[M]. 上海：上海远东出版社，2007：12-14.

第六节 金融市场的主要发展与变革

一、我国金融市场的发展与变革

在改革开放以前，我国实行的是高度集中的计划经济体制，那时我国不存在真正意义上的金融市场。我国的金融市场是在改革开放以后才真正建立和发展起来的。

（一）货币市场的发展与变革

改革开放以来，我国客观上采取了“先资本市场，后货币市场”的发展思路，一方面，是对货币市场功能认识上的不足，另一方面，我国发展金融市场的动因并不是完善金融市场，推动经济和金融的可持续发展，而是救急。改革开放以来，制约我国经济发展的最主要的因素是资金问题，尤其是长期资金问题，而由于通过资本市场所筹集的正是长期资金和永久性资金，恰恰能够解决这一问题。因此，资本市场成为金融市场发展的重点，而货币市场的发展则明显滞后。

但在这种背景下，货币市场仍然取得了一定的发展。经济体制改革以来，我国初步建立起了以银行短期信贷市场、同业拆借市场、票据市场、短期债券市场、回购市场为主体的货币市场体系，其参与主体已覆盖了商业银行、外资银行、保险公司、证券公司、基金管理公司、信用社等各类金融机构。其中，同业拆借市场已突破了初期条块分割的限制，形成了全国统一的拆借市场网络系统；1999 年，国家允许证券投资基金和有实力的券商参与银行间同业拆借市场融资，表明我国货币市场与资本市场之间的原有壁垒正在逐步消除；票据市场也在《中华人民共和国票据法》的规范之下，步入法制化的轨道；始于 20 世纪 90 年代初的回购市场，经过交易场所的频繁变动，目前已走上了健康、持续、稳定发展的道路，参与主体也由商业银行、信托投资公司逐步扩大到保险公司和证券公司。

从功能上看，目前我国的货币市场除发挥重要的短期融资功能以外，还在利率市场化方面发挥了重要的作用：1996 年 6 月 1 日，中央银行放开了全国统一银行拆借利率，拉开了我国利率市场化的序幕。1998 年后放开债券回购利率、现券交易利率、债券发行利率以及取消贴现利率限制等均是我国利率市场化的重要措施。2013 年 7 月 20 日起，金融机构贷款利率全面放开。2015 年 10 月 24 日起，商业银行和农村合作金融机构等不再设置存款利率浮动上限，利率市场化的一系列举措都是在放松货币市场利率管制的成功示范下进行的。

目前，我国货币市场的较大问题就是相对于资本市场，部分存在着发展滞后现象。这客观上阻碍了货币市场和资本市场的协调发展，造成了金融市场的发展不够完善，弱化了金融市场对市场经济的推动作用。我们必须高度重视货币市场在金融市场和市场经济中的作用，充分重视货币市场的发展。

(二)资本市场的发展与变革

我国经济体制改革后的资本市场是以国债市场的恢复开始的。1981 年，40 亿元国债的发行，拉开了新一轮启动资本市场的序幕。1984 年 7 月，北京天桥百货公司向社会公开发行定期 3 年的股票，开创了我国股票融资的先河。1990 年 12 月和 1991 年 7 月，上海证券交易所和深圳证券交易所相继正式营业，标志着我国证券市场进入了全新的发展阶段。

我国资本市场的发展尽管不乏曲折和坎坷，但仍取得了举世瞩目的成就。主要体现在：

1.股票发行制度由审批制过渡到核准制

由审批制转向核准制是中国资本市场的一场深刻变革，它大大加强了证券公司等各类中介机构的责任，并为提高上市公司的质量提供了制度前提。

2.资本市场规模逐年扩大

截至 2017 年年底，我国 A 股市场有上市公司 3 000 余家，股票市价总值达 50 万亿元。全国期货市场 2017 年全年共成交 30.7 亿手，成交金额达 1 878 950 亿元。

3.品种结构日趋合理

资本市场中交易的证券品种有股票、基金、国债、企业债券、可转换债券、认股权证、认沽权证等。

4.机构投资者的队伍逐渐扩大

截至 2017 年 12 月月底，我国境内共有基金管理公司 113 家，其中中外合资公司 45 家，内资公司 68 家；取得公募基金管理资格的证券公司或证券公司资管子公司共 12 家，保险资管公司 2 家。以上机构管理的公募基金资产合计 11.6 万亿元。

5.大力推进资本市场发展的政策日益明朗

2004 年 1 月 31 日颁布的《国务院关于推进资本市场改革开放和稳定发展的若干意见》，对我国资本市场的发展做出了全面部署，确立了股权分置改革所应遵循的“试点先行、协调推进、分步解决”的操作步骤和“统一组织、分散决策”的试点总体思路，并在总结试点公司改革经验的基础上向所有 A 股公司推开。随着股权分置改革重任的完成，我国股市原有的预期混乱、价格发现功能丧失、市盈率虚高、一股独大、大股东占款、公司治理结构形同虚设等破坏股市自发均衡的现象均有不同程度的缓解。

6.多层次资本市场的结构已初步形成

目前我国的股票除可以在交易所交易以外，还可以利用证券公司提供的业务设施进行场外交易；不仅建立起了为大公司股票上市服务的主板市场，而且也建立起了专门为中小企业股票上市服务的中小企业板和为成长型创业企业设立的创业板市场。

“十三五”发展规划明确指出要健全金融市场体系，具体包括：积极培育公开透明、健康发展的资本市场，提高直接融资比重，降低杠杆率；创造条件实施股票发行注册制，发展多层次股权融资市场，深化创业板、新三板改革，规范发展区域性股权市场，建立健全转板机制和退出机制；完善债券发行注册制和债券市场基础设施，加快债券市场互联互通；开发符合创新需求的金融服务，稳妥推进债券产品创新，推进高收益债券及股债相结合的融资方式，大力发展融资租赁服务；健全利率、汇率市场决定机制，更好地发挥国债收益率曲线定价基准作用；推动同业拆借、回购、票据、外汇、黄金等市场发展；积极稳妥推进期货等衍生品市场创新；加快发展保险再保险市场，探索建立保险资产交易机制；建立安全高效的金融基础设施，实施国家金库工程。

相信随着"十四五"规划的逐步落实和推进，中国金融市场必将迎来更大的发展和更美好的明天，金融市场在现代经济中的作用将更加突出。

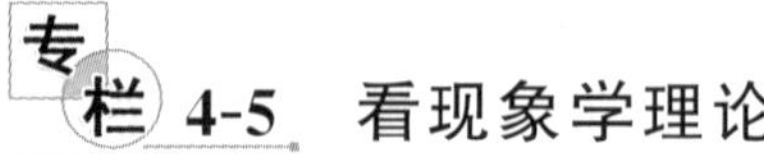

专栏 4-5 看现象学理论

创业板与中国经济转型

中国的创业板市场

创业板市场是指主板之外的专为暂时无法上市的中小企业和新兴公司提供融资途径和成长空间的证券交易市场。它是解决新兴高新技术企业和中小型民营企业融资问题的有效途径，同样也是建立创业投资体系和风险投资退出机制，促进科研成果商业化，促进经济结构调整和促进产业升级的重要途径。国际上一般将这类市场统称为二板市场，如美国的 NASDAQ 市场便是世界上最成熟的二板市场。

1999 年 1 月，深交所向中国证监会正式呈送《深圳证券交易所关于进行成长板市场的方案研究的立项报告》，并附送实施方案；2000 年 4 月月底，中国证监会向国务院报送了《关于支持高新技术企业发展设立二板市场有关问题的请示》，建议由深交所尝试建设我国的二板市场。同年 10 月，深交所宣布，创业板技术准备基本就绪，创业板市场规则（修订意见稿）正式上网披露；2007 年 8 月，国务院批复以创业板市场为重点的多层次资本市场体系建设方案；2008 年 3 月 22 日，证监会正式发布《首次公开发行股票并在创业板上市管理办法》，就创业板规则和创业板发行管理办法向社会公开征求意见；2009 年 3 月 31 日，证监会发布《首次公开发行股票并在创业板上市管理暂行办法》，自 5 月 1 日起实施；2009 年 6 月 5 日，深交所正式发布《深圳证券交易所创业板股票上市规则》，自 7 月 1 日起施行；2009 年 7 月 26 日，证监会正式受理创业板发行申请；2009 年 10 月 30 日，创业板首批公司上市仪式在深圳举行，特锐德等首批 28 家公司在深交所创业板挂牌亮相，市场期盼十年的创业板终于迎来开市钟声。至此之后，创业板与沪、深主板市场和深圳中小板市场共同构成了我国的股票市场，并成为多层次资本市场的重要组成部分。

我国建立创业板的主要目的是解决中小企业特别是中小高新技术企业的融资问题，但就目前国际和国内的经济形势来看，创业板更为中国经济转型发挥着重要的作用。

自 2015 年 6 月以来，创业板市场走出了长达两年多的熊市行情。在此期间，创业板指数自历史高点调整以来，累计最大跌幅超过了 60%，无论是调整空间还是调整时间都达到了大熊市的级别。

将创业板打造成"中国新经济的主场"

随着曾经作为创业板权重股乐视网的复牌交易，创业板市场也难免受到或多或少的冲击影响，并一举跌破了此前的底部位置，而随着市场的加速下行，创业板市场的整体估值水平也再度创出了新低，原有的估值泡沫也被大大挤压。

近日，深交所发布了《深圳证券交易所发展战略规划纲要（2018－2020 年）》，明确未来 3

年将大力推进创业板改革。

虽然创业板改革已经提及多时，但对于此次提及的创业板改革核心却与以往有着不少显著的区别。其中，其核心包括强化市场的包容性、提升优胜劣汰、多渠道履行脱贫攻坚社会责任以及吸引一批优质企业进入深交所等。归根到底，还是要打造成“中国新经济的主场”，并突出新经济、新产业的特征，意在壮大深交所的优质资源，提升深交所的核心竞争力。

多年来，无论是全球资本市场之间，还是国内资本市场内部，都存在一定的市场资源竞争需求，而对于优质资源的争夺压力，则更为明显。如今，随着深交所发展战略规划纲要的提出，创业板改革也被赋予了较高的期望，而从强化包容性、吸引一批优质企业进入等举措来分析，实际上也意在优化与完善优质企业的准入门槛，并为新经济企业制定出更有针对性的上市条件，加快其发行上市的步伐。

实际上，对于邻近我们的港交所，最近一段时期内也逐渐探索“同股不同权”的模式，并积极引入相应的制度模式。多年来，无论是港股市场还是A股市场，都是一直沿用“同股同权”的一元制模式，而其最根本的意图，则是基于公众利益的考虑。但与此同时，却阻碍了一些具备合伙人制度的优质企业的进入，而对于这些优质企业也不得不选择远赴海外市场，并尽可能拓宽其海外融资的渠道。

由此可见，对于深交所提及的强化包容性问题，可能会存在这方面的考虑。或许，这也是打造“中国新经济的主场”的重要考虑之一。

创业板改革与“新奇迹”

除此以外，市场比较关注的还有退市问题以及优胜劣汰的功能完善问题。

自2009年创业板市场成立以来，虽然上市公司数量得到迅猛增长，且市场总市值、总容量发生了显著的变化，但在此期间，真正意义上实现退市的上市公司却寥寥无几，而多年来上市率与退市率却处于严重失衡的状态。

与此同时，随着A股市场实施一周一批次的IPO发行模式，以创业板为代表的市场扩容压力并不轻松。此外，仍需要考虑到新三板挂牌企业的转板需求，而面对新三板市场的融资效果以及流动性不佳的现象，即使新三板挂牌企业得以进入到创新层的状态，但对于不少符合相应准入门槛的创业板企业而言，或许更愿意选择退出新三板，进而选择到创业板市场发行上市。

对此，在面对较大的扩容压力下，创业板市场扩容加速的同时，更需要考虑提升市场的整体退市率，加快完善市场的优胜劣汰功能。否则，对于“只进不出”的市场，其改革效果也会大打折扣。

创业板改革，或许给中国资本市场的发展带来了新的期待，同时也将会有效提升深交所的核心竞争力。随着创业板改革的有效推进，并逐渐获得实质性的改革成果，这可能会成为创业板市场的一个重要的发展拐点。但在将市场打造成“中国新经济的主场”的过程中，我们仍需要对新股发行制度、市场持股成本及信息披露严重不对称等问题加以考虑，勿让创业板改革成为变相造福少数人的理由，而对于投资者而言，比较关心的还是其切身权益的保护以及市场可否为他们带来具备良好投资回报预期的优质上市公司，让他们能够从真正意义上享受到市场快速发展的成果。

资料来源：国研网、中财网，2018.02.14

二、国际金融市场的发展与变革

(一)国际金融市场的发展历程

国际金融市场的发展与国际贸易的历史一样悠久，历经萌芽、形成、扩张、创新一系列演进过程，纵观国际金融市场的发展史，大致可以划分为以下五个阶段。

1.萌芽与初步形成阶段

19 世纪以前，国际金融市场的产生与初步形成是完全伴随国际贸易的发展而完成的。作为为国际贸易提供国际融资服务的一种国际金融业务的活动场所，这一时期的市场交易主要集中于同实物经济发展紧密联系的国际结算、货币兑换、票据贴现等业务领域，外汇市场成为最早的一种国际金融市场形势。17 世纪和 18 世纪，在英国的伦敦和欧洲大陆的阿姆斯特丹，相继出现银行、股票交易所和外汇市场。此阶段的国际金融市场还只是国内金融市场的派生和延伸，尚不具备明显的、有别于国内金融市场的体系特征并表现出强烈的从属于实物经济的特点。

2.国际金融中心涌现阶段

19 世纪，发源于英国的工业革命带来欧洲经济的发展与兴旺，国际金融业务的范围也从以往单纯为国际贸易融资的局限中得到拓展，逐渐出现国际性的资金借贷市场和直接融资市场。随着传统的国内金融市场中国际金融业务所占比重的不断上升，区域性国际金融也在当时几个著名的国内金融中心基础上呼之欲出。凭借发达的国内金融体系、坚实的经济基础、稳定的政治局面、健全的管理体制，以及国际贸易与国际结算中心地位的确立，伦敦、纽约和苏黎世终于在 19 世纪末和 20 世纪初脱颖而出，成为当时著名的三大国际金融中心。

3.两次世界大战的调整阶段

两次世界大战既给整个世界经济形成巨大的破坏，同时也为世界经济格局的变化创造了条件。由于受战争影响程度的不同，总会在世界各国中分离出利益获得者与利益损失者两种类型，前者往往能够在战后取得世界经济中的优势地位，后者则会丧失掉其原有的一部分优势，从这个意义上讲，战争也同工业革命一样可以产生迅速打破旧的世界经济格局的作用。

在两次世界大战期间和战后初期，战争的这种作用对国际金融市场发展的影响就表现为国际金融中心格局的调整。英国是两次世界大战中的利益损失者，国内经济受到战争的严重破坏，不但使资金匮乏问题在战后突现，也使伦敦的国际金融业务向受战争影响较小的市场分流，结果，其作为“世界最大的国际金融中心”的头衔也只能是拱手相让给后来者。而这一后来者就是美国的纽约。

从历史角度衡量，纽约的国际金融中心地位远没有伦敦悠久。但战争利益获得者身份的取得，使纽约得以在美元取代英镑成为世界主要结算货币和美国成为世界经济霸主及最大的资金供应国后而迅速崛起。国际性资金借贷和资金筹集活动在战争期间向纽约市场的转移，使之当然地成为当时最大的国际资本流动市场。

苏黎世国际金融中心地位的提高同样受惠于未受到战争的破坏性影响，其中立安宁的市场环境及瑞士法郎自由兑换性在战争期间的维持，都加强了它作为一个国际金融中心的吸引力，苏黎世黄金市场的崛起主要就是在这一期间实现的。经过战争外力的调整，20 世纪初那种伦敦优势地位明显的国际金融中心格局被纽约、伦敦、苏黎世各有优势的局面所取代。

4.欧洲货币市场的兴起与发展阶段

东西方冷战的升级，美国金融管制措施的严格以及战后欧洲地区经济的恢复，均从不同侧面促成了美元资金向欧洲市场的聚集。大量欧洲美元的产生使欧洲货币市场的形成成为一件必然事件,它使欧洲货币市场拥有了离岸金融市场代名词的称谓。

离岸金融市场的出现,使国际金融市场的发展步入一个告别传统的新阶段,在该市场上实现了资金借贷交易业务真正意义上的国际化。随着 20 世纪 70 年代两次石油危机形成大量石油美元,离岸金融市场又出现在石油输出国较集中的亚洲地区的中东、新加坡和东京等地,这些后起市场的涌现与加勒比海地区的簿记型离岸金融市场一起,极有力地推动了新型国际金融市场在全球范围内的扩散,使之成为国际金融市场体系中的主流,并促使美国放松金融管制,开办相应的本土离岸金融市场。

特别需要指出的是,东京在此期间凭借日本经济实力的迅速提高与国际交往的不断扩大,逐步发展成为一个新的国际金融中心,并借助位于纽约与伦敦之间的优越地理位置,成为全球 24 小时不间断交易中必不可少的一个联结点,而与纽约、伦敦并称为国际金融市场的“金三角”。

5. 新兴市场的崛起与发展阶段

20 世纪 80 年代由发展中国家引发的债务危机,并未减少国际投资者对该地区的关注,也未阻止这一地区国际金融市场的发展步伐。全球性的放松管制、技术革新、金融创新和筹资证券化浪潮,与新兴工业化国家经济的迅速增长,一同成为刺激新兴国际金融市场崛起并推动其快速发展的合力。

拉丁美洲地区的墨西哥、阿根廷、巴西,东亚地区的韩国、菲律宾、泰国、马来西亚、印度尼西亚都是这一阶段的典型代表。这些新兴国际金融市场的崛起,一方面得益于生产、资本国际化的大趋势;另一方面,也在于该市场在工业化初期及开放初期所表现出来的较高的投资回报率。不过,风险与收益总是在国际金融市场上相伴相生的一对因素,新兴市场体系的不健全、管理水平的低层次,以及市场所在国国内经济结构的不合理,都在金融创新加速、金融管制放开与国际游资充斥市场的大背景下,成为破坏新兴市场稳定、健康运行的不利因素。

(二)国际金融市场的发展趋势

20 世纪 70 年代以来,国际金融市场开始了一个新的发展阶段,在全球信息化的大背景下,一方面,金融创新进一步风生水起,交易更加迅速便捷,各级子市场的发展更加完善;另一方面,风险也更加突出。总体来看,在新的时代,国际金融市场表现出如下发展趋势。

1. 金融资产证券化

资产证券化,是指把流动性较差但具有稳定现金流的资产,如商业银行的长期固定利率贷款,通过商业银行或投资银行进行集中并重新组合,以这些资产做抵押来发行具有较强流动性的证券。资产证券化最早起源于美国,最初是储蓄银行、储蓄贷款协会等机构的住宅抵押贷款的证券化,接着商业银行也纷纷效仿,对其债权实行证券化,以增强资产流动性和市场性。随着 20 世纪 80 年代以来住宅抵押证券市场的不断扩大,资产证券化又有了一些新的发展:一是将住宅抵押证券的做法应用到其他小额债券上,对这些小额债权进行证券化。这使资产证券化的领域大大拓宽,如汽车贷款、信用卡应收款、住宅资产净值贷款和大型设备的租赁等。二是商业不动产融资的流动化。从 1984 年起,市场上出现了公募形式的商业不动产担保证券。它以商业不动产的租金收入作为还债金,与原所有者完全分离。三是抵押担保债权。这是将住宅抵押凭证、住宅抵押贷款等汇集起来,以此为担保所发行的债权。其发行方式是以某个金融企业作为发行人,收买住宅抵押凭证并设立集合基金,在以此为担保的同时发行 3～4 组债权。发行者以抵押集合基金每月产生的资金流为资金来源,在对各组债券支付利息的同时,只对其中的某一组债券的持有人偿还本金。当前,西方国家资产的证券化趋势正深入金融活动的各个方面,不仅是传统银行贷款的证券化,而且经济活动中以证券形式持有的资产占全部金融资产的比例越来越大,社会资产金融资产化、融资非中介化也都是这种趋势的反映。

2. 金融市场国际化

金融市场的国际化已成为当今世界金融领域的一种重要趋势。20 世纪 70 年代末期以来,西方国家兴起金融自由化浪潮,各国政府纷纷放宽对金融业活动的限制。随着外汇、信贷及利率等方面的管制的放松,资本在国际流动日渐自由,国际利率开始趋同。同时,由于现代电子技术和通信技术的突飞猛进,无形金融市场极大地发展。

目前,国际金融市场正在成为一个密切联系的整体市场,在全球各地的任何一个主要市场上都可以进行相同品种的金融交易,并且由于时差的原因,由伦敦、纽约、东京和新加坡等国际金融中心组成的市场可以实现 24 小时不间断的金融交易,世界上任何一个局部市场的波动都可能马上传递到全球的其他市场上,这就是金融的国际化或全球化。其具体内容包括:

(1)市场交易的国际化。在金融全球化的背景下,实际上各个金融子市场的交易都已国际化。在资产证券化趋势的影响下,传统的以国际银行为主的间接信贷市场已让位于直接的证券买卖和发行。而各国间资金的流动必然又涉及各国货币的交易及兑换,这也对外汇市场的国际化提出了要求。

(2)为适应企业跨国经营和国内企业对外融资的需要,一些国家的政府和大企业纷纷进入国际资本市场融资。国际资本市场的融资主要是通过发行国际债券和到国际性的股票市场直接募资。

(3)由于外汇市场的国际性更加明显,尤其是实行浮动汇率制以来,各国中央银行为了稳定汇率在外汇市场上进行的外币买卖,使外汇市场交易更加活跃。外汇市场上的新工具层出不穷,诸如互换、期权等创新项目日新月异,不同的货币在各国之间的流动十分频繁。

(4)市场参与者的国际化。传统的以大银行和主权国政府为代表的国际金融活动主体正被越来越多样化的国际参与者所代替。大企业、投资银行、保险公司、投资基金,甚至私人投资者也纷纷步入国际金融市场,参与国际投资组合,以分散投资风险、获取更高收益。在这个过程中,银行和各种非银行金融机构纷纷向全球各金融中心扩散,代理本国或国外的资金供求者的投资与筹资活动,或直接在金融市场上参与以营利为目的的交易活动。各国金融机构之间并购重组浪潮风起云涌,各种各样的投资基金在全球金融市场上的空前大发展,更是大大地促进了金融市场交易的国际化。

3. 金融活动自由化

20 世纪 70 年代中期以前,基于安全和稳健的理由,金融业一直是受政府管制最严厉的部门之一。但是,20 世纪 70 年代中期以来,无论是过去管制较严的国家,还是管制较为宽松的国家,都出现了放松管制的趋势。其表现是:

(1)减少或取消国与国之间对金融机构活动范围的限制。如国家与国家之间相互开放本国的金融市场,允许外国银行等金融机构在本国经营国内业务,给予外国金融机构国民待遇,使国际金融交易急剧活跃,金融的全球化进程大为加快。

(2)对外汇管制的放松或解除。英国于 20 世纪 70 年代末取消了外汇管制,随后,法国和日本也逐渐取消外汇管制。美国在外汇管制较为宽松的情况下,1990 年又取消了对外资银行账户的某些限制。外汇管制的放松或解除,使资本的国际流动进程大大加快,促进了国际金融的一体化。

(3)放松对金融机构业务活动范围的限制,允许金融机构之间的业务适当交叉。在西方国家,除了少数实行全能银行制度的国家,如德国、奥地利、瑞士等国家外,绝大多数国家都在

20世纪30年代经济危机的背景下建立起严格的分业经营制度，但这一管制措施自20世纪70年代末以来已经有缓和的趋势。特别是进入20世纪80年代后期，这些限制已大为放宽。

(4)放宽或取消对银行的利率管制。美国已经取消了Q条例所规定的银行存款利率上限。其他一些主要发达国家也纷纷步其后尘，这导致银行领域自由化的快速发展。除了放宽或解除上述管制措施外，西方各国对金融创新活动的鼓励、对新金融工具交易的支持与放任，实际上也是金融自由化的重要表现。

4. 金融活动工程化

所谓金融工程，是指将工程思维引入金融领域，综合采用各种工程技术方法(主要有数学建模、数值计算、网络图解、仿真模拟等)设计、开发新型的金融产品，创造性地解决金融问题。

今天的金融市场日益依赖于信息的全球传播速度、交易商迅速交流的能力和个人计算机及复杂的分析软件的出现。金融工程采取图解、数值计算和仿真技术等工程手段来研究问题，金融工程的研究直接而紧密地联系着金融市场的实际。

在金融工程中，图解法需要计算机制表和作图软件的辅助，数值计算和仿真则需要很强的运算能力，经常用到百万甚至上亿次的计算，而高速发展的计算机技术正好为金融工程的发展提供了强大支持。

同时，电信网络的发展能够实现即时的数据传送，这样使在全球范围内进行交易成为可能。技术的进步使得许多古老的交易思想旧貌换新颜，在新的条件下显示出更大的活力，譬如利用股票现货与股指期货之间的价格不均衡性来获利的计算机程序交易，利用金融工程中复杂的数学建模、高速运算以及电子证券交易等条件来将最基本的套利策略扩展到股票现货与股指期货上。

总之，金融工程的出现标志着高科技在金融领域内的应用，它大大提高了金融市场的效率，为金融市场的发展添上了一对翅膀，金融工程化成为未来金融市场发展的重要趋势。

本章重点摘要

1. 金融市场就是货币资金的供需双方以金融工具为交易对象而形成的有形或无形的市场。金融市场有两大显著特性：第一，金融市场上交易者之间的关系不是一种单纯的买卖关系，而是一种借贷关系或委托代理关系，是以信用为基础的资金的使用权和所有权的暂时分离或有条件的让渡。第二，金融市场中的交易对象是一种特殊的商品即“货币资金”。

2. 金融市场有两大构成要素：交易主体和交易客体。交易主体是指货币资金的供需双方，主要包括金融机构、工商企业、居民、政府部门和中央银行；交易客体即交易对象，金融市场直接交易对象是金融工具，但从本质上讲，金融市场的最终交易对象是货币资金。

3. 按融资期限，金融市场可分为货币市场与资本市场；按融资方式，金融市场可分为直接金融市场与间接金融市场；按交易层次，金融市场可分为一级市场与二级市场；按交易对象，金融市场主要可分为资金市场、证券市场、外汇市场、保险市场和黄金市场等；按地域范围划分，金融市场可分为国内金融市场和国外金融市场。

4. 金融市场的主要角色包括资金的“蓄水池”、资源的“配置箱”、价格的“发现者”、经济的“调节器”、经济的“晴雨表”。

5. 金融市场的服务包括：提供投资渠道、提供资金风险管理的途径、提供流动性、实现资金期限转换。

6. 货币市场是指期限在一年以内的短期资金融通市场。主要包括：同业拆借市场、商业票据市场、政府短期债券市场、大额可转让定期存单市场和回购市场。

7. 资本市场是指期限在一年以上的中长期资金融通市场。主要包括：股票市场、债券市场和证券投资基金市场。

8. 衍生工具即金融衍生工具是在原生金融工具之上派生出来的金融工具，其价值变化主要取决于金融原生工具的变化，具有依附、衍生的特征。以金融衍生工具为交易对象而形成的市场就是衍生工具市场。衍生工具市场主要包括：金融远期合约市场、金融期货市场、金融期权市场和金融互换市场。

9.国际金融市场的发展趋势主要有：金融资产证券化、金融市场国际化、金融活动自由化和金融活动工程化。

重要名词

金融市场　金融工具　货币市场　资本市场　一级市场　二级市场
外汇市场　金融衍生工具　金融远期合约　金融期货　金融期权　金融互换

课后练习

一、不定项选择题

1.根据融资期限划分，金融市场可分为(　　)。
A.货币市场　B.直接金融市场　C.资本市场　D.间接金融市场

2.根据融资方式划分，金融市场可分为(　　)。
A.货币市场　B.直接金融市场　C.资本市场　D.间接金融市场

3.对投资者来说，下列金融工具中风险最大的是(　　)。
A.国债　B.货币基金　C.股票　D.公司债券

4.下列各项中不属于资本市场的金融工具的是(　　)。
A.国库券　B.中国平安的股票　C.商业汇票　D.5年期国债

5.下列不属于货币市场的是(　　)市场。
A.同业拆借　B.股票　C.商业票据　D.投资基金

6.金融工具的基本特征包括(　　)
A.偿还性　B.收益性　C.流动性　D.风险性

7.投资基金的特点不包括(　　)。
A.专家管理　B.集中投资　C.服务专业　D.规模经营

8.大额可转让定期存单的特点包括(　　)。
A.有规定的面额　B.可以转让　C.不记名　D.面额较大

9.优先股比普通股享受更优先的(　　)。
A.投票权　B.选举权　C.股息分配权　D.剩余财产索偿权

10.股票相对于债券(　　)。
A.收益较为稳定　B.风险较大　C.流通性更好　D.风险较小

二、判断题

1.股票持有人是公司的投资者，即债权人。(　　)

2.大额可转让定期存单没有规定的面额，不可流通转让。(　　)

3.投资基金的基本投资策略是分散投资。(　　)

4.金融衍生工具的杠杆效应的意思是在控制风险的同时放大收益。(　　)

5.债券只能平价发行。(　　)

6.金融期货一般采取实物交割的方式。(　　)

7.外汇银行与个人及公司之间的交易市场，因为交易笔数很多，交易频繁，也被称为批发市场。(　　)

8.基金托管人是基金财产具体投资操作和日常管理的机构，它还是基金财产的名义持有人。(　　)

9.在债券的招标发行中，按投标人所报收益率自高向低的顺序中标，直至满足预定发行额

为止。 （ ）

10.只有间接金融市场上才有金融中介机构。 （ ）

三、简答题

1.简述金融市场的含义和主要特征。

2.简述国际金融市场的主要发展趋势。

3.简要分析金融期权的含义和与金融期货的主要区别。

4.简要分析直接金融市场与间接金融市场的区别。

5.简述货币市场的含义和主要特征。

6.简述资本市场的含义和主要特征。

7.简要说明金融工具的主要特点。

8.简要说明金融衍生工具的含义和主要特点。

四、论述题

1.结合实际分析金融市场提供的服务。

2.论述国际金融市场的发展趋势。

第五章 金融中介机构体系

金融中介是指在金融市场上资金融通过程中，在资金供求者之间起媒介或桥梁作用的人或机构。金融中介机构可以分为两大类：货币系统和非货币的中介机构。货币系统作为中介机构，购买初级证券和创造货币；非货币的中介机构只履行购买初级证券和创造对自身的货币债权的中介作用，这种债权采取储蓄存款、股份、普通股票和其他债权形式。

金融中介一般由银行金融中介及非银行金融中介构成，具体包括商业银行、证券公司、保险公司以及信息咨询服务机构等中介机构。金融是现代经济的核心，在现代市场经济中，金融活动与经济运行关系密切，金融活动的范围、质量直接影响经济活动的绩效，几乎所有金融活动都是以金融中介机构为中心展开的，因此，金融中介在经济活动中占据着十分重要的位置。随着经济金融化程度的不断加深和经济全球化的迅速推进，金融中介本身成为一个十分复杂的体系，并且这个体系的运作状况对于经济和社会的健康发展具有极为重要的作用。

思政目标

以新时代中国特色社会主义经济思想为指导，了解我国金融体系中主要金融机构及主要业务，分析金融机构相关行为动机，理解在"一带一路"背景下成立亚投行(AIIB)这一金融机构的重大意义。

第一节 金融中介基本理论

金融中介的发展使人类社会逐渐步入"双轨"并行、"两态"并举、"三流"高效整合与匹配状态。这里"双轨"是指财富实物形态的运动和价值形态的运动；"两态"是指实体经济形态和虚拟经济形态；"三流"是指物流、资金流、信息流。首先，金融中介把各种实物形态的财富幻化为货币和其他形式的金融资产，从而使社会财富能以符号的形式方便地流动，整个社会财富得以以价值和实物两种形态运动。其次，各种金融中介介质及其活动构造了一个与实体经济相对应的虚拟经济领域，使人类社会进入了虚拟与实体互动的二元结构形态。银行、投资银行以及其他类型的金融机构等利用货币以及各种原生和衍生金融工具，在资本市场、货币市场、外汇市场等从事各种金融活动，在实体经济的基础上构造了一个与实体经济相对应的虚拟经济领域，并推动实体经济向前发展。

一、金融中介的作用

(一)金融中介实现了资金流、信息流与物流的高效整合与匹配

众所周知,工业技术的诞生带来了生产规模的扩大和生产能力的提高,由此要求产品突破狭小的地域范围,获得更广阔的市场空间,交通运输业应运而生。交通运输业的产生和发展使物流范围扩大,效率提高。人类在构筑铁路和航线这一庞大的有形网络时,首先遇到的问题是资金不足;交通运输业的发展使产品的批量生产和销售成为现实,反过来促进生产规模的进一步扩大,也促使企业对资金的需求大增,金融市场形成,银行等金融中介组织、信贷等金融中介工具产生。募集资金和规避风险的需要导致一种新的企业组织形式——股份制——诞生,与之匹配的证券市场出现。

资本市场和货币市场的出现使企业规模迅速扩张,收缩和转移成为可能,货币市场和资本市场作为资金流动的载体,使资本得以在较大的范围内流动和配置。生产规模的扩大和市场范围的拓展产生了信息沟通的需要。提高物资流动、资金流动的效率和减少盲目性,前提是信息的沟通,信息服务业应运而生。同属于服务行业的交通运输业、金融业和信息业各自功能的发挥,实现了资金、信息与物资流动的匹配,保证了实体和虚拟经济的运行需要。

信息革命引发的信息技术创新与扩散、发展与融合,不仅为人类社会提供了经济发展的新途径和新的技术范式,而且促进了从金融中介市场、金融中介机构到金融中介介质等的全面创新,金融创新的结果是金融中介对整个社会经济的渗透能力更强,整个社会经济的金融化程度大大提高,各种资产的证券化大大提高了实物资产的流动性,衍生金融工具的发展满足了实体和虚拟经济投资和规避风险的多种需要,并使资金流自动化成为现实。金融中介的发展使得资金流动不仅高度符合了物流、信息流的要求,而且还推动和强化了实体经济的发展需要。正是"三流"的高效整合与匹配,使得社会资源得以以最有效、最快捷的方式进行整合和配置,并由此使社会经济进入一个新的发展形态。

(二)金融中介使资源配置效率化

首先,正是各种金融介质的存在,导致了资本创造机制的产生,才使货币资本顺利导入产业资本循环当中,满足经济增长对资金的需求。金融中介通过自身的活动对整个国民经济起着增量增加和存量调整的作用。金融中介在构造和活化金融市场的同时,进而活化整个社会经济。其次,金融中介把财富的价值形态和权利从各种实物形态中剥离出来,券化为虚拟的金融资产,从而使社会财富能以符号的形式方便地流动,使资源配置范围获得了无限扩大的可能性,配置的效率得到极大提高,整个社会的资源配置真正进入了效率化时代。

(三)金融中介的交易费用节约功能

制度的演进是一个不断节约交易费用的过程,中介介质的存在是交易费用节约的关键环节。人类经济发展史是一部不断进行技术和制度创新以降低生产费用和交易费用,从而提高经济运行效率的历史。首先是定期集市的出现,拓宽了交易的选择面,提高了在既定交易费用条件下的成交率。它不仅降低了花费在路上的时间成本,而且在一定程度上降低了交易的偶然性和等待的时间成本,从而大大地降低了单位商品的交易费用。其次是货币的诞生缩短了交易的中间环节,使交换变得更为顺畅,节约了交换所需要的搜寻和等待成本。商人的出现仅仅是交易专业化活动的开始,随着生产力的发展、交易技术的创新,商人之间出现了分工:批发商、中间商、零售商等。每次专业化都带来了交易费用的降低和交易范围的扩大,同时使得市场制度覆盖的范围越来越大,交易的专门组织——商业企业——出现了,结果是交易费用的进

一步降低，交易范围的进一步拓展。交易范围的拓展，刺激了企业规模的扩大和企业生产能力的提高，企业对资本的需求增加，带来了资本要素市场的出现。

企业规模的扩大，货币是个关键角色。货币市场中介组织——银行——诞生，带来了货币市场交易效率的提高和交易费用的降低。但银行间接融资规模有限、期限短等特点使单纯货币市场的运作难以满足企业发展的需要。资本市场和货币市场的出现大大提高了资本市场交易的效率，降低了资本市场的交易费用。当今国民经济的虚拟化水平之所以越来越高，与金融中介发展带来的交易成本降低有很大关系。

(四)金融中介发展推动了企业组织的合理发展

首先，各种金融介质的存在为资源存量调整提供了条件，使得企业间的兼并，包括纵向一体化、横向兼并和混合兼并能够因成本下降而成为可能。重组不仅能实现生产要素存量的重新配置，而且可实现企业经济规模的迅速扩大和促进企业规模结构的合理化。此外，金融中介还推动了与社会生产力相适应的企业组织结构的形成和发展，如控股公司的多级控股导致企业集团的出现。其次，金融中介使筛选企业经营者的机制社会化。在小商品经济，即高利贷时代，企业经营者一般是企业的直接所有者，在这种情况下，社会对企业经营者的筛选功能基本谈不上。货币银行金融机制产生后，社会对企业经营者的筛选功能开始加强，即缺乏专门知识和管理经验的人一般难以取得银行贷款。证券、证券市场、投资银行等新型金融中介的活动，把对企业经营者的监督机制从单一银行体系扩展到了社会的方方面面，使企业的经营机制获得了极大改善，使企业的行为和决策更加合理化。

二、金融中介机构的功能

不同金融机构有什么异同

(一)充当信用中介，促进资金融通

这是金融中介最基本的职能，是金融中介机构通过自身信用活动充当经济行为主体间、货币借贷者间的中间人。在现代企业投融资过程中，有两种资金融通方式：一种是直接融资，另一种是间接融资。直接融资由于受到资金盈余方和资金供给方对于可借贷资金的规模、数量、期限、利率等方面的限制，往往不能满足双方的要求，所以间接融资也是十分重要的融资途径。而金融中介可以通过提供不同数量、不同期限、不同利率的资金来满足资金盈余方和资金需求方的要求，使得资金融通能够顺利进行，促进储蓄向生产性资金转化。金融中介的这种功能对于一个国家经济运行有着重要作用，主要表现为能够有效地动员和筹集资金，合理地分配和引导资金流向，有利于提高投融资效益，实现资金在各地区、各部门、各单位间的合理流动，完成社会资源的优化配置。

(二)充当支付中介，便利支付结算

这是指为客户办理与货币运动有关的技术性业务，即通过一定的技术手段和流程设计，为客户之间完成货币收付或清偿因交易引起的债务债权关系，如通过存款在账户间的转移来代理客户支付等。随着经济的发展，各经济主体之间的交易范围日趋扩大，交易数量及种类越来越多，特别是信用的普及与各种债权债务关系的建立、转移和清偿，使得结算关系日趋错综复杂，各种结算关系的货币不同、金额不等、时间不一致、地域各异，这些显然不是原来的简单结算支付关系能够解决的。所以为了能够解决支付结算的问题，金融中介通过创造商业票据、信用卡、各种支付账户等方式，使支付结算的工具日益多样化；通过提供转账支付系统使货币支付方式发生了重大变化；通过建立一系列支付系统拓宽了支付渠道；通过现代化的通信手段和技术设备提高了支付的技术水平，从而极大地增强了金融中介的支付结算功能。

（三）提供金融服务，降低交易成本

在西方金融中介理论的研究中，认为金融中介的主要功能就是降低交易成本。金融中介降低交易成本的主要方法有两种：一种方法是利用技术上的规模经济和范围经济，在为投融资双方提供资金融通服务的同时，可以降低资金供给方与资金需求方的搜寻和核实成本、监督和审计成本、风险管理和参与成本等，也就是说，金融中介把许多投资者的资金聚集起来形成规模经济优势，交易规模的扩大，就使得每一个单位资金交易的成本下降；另一种方法是利用金融中介的专门技术开发专门的软件系统，如支付清算系统，能够以极低的成本提供多种便利服务。

（四）解决信息不对称问题，防止逆向选择和道德风险

所谓信息不对称是指交易的一方对交易的另一方不充分了解，造成在信息上的不平等，由此将影响双方的准确决策。这种现象是金融体系中经常存在的一种现象。例如对于贷款项目的潜在收益和风险，借款者总是比贷款者了解得多一些。信息不对称可能造成两种后果：如果发生在交易之前，称为逆向选择；如果发生在交易之后，则为道德风险。

具体来说，在借贷行为中，逆向选择指的是那些最有可能不归还贷款的人往往就是最希望获得这笔贷款的人，因为他们知道自己极有可能无须偿还贷款。由于逆向选择使得贷款成为不良贷款的可能性增大，所以即便市场上有风险较低的贷款机会，放款者也会谨慎对待。逆向选择最典型的例子是“二手车”问题。

道德风险是贷款者发放贷款之后，将面对借款者从事那些贷款者所不希望进行的活动，因为这些活动极有可能使得贷款难以归还。例如，借款者借得一笔款项，由于使用的是别人的钱，他们可能会愿意冒比较大的风险去从事较高收益的活动，这就使得贷款无法归还的可能性增大。

在防止发生逆向选择和道德风险时，金融中介是非常好的一种方式。金融中介是职业的投资与融资机构，是生产公司信息的“专家”，能够采用专业的手段和长期的经验分辨出信贷风险的高低。然后，他们从资金盈余方那里获得资金，再将资金贷给信誉和经营良好的公司，这样就可避免信息不对称带来的不良后果。

第二节　金融中介机构业务分类

在现实生活中，金融中介机构有成百上千种，分别执行不同的职能。以下从不同的角度分别介绍金融机构的种类。

一、金融中介机构的分类

（一）直接金融机构和间接金融机构

按照融资方式的不同，金融中介机构可以划分为直接金融机构和间接金融机构。直接金融机构是指在直接融资领域，为资金盈余者和资金短缺者提供中介服务的金融机构。其主要业务包括证券的发行、经纪、保管、登记、清算、资信评估等，是投资银行性质的金融机构，如证券公司大都属于直接融资机构。间接金融机构是指一方面以债务人的身份从资金盈余者手中筹集资金，另一方面以债权人的身份向资金短缺者提供资金的间接融资领域的金融机构。商业银行是最典型的间接融资机构。

显然，在金融体系中，直接金融机构与间接金融机构的作用是不同的。以商业银行和投资银行为例，二者的不同如下：商业银行是中介机构，直接介入债权债务关系，对存款人而言，商

业银行是债务人，对贷款人而言，商业银行是债权人，换言之，商业银行需要发行以自己为债务人的融资工具（存单）来筹集资金，然后以各种资产业务（贷款）分配使用这些资金，因此，商业银行要独立承担信用风险，其经营利润也主要来自低存高贷的利差。投资银行是服务中介，它只为投资者和资金需求者提供咨询、销售或代理买卖证券等服务性业务，一般不发行以自己为债务人的融资工具，只是协助将筹资者发行的金融工具销售给投资者，多数情况下不承担信用风险。

（二）金融管理机构和金融运行机构

按照从事金融活动的目的不同，金融中介机构可以划分为金融管理机构和金融运行机构。金融管理机构是指承担金融宏观调控、进行金融监管的重任，不以营利为目的的金融机构，如中央银行、证券监督委员会、保险监督委员会和银行监督委员会等。

金融运行机构是指以营利为目的，并通过向社会公众提供多种金融产品和金融服务获取盈利的金融机构，如商业银行、保险公司、证券公司等。

（三）银行金融机构和非银行金融机构

按照金融机构业务的特征，金融中介机构可划分为银行金融机构和非银行金融机构。一般以存款、放款、汇兑结算为核心业务的金融机构称为银行，如中央银行、商业银行、储蓄银行、开发银行等。而除了银行以外的其他各种金融机构均为非银行金融机构。非银行金融机构是一个庞杂的体系，包括保险、证券信托、租赁和投资等。这种划分方法是金融机构传统的分类方式，简单明了，也是国际上通用的分类方式。

（四）政策性金融机构和非政策性金融机构

按照金融机构是否承担政策性业务，金融机构可以分为政策性金融机构和非政策性金融机构。政策性金融机构通常是为实现政府的产业政策而设立的，不以营利为目的，但可以获得政府资金或税收方面的支持。非政策性金融机构是金融业务的经营机构，经营目的是获得更高的企业利润。

（五）存款性金融机构、投资性金融机构、契约性金融机构和政策性金融机构

按照金融中介机构所服务的金融活动领域和其自身活动方式的特点，金融中介机构可以分为存款性金融机构、投资性金融机构、契约性金融机构和政策性金融机构。其中，存款性金融机构可以接受公众活期存款，主要指商业银行；其他金融机构的资金来源主要通过销售有价证券（保险单、债券和股票等）等方式获得，称为非存款性金融机构，主要指保险公司和投资银行等。这种分类方式体现了金融业务的发展，越来越具有普遍意义。

（六）国民经济核算体系（SNA）的分类

国民经济核算体系从经济统计角度对金融机构体系进行了分类。这种分类以交易主体或资金收支作为划分标准，将金融机构分为以下几类：①中央银行；②其他存款公司；③不是通过吸纳存款的方式而是通过在金融市场上筹集资金并利用这些资金获取金融资产的其他金融中介机构，如投资公司、金融租赁公司以及消费信贷公司等；④金融辅助机构，如证券经纪人、贷款经纪人、债券发行公司、保险经纪公司以及经营各种套期保值衍生工具的公司等；⑤保险公司和养老基金。

二、科技发展对金融中介机构的影响

（一）技术进步

20 世纪 70 年代以来，国际金融市场上最显著的三个变化是：资产证券化、网上交易和金

融市场国际化。计算机技术的进步是这些变化的重要物质基础。

1. 资产证券化

证券化是将非流动性金融资产转变为可交易的资本市场工具。由于计算机技术的进步，金融机构发现它们可以将多种形式的债务组合绑在一起，集合利息和本金，再将其卖给第三方。计算机技术还使得金融机构为市场的特殊需求量身定做有价证券，集合抵押债务就是例子。计算机化使集合抵押债务划分为几级，每级根据不同的风险等级获取不同的收益。

2. 金融市场国际化

技术的进步使得交易者可以在全球传递股票价格和即时信息。交易者可以不受市场营业时间的限制，国际交流的低成本使对外投资更为容易了。证券市场的电子化开始于 1971 年，美国证券交易商协会自动报价系统即 NASDAQ 是世界上第一个电子化证券市场。在欧洲，证券市场电子化进程从 1986 年开始。英国建立了“证券交易所自动报价系统”，以卫星线路与纽约、东京相连的电子计算机，实现了全天 24 小时的全球证券交易。

3. 网上交易

网上交易可以使大宗的股票及其他有价证券买卖通过网络进行，大大节省了交易成本。同时它还打破了参与交易者在地理上的局限性，使得交易者无论身处何地都可以即时参与交易。虽然网络安全问题仍然存在，但是证券市场的网上交易与其他类型的电子商务一样，都被认为是有着广阔前景的发展方向。

(二)技术进步对金融体系的影响

上述变化使金融体系也相应发生了改变，包括：

1. 债务市场规模更大，越来越多的债务工具开始可交易了

信息技术的进步减少了金融市场中的信息不对称，减少了逆向选择和道德风险问题，使得不透明的资产变成了信息充分的有价证券，交易成本也下降了。交易成本的下降增加了这类债务的供给并提高了它们的流动性。因此，债务市场发展起来。而这种债务已经不仅仅以银行贷款的形式出现了，它通常作为新兴的金融产品在证券市场上进行交易，如 CMO 债券等。

2. 衍生产品市场发展起来，企业交易的市场风险成本降低

衍生品市场在 20 世纪 70 年代出现，20 世纪 80 年代，柜台交易衍生品市场迅速发展。它们是应供求两方面的需要而出现的。20 世纪 70 年代宏观经济动荡，与此相关的汇率和利率也不稳定，这提高了企业对更好地管理系统风险的需要。供给方面，金融理论的发展使得金融机构可以以较低的成本在这些市场上运作，特别是金融工程学为资本定价和风险管理提供了理论依据。

3. 支付体系向电子体系发展，减少了家庭对将其财富投资于银行存款的需求

过去，大量的零售支付由支票来完成，现在自动取款机(ATM)应用范围越来越广。

技术进步对金融体系的影响是通过对交易成本和信息不对称问题的解决而实现的。它对交易成本的影响在于：计算机的出现以及便宜的数据传输导致了交易成本的锐减。通过增加交易的数量，以及让金融机构以低成本提供新的产品和服务，而使得金融体系的效率更高。计算机和通信技术可以合称信息技术。它对金融市场信息对称产生了深远的影响。投资者可以更容易地识别不良贷款的风险，或去监督企业，从而减少逆向选择和道德风险的问题。结果是，发行可交易证券的障碍减少，从而鼓励了发行。由此导致的必然结果是人们对银行的依赖程度降低，银行在金融体系中的重要性被削弱；与此同时，证券市场在解决以上两个问题时相对于银行的劣势在很大程度上也得到了弥补，而在流动性上的优势得以发挥，其重要性也日益

凸显出来。由此,银行主导型金融体系表现出向市场主导型融合的趋势。

第三节 金融中介机构国别介绍

由于现实中不同国家的金融制度差异较大,因此存在着不同的金融体系。为适应高度发达的市场经济的要求,西方国家都各有一个规模庞大的金融体系。其种类繁多、形式各异的金融机构,概略地看,是众多银行与非银行金融机构并存的格局,其中银行机构居支配地位。中国经过多轮改革,已经形成了以中央银行为核心,商业银行为主体,其他银行和非银行金融机构并存的金融格局。

一、西方国家金融中介体系的构成

关于银行机构,西方各国的具体设置形式不尽相同,甚至对同类性质的银行也有不同的称谓,或对性质有别的银行用同一称谓。但就全部银行机构的组成来看,主要可分为中央银行、存款货币银行和各式各样的专业银行三大类。

至于非银行金融机构,也称为其他金融机构,其构成更为庞杂。比如,保险公司、投资公司、信用合作组织、基金组织、消费信贷机构、租赁公司等都包括在内。证券交易所也可归属于这一类。

就最初的划分标准来看,银行这类金融机构,主要从事存款、放款、汇兑业务的经营,从不少西方国家的商业银行、存款银行以及某些专业银行的业务活动中即可看出这种典型的特征。至于大多数非银行金融机构,初始并不经营存款等业务。对不同金融机构的业务经营所施加的限制性管理方针各国是不同的。在德国、瑞士等实行全面型银行制度的国家,几乎无所限制,银行可以经营包括存贷业务和证券业务在内的各种金融业务;而在美国、英国、日本等国,则是以长短期信用业务分离、一般银行业务与信托业务分离、银行业务与证券业务分离为特点。近年来,金融机构分业经营的模式被不断打破。市场竞争日趋激烈,因技术进步以及新技术在金融业的广泛运用等,各种金融机构的业务不断交叉、重叠。这就使得原有各种金融机构的差异日趋缩小,相互间的界限越来越模糊,形成由专业化经营转向多元化、综合性经营的总趋势,而且进程不断加速。

(一)中央银行

多数国家只有一家中央银行,个别国家,如美国,设有 12 家联邦储备银行,都起到了中央银行的作用。中央银行是一国金融机构体系的中心环节,处于特殊的地位,具有对全国金融活动进行宏观调控的特殊功能。

(二)存款货币银行

存款货币银行又称为商业银行,也有称存款银行、普通银行的,是西方各国金融机构体系中的骨干力量。它们以经营工商业存、放款为主要业务,并为顾客提供多种服务。其中通过办理转账结算实现了国民经济中的绝大部分货币周转,同时起着创造存款货币的作用。

存款货币银行在西方国家银行体系中,以其机构数量多、业务渗透面广和资产总额比重大,始终居于其他金融机构所不能代替的重要地位。

(三)专业银行

专业银行是指从事专门经营范围和提供专门性金融服务的银行,一般都有其特定的客户。它们的业务活动方式有别于或部分有别于一般商业银行的存、放、汇业务活动方式。专业银行的存在是社会分工发展在金融领域中的表现。随着社会分工的不断发展，要求银行必须具有某一方面的专门知识和专门职能，从而推动着各式各样的专业银行不断出现。

(四)投资银行

投资银行是专门对工商企业办理投资和长期信贷业务的银行。投资银行的名称，通用于欧洲大陆及美国等工业化国家，在英国称为商人银行，在日本则称证券公司。此外，与这种银行性质相同的还有其他各种各样的形式和名称，如长期信贷银行、开发银行、实业银行、金融公司、持股公司、投资公司等。

投资银行与商业银行不同，其资金来源主要依靠发行自己的股票和债券来筹集；即便有些国家的投资银行被允许接受存款，也主要是定期存款。此外，它们也从其他银行取得贷款，但都不构成其资金来源的主要部分。

投资银行的业务主要有：对工商企业的股票和债券进行直接投资；为工商企业代办发行或包销股票与债券；参与企业的创建和改组活动；包销本国政府和外国政府的公债券；提供投资及合并的财务咨询服务。有些投资银行也兼营黄金、外汇买卖及资本设备或耐用商品的租赁业务，等等。

专栏 5-1　看现象学理论

中国国际金融股份有限公司

中国国际金融股份有限公司(中金公司，601995. SH，3908. HK)是中国首家中外合资投资银行。凭借率先采用国际最佳实践以及深厚的专业知识，该公司完成了众多开创先河的交易，并深度参与中国经济改革和发展，与客户共同成长。其目标是成为一家具有全球影响力的世界级金融机构。

自 1995 年成立以来，中金公司一直致力于为客户提供高质量金融增值服务，建立了以研究和信息技术为基础，投资银行、股票业务、固定收益、资产管理、私募股权和财富管理全方位发展的业务结构。凭借深厚的经济、行业、法律法规等专业知识和优质的客户服务，中金公司在海内外媒体评选中屡获“亚洲年度最佳投行”“中国最佳投资银行”“最佳销售服务团队”“最具影响力研究机构”“最佳企业社会责任”等殊荣。

2015 年，中金公司在香港联交所主板成功挂牌上市。2017 年，中金公司与中国中金财富证券有限公司(简称“中金财富证券”，原中国中投证券有限责任公司)的战略重组完成，中金财富证券成为中金的全资子公司。本次交易使公司规模显著扩大，综合实力进一步提升，将实现对大、中小企业及机构、个人客户更为深度的覆盖，构建更为均衡的一二级市场业务结构。2018 年，中金公司成功完成引入腾讯作为战略投资者。2020 年，中金公司在上海证券交易所主板成功挂牌上市。

中金总部设在北京，在境内设有多家子公司，在上海、深圳、厦门、成都、杭州、济南设有分公司，在中国 28 个省、直辖市拥有 200 多个营业网点。公司积极开拓海外市场，在中国香港、纽约、伦敦、新加坡、旧金山、法兰克福、东京等国际金融中心设有分支机构。凭借广泛的业务网络及杰出的跨境能力，中金能够为客户提供全方位的金融服务。

秉承“植根中国，融通世界”的理念，通过境内外业务的无缝对接，中金将持续为客户提供一流的金融服务，协助客户实现其战略发展目标。

资料来源：中金公司官网

（五）储蓄银行

这是指以办理居民储蓄并以吸收储蓄存款为主要资金来源的银行。与我国几乎所有的金融机构均经营储蓄业务的情况不同，在西方不少国家，储蓄银行大多是专门的、独立的。对储蓄银行也大多有专门的管理法令。其主要内容：一方面是旨在保护小额储蓄人的利益；另一方面则是规定它们所聚集的大量资金应该投向何处。

储蓄银行的具体名称，各国有所差异，有的甚至不以银行相称，往往外文中并无“银行”字样，而在我们的翻译习惯中加上了这两个字。不论名称如何，功能基本相同。比如有互助储蓄银行、储蓄放款协会、国民储蓄银行、信托储蓄银行、信贷协会等名称。不少国家的邮政系统都办理储蓄业务；有的从居民住宅的角度发展起建房储蓄银行。

西方国家的储蓄银行既有私营的，又有公营的，有的国家绝大部分储蓄银行都是公营的。

储蓄银行所汇集起来的储蓄存款余额较为稳定，所以主要用于长期投资。如发放不动产抵押贷款（主要是住房贷款）；投资于政府公债、公司股票及债券；对市政机构发放贷款等。有些国家明文规定必须投资于政府公债的比例。储蓄银行的业务活动所受到的约束，如不得经营支票存款、不得经营一般工商贷款等，近些年来已有所突破。有些储蓄银行已经经营过去只有商业银行才能经营的许多业务。

（六）农业银行

农业银行是向农业提供信贷的专业银行。农业受自然因素影响大，对资金的需求有强烈的季节性；农村地域广阔，农户分散，资本需求数额小、期限长；利息负担能力低；抵押品大多无法集中，管理困难，有不少贷款只能凭个人信誉。这些都决定了经营农业信贷具有风险大、期限长、收益低等特点。因此，商业银行和其他金融机构一般都不愿承做这方面业务。为此，西方许多国家专设了以支持农业发展为主要职责的农业银行。如美国的联邦土地银行、合作银行；法国的土地信贷银行、农业信贷银行；德国的农业抵押银行；日本的农林渔业金融公库等。

农业银行的资金来源，有的完全由政府拨款，有的则靠发行各种债券或股票，也有依靠吸收客户的存款和储蓄来筹措资金的。农业银行贷款方向几乎涵盖农业生产方面的一切资金需要，从土地购买、建造建筑物，到农业机器设备、化肥、种子、农药的购买等。有的国家对农业银行的某些贷款给予利息补贴、税收优待等。

近年来，不少农业银行的业务范围逐渐超出单纯农业信贷业务的界限。有些国家已准许农业银行办理商业银行业务。

（七）抵押银行

不动产抵押银行，是专门经营以土地、房屋及其他不动产为抵押的长期贷款的专业银行。它们的资金主要不是靠吸收存款，而是靠发行不动产抵押证券来筹集。贷款业务大体可分为两类：一类是以土地为抵押的长期贷款，贷款对象主要是土地所有者或购买土地的农业资本家；另一类是以城市不动产为抵押的长期贷款，贷款对象主要是房屋所有者或经营建筑业的资本家。法国的房地产信贷银行、德国的私人抵押银行和公营抵押银行等，均属此类。此外，这类银行也接受股票、债券和黄金等作为贷款的抵押品。

事实上，商业银行正大量涉足不动产抵押贷款业务；不少抵押银行除经营抵押放款业务外，也经营一般信贷业务。这种兼营、融合发展呈加强、加速之势。

（八）进出口银行

这是通过金融渠道支持本国对外贸易的专业银行，一般是政府的金融机构，如美国进出口银行、日本输出入银行等。也有的是半官方性质的，如法国对外贸易银行，就是由法兰西银行与一些商业银行共同出资组建的。

创建进出口银行的目的是政府为促进商品输出而承担私人出口商和金融机构所不愿意或无力承担的风险，并通过优惠出口信贷增强本国的出口竞争力。同时，进出口银行往往也是执行本国政府对外援助的一个金融机构。所以，这类银行在经营原则、贷款利率等方面都带有浓厚的政治色彩。

(九)保险公司

西方国家的保险业十分发达，各类保险公司是各国最重要的非银行类金融机构。在西方国家，几乎是无人不保险、无物不保险、无事不保险。为此，西方各国按照保险种类分别建有形式多样的保险公司，如财产保险公司、人寿保险公司、火灾和事故保险公司、老年和伤残保险公司、信贷保险公司、存款保险公司等。其中，普遍的又以人寿保险公司的规模为最大。人寿保险公司兼有储蓄银行的性质。实际上，保险费的缴纳等于储蓄。所以也可以说，人寿保险公司是一种特殊形式的储蓄机构。

由于保险公司获得的保费收入经常远远超过它的保费支付，因而会聚集起大量的货币资本。这些货币资本往往比银行存款更为稳定，是西方国家金融体系长期资本的重要来源。保险公司的资金运用业务，主要是长期证券投资，如投资于公司债券和股票、市政债券、政府公债，以及发放不动产抵押贷款、保单贷款等。

西方国家保险公司的组织形式有：(1)国营保险公司，它们往往主要办理国家强制保险或某种特殊保险；(2)私营保险公司，它们一般是以股份公司的形式出现，也是西方国家中经营保险业务的主要组织形式；(3)合作保险，是社会上需要保险的人或单位采取合作组织形式，来满足其成员对保险保障的要求，如相互保险公司，就是保险人办理相互保险的合作组织；(4)个人保险公司，即以个人名义承保业务，目前只有英国盛行；(5)自保保险公司，这是一些大企业或托拉斯组织，为了节省保费，避免税赋负担，成立专为本系统服务的保险公司；等等。

(十)信用合作社

这是在西方国家普遍存在的一种互助合作性金融组织，有农村农民的信用合作社，有城市手工业者等特定范围成员的信用合作社。这类金融机构一般规模不大。它们的资金来源于合作社成员缴纳的股金和吸收存款，贷款主要用于解决其成员的资金需要。起初，信用合作社主要发放短期生产贷款和消费贷款；现在，一些资金充裕的信用合作社已开始为解决生产设备更新、改进技术等提供中、长期贷款，并逐步采取了以不动产或有价证券为担保的抵押贷款方式。

(十一)养老或退休基金会

这是一种向参加养老金计划者以年金形式提供退休收入的金融机构。它们提供退休年金的资金主要来自：①劳资双方的积聚，即雇主的缴款以及雇员工资中的扣除或雇员的自愿缴纳；②运用积聚资金的收益，如投资于公司债券、股票以及政府债券的收益等。

这类基金会是第二次世界大战后才迅速发展起来的，目前普遍存在于西方各国。西方国家政府关于要求建立养老金计划的立法以及纳税优惠，对这类基金会的建立和发展起了推动作用。有些国家，如英国，养老基金、退休基金业务相当大的部分由保险公司经办。近些年，这类金融机构的发展令人瞩目。

(十二)投资基金

这是一种间接金融投资机构或工具，在不同的国家也有不同的称谓，比如在美国称为共同基金或互助基金，在英国则称为单位投资信托。投资基金通过向投资者发行股份或受益凭证募集社会闲散资金,再以适度分散的组合方式投资于各种金融资产,从而为投资者谋取最高利益。在这里,投资者把资金投入基金,购买基金股份,所以是一种间接投资,而基金的股份可以随时买进或卖出,所以也可以视为金融工具的一种。可见,投资基金的机制特点,即其优势是:投资组合、分散风险、专家理财、规模经济。

投资基金具有多种投资功能,可以用来积累个人财富,可以作为价值储藏的工具,同时也是一种追求高收益的手段。参加基金投资的最低金额一般都不是很高,所以极为小投资者所欢迎。投资基金具有的独特优势使其在市场经济发达的国家发展十分迅速,比如美国,1993年年底共同基金资产总额为2.1万亿美元(超过全美银行存款总额),到1997年年底资产总额已达4.49万亿美元;同时,全美持有共同基金的家庭达3 740万户,占美国家庭总数的37.4%,所持共同基金资产占整个共同基金资产的75%。

专栏 5-2 国际瞭望

德国金融体系和金融监管的概况及特征

长期以来,德国坚持金融混业经营制度,发挥全能银行作用,合理分配金融资源,服务实体经济。尤其是在全球经济金融危机之后,为了加强宏观审慎管理,构建较为完善的金融监管体系。本文希望通过德国金融体系和金融监管体系的发展过程和主要特征的总结和分析,为深化我国金融改革提供参考。

(一)金融混业经营的产生和发展

二战后,作为战败国的德国金融系统用15年时间完成重建,推进德国经济较快恢复。十多年前,在美国次贷危机的影响下,欧盟国家经济遭受重大冲击,德国金融体系的稳健性再次得到检验。2010年后德国经济强势反弹,GDP增速达到3.6%,创下自1992年两德统一以来最快经济增速,成为此轮金融危机中第一个实现经济复苏的欧盟国家。

德国金融体系多次经受住考验,很大程度得益于较为成熟的金融混业经营模式。金融混业经营是指在风险可控的前提下,将银行、证券、保险等金融业务融合为一体进行多元化的经营方式。德国金融混业经营最早可以追溯到19世纪50年代,在工业化的大背景下,大量钢铁、煤炭、机械企业迅速扩张,产生大量的资金需求。以全能银行为载体的金融混业发展模式应运而生,银行在提供企业贷款的同时,也开始逐步参与到企业自身的融资行为中,例如:帮助企业发债、发股甚至直接对其进行投资。由此,德国开启金融混业经营时代。

(二)德国银行体系及其主要分类

德国属于典型的银行主导型金融体系。2019年,德国拥有1 578家商业银行,包括1 529家全能银行和49家专业银行。银行业总资产达到8.2万亿欧元,占德国金融业总资产比重达到60%。

全能银行是金融混业经营制度的重要载体,全能银行以商业银行为主要法人主体,从事银行、证券、保险、资产管理等几乎所有类型金融业务以及工商企业直接投资业务,形成“单一法人、多块牌照、多种业务”的体系框架。按照不同的业务类别,全能银行可以分为商业银行、储蓄银行和合作银行三大类。

此外,专业银行也是德国银行体系的重要组成部分。专业银行是指专门从事特定金融业务,包括抵押按揭银行、基建信贷银行,以及其他具有特殊职能的银行。主要职能包括为客户提供住房购置和建设方面资金，为地方政府和公共机构提供抵押、商业贷款以及为中等规模贷款提供担保等。

(三)德国金融体系的特征

一是银行主导的金融体系为实体经济发展提供有力支撑。与美国、日本等其他以证券市场为主导的金融体系不同，德国银行在经济和金融发展中发挥了重要作用，相比之下，德国证券市场规模较小。2019 年，德国股票市值约为 2.2 万亿美元，占 GDP 比重 55%，远低于美国的 35 万亿美元，占 GDP 比重 166%。

德国中央银行对商业银行的市场准入和产品创新比较谨慎，避免德国银行业的过度竞争和信用过度扩张，使银行信贷配置可以有效专注于风险可控且真正有前景的项目。根据巴塞尔协议Ⅲ，德国中央银行鼓励商业银行为不良资产拨备，以保证银行有效管理风险、审慎经营。长期以来，德国金融业平均回报率相对较低，资源配置倾向于实体经济而不是过分回流金融部门。这既确保德国以制造业为主体的实体经济能够有效得到信贷支持和其他金融服务，也确保了商业银行自身低风险稳健运行。

二是紧密的银企关系为中小企业融资搭建长效合作机制。德国中小企业拥有较强的国际竞争力，不少为行业细分领域的“隐形冠军”，为德国经济的健康发展带来持续动力。德国依靠发达的银行体系，构建了以商业银行体系为核心，资助银行、担保银行以及社会信用信息体系为补充的中小企业融资体系，建立关系型借贷的发展模式，银行不仅可以获得企业的内部信息，而且对于企业的经营活动可以施加一定的影响力。通过长期的良性互动，银行和企业构建起紧密的银企合作关系，有效解决中小企业信贷不足的问题，促进企业的可持续稳健发展。

三是区块链为金融科技发展应用提供技术支持。德国作为世界上第一个承认数字货币合法地位的国家，尽管移动支付并不发达，但在区块链金融科技领域的发展应用做了一些积极探索。2018 年 2 月，基于区块链的支付服务提供商 Bitwala 公司发布区块链银行账户，探索实践加密货币和传统金融业务融合。2018 年 10 月，德国中央银行和德意志交易所成功完成在清算领域使用区块链解决方案的试验，开发基于区块链的初步结算模型，可实现基于区块链技术的支付结算、转让证券所有权、证券购买的结算与支付同步进行、债券息票支付和赎回到期证券。按照区块链技术的应用特点，德国联邦金融监管局为区块链技术在金融领域设立支付型、证券型和功能型三种不同类型的业务场景，在发展金融科技的同时，有效防止行业乱象，保护社会公众的权益。

资料来源：《中国发展观察》2020 年第 5—6 期合刊

二、我国金融机构体系

经过多轮改革，我国已经形成了以中央银行为核心，商业银行为主体，其他银行和非银行金融机构并存的金融格局。

(一)中国人民银行

中国人民银行是我国中央银行，处在全国金融机构体系的核心地位。中国人民银行在国务院领导下，制定和实施货币政策，对金融业实施监督管理。

1. 组织架构

中国人民银行根据履行职责的需要设立分支机构，作为中央银行的派出机构，并实行集中统一领导和管理。目前，中国人民银行设立了天津、沈阳、上海、南京、武汉、成都、广州、济南、西安九个分行，中国人民银行营业管理部和中国人民银行重庆营业管理部，以下按省、市设置二级分行与支行，部分县设置支行。这些分支机构在辖区内履行中央银行的有关职责。

2.主要职责

1995 年颁布的《中国人民银行法》规定，中国人民银行具有依法制定和执行货币政策，按照规定审批、监督、管理金融机构，维护支付、清算系统的正常运行等 11 项职责。可以概括为：

(1)依法制定和执行货币政策，维护币值稳定。中国人民银行为执行货币政策，可以运用存款准备率、基准利率、再贴现率、向商业银行提供贷款、公开市场业务以及国务院确定的其他货币政策工具，调节货币供应量，保持币值稳定，并以此促进经济增长。同这一职责相适应，中国人民银行的主要任务包括：发行人民币，管理人民币流通，管理存款准备率、利率业务，对商业银行进行再贷款和再贴现以及开展公开市场业务。

(2)依法对金融机构进行监督管理，维护金融业的合法、稳健运行。中国人民银行按照规定审批、监督、管理金融机构和金融市场；发布有关监督管理和业务的命令和规章；对金融机构的经营活动进行稽核和检查等。

(3)维护支付、清算系统的正常运行。组织或协调组织金融机构之间的清算系统、协调金融机构之间的清算事项，提供清算服务。

(4)持有、管理、经营外汇储备、黄金储备。

(5)代理国库和其他金融业务。主要包括：国库收支；代理国务院财政部门组织金融机构发行、兑付国债和其他政府债券；负责金融业务的统计、调查、分析和预测；国务院规定的其他职责。

(6)代表我国政府从事有关的国际金融活动。

(二)商业银行

1.商业银行的概念和特征

商业银行又叫存款货币银行，它以经营工商业存、放款为主要业务，并经营其他中间业务，如结算业务等。商业银行与一般工商企业一样，是以营利为目的的企业。它在吸收存款、发放贷款的过程中参与了货币创造及货币政策的传导，在金融体系中发挥着重要作用。但是我国商业银行在特殊环境中还有其自身特征。

(1)所有制结构上，以国家控股的商业银行为主体，原有四大国有商业银行都已进行股份制改造，先后上市。

(2)按照国际惯例实现稳健经营方针，在严格执行金融法规和国家有关政策、保持资金安全的前提下，通过增收节支，争取最好的盈利水平，为国家增加积累，壮大自身实力。

(3)商业银行依法开展业务，不受任何个人和单位干涉。

(4)按照《中华人民共和国商业银行法》的规定，商业银行不得从事信托投资和股票业务，不得对非银行金融机构和企业投资，不得投资于非自用不动产。

(5)实行资产负债比例管理，按照《巴塞尔协议》严格进行自身管理。

2.商业银行的基本现状

我国商业银行主要有中国工商银行、中国建设银行、中国银行、中国农业银行以及交通银行、中信实业银行、招商银行、华夏银行等。2006 年 9 月 11 日，国家邮政局首次公布国务院《邮政体制改革方案》的实施计划，邮政储蓄银行定位为特殊商业银行。众多的商业银行中，工、中、建、农四大国有商业银行是主体，承担着经济领域的大部分存贷款业务。

3.商业银行的基本业务

我国商业银行根据《中华人民共和国商业银行法》的规定，可以经营以下业务：吸收公众存款，发放贷款；办理国内外结算、票据贴现、发行金融债券；代理发行、兑付、承销政府债券；从事同业拆借；买卖、代理买卖外汇；提供信用证服务及担保；代理收付款及代理保险。

按照分业经营与分业管理的原则，商业银行的业务仅限于银行业务，不得从事政府证券以外的证券业务和非银行金融业务。

4.商业银行的组织结构

我国商业银行采取分支行制，即允许在全国范围或一定区域内设立分支行。我国规定：商业银行设立分支行要经过中国人民银行批准，商业银行按总行规定拨付营运资金，但拨付的营运资金总和不得超过总行资本的60%。此外要求其资产负债比例达到中国人民银行规定的各项指标等。

采用总分行制的商业银行，对外是一个独立法人，一律不得设置具有独立法人资格的分支行。分支行之间不得有相互存贷的市场交易行为，不能变成多级法人制的银行集团。

(三)政策性银行

政策性银行是由政府投资设立的、根据政府的决策和意向专门从事政策性金融业务的银行。它们的活动不以营利为目的，并且根据具体分工的不同，服务于特定的领域，所以，也有“政策性专业银行”之称。

1994年以前，我国没有专门的政策性金融机构，国家的政策性金融业务分别由四家国有商业银行承担。1994年，为了适应经济发展的需要，根据把政策性金融与商业性金融相分离的原则，相继建立了国家开发银行、中国进出口银行和中国农业发展银行三家政策性银行。

1.国家开发银行

国家开发银行的主要任务是：按照国家法律、法规和方针、政策，筹集和引导境内外资金，向国家基础设施、基础产业和支柱产业的大中型基本建设与技术改造等政策性项目及其配套工程发放贷款，从资金来源上对固定资产投资总量进行控制和调节，优化投资结构，提高投资效率。国家开发银行的业务范围主要包括：①管理和运用国家核拨的预算内经营性建设基金和贴息资金；②向国内金融机构发行金融债券，向社会发行财政担保建设债券；③办理有关外国政府和国际金融机构贷款的转贷，经国家批准在国外发行债券，根据国家利用外资计划筹措国际商业贷款；④向国家基础设施、基础产业和支柱产业的大中型基建和技改等政策性项目及其配套工作发放政策性贷款；⑤办理建设项目贷款条件评审、咨询和担保等业务，为重点建设项目物色国内外合资伙伴，提供投资机会和投资信息。

2.中国进出口银行

中国进出口银行的主要任务是：执行国家的产业政策和外贸政策，为扩大机电产品和成套设备等资本性货物的出口提供政策性金融支持。中国进出口银行经办的主要业务包括：①办理与机电产品和成套设备有关的出口信贷业务（卖方信贷和买方信贷）；②办理与机电产品和成套设备有关的政府贷款、混合贷款、出口信贷的转贷、国际银行间及银团贷款业务；③办理短期、中长期出口信用保险以及进出口保险、出口信贷担保、国际保理等业务；④经国家批准，在境外发行金融债券；⑤办理本行承担的各类贷款、担保、对外经济技术合作等项目的评审，为境内外客户提供有关本行筹资、信贷、担保、保险、保理等业务的咨询服务。

3.中国农业发展银行

中国农业发展银行的主要任务是：按照国家的法律、法规和方针、政策，以国家信用为基础，筹集农业政策性信贷资金，承担国家规定的农业政策性金融业务，代理财政性支农资金的拨付，为农业和农村经济发展服务。中国农业发展银行的业务范围主要包括：①办理粮、棉、油等主要农副产品的国家专项储备贷款;②办理粮、棉、油等主要农副产品的收购、调拨、加工贷款;③办理国务院确定的扶贫和农业综合开发贷款;④办理国家确定的小型农、林、牧、水利基本建设和技术改造贷款;⑤办理业务范围内开户企事业单位的存款和结算;⑥发行金融债券;⑦办理境外筹资。

以上三家政策性银行在从事业务活动中,均贯彻不与商业性金融机构竞争、自主经营与保本微利的基本原则。贷款拨付等业务的具体经办,国家开发银行、中国进出口银行主要委托国有商业银行为其代理,故除个别情况外,一般不再设经营性分支机构。中国农业发展银行的业务经办则是以自营为主、代理为辅,所以,除在北京设总行外,还在各省、自治区、直辖市设立分行,在计划单列市和农业大省的地区(市)设立分行的派出机构,在农业政策性金融业务量大的县(市)设立支行。

(四)在华外资金融机构

1.外资金融机构在华代表处

这类外资金融机构一般只可设在北京和我国经济特区;如有必要,经批准在北京设立代表处后,也可申请在其他指定城市设立派出机构。外资金融机构在华代表处的工作范围是:进行工作洽谈、联络、咨询、服务,而不得从事任何直接营利的业务活动。

2.外资金融机构在华设立的营业性分支机构

这类外资金融机构一般主要设在经济特区等经国务院确定的城市。目前,根据规定在华外国银行分行获准可以经营下列业务项目的部分或全部:①外汇存款;②外汇放款;③外汇票据贴现;④经批准的外汇投资;⑤外汇汇款;⑥外汇担保;⑦进出口结算;⑧自营和代客户买卖外汇;⑨代理外币及外汇票据兑换;⑩代理外币信用卡付款;⑪保管及保管箱业务;⑫资信调查和咨询;⑬经批准的本币业务和其他外币业务。

近年来,我国分批在部分城市开放了外资金融机构的人民币业务。众多外资金融机构为了拓展业务也相继入驻中国,并且成为我国金融体系中的一支重要力量。

除上述金融机构外,我国的金融体系中还有其他机构,例如典当行、金融期货公司、境外中资金融机构等,在此不一一介绍。

(五)非银行金融机构

目前,我国非银行金融机构包括保险公司、信托投资公司、证券公司、财务公司、金融租赁公司等。

1.保险公司

保险公司是以经营保险业务为主的经济组织。它按照大数定律和概率论确定的原则经营,参保客户越多,承保范围越大,风险就越分散,也就能在既扩大保险范围、提高保险效益的同时,又聚集更多的保险基金,为经济补偿建立雄厚的基础,保证保险公司自身的经营稳定。

保险公司除了对于个别单位有分散风险、削减损失的功能之外,在宏观经济上还有四大功能:一是承担国家财政后备范围之外的损失补偿;二是聚集资金,支持国民经济发展;三是增强对人类生命财产的安全保障;四是为社会再生产的各个环节提供经济保障,防止因某个环节的突然破裂而破坏整个社会经济的平稳运行。

国家为了规范保险市场的发展设立了保监会,保监会按照有关法律、法规规定对保险公司及分支机构的设立、变更、业务经营以及主要负责人任职资格等多项内容予以监督和审查。

2.信托投资公司

信托投资公司是经营信托投资业务的金融机构。我国的信托投资公司是在经济体制改革后开始创办起来的。比如，现已发展为金融、投资、贸易、服务相结合的综合性经济实体的中国国际信托投资公司，就是创办于改革之初的 1979 年。之后，又陆续设立了一批全国性信托投资公司，如中国光大国际信托投资公司、中国民族国际信托投资公司、中国经济开发信托投资公司等，以及为数众多的地方性信托投资公司与国际信托投资公司。

我国信托投资公司的经营业务主要为信托投资业务、代理业务、租赁业务、咨询等。

3.证券公司

我国证券公司的业务范围包括：代理证券发行业务；自营、代理证券买卖业务；代理证券还本付息和红利的支付；证券的代保管；接受委托，代发证券本息和红利；接受委托，办理证券的登记和过户；证券抵押贷款；证券投资咨询等。

4.财务公司

我国的财务公司是由企业集团内部集资组建的，其宗旨和任务是为本企业集团内部各企业筹资和融通资金，促进其技术改造和技术进步，如华能集团财务公司、中国化工进出口公司财务公司、中国有色金属工业总公司财务公司等。

财务公司的业务包括存款、贷款、结算、票据贴现、融资性租赁、投资、委托以及代理发行有价证券等。从今后规范要求的角度看，财务公司的特点就是为集团内部成员提供金融服务，其业务范围、主要资金来源与资金运用都应限定在集团内部，而不能像其他金融机构一样到社会上去寻找生存空间。

财务公司在业务上受中国人民银行领导、管理、监督与稽核，在行政上则隶属于各企业集团，是实行自主经营、自负盈亏的独立企业法人。

5.金融租赁公司

我国的金融租赁业起始于 20 世纪 80 年代初期。金融租赁公司创建时，大都是由银行、其他机构以及一些行业主管部门合资设立的，如中国租赁有限公司、联合租赁有限公司等。

金融租赁公司的主要业务包括：①用于生产、科、教、文、卫、旅游、交通运输设备等动产、不动产的租赁、转租赁、回租租赁业务；②前述租赁业务所涉及的标的物的购买业务；③出租物和抵偿租金产品的处理业务；④向金融机构借款及其他融资业务；⑤吸收特定项目下的信托存款；⑥租赁项目下的流动资金贷款业务；⑦外汇及其他业务。

(六)金融监管机构

金融监管机构除了中国人民银行作为中央银行处于核心监管地位之外，还有中国银行业监督管理委员会、中国证券监督管理委员会、中国保险监督管理委员会以及中国国家外汇管理局。

1.中国银行业监督管理委员会

中国银行业监督管理委员会(简称银监会)根据授权，统一监督管理银行、金融资产管理公司、信托投资公司，以及其他存款类金融机构，维护银行业的合法、稳健运行。中国银行业监督管理委员会自 2003 年 4 月 28 日起正式履行职责。

银监会的职责主要有：制定有关银行业金融机构监管的规章制度和办法；审批银行业金融机构及分支机构的设立、变更、终止及其业务范围；对银行业金融机构实行现场和非现场监管，依法对违法、违规行为进行查处；审查银行业金融机构高级管理人员任职资格；负责统一编制全国银行数据、报表，并按照国家有关规定予以公布；会同有关部门提出存款类金融机构紧急风险处置意见和建议；负责国有重点银行业金融机构监事会的日常管理工作；承办国务院交办的其他事项。

2. 中国证券监督管理委员会

中国证券监督管理委员会(简称证监会)是对中国证券市场进行集中统一管理的金融机构,依法对证券、期货业实施监督管理。其职责可归纳为4个方面:制定相关政策与法规;统一监管证券、期货机构;负责对有价证券的发行和交易进行监督和管理;负责对上市公司及其信息披露的监管。内部设有发行监管部、市场监管部、机构监管部、上市公司监管部、基金监管部和期货监管部。

3. 中国保险监督管理委员会

中国保险监督管理委员会(简称保监会)于1998年11月18日成立,是全国商业保险市场的监管部门,为国务院直属正部级事业单位,根据国务院授权履行行政管理职能,依照法律、法规统一监督管理全国保险市场。

4. 中国国家外汇管理局

中国国家外汇管理局成立于1979年,主要职责为:负责国际收支的统计与管理,拟定并组织实施国际收支统计申报制度;负责国际收支统计数据的采集,编制国际收支平衡表,提出维护国际收支平衡的政策建议;负责外汇市场的管理,监管外汇市场的运作秩序,培育和发展外汇市场,负责外汇外债管理;受中国人民银行委托,经营国家外汇储备。

看现象学理论

中央汇金投资有限责任公司

中央汇金投资有限责任公司(简称中央汇金公司)总部设在北京,是依据《中华人民共和国公司法》由国家出资设立的国有独资公司。根据国务院授权,代表国家依法行使对国有商业银行等重点金融企业出资人的权利和义务。直接控股参股金融机构包括六家商业银行、四家证券公司、两家保险公司和四家其他机构。

其主要职能是对国有重点金融企业进行股权投资,以出资额为限代表国家依法对国有重点金融企业行使出资人权利和履行出资人义务,实现国有金融资产保值增值。中央汇金公司不开展其他任何商业性经营活动,不干预其控股的国有重点金融企业的日常经营活动。2007年9月29日中国投资有限责任公司成立后,中央汇金公司变为其全资子公司。

组织结构

(1)银行部

负责工行、农行、中行、建行股权管理工作。

(2)非银行部

负责中央汇金控股参股证券公司、保险公司股权管理工作。

(3)综合部

负责光大金控、光大银行、光大实业、国家开发银行股权管理工作;负责中央汇金公司日常办公和运营,负责撰写公司综合报告和战略规划研究,并承担公司董事会、总经理办公会的会务工作。

(4)法律合规部

负责处理公司的法律和合规事务,控制公司的法律风险,为其他相关业务部门提供法律支持,保障公司股权管理工作的外部合规,并配合公司其他相关部门,保障公司内部运作的合规性。

(5)财务部

负责公司会计核算,根据国家会计准则编制会计报表和年度决算报告;编制和执行公司年度财务收支预算,并提供公司经营状况财务分析报告;管理公司存量资金。

(6)人力资源部

负责公司人力资源规划、开发、配置和管理,建立并实施绩效考核、薪酬福利及培训制度。

(7)公关外事部

负责公司的公共关系、新闻发布和外事工作。

(8)内审部

负责制定内部审计规章制度,组织内部审计、协助开展外部审计,监督评价董事、高级管理人员和其他相关人员履职尽职情况,审核公司财务报告等重要文件的真实性、准确性。

中国投资有限责任公司

中国投资有限责任公司(China Investment Corporation,简称中投公司)于2007年9月29日在北京成立,是经中国国务院批准设立的从事外汇资金投资管理业务的国有独资公司。

该公司的注册资本金为2 000亿美元,来源于中国财政部通过发行特别国债的方式筹集的15 500亿元人民币,是全球最大主权财富基金之一。公司实行政企分开、自主经营、商业化运作的模式;业务以境外金融组合产品的投资为主,并在可接受的风险范围内,争取长期投资收益最大化。

中投公司拥有员工约600人,其中董事会成员共10人,包括2名执行董事、5名非执行董事、1名职工董事以及2名独立董事。5名非执行董事分别来自国家发改委、财政部、商务部、中国人民银行和国家外汇管理局5个部委。

中投公司成立后,中央汇金公司作为中投公司的全资子公司整体并入,该公司自设董事会和监事会,负责投资并持有国有重点金融企业的股权,并代表国务院行使股东权利,不开展其他任何商业性经营活动,不干预其控股企业的日常经营活动。

三、发展中国家金融机构体系的特点

从大多数发展中国家来看,它们经济的货币化程度不高,甚至有的极低,自然经济比重较大或很大。经济发展水平决定金融发展状况。由于发展中国家各自的经济发展水平处于不同阶段,因此,它们的金融体系也存在比较发达与不发达的区别。但从绝大多数发展中国家看,还是呈现许多共同的、类似的特点。主要表现在:

(1)绝大多数发展中国家既有现代型的金融机构,又有传统的非现代型的金融机构。前者如各类银行,大都集中于大城市;后者如小规模钱庄、放债公司、义会、当铺之类,普遍存在于小市镇、农村地区。

(2)现代型的金融机构体系普遍沿袭了中央银行模式。金融机构结构一般较为单一,主要包括中央银行、商业银行、专业银行和为数不多的非银行金融组织。在许多发展中国家,多数现代型金融机构为国营的,或有国家资本参与。

(3)多数发展中国家为了支持经济较快地发展,普遍对利率和汇率实行管制和干预;对于金融机构,政府则经常通过行政指挥手段操纵它们的业务活动。在顾及支持经济发展并取得一定成绩的同时,往往又都带来金融机构体系效率低下的负效应。

近些年来,发展中国家的金融体系及制度先后出现新的发展趋势,如对国有化银行实行私有化,扩大专业银行经营领域,建立健全主要金融机构,以及放松管制等。有些地区,一些发展中国家建立区域化银行以利于开展对外业务。

专栏 5-4 国际瞭望

亚洲基础设施投资银行

亚洲基础设施投资银行(Asian Infrastructure Investment Bank,简称亚投行,AIIB)是一个政府间性质的亚洲区域多边开发机构。重点支持基础设施建设,成立宗旨是促进亚洲区域的建设互联互通化和经济一体化的进程,并且加强中国及其他亚洲国家和地区的合作,是首个由中国倡议设立的多边金融机构,总部设在北京,法定资本 1 000 亿美元。截至 2017 年 5 月 13 日,亚投行有 77 个正式成员国。

2014 年 10 月 24 日,包括中国、印度、新加坡等在内的 21 个首批意向创始成员国的财长和授权代表在北京签约,共同决定成立亚投行。2015 年 12 月 25 日,亚投行正式成立。2016 年 1 月 16 日至 18 日,亚投行开业仪式暨理事会和董事会成立大会在北京举行。

亚投行的治理结构分理事会、董事会、管理层三层。理事会是最高决策机构,每个成员国在亚投行有正副理事各一名。董事会有 12 名董事,其中域内 9 名,域外 3 名。管理层由行长和 5 位副行长组成。

亚投行意向创始成员国按大洲分,亚洲 34 国,欧洲 18 国,大洋洲 2 国,南美洲 1 国,非洲 2 国,总计 57 国。截至 2017 年 5 月 13 日,亚投行有 77 个正式成员国。

联合国安理会五大常任理事国已占四席:中国、英国、法国、俄罗斯。

G20 国家中已占 15 席:中国、英国、法国、印度、印度尼西亚、沙特阿拉伯、德国、意大利、澳大利亚、土耳其、韩国、巴西、南非、俄罗斯、加拿大。

七国集团已占五席:英国、法国、德国、意大利、加拿大。

金砖国家全部加入亚投行:中国、俄罗斯、印度、巴西、南非。

2017 年 3 月 23 日,亚投行宣布批准 13 个新成员国加入亚投行,成员国总数达到了 70 个。在新成员国名单中,非地区成员国有 8 个,比利时、加拿大、埃塞俄比亚、匈牙利、爱尔兰、秘鲁、苏丹共和国和委内瑞拉。而地区成员国有 5 个,分别是阿富汗、亚美尼亚、斐济、中国香港和东帝汶。这是亚投行 2016 年成立以来第一次接收新成员国。

2017 年 5 月 13 日,亚投行宣布批准 7 个新成员国加入亚投行,成员国总数达到了 77 个。在新成员国名单中,有三个亚太区域内国家和四个亚太区域外国家,它们分别是巴林、塞浦路斯、萨摩亚、玻利维亚、智利、希腊和罗马尼亚。

亚投行成立的意义

考虑到在全球化背景下,区域合作在推动亚洲经济体持续增长及经济和社会发展方面具有重要意义,也有助于提升本地区应对未来金融危机和其他外部冲击的能力;

认识到基础设施发展在推动区域互联互通和一体化方面具有重要意义,也有助于推进亚洲经济增长和社会发展,进而为全球经济发展提供新动力;

认识到亚投行通过与现有多边开发银行开展合作,将更好地为亚洲地区长期的巨额基础设施建设融资缺口提供资金支持;

确信作为旨在支持基础设施发展的多边金融机构,亚投行的成立将有助于从亚洲域内及域外动员更多的亟须资金,缓解亚洲经济体面临的融资瓶颈,与现有多边开发银行形成互补,推进亚洲实现持续稳定增长。

中国提倡筹建亚投行,一方面能继续推动国际货币基金组织(IMF)和世界银行(WB)的进一步改革,另一方面也是补充当前亚洲开发银行(ADB)在亚太地区的投融资与国际援助职能。

亚投行是继提出建立金砖国家开发银行(NDB)、上合组织开发银行之后,中国试图主导国际金融体系的又一举措。这也体现出中国尝试在外交战略中发挥资本在国际金融中的力量。更值得期待的是亚投行将可能成为人民币国际化的制度保障,方便人民币"出海"。

亚投行正式宣告成立,是国际经济治理体系改革进程中具有里程碑意义的重大事件,标志着亚投行作为一个多边开发银行的法人地位正式确立。

本章重点摘要

1. 金融机构是指专门从事各种金融活动的法人组织,是金融活动最重要的参与者和组织者。金融机构的作用体现在降低交易成本、防范和分散交易风险,通过对资金规模和期限的整合为社会提供融资服务。

2. 现代金融机构体系是由以中央银行为核心,以经营信贷业务为主的银行金融机构和以提供融资服务为主的非银行金融机构共同构成的。中央银行是领导与管理全国货币金融的首脑机构;银行金融机构和非银行金融机构是经营机构,二者曾经界限分明,各自经营不同的金融业务,但随着金融业的迅猛发展,银行金融机构与非银行金融机构的业务已经交叉融合。

3. 金融机构的种类繁杂,但按照金融活动的领域及其自身业务的特点,可以将金融机构分为存款性金融机构、投资性金融机构、契约性金融机构和政策性金融机构。这种分类方式体现了金融业务的发展越来越具有普遍意义。

4. 中央银行既是为商业银行等普通金融机构和政府提供金融服务的特殊金融机构,又是制定和实施货币政策、监督和管理金融业、调控金融和经济运行的宏观管理部门。

5. 商业银行是以追求最大利润为目标,通过多种金融负债筹集资金,以多种金融资产为经营对象,为客户提供多功能、综合性服务的金融企业。商业银行具有信用中介功能、支付中介功能、信用创造功能和金融服务功能。商业银行的经营模式可分为两大类:一类是职能分工型商业银行;另一类是综合性商业银行。近年来商业银行的发展出现了业务综合化、资本集中化、经营国际化和技术电子化的发展趋势。

6. 经过40多年改革开放,我国现在已基本形成了以中国人民银行为核心、以国有商业银行为主体、政策性金融与商业性金融分离、多种金融机构并存,分业经营(银行业、证券业、保险业、信托业),相互协作的金融体系格局。我国金融机构体系的特征是以银行为主体的间接金融机构占主导地位,其他形式的金融机构的业务规模也在不断发展。

重要名词

金融中介机构　存款货币银行　政策性银行　中央银行　投资银行　投资基金　亚洲开发银行

课后练习

一、单项选择题

1. 下面属于非银行金融机构的有(　　)。

A. 中国人民银行　B. 中国银行　C. 农村信用合作社　D. 农村商业银行

2. 非银行金融机构具有(　　)。

A. 信用媒介功能　B. 信用创造功能　C. 货币发行功能　D. 信用调控功能

3. 信托公司在经营信托业务的过程中,表现出来的突出特征在于(　　)。

A. 投资性　　B. 福利性　　C. 合作性　　D. 效益性

4. 关于政策性银行的说法正确的有(　　)。

A. 政策性金融机构一般由企业发起、出资创立、参股、保证或扶植

B. 以利润最大化为其经营目标

C. 专门为贯彻或配合政府特定社会经济政策或意图,在法律限定的业务领域内,直接或间接地从事某种特殊政策性融资活动

D. 专门为贯彻或配合商业机构政策或意图

5. 下列金融机构中不属于金融管理机构的是(　　)。

A. 中国人民银行　　B. 证券监督委员会　　C. 银行监督委员会　　D. 中国银行

6. 一国具有货币发行权力的机构是(　　)。

A. 商业银行　　B. 中央银行　　C. 投资银行　　D. 货币发行委员会

7. 商业银行资金来源最主要的形式是(　　)。

A. 吸收存款　　B. 发行债券　　C. 同业拆借　　D. 向中央银行借款

8. 投资银行不能从事以下哪项业务(　　)?

A. 证券承销　　B. 公司并购　　C. 吸收存款　　D. 风险资本投资

9. 保险公司属于(　　)。

A. 契约性金融机构　　B. 政策性金融机构　　C. 存款性金融机构　　D. 投资性金融机构

10. 中国进出口银行的资金来源渠道不包括(　　)。

A. 企业存款　　B. 发行债券　　C. 财政拨款　　D. 个人存款

二、多项选择题

1. 非银行金融机构与传统商业银行的区别在于(　　)。

A. 商业银行传统的业务是吸收存款、发放贷款、提供支付结算服务,是货币市场的主要参与者

B. 非银行金融机构一般而言不能吸收活期存款,是资本市场的主要参与者

C. 商业银行有信用创造功能　　D. 非银行金融机构有信用创造功能

2. 非银行金融机构有(　　)。

A. 保险机构　　B. 信托投资机构　　C. 证券机构　　D. 信用合作社

3. 金融信托是指经营金融委托代理业务的信托行为,主要业务有(　　)。

A. 代理他人运用资金　　B. 代理他人买卖证券

C. 代理他人发行债券、股票　　D. 代理他人管理财产

4. 信托公司的业务范围主要有(　　)。

A. 自有资金的投资、贷款、担保等业务　　B. 银行业务

C. 信托业务　　D. 投资基金业务

5. 专业保险中介机构包括(　　)。

A. 保险代理公司　　B. 保险经纪公司　　C. 保险公估公司　　D. 保险监督管理委员会

6. 下列属于金融运行机构的有(　　)。

A. 商业银行　　B. 保险公司　　C. 中央银行　　D. 证券公司　　E. 银行监督委员会

7. 按融资方式分类,属于间接金融机构的有(　　)。

A. 商业银行　　B. 投资银行　　C. 证券公司　　D. 投资基金　　E. 保险公司

8. 中央银行的职责主要体现在(　　)。

A. 统一货币发行　　B. 掌管货币储备　　C. 发放个人贷款

D. 调控货币供给　　E. 维持货币的稳定

9. 属于中央银行负债业务的有(　　)。

A. 黄金外汇储备业务　　B. 贷款业务　　C. 再贴现业务

D. 货币发行业务　　E. 资本业务

10. 属于商业银行职能的有(　　)。

A. 充当信用中介　　B. 充当支付中介　　C. 创造流通工具

D. 提供金融服务　　E. 维持物价稳定

11. 属于商业银行中间业务的有(　　)。

A. 结算业务　　B. 信托业务　　C. 票据担保　　D. 咨询业务　　E. 银行卡业务

12. 商业银行的经营原则是(　　)。

A. 营利性　　B. 安全性　　C. 公开性　　D. 流动性　　E. 非竞争性

13. 投资基金的优势体现在(　　)。

A. 投资组合　　B. 分散风险　　C. 专家理财　　D. 规模经济　　E. 集中投资

14. 属于契约性金融机构的有(　　)。

A. 证券公司　　B. 商业银行　　C. 保险公司　　D. 养老基金　　E. 退休基金

15. 属于政策性金融机构的有(　　)。

A. 国家开发银行　　B. 中国农业银行　　C. 中国农业发展银行

D. 中国工商银行　　E. 中国进出口银行

三、判断题

1. 发行股票和债券属于直接融资方式。(　　)

2. 中央银行以利润最大化为目标。(　　)

3. 商业银行中间业务不占用或很少占用银行资金,但可以给银行带来收益。(　　)

4. 商业银行只能通过吸收存款的方式获得资金。(　　)

5. 契约性金融机构主要将资金运用于短期投资。(　　)

6. 作为信用中介商业银行的业务经营是没有风险的。(　　)

7. 作为国家的银行,中央银行有义务协助政府发行国债。(　　)

第六章 商业银行

商业银行是最重要的金融中介机构，银行体系的结构，不同国家有不同特点。全球银行业正在进行整合，朝集中化、全能化方向发展，而银行经营的风险也越来越受到重视。我国的银行业如何才能降低成本、具有竞争力、更有效率、既稳健又有创新性呢？这是本章主要探讨的议题。

思政目标

通过商业银行运作案例的学习，深刻理解中国特色社会主义市场体制下我国商业银行的运作机制，以社会主义核心价值观为指导，树立良好的服务意识和职业素养。

第一节 商业银行概述

银行是经营货币和信用业务的金融中介机构。从世界范围来看，现代金融中介体系中，最具有典型意义的是商业银行。商业银行是各国银行体系中最重要的组成部分，是各国银行金融机构中的骨干力量。这不仅表现在它机构的数量多，支配的资本总量占优势，对国民经济的影响大，还表现在它具有特殊的派生存款能力，同时它在传导中央银行调控指示方面发挥着重要作用。

一、商业银行的发展历史

商业银行是做什么的？

（一）商业银行的产生

银行业是一个古老的行业，它的前身是货币兑换和银钱业。它们的主要业务是货币兑换、保管与汇兑业。早在公元前 2 000 年的古巴比伦，以及古代的希腊和罗马，就有了货币银钱业和货币兑换商，他们主要聚集在寺庙周围，为各国的朝拜者兑换当地的货币，或替他们保管货币，并为往来于各地的客商提供异地支付服务。

随着货币保管业务和汇兑业务的发展，银钱业主手中积聚了大量的货币资金。在经营中，他们发现，存款人不会同时提取他们所托管的货币，因此，可以只将所收货币的一部分留在手中，以备日常的提款之需，其余的可以贷放出去，收取利息。为获得更多的资金来发放贷款，他们开始向货币所有者支付利息，而不是向他们索要保管费，存贷款的利息差额成为银钱业主的利润来源。当他们这样做时，古代的银钱业也就慢慢开始向商业银行转变。

现代意义上的商业银行起源于文艺复兴时期的意大利。当时的意大利是欧洲各国商业贸易的中心。随着商业的发展，在威尼斯和其他几个城市出现了专门进行货币兑换的商人，他们除买卖外国货币外，还经营存款、贷款业务，并根据存款人的指令办理存款的过户。这些经营货币的商人常常坐在长板凳上进行交易，所以被称为“Banco”——坐在长板凳上的人。英文的“bank”一词也从此而来。

早期的商业银行，由于规模小、风险大，所以经营成本比较高，贷款利率也就比较高，不能满足工商企业发展的需要。1694 年，在政府的扶持下，英国成立了第一家股份制商业银行——英格兰银行。它规定的正式贴现率只有 4.5%～6%，大大低于早期银行业的贷款利率，这意味着高利贷在金融领域的垄断地位遭到了动摇。到 18 世纪末 19 世纪初，各主要资本主义国家纷纷建立了规模巨大的股份制商业银行，这些银行由于资金雄厚、业务全面，有很强的规模经济效益，因而可以收取较低的利率，极大地促进了工商业的发展。与此同时，商业银行在整个经济体系中的地位和作用也日益提高，成为最重要的经济部门之一。

（二）商业银行的形成和发展

1.商业银行的形成途径

尽管各国商业银行产生的社会条件和发展环境不尽相同，但归纳起来主要通过以下两种途径产生。

(1)从高利贷性质的银行逐渐转变而来。早期的银行，如威尼斯银行等是在资本主义生产关系还未建立时成立的，当时的贷款利率非常高，属于高利贷性质。随着资本主义生产关系的建立，高利贷因利率过高而影响资本家的利润，制约了资本主义经济的发展。此时的高利贷银行面临着贷款需求锐减的困境，走到了关闭的边缘。高利贷银行要么倒闭，要么适应资本主义经济发展需要，降低贷款利率，转变为商业银行，不少高利贷银行选择了后者。这种转变是早期商业银行形成的主要途径。

(2)按照资本主义经济的要求组建股份制商业银行。大多数商业银行是按照这种方式建立的。英国是最早建立资本主义制度的国家，也是最早建立现代商业银行的国家。英格兰银行成立时就宣布，以较低的利率向工商企业提供贷款。由于英格兰银行募集的股份资本高达 120 万英镑，实力雄厚，很快就动摇了高利贷银行在信用领域内的垄断地位，英格兰银行也因此而成为现代商业银行的典范。英格兰银行的组建模式很快被推广到欧洲其他国家，商业银行开始在世界范围内得到普及。

2.商业银行的发展模式

尽管各国商业银行产生的条件不同，且经过几个世纪的发展，商业银行的经营业务、服务范围发生了巨大变化，但纵观世界商业银行的发展过程，基本上都遵循着两种模式。

(1)英国式融通短期资金模式的商业银行。至今，英美国家的商业银行贷款仍以短期商业性贷款为主。这一模式最早在英国形成，有其历史原因。由于英国是最早建立资本主义制度的国家，也是最早建立股份制的国家，所以英国的资本市场比较发达，企业的资金来源主要依靠资本市场募集。另外，直到工业革命初期，企业生产设备都比较简单，需要长期占用的资本在总资本中占的比重小，这部分资本主要由企业向资本市场筹集，很少向银行贷款。企业向银行要求的贷款主要是用于商品流转过程中的临时性短期贷款。而从银行方面来说，早期的商业银行处在金融货币制度下，银行的资金来源主要是流动性较大的活期存款，银行本身的信用创造能力有限。为保证银行经营的安全，银行也不愿意提供长期贷款，这种对银行借贷资本的供求状况决定了英国商业银行形成以提供短期商业性贷款为主的业务传统。这一模式能使银行清偿力、安全性得到保证。但其不足就在于使商业银行的业务发展受到一定的限制。

(2)德国式综合银行模式的商业银行。与传统模式的商业银行相比，综合式的商业银行除了提供短期商业性贷款以外，还提供长期贷款，甚至可以直接投资股票和债券、为公司包销证券、参与企业的决策和发展，并为企业提供必要的财务支持和咨询等投资银行服务。至今，不仅德国、瑞士、奥地利等少数国家仍一直坚持这一传统，而且美国、日本等国的商业银行也在向综合式商业银行发展。这一综合银行模式在德国的形成也与其历史发展分不开。德国是一个后起的资本主义国家，当德国确立资本主义制度的时候，便面临着英、法等老牌资本主义国家的社会化大生产的有力竞争，这就要求德国的企业必须有足够的资本实力与之竞争。但是，由于德国资本主义制度建立较晚，国内资本市场落后，德国企业所需的资金难以通过资本市场募集，只能依靠银行为其提供短期流动资金贷款以及长期固定资产贷款，甚至还要求银行参股。同时，德国银行为巩固客户关系，也积极参与企业经营决策，同企业保持紧密联系。因此，在德国最早形成金融资本、产生金融寡头就理所当然了。这种综合银行模式的商业银行有“金融百货公司”之称，其优点是有利于银行开展全方位的业务经营活动，充分发挥商业银行的经济核心作用，其缺点是会加大商业银行的经营风险。

二、商业银行的性质与职能

（一）商业银行的性质

从商业银行的起源和发展历史看，商业银行的性质可以归纳为以追求利润为目标，以经营金融资产和负债为对象的综合性多功能的金融企业。商业银行作为企业，具备以下特征：

（1）以营利为目标的经济组织，其行为原则是在国家法律许可的范围内，最大限度地获取利润。

（2）商业银行是具有法人资格的经济组织，即商业银行是具有自己独立财产，有自己的名称、组织机构和场所，能独立承担民事责任的经济组织。

（3）商业银行是由两个以上的股东共同出资经营的经济组织，是按照《中华人民共和国公司法》设立的企业组织。

（4）商业银行必须按照《中华人民共和国公司法》中规定的程序设立，必须依照法律申请批准、等级注册、办理从业执照等。

商业银行又是特殊的金融企业，其特殊性表现在：

（1）商业银行经营的对象和内容特殊。商业银行经营的是具有社会的一般等价物职能作用的货币。商业银行经营的不是一般工商企业所提供的看得见、摸得着的具有直接使用价值的商品。商业银行经营的内容是包括货币的收付、借贷及各种与货币运动有关的，或者与之相联系的金融服务。虽然它提供的也是一种服务，但它与一般服务行业中的服务又有本质上的区别，即所有的服务都与货币直接相关。现代商业银行的特点如图 6-1 所示。

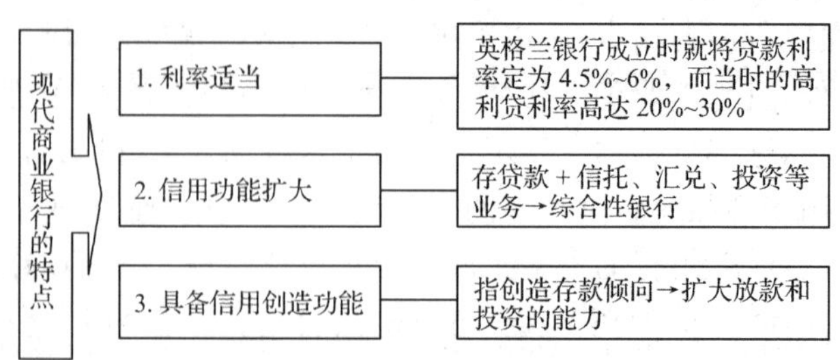

图 6-1 现代商业银行的特点

（2）商业银行对整个社会经济的影响和受整个社会经济的影响特殊。因为商业银行经营的是作为一般等价物的货币，它不像一般商品和劳务经过消费就不复存在，就退出流通领域。一方面，中央银行可以以适当的方式从金融市场或商业银行手中收回这些货币；另一方面，在中央银行收回货币之前，一般情况它会永远处于不断的流通中。因此，商业银行对整个社会经济的影响要远远大于任何一个企业，也正因为如此，商业银行受整个社会经济的影响，也较任何一个具体企业更为明显、更为灵敏。社会经济的繁荣，最初的表现是商业银行贷款的增多、利润的增加；而社会经济的衰退，也会最先表现为商业银行贷款和存款的骤降。

(3)商业银行的责任特殊。一般的工商企业只以营利为唯一目的，只对股东负责，只对使用自己产品的客户的安全负责，其责任很明确。但商业银行不同，虽然它也以营利为唯一目标，但除对股东和客户负责以外，还必须对整个社会负责。

(4)商业银行的资产负债结构较普通的工商企业有其特殊性，因而更具有风险性。商业银行作为金融中介，其资产主要是由对存款人的负债形成的，其自有资本所占比率极低，往往只占5%左右(普通工商企业约为50%)。这就使委托—代理风险表现得更加突出，即银行家更富有冒险精神，因此，银行业又是风险性较强的行业。而银行的经营状况有很强的信息不对称性，作为债权人的社会公众，很难做出正确的评价，因此，一旦一家银行发生问题，就会引起恐慌，并引发银行挤兑的金融风暴，社会成本巨大。

(5)国家对商业银行的管理特殊。鉴于商业银行对整个国民经济影响的特殊性，国家对商业银行的管理要比对一般工商企业严格得多，市场准入条件也苛刻得多，除了要求依法经营、照章纳税外，还要通过政府有关部门对其日常经营活动进行密切的监督和调节。

(二)商业银行的职能

1.信用中介

信用中介是银行最基本的职能、最能反映其经营活动的特征。信用中介是指商业银行通过负债业务，把社会上的各种闲散资金集中到银行，然后通过各种资产业务，将资金投向需要的各个部门，充当资金供给者和资金需求者之间的中介，实现货币资金的融通。

2.支付中介

支付中介是指商业银行利用活期存款账户，为客户办理各种货币结算、货币收付、货币兑换和转移存款等业务活动。这是商业银行一项传统的职能，通过这一职能，商业银行成为工商企业、政府、家庭个人的货币保管者和货币支付者，这使得商业银行成为社会经济活动的出纳中心和支付中心，并成为整个社会信用链的枢纽。

支付中介职能的发挥为商业银行带来了大量的、廉价的信贷资金来源，有利于降低商业银行的负债成本；另外，这一职能的发挥有利于节约社会流通费用，加大生产资本的投入。特别值得一提的是，支付中介职能的充分发展，对增强商业银行的信息优势有着不可替代的作用。

3.信用创造

商业银行的信用创造职能，是建立在信用中介职能和支付中介职能基础之上的。商业银行的信用创造职能包括两方面的含义：第一，商业银行利用其可以吸收活期存款的有利条件，通过发放贷款、从事投资业务、派生出大量存款(派生存款)，从而扩大社会货币资金供应量。第二，商业银行在办理结算和支付业务活动中能创造银行券、支票、银行本票和银行汇票等信用工具。这些信用工具的广泛使用既节约了现金的流通和使用，又规范了信用行为，同时满足了社会经济发展对流通手段和支付手段的需要。

4.金融服务

金融服务是商业银行利用其在国民经济活动中的特殊地位，及其在提供信用中介和支付中介业务过程中获得大量信息的优势，运用电子计算机等先进手段和工具，为客户提供其他的服务。

随着商品经济的发展，企业之间的竞争加剧，银行业之间的竞争也日趋激烈。商业银行由于是国民经济活动的枢纽，所以具有联系面广、信息灵通等特点，特别是电子计算机在商业银行经营管理中得到了广泛应用后，使得商业银行具备了为客户提供金融服务的有利条件。在激烈竞争的压力和客户需求不断增加的条件下，各商业银行在传统的结算等服务之外，又不断地开拓服务领域，借以巩固与客户的关系，逐渐推出了信托服务、租赁服务、信息咨询服务、各种形式的代理服务、个人银行业务、代客理财业务等。随着金融自由化的发展，商业银行还向客户提供了风险较大的担保类业务，如贷款承诺、信用证、商业票据承兑、票据发行便利等。

此外，随着混业经营的发展，商业银行还开办了证券包销业务以及保险业务等。商业银行通过开展上述金融服务业务，进一步促进了其资产负债业务的扩展，并把资产负债业务同金融服务类业务结合起来，极大地扩大了业务领域。在现代经济条件下，金融服务职能越来越成为商业银行的重要职能。

三、商业银行的组织形式

商业银行的组织形式是指商业银行在社会经济生活中的存在形式。由于各国政治经济环境不同，商业银行的组织形式也不尽相同，归纳起来有如下几种。

1. 单一银行制度

单一银行制度是指商业银行只设一个独立的机构从事业务经营活动，不设立分支机构的组织形式。世界范围内目前只有美国的商业银行还在部分地采取这种组织形式。长期以来，由于受美国政治体制及社会经济生活中根深蒂固的自由竞争、反对垄断思想的熏陶，美国的商业银行在组织形式上一直采用单一银行制。各州通过立法，不允许银行跨州经营和设立分支机构，甚至在一个州内设立分支机构也受一定的限制。这种银行组织形式导致了美国境内外商业银行的数量众多。这固然维持了一个有利于自由竞争的环境，但在银行业激烈竞争的条件下，实际上许多州政府对此已放宽了限制。即使限制最为严格的一些州也随着美国出台的《跨州银行法》的实施，全面放松了管制，从而表明从单一银行制向其他银行组织形式转变的趋势已经形成。

2. 总分支行制度

这是世界上绝大多数国家采用的银行组织形式。所谓总分支行制一般是指在大都市设立总行，然后根据业务活动的需要在国内外设立分支行的一种银行组织形式。采用这种银行组织形式最为典型的是英、德、日等国，如英国四家最大的商业银行均拥有 3 000 家以上分支机构。我国的商业银行，不论是四大国有商业银行，还是其他的商业银行，都采取总分支行制的组织形式。在这种制度下，无论拥有多少家分支机构，这些分支机构均不是独立的法人，财务方面也实行统一核算。

3. 持股公司制度

所谓持股公司制，是指由一家或几家银行设立控股公司，然后通过控股公司持股的方式将一些银行及其他非银行金融机构置于自己控制之下形成的银行集团。银行持股公司在第二次世界大战之后迅速发展，尤以美国的持股公司发展最快。一方面，与美国长期实行单一银行制有关，因为在单一银行制度下，客观上限制了银行业务的拓展，特别是向非银行金融机构业务方面的发展。而在采取持股公司制的条件下(各州的银行立法并不限制持股公司对银行业的控股），银行可轻而易举地将业务活动向其他领域渗透。另一方面，持股公司控股的银行或其他金融机构属独立的法人机构，实行自主独立的经营管理活动，在财务方面仍然实行独立核算，这与总分支行制的分支行自然有着本质的不同，因而更乐于被美国的银行所接受。目前在美国几乎所有大银行均归属于银行控股公司，大约四分之三的商业银行存款和商业银行的资产为控股公司的商业银行所拥有。

4.连锁银行制度

连锁银行是指由同一个人或一群人控制的两家以上的银行。这里的人，既指自然人，即单个人，也指法人，即企业、事业单位。它同持股公司的不同之处在于持股银行各子银行（公司）有一个董事会，而连锁银行没有；银行持股公司一般规模较大，通过持股银行的形式，形成庞大的金融实力，而连锁银行经营规模和活动地域都很小，它常常以一家规模较大的银行为中心，实现资金、业务往来，甚至人员交流的便利。说到底，连锁银行是因为其本身规模较小，所面临的风险较大而采用的一种应付方式。

四、商业银行的经营模式

从经营模式来划分，商业银行的经营可以分为分业经营与混业经营两类。

1.分业经营

分业经营模式也称专业化业务制度，是一种银行业、证券业、保险业、信托业分别设立机构，专门从事对应经营业务的经营模式。其核心在于银行业、证券业、保险业、信托业之间分业经营、分业管理，各行之间有严格的业务界限。分业经营的典型代表是中国以及2000年之前的美国。实行分业经营的金融制度被称作分离银行制度（Fragmented Banking）或专业银行制度（Specialized Banking）。一般实行分业经营的国家也同时实施分业监管。

2.混业经营

混业经营即指银行机构与证券、保险、信托机构可以进入对方领域进行业务交叉经营，任何一个金融机构都可以兼营所有的金融业务，商业银行和投资银行之间的业务是不分离的。

（1）全能银行模式

全能银行模式以德国为代表，还包括它的邻居瑞士和荷兰、卢森堡、奥地利等国。这些国家的商业银行可依法从事包括接受存款和发放贷款、交易各种金融工具和外汇、承销债券和股票经济业务、投资管理和保险在内的广泛的一系列金融服务。

（2）银行母公司模式

银行母公司模式以英国为代表。这类银行允许商业银行在符合一定条件下，成立子公司或由其控股公司成立的子公司兼营其他业务，即商业银行要进行投资银行业务，必须以原银行为母公司，另外成立一家子公司。在此模式下，银行股东要影响证券公司，必须派人员参加该公司的董事会。当证券子公司需要融资时，第一个会找银行母公司帮忙。当子公司因经营不当而亏损时，只影响银行的转投资利益，不会影响银行本业。银行从子公司享受的利润和承担的风险也是相对的，子公司的收益影响银行营业外收入。

（3）金融控股模式

金融控股模式以美国为代表。《金融服务现代化法》从法律上规定银行不允许从事投资银行业务，如果商业银行想从事投资银行业务，应以控股公司形式（Bank Holding Company，

BHC),在同一机构框架内通过相互独立的子公司来从事其他金融业务。

美国联邦法律规定银行本身或有直接投资关系的子公司不得经营证券业务,但银行控股公司另设立的子公司,则可在限定范围内经营证券业务。例如,有一家H公司,它握有某一银行25%的股权,同时投资30%到某投资银行。H公司是这家银行和投资银行的控股公司。但是被这家公司控股的银行却不能从事证券业,也不可以另立子公司从事证券业。尽管同属于金融业混业经营体制,但不同模式组织形式的差异决定了各国业务渗透方式的差异和风险防范方式的差异。

五、国际金融业经营模式历史沿革

1929年之前世界各国金融业大都实行混业经营。混业经营起源于19世纪中叶,在工业化的过程中,德国、美国等国都出现了全能银行,以联邦德国最为典型,可以提供几乎所有的银行和金融服务,如贷款、存款、证券、支付清算、外汇、代理保险、租赁与咨询等业务。

20世纪30年代至70年代,以1933年通过的美国《格拉斯—斯蒂格尔法》为标志,分业经营成为这一时期的主流。

20世纪80年代,随着分业限制在英国、日本等国家的先后取消,以及1999年11月4日美国《格拉斯—斯蒂格尔法》的废除和《金融服务现代法案》的通过,揭开了金融业又一次走向混业经营的新篇章。

如今,西方发达国家银行全能化趋势日益增强,混业经营已成为当前国际金融业的一大发展趋势。究其原因主要在于:金融业竞争的日趋激烈;企业并购浪潮的推动;欧元启动带来新一轮的金融业并购;金融自由化程度的加深和金融产品层出不穷;等等。

六、中国金融业经营模式的变化

中国金融业经历了“先混后分”的过程。1995年以前,中国金融业实际是混业经营的。1993年,国务院发布了《关于金融体制改革的决定》(以下简称《决定》)。《决定》规定:“国有商业银行不得对非金融企业投资。要明确规定各类非银行金融机构的资本金数额、管理人员素质标准及业务范围,并严格审批、加强管理。对金融业、证券业、信托业和银行业实行分业经营。国有商业银行在人、财、物等方面要与金融业、信托业和证券业脱钩,实行分业经营。”

1995年中国颁布《中央银行法》《商业银行法》和《中华人民共和国保险法》,这三部法律基本确定了中国金融体制分业经营的格局。1998年底,中国颁布了《中华人民共和国证券法》,进一步明确了中国金融业分业经营、分业管理的原则。证监会、保监会、银监会连同中国人民银行构成了中国金融的监管体系。

为适应国内外竞争的需要,避免金融创新产品受到过多局限,近年来,我国稳步推进金融业混业经营的试点,并在金融业立法方面进行了修改,混业经营中的银行母公司模式和金融控股模式被广泛采用。

中国金融业的监管体制目前仍为分业监管体制。分业监管体制是根据金融业内不同的机构主体及其业务范围的划分由多个金融监管机构分别进行监管的体制。中国银行业由中国银行监督管理委员会(银监会)负责监管;证券业由证券监督管理委员会(证监会)负责监管;保险业由保险监督管理委员会(保监会)负责监管,各监管机构既分工负责,又协调配合,共同组成一个国家的金融监管组织体制。

从总体上看,混业性金融机构在提供全方位服务方面较有优势,同一机构内的资源共享也有利于降低成本,使接受金融服务的消费者能从全面的服务与优越的价格中受益。相比之下,专业性机构由于业务的单一和集中而显得较弱。故混业经营偏向于效率性,而分业经营偏向于安全性和稳定性。如果能解决混业经营的安全性和稳定性问题,混业经营将优于分业经营。

第二节 商业银行的业务

尽管各国商业银行的组织结构、经营模式各异,但就其业务经营活动来看,具有共性的资产负债表说明,其业务活动最终都表现为负债业务、资产业务、表外业务三大类。商业银行的负债业务与资产业务的关系如图 6-2 所示。

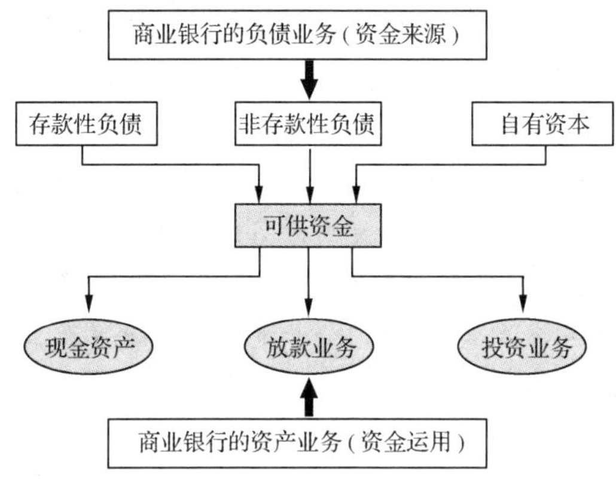

图 6-2 商业银行的负债业务与资产业务的关系

一、商业银行的负债业务

形成商业银行资金来源的业务即负债业务,其全部资金来源包括自有资本和吸收的外来资金两部分。

(一)自有资本

自有资本又称银行资本或资本金(Bank Capital),是指银行为正常的经营活动而自行投入的资金,其代表着对银行的所有权。《巴塞尔协议》(1988 年版)把银行资本分为核心资本和附属资本两档。第一档为核心资本(Core Capital),也称一级资本,包括股本和公开准备金,具体来说有普通股、不可收回的优先股、资本盈余、留存盈余、可转换的资本债券、各种补偿准备金等。这部分资本至少占全部资本的 50%,占风险加权资产的 4%。第二档为附属资本(Supplementary Capital),也称二级资本,包括未公开准备金、资产重估准备金、普通准备金或呆账准备金。全部银行资本占银行风险加权资产的比例(资本充足率)须大于或等于 8%。

《巴塞尔协议》向各国商业银行提出一个重要的告诫:资本是一家商业银行防止亏损的最终防线,而且银行资本在银行的经营管理中起着十分重要的作用。其一,资本是银行获取信誉、保证持续经营的最基本因素;其二,资本为银行营业创造了物质基础,资本可以用来购买银行经营管理所必需的房产、设备、车辆等固定资产;其三,资本是金融监管当局实施监管的重要手段。在银行开业前的审批注册、开业后的风险监管中，资本的绝对量标准或相对比例标准，始终是金融当局关注的重点。

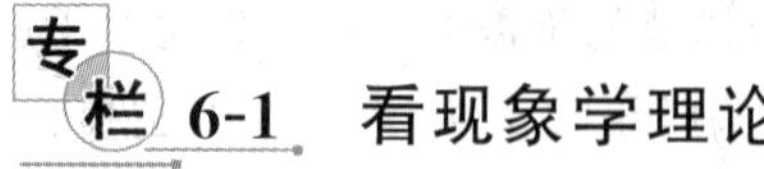

专栏 6-1 看现象学理论

与实体经济同甘苦

近期中美贸易摩擦引发对我国金融风险新的担忧。在此情形下，构建现代化风险管理机制显得尤为重要。

金融的本质在于不确定性条件下的资金和资源配置，金融市场就是交易和分散风险的场所。现代金融风险管理机制的建设正是基于这种认识，不仅包含对风险的规避和控制，也强调对风险的承担、分散、转移和吸收，从而缓释不确定事件对经济体系的冲击和影响，最终以融通资金和分担风险的形式促进对实体经济的创新和发展。因此，贸易摩擦下的金融体系，要通过现代风险管理机制积极承担和主动管理相应的风险，与实体经济同甘苦、共进退。

中国现代化风险管理机制建设已有一定基础。近 20 年来，中国金融改革开放的一项重要成就是银行业实施巴塞尔协议并带领整个金融行业开展现代风险管理体系建设。1997 年亚洲金融危机之后，中国首次开展银行注资，大幅提高银行资本充足水平以达到巴塞尔协议Ⅰ要求的 8%国际标准；2004 年，与新巴塞尔协议Ⅱ同步推出中国首个银行资本监管规则；2007 年，正式启动大型银行全面实施巴塞尔协议Ⅱ，并带动中小银行乃至非银行金融机构开展系统化的现代风险管理体系建设；2009 年，中国正式加入巴塞尔委员会；2010 年巴塞尔协议Ⅲ发布后，实施态度更加积极。

我国实施巴塞尔协议的历史性工程为应对贸易摩擦引发的金融风险提供了重要的基础和条件。一方面，巴塞尔协议是集现代风险管理发展之大成的协议，系统反映了现代风险管理运行机制。通过实施巴塞尔协议，我国金融行业基本树立了基于风险的现代金融管理理念，基本建立了现代风险管理的流程和体系及技术系统，风险管理面貌发生了根本性变化，资本实力和资产质量大大提升。另一方面，巴塞尔协议被称为银行业的"联合国宪章"，是发达国家主导的市场经济规则的代表。中国实施巴塞尔协议 20 年，代表了中国遵守和积极融入西方发达国家主导的市场经济规则的不懈努力，也为中国与发达国家搭建了现代金融风险管理的共同语言平台。

资料来源：人民日报海外版 2018 年 8 月 23 日

（二）各项存款

存款是指银行接受客户存入资金，存款人可以随时或按约定时间支取款项的一种授信业务。吸收存款是商业银行的传统业务，也是商业银行最重要的负债业务。常用的传统划分方法是将存款分为活期存款、储蓄存款与定期存款三大类。

1. 活期存款(Demand Deposits)

活期存款也称可开支票的存款(Checkable Deposits)，它是指存款人随时存取和转让的存款，它没有明确的期限规定，银行也无权要求客户取款时做事先的书面通知。在银行开立活期存款账户的存款人可以用各种方式提取存款，如签发支票、本票、汇票、信用卡等，通过活期存款账户上资金的转移来完成商品交易或劳务支付行为。

活期存款具有以下几个特点：①流动性大，存取频繁，手续复杂，风险较大。因此活期存款成本较高，存款利息较少或不支付利息。②具有很强的派生能力。在非现金结算的情况下，当银行吸收一笔原始存款后，除按央行规定缴纳一部分存款准备金外，余下的部分可用于发放贷款。客户在取得贷款后，若不立即提现就转入活期存款账户，这样银行一方面增加了贷款，另一方面又增加了活期存款，即创造出派生存款。③尽管活期存款流动性大，但在银行的诸多储户中，总有一些余额可用于对外放款。④活期存款是银行密切与客户关系的桥梁。活期存款账户上资金的频繁存取加强了商业银行与客户之间的业务往来，从而为银行争取更多的客户，同时也扩大了银行的业务规模。

2. 储蓄存款(Saving Deposits)

储蓄存款也称为存折储蓄(Passbook Savings)，这种账户中的资金可以随时增加或提取，存款的存入、提取以及利息的支付，或记录在月报上，或记录在账户持有人的小本子(存折)上。储蓄存款曾经是最普通的非交易用存款。从技术上讲，此类存款并非随存随取(银行可以在30天内支付)。然而为了满足存款方面的竞争需要，现在银行已允许存户随存随取。不过，储蓄存款一般不能签发支票，支用时只能提取现金或先转入存户的活期存款账户。

储蓄存款具有以下特点：它是商业银行一项重要的、稳定的资金来源。在商业银行的负债业务中，储蓄存款的地位十分突出。从整体上看，只有居民是净储蓄者，从而成为商业银行的一个净资金提供者。

3. 定期存款(Time Deposits)

定期存款指存户与银行预先约定存款期限，到期前一般不能提取的存款。定期存款期限通常为3个月、6个月或1年不等，期限最长可达10年，利率随期限的长短而不同。期限越长利率越高，期限越短利率越低。在美国，定期存款分为两类：小额定期存款(10万美元以下)与大额定期存款(10万美元以上)。小额定期存款的流动性要低于存折储蓄存款，其利率较高，因而对银行来说，它是一个成本较高的资金来源。大额定期存款(CDs)通常由公司或其他银行购买。到期前它可以像债券一样在二级市场上买卖。正因为如此，公司、基金和其他金融机构都将CDs作为国库券和其他短期债券的替代资产来持有。自1961年产生以来，可转让CDs已成为银行资金的一个重要来源(约占12%)。

定期存款具有以下特点：①流动性小，稳定性强，是商业银行获得稳定资金来源的重要手段；②手续简单，费用较低，风险性较小，由于定期存款的存取是一次性办理，在存款期内没有其他服务，因此除利息以外没有其他的费用；③定期存款所要求的存款准备金率低于活期存款。

(三)存款业务的创新

除了以上传统的存款品种外，自20世纪60年代以来，商业银行通过创新一些负债工具，增加了银行的负债来源。具有代表性的负债业务主要有：

1. 大额可转让定期存单(CDs)

大额可转让定期存单是1969年由美国花旗银行推出的定期存款创新，不记名；存在存款起点的限制，起点为10万美元；不能提前支取，但可在二级市场流通转让；既可采用固定利率计算，也可采用浮动利率计算。

2. 可转让支付命令账户(NOW)

可转让支付命令账户是1972年由美国的储贷协会推出的新型存款账户。这种账户是储蓄账户，可以付息，但与一般储蓄账户不同，可以开出有支票作用但无支票名称的“可转让支付命令”。

3. 自动转账服务账户(ATS)

它是20世纪70年代的一种创新,针对联邦法律"不允许对活期存款付息"的规定,美国银行业发明了自动转账服务账户。在该业务下,客户在银行开立两个账户:一个活期存款账户,一个储蓄存款账户,活期存款账户的余额永远是1美元,当客户开出支票后,银行自动把支票金额从储蓄账户转到活期存款账户并进行付款。ATS可以使客户兼得活期存款账户和储蓄存款账户的双重优点,客户既可享受支票支付便利,又可利用储蓄账户获取利息收入。

专栏 6-2 从理论到实务

百姓追求高利息,存款业务受冲击

存款对银行至关重要,它是银行成本最低的一笔资金,一直以来存贷款息差是银行的主要收入之一,伴随利率市场化的推进和金融创新产品的出现,百姓越来越渴望追求更高的存款利息。然而在当前利率下,银行存款远不能满足百姓的理财需求,而货币基金由于具有较强的流动性和高于活期存款的收益,被越来越多的普通理财者追捧。传统银行存款业务受到的冲击越来越严重。

银率网的数据显示,在互联网金融浪潮推动下,货币基金规模暴增6 959亿元至1.44万亿元,其他各类基金均呈现净赎回态势。在货币基金推动下,公募基金总规模增长15%,达到3.459万亿元,货币基金独占41.7%,超越股票基金成第一大基金品种。"实际上银行揽储也在不断推陈出新,一些银行陆续在存款业务上推出创新产品,但都无法弥补当前银行存款在百姓眼中的硬伤,没能阻止活期存款流向货币基金。"银率网分析师认为,未来银行存款流失恐怕是不可逆的潮流,而银行也许只能寄希望于推出个人大额可转让存单来"力挽狂澜"。

资料来源:《城市快报》,2016.03.06

(四)各项借款

各项借款是指各种非存款性借入款,它是商业银行通过主动负债筹集资金的一种形式,也是商业银行负债业务的重要资金来源。其借款方式主要有以下几种。

1. 向中央银行借款

当商业银行资金不足时,可以向中央银行借款。商业银行向中央银行借款通常采用两种方式:再贴现和再抵押。再贴现是指商业银行把自己为企业已办理贴现的未到期票据,转卖给中央银行,进而取得中央银行资金援助的一种借款方式。再抵押是指商业银行用自己持有的有价证券作为抵押品向中央银行取得借款的一种方式。

2. 同业拆借

它是指商业银行之间以及商业银行与其他金融机构之间相互提供的短期资金融通。在这种拆借业务中,借入资金的银行主要用以解决自身临时资金周转的需要,期限较短,少则1日,多则7日,利息以日息计算。同业拆借一般通过各商业银行在中央银行存款准备金账户进行资金划转,拆出行存款准备金减少,拆入行存款准备金增加。

3. 欧洲货币市场借款

欧洲货币市场(也称离岸市场或境外市场)自形成之日起,就对世界各国商业银行产生了很大的吸引力。其主要原因在于该市场存款不受各国存款利率最高限的限制,因而其存款利率相对较高,而贷款利率却相对较低,并且资金调度灵活,手续简便。所以该市场具有交易量大、成本低、利润高的特点,是一个完全自由的、开放的、富有竞争力的市场。

4. 占用资金

占用资金是指商业银行在办理中间业务及同业往来业务过程中，临时占用的他人资金。以汇兑结算为例，从客户把一笔款项交给汇出银行起，到汇入银行把该款项付给指定的收款人止，中间总会有一定的间隔时间，在这段时间内，该款项汇款人和收款人均不能支配，而为银行所占用，这部分占用的资金便形成银行的资金来源。但随着银行管理水平和服务效率的提高，特别是电子计算机运用于资金清算调拨，银行占用客户或同业资金的周期不断缩短，占用的机会以及占用资金的数额将会越来越少。

5. 发行金融债券

它是指商业银行以债务人的身份向市场发行债券以筹集资金的一种方式。金融债券具有不记名、可转让、期限固定、收益较高的特点。对银行来说，发行金融债券有利于筹集稳定的长期资金，提高负债的稳定性、安全性，从而提高银行资金的使用效率和效益。

二、商业银行的资产业务

资产业务(Assets Activities)指商业银行将负债业务所筹集起来的资金加以运用的业务，它是商业银行取得收益的主要途径。资产业务主要包括现金资产、贷款、贴现和证券投资。

1. 现金资产

现金资产(Cash Asset)又称第一准备资产(Primary Reserve)，它是满足商业银行流动性需要的第一道防线，是商业银行资产中最具流动性的部分，也是非营利性资产。现金资产具体包括库存现金、中央银行的存款、存放同业资金和托收中的资金。

2. 贷款

贷款(Loan)即商业银行将其所吸收的资金按照一定的利率贷放给客户并约定日期归还的授信业务。贷款是商业银行最重要的资金运用业务，其在总资产中比重最高。贷款在资产组合中对银行风险结构和收益结构影响很大，提高贷款比重会增加银行预期盈利，但同时也提高了银行风险。贷款业务以不同的标准划分，主要有以下几种：

(1)按贷款对象分：工商业贷款、农业贷款、不动产贷款和消费贷款。

这种分类方法有利于考察商业银行信贷资金的流向和在国民经济各行业、各部门间的分布状况，有利于分析商业银行信贷资金结构与国民经济结构的协调情况。这也是西方国家商业银行比较通行的划分方法。

(2)按贷款期限分：短期贷款、中期贷款和长期贷款。这种分类方法有利于商业银行掌握资产的流动性，控制贷款的期限结构，保持资产流动性和营利性的协调。

①短期贷款。它是指商业银行发放的贷款期限在1年以内的贷款，如季节性贷款、临时性贷款等。

②中期贷款。它是指商业银行发放的贷款期限在10年以内的贷款。

③长期贷款。它是指商业银行发放的贷款期限在10年以上的贷款，主要是各种固定资金贷款、开发性贷款等。

(3)按贷款保障程度分：信用贷款、抵押贷款和担保贷款。这种分类方法有利于商业银行加强贷款安全性和风险性的管理。通过控制商业银行资产的信用结构，达到商业银行业务经营风险最小、收益最大的目的。

①信用贷款。它是指银行完全依据客户的信誉而无须客户提供任何抵押品发放的贷款。其特点是：1)手续简便，在办理借款手续时，只需借贷双方签订借款合同，无须进行抵押品的估价、保管等手续；2)利率较高，与同期其他形式的贷款相比，利率相对要高些；3)审查严格，在进

行信用贷款时，要对借款人的经营、财务状况进行综合分析考察，以求尽可能减小风险；4）风险较大，没有抵押担保，借款人违约风险较抵押贷款风险高。

②抵押贷款。它是指借款人以一定有价值的商品物质或有价证券作为抵押品而向银行申请的贷款。抵押有两种基本形式：一种是质押。这是将抵押品的所有权归债务人，而将抵押品交给债权人占有的一种抵押方式。比如一个批发公司进了一批商品，它将这批商品作为质押品向银行申请贷款，那么，批发公司必须将商品交到银行手上，也就是说，质押品的占有权到了银行，同时，其所有权依然在批发公司。批发公司或者将商品卖出，将预收货款归还银行贷款，由买主将商品提走；或者从其他地方筹款归还银行贷款，将商品提走。从中可以看出，其质押的对象主要是动产。

另一种是一般意义上的抵押。在这种方式下，抵押品的所有权和占有权仍保留在债务人手里，债务人向银行开立一张抵押单，说明被抵押的物品及其他有关事项。在国际大商业银行业务中，许多商品都可以作为抵押品，比如土地、建筑、机器设备、有价证券等。但是，对抵押品价值的评估、抵押物的处理以及防止利用抵押犯罪方面，都是很复杂的。这类贷款如果借款人违约，银行有权处理抵押品。

③担保贷款。它是指除借贷双方以外的有相应经济实力的第三方为担保人而发放的贷款。这种贷款无须提供抵押品，银行凭借客户与担保人的双重信誉发放贷款。如果借款人不能按期偿还贷款，由担保人承担偿还责任。

（4）按贷款风险程度分：正常贷款、关注贷款、次级贷款、可疑贷款、损失贷款。其中后三类合称为“不良贷款”。

3. 贴现

贴现（Discount）是指商业银行买进客户未到期票据的行为，是商业银行一项特殊的放款业务。其具体做法是：银行应客户的要求，买进客户未到期的票据，按贴现日计算票据的贴现利息，从票面金额中扣除贴现利息后，将票面余额付给持票人。银行在票据到期时，持票向票据的债务人索取票面金额的款项。实付贴现额的计算公式为

$$实付贴现额=票面金额\times(1-贴现天数\times年贴现率/365)$$

贴现业务虽然是商业银行一项特殊的放款，但与普通放款相比，仍有显著的不同。①期限不同。普通放款期限较长，票据贴现时间较短，一般为 3 个月左右，最长不超过 1 年。②利率不同。同期放款利率略高于贴现利率。因为贴现业务发生时，银行要按票据面额预扣利息，将余额付给客户，银行的实际付款额要低于票面额，所以贴现利率要低于放款利率。③收取利息时间不同。放款是到期以后收取利息，而贴现是在贴现业务发生时从票据面额中预扣利息。④贷款偿还对象不同。放款的申请人就是贷款的还款人，而贴现的申请人并非贷款的债务人，票据的出票人、承兑人和背书人都可能是贷款的债务人。

4. 证券投资

证券投资（Securities Investment）指商业银行以其资金在金融市场上对收益证券进行买卖，是商业银行重要的资产业务，也是商业银行获取利润的主要来源之一。

商业银行进行证券投资的目的在于：

（1）增加银行的收益

证券资产与其他资产相比，虽然风险较高，但收益较大。目前，商业银行投资的证券主要有国库券、中长期国债、地方政府债券、政府机构债券和公司债券等。

（2）提高商业银行资产的流动性

提高商业银行资产的流动性即充当第二准备。第二准备是满足商业银行流动性需要的第二道防线。当第一准备资产不能满足流动性需要时，商业银行可随时抛售其持有的短期政府

债券。短期政府债券期限短、信誉高、容易出手，这样做既能满足商业银行流动性的需要，又不至于影响商业银行的赢利水平。银行证券贷款业务与投资业务相比，主要有三方面的区别，具体内容见表 6-1。

表 6-1　银行贷款业务与投资业务的区别

区 别	贷款业务	投资业务
主动性不同	被动进行	主动进行
收回时间不同	到期后方能收回	可随时出售收回
用途不同	一般用于生产	一般用于投机

三、商业银行的表外业务

(一)表外业务的定义

表外业务(Off-balance Sheet Business)是指对银行的资产负债表没有直接影响，但却能够为银行带来额外收益，同时也使银行承受额外风险的经营活动。

广义的表外业务，泛指所有能给银行带来收入而又不在资产负债表中反映的业务。根据这一定义，传统的中间业务也算表外业务。

狭义的表外业务，也就是通常提及的表外业务，是指涉及承诺或有债权、或有债务的活动，即当约定的或有事件发生时，银行承担提供贷款或支付款项的法律责任。

中间业务和表外业务的共同之处表现为：①它们都属于收取手续费的业务，并且都不直接在资产负债表上反映出来。②二者存在一部分的重合。比如，商业信用证业务属于中间业务，就其内涵而言，它又具有担保业务的性质，因此，也属于表外业务。但二者还是有很大区别的，主要表现为银行对它们所承担的风险是不同的。

在中间业务中，银行一般处在中间人或服务人的地位，不承担任何资产负债方面的风险。而表外业务是一种潜在的资产或负债，在一定条件下，表外业务可以转化为表内业务。因此，银行要承担一定的风险。例如，当银行对商业汇票进行承兑后，即成为最终债务人，要承担不可撤销的第一手到期付款责任，即使汇票的付款人无力付款，银行也必须向汇票的受益人付款，因此，在不收取全额保证金的情况下所做的承兑，是银行的一种或有负债。表外业务是 20 世纪 80 年代以来西方国家银行业发展的重点。从发展规模看，不少西方国家大银行的表外业务量已大大超过其表内业务量。

(二)中间业务的主要种类

1. 汇兑业务

汇兑也称汇款(Remittance)，是客户以现款交付银行，由银行把款项支付给异地收款人的一种业务。使用的汇兑凭证有银行支票、银行汇票、邮信或电报的付款委托书。这些凭证都是汇出行向另一家银行或其分支机构发出的命令，命令后者向指定收款人支付一定数额的款项。依汇出行将付款命令通知汇入行的方式不同，汇兑可分为电汇、信汇和票汇三种方式。在当今银行业务广泛使用电子技术的情况下，除少数款项仍使用电汇、信汇和票汇等形式外，大部分汇兑业务都是通过电子资金调拨系统处理。

2. 代理业务

代理(Agent)业务的范围极其广泛，包括代收业务、代客买卖业务、代保管业务及以公司证券的托管、过户、还本付息、分红为代表的公司代理业务。代收业务是银行根据各种凭证以客户名义代客户收取款项的业务。如银行代收支票款项，代收水费、电费、煤气费、电话费及其他各种税费等业务。

代客买卖业务包括接受客户委托,代客户买卖有价证券、贵金属和外汇等。在代客买卖业务中,比较特殊的是代理发行股票、债券等有价证券。在许多国家,商业银行在有价证券的一级市场上非常活跃,在国债、公司债券甚至股票的承销中发挥着极为重要的作用。

3.承兑业务

承兑(Acceptance)是银行为客户开出的汇票或其他票据签章承诺,保证到期一定付款的业务。在票据到期前或到期时,客户应将款项送交银行或由其自己办理兑付。若到期客户无力付款,则该承兑银行必须承担付款责任。由于票据的兑付一般无须银行投入自己的资金而是用客户的资金办理,所以银行经办承兑业务,实际上是以自身的信用来加固客户的信用,为此银行要向客户收取一定的手续费。承兑业务在现代银行业务中占有相当重要的地位。

4.信托业务

信托(Trust)是指银行接受他人委托,代为管理、经营和处理所托管的资金或财产,并为受益人谋利的活动。和信贷业务不同,银行经营信托业务一般只收取手续费,营运中所得收入则归受益人所有。同时,信托业务也不同于一般的代理业务,在代理关系中,代理人只是以委托人的名义,按委托人指定的权限范围办事,在法律上,委托人对委托财产的所有权没有改变;而在信托关系中,信托财产的所有权则从委托人转移到了受托人(商业银行信托部或信托公司)手中,受托人以自己的名义管理和处理信托财产。银行经营信托业务不仅可以获得手续费收入,而且还可以把一部分可以经常占用的信托资金用于贷款和投资,扩大银行资产业务的规模。目前,各国经营信托业务的银行,大都须经政府批准并在有关管理规定范围内活动。一般要求经营信托业务的银行必须将其信托部门与银行其他部门从人事、财务等方面完全分开。

5.银行卡业务

银行卡(Bank Card)是由银行发行的、供客户办理存取款和转账结算的一种现代支付工具的总称。它包括信用卡、支票卡、记账卡等。银行卡的出现极大地提高了支付结算的效率,也极大地改变了流通中货币的构成,银行业务也因此有了新的发展。

(三)表外业务的主要种类

1.表外业务的四大类

表外业务形式多样,但大体可划分为四类:

(1)贸易融通业务,包括银行承兑业务、商业信用证业务。这类业务是中间业务与表外业务重合的部分,因为它们在某种情况下会给银行带来风险,不同于其他中间业务,如代收业务,银行可以稳定地获得手续费收入。

(2)金融担保业务,是银行应交易中一方的申请,允诺当申请人不能履约时由银行承担对另一方的全部义务。它不占用银行资金,属于“或有负债”,如备用信用证业务。

(3)各类承诺,包括给予老客户的小额和短期的可以撤销的贷款承诺,也包括不可撤销的大额和长期的循环贷款承诺。

(4)各类金融衍生业务,如互换、期货、期权、远期合约、利率上下限等。

2.几种典型的表外业务

(1)商业信用证与备用信用证业务

商业信用证(Commercial Letter of Credit,L/C)业务是一种由银行保证付款的业务。通常是由银行应客户(买方)要求,按其指定的条件向卖方开出信用证,保证在信用证载明的各项条款得到满足的情况下向卖方付款;卖方按信用证所列条款发货后,可凭信用证要求银行付款。这种业务在国际贸易中被广泛使用。而银行在办理信用证业务时,不仅可以有手续费收入,还可以在一定时间内占用客户的保证金存款。

备用信用证(Standby Letters of Credit,SBLC)是银行为客户开立的保证书。备用信用证业务是指银行担保客户履行支付义务的安排，若得到银行担保的客户在债务到期无法偿付时，则由银行负责偿付。

备用信用证一般发生在商业票据的发行和国际贸易中。比如，在商业票据市场，若发行者没有足够的信用，可以向一流的银行申请备用信用证，银行保证在商业票据发行者到期无法履约时承担偿还责任。而如果到期时商业票据发行者如约偿还了债务，则银行没有任何支付义务，只有向得到担保的客户收取担保费的权利。

需要特别强调的是，备用信用证与一般商业信用证不同。在商业信用证安排下，银行在收到合格的票据后承担第一手的支付义务。而在备用信用证安排下，银行只在被担保人无法履行合约时才承担连带责任。

(2)贷款承诺

贷款承诺(Load Commitment)是指银行向客户做出承诺，保证在未来一定时期内，根据一定条件，随时应客户的要求提供贷款。银行根据贷款承诺金额，按一定比例向顾客收取承诺费，即使在规定的期限内，客户并没有申请贷款，承诺费也要照交不误。

贷款承诺的一种形式是循环贷款承诺，它是银行与客户之间的正式协议，根据该协议，银行有义务根据约定的条件(最高贷款额、利率、期限等)向客户提供贷款。这种协议的期限一般较长，在协议期间内，客户可以随借随还，还了再借。

(3)票据发行便利

票据发行便利(Note-issuing Facilities，NIFs)是商业银行与客户之间签订的中期循环融资支持协议。银行保证在协议期限(一般在3～7年)内，对客户承诺一个信用额度，在此额度内向客户保证：若客户未能通过发售短期(一般是3～6个月)票据取得资金，则由银行提供资金支持，或者购买其未售完票据，或者提供相应贷款，以保证客户可以得到所需资金。银行为这一承诺收取手续费。在这一安排下，企业可以借发行短期票据而实现中期信用，即可以在较长的“中期”内得到银行的支持。

第三节 商业银行的管理

一、商业银行经营管理三大原则

商业银行经营管理的三大原则指的是商业银行的“营利性、流动性、安全性”，也称为“三性原则”。营利性是商业银行经营目标的要求，占有核心地位，是指银行在经营活动中力争取得最大限度的利润，也就是以最小的成本费用换取最大的经营成果；安全性是指银行管理经营风险，即要避免各种不确定因素对其资产、负债、利润、信誉等方面的影响，保证银行的稳健经营与发展；流动性涉及清偿力问题，即银行能够随时应付客户提存，满足必要贷款需求的支付能力。

经营管理三大原则是由银行的性质以及经营活动的客观规律决定的。银行作为一个企业，获取收益是其经营的主要目标，银行的经营特点又决定了它必须遵循收益性、流动性和安全性三原则。根据上述三者的关系分析，要协调好三者的关系，商业银行必须遵循如下经营管理原则：在保持安全性和流动性的前提下，追求最大限度的收益。根据这个管理原则，银行在业务经营过程中，要根据不同的经营环境的变化、业务经营的不同要求以及银行自身的实际情况，有所侧重，灵活运用。

一般说来，经济繁荣时期，资金来源充足，借贷需求量旺盛，保证流动性和安全性并不十分紧迫，这时要侧重于考虑营利性的要求；出现经济衰退危机时，就要侧重于保持流动性以及安全性;而在中央银行紧缩银根的条件下,就应更多地考虑流动性。商业银行还要从自身的业务经营状况出发,在流动资产较多的情况下,要设法改变原有的资产结构,侧重于增加盈利。在流动资产较少、长期投资和贷款较多、风险较大的情况下,要更多地考虑流动性。通过不同的经营条件下侧重点的转换,实现三者的动态协调。

二、商业银行风险管理

风险是指经营过程中各种各样的不确定性和发生损失的可能性。作为一种独特的风险,商业银行风险是指商业银行在经营活动中,由于事前无法预料的不确定性因素的影响,使实际收益与预期收益产生偏差,从而有蒙受经济损失或丧失获取额外收益的机会或可能性,即商业银行风险是由于不确定性因素造成的银行收益或价值的波动。

商业银行在经营的过程中,面临着各种复杂的环境,也面对着各种不同的风险。根据商业银行对各种风险的控制与影响能力,可以把商业银行面临的风险分为第一级风险、第二级风险和第三级风险。

商业银行面临的第一级风险是系统风险。系统风险是由于银行所面临的客观经济环境发生变化而造成的风险,如一个国家的经济衰退引起银行客户的业绩普遍下降,导致客户的还款能力下降,从而给银行带来损失,这就是一种系统风险。系统风险是银行无法控制的,而且所有的银行面临着相同的系统风险。

商业银行面临的第二级风险是商誉风险、竞争风险和制度风险。第二级风险是由于微观环境变化所造成的风险,对商业银行的经营影响也很大,银行可以影响它,却不能控制它。

商业银行面临的第三级风险是信用风险、市场风险和操作风险。这些风险是商业银行在经营过程中,由于各种不确定性造成的银行可以控制的风险。

(一)商业银行风险类别

《巴塞尔协议》将商业银行风险分为信用风险、市场风险、操作风险和其他风险。

1.信用风险

信用风险是指银行的客户或交易对手无力履约的风险。信用风险是银行面临的最主要风险,具体来说,信用风险产生的原因主要是信息不对称等因素导致银行对客户资信状况调查分析不够、预测不准,盲目发放贷款,或者借款人存心欺诈,骗取贷款,或者借款人经营不善、缺乏还款资金来源等,都会危及商业银行信贷资金的正常周转或回收,影响银行收益,甚至造成银行倒闭。

2.市场风险

市场风险是指由于市场条件变化、市场利率的变动使银行资产和负债的利息变动不一致而给银行带来损失的可能性。例如,当市场利率上升时,一方面会造成商业银行存款利率的上升,增加了商业银行的经营成本;另一方面,由于市场利率的上升,贷款利率也随之上升,从而限制了贷款的需求,使银行的经营收入并没有相应增加,最终会影响商业银行的经营效益。同时,在开放的条件下,国际金融市场的风险也会波及国内商业银行,给商业银行的经营活动带来不利的影响。一般市场风险包括利率风险、外汇风险、流动性风险和资本风险等。

3.操作风险

操作风险主要是因为人的因素、技术因素、安全因素或操作程序等其他的因素给银行带来的损失。最重大的操作风险在于银行内部控制以及治理机制的失效。这种失效的状态可能是因为失误、欺诈,而银行未能及时做出反应所导致的银行财物损失。操作风险还包括信息技术系统的重大失效,诸如火灾等灾难性事件给银行带来的风险。

4. 其他风险

其他风险包括流动性风险、投资风险、国家风险、资本风险、法律风险和声誉风险等各种风险类别，这些类别是根据银行的特定风险主体、风险性质、业务所面临的各种不确定性产生的风险划分的。总体来说，银行面临的各种风险在业务发展中是相互交叉的，也时常与其他金融机构风险交织在一起，成因较为复杂。

（二）商业银行风险管理的主要策略

1. 风险分散

风险分散是指通过多样化的投资来分散和降低风险的方法。

2. 风险对冲

风险对冲是指通过投资或购买与标的资产收益波动负相关的某种资产或衍生产品，来冲销标的资产潜在风险损失的一种风险管理策略。

3. 风险转移

风险转移是指通过购买某种金融产品或采取其他合法的经济措施将风险转移给其他经济主体的一种风险管理办法。

4. 风险规避

风险规避是指商业银行拒绝或退出某一业务或市场，以避免承担该业务或市场具有的风险。

5. 风险补偿

风险补偿主要是指事前（损失发生以前）对风险承担的价格补偿，通过加价来索取风险回报。风险管理的一个重要方面就是对风险合理定价。

（三）信贷风险控制

商业银行应对信贷风险进行严格的控制，包括实行统一授信管理，健全客户信贷风险识别与监测体系，完善授信决策与审批机制，防止对单一客户、关联企业客户和集团客户风险的高度集中，防止信贷资金违规投向高风险领域和用于违法活动。

1. 降低贷款风险

商业银行应尽量避免发放高风险的贷款，如果借款人的信用评级较低，或对其业务及所处的行业、地区不太熟悉，应拒绝向其提供贷款。另外，对其他风险较高的借款人，银行可以要求其提供抵押品，抵押品可以降低借款人的信贷风险，当借款人违约时，处理抵押品就成为银行的第二还款来源。

商业银行应将贷款客户进行多样化组合，即向众多借款人发放贷款，避免贷款客户过于集中。当贷款组合多样化以后，信贷风险就被分散了。

2. 统一授信管理

商业银行应当设立独立的授信风险管理部门，对不同币种、不同客户对象、不同种类的授信进行统一管理，确定最高贷款限额，避免信用失控。

商业银行应当对同一客户的贷款、贸易融资、票据承兑和贴现、透支、保理、担保、贷款承诺、开立信用证等各类表内外授信实行一揽子管理，确定总体授信额度。对集团客户应实行统一授信管理，将同一集团内各个企业的授信纳入统一的授信额度内，核定集团总的授信额度，防止借款人通过多头开户、多头贷款、多头互保套取银行资金，防止对关联企业授信的失控。

3. 建立有效的授信决策机制

商业银行应当设立审贷委员会，负责审批权限内的授信。审贷委员会根据风险大小，对不同种类、期限、担保条件的授信确定不同的审批权限，审批权限应当逐步采用量化风险指标。

同时，商业银行应当建立严格的授信风险垂直管理体制，下级机构应当服从上级机构风险管理部门的管理，严格执行各项授信风险管理政策和制度。

4. 建立统一的授信操作规范

商业银行应建立统一的授信操作规范，做到贷前调查、贷时审查、贷后检查。

贷前调查应当做到实地查看，商业银行应当严格审查和监控借款用途，防止借款人通过贷款、贴现、办理银行承兑汇票等方式套取信贷资金，改变借款用途。

贷时审查应当做到独立审贷，客观公正，充分、准确地揭示风险，提出降低风险的对策；商业银行应当对借款人实施独立的尽职调查，严格执行授信审批程序。

贷后检查应当做到实地查看，如实记录，及时将检查中发现的问题报告有关人员，不得隐瞒或掩饰问题。

三、健全商业银行管理制度

1. 加强公司治理

商业银行股份制改造以后建立起两级代理、四权分离的现代公司组织机构，并从公司价值最大化的角度考虑，加强利益相关者的共同治理，把利益相关者的积极性和主动性充分调动起来，通过利益相关者的共同治理，不断完善商业银行的公司治理结构、委托代理结构、股东治理结构和经理人制度。

2. 严格审计监督

内部审计是减少或避免商业银行经营风险的重要手段。通过实施内部审计，不断揭露商业银行业务上的不足以及管理制度上的缺陷，从而完善商业银行的内部控制制度，达到降低风险的目的。

3. 提高金融科技水平

加强技术装备，提高金融科技水平。随着新型技术在商业银行的普及应用，互联网、电子监控系统、PS 系统、云计算、物联网技术等现代化的技术与管理手段相继在商业银行的营运活动中得以广泛应用，并收到了很好的效果。在市场竞争的条件下，商业银行的竞争主要是人才和技术的竞争，新技术的快速运用与装备水平的提升在很大程度上决定着管理水平以及商业银行的竞争地位。

4. 组织建设

商业银行应重视组织制度建设和组织文化建设，不断完善商业银行的规章制度。管理人员要提高科学管理意识，统一风险控制观念，使组织之间的管理活动协调一致，控制人员的责、权、利关系明确，形成有效的自发控制机制。只有这样，才能从源头上降低商业银行经营风险。

四、商业银行的不良资产

(一)商业银行不良资产的表现形式

我国商业银行不良债权的表现形式，主要有下列几种：

1. 贷款收不回

这是指商业银行发放的贷款不能收回。其中又包括几种具体情况：一种情况是贷款已到期，而由于各种原因无法收回，且没有可替代执行的财产。另一种情况是贷款虽未到期，但项目已经停产或严重亏损，不可挽回。

2. 保证担保不能兑现

保证担保不能兑现是指借款人因种种原因无力偿还贷款，银行向保证人求偿也无果，可以分为几种情况：保证人不具备担保民事行为能力；保证人没有偿还能力；保证人故意隐瞒财产以逃避债务；保证人下落不明，又没有财产可供清偿。

3. 抵押、质押担保不能变现

抵押、质押担保不能变现是指在借款人无力偿还贷款、设定了抵押或质押担保的情况下，银行要求行使抵押、质押权而得不到完全追偿。这种情况也会有多种情形：担保物价值被高估，远不能实现债权；借款人恶意转移担保物，下落不明，无法得偿；担保物灭失并且无替代物、无保险，贷款人的债权落空。

(二)贷款五级分类法

自 1998 年起，根据中国人民银行制定的《贷款风险分类指导原则》，我国银行业开始实行贷款五级分类办法，即从贷款偿还的可能性出发，将商业贷款划分为正常、关注、次级、可疑、损失五类。这种分类方法是银行主要依据借款人的还款能力，即最终偿还贷款本金和利息的实际能力，确定贷款遭受损失的风险程度。

1. 正常贷款

借款人能够履行合同，一直能正常还本付息，不存在任何影响贷款本息及时全额偿还的消极因素，银行对借款人按时足额偿还贷款本息有充分把握，贷款损失的概率为 0。

2. 关注贷款

尽管借款人有能力偿还贷款本息，但存在一些可能对偿还产生不利影响的因素，如这些因素继续下去，借款人的偿还能力受到影响，贷款损失的概率不会超过 5%。

3. 次级贷款

借款人的还款能力出现明显问题，完全依靠其正常营业收入无法足额偿还贷款本息，需要通过处分资产或对外融资乃至执行抵押担保来还本付息。贷款损失的概率在 30%～50%。

4. 可疑贷款

借款人无法足额偿还贷款本息，即使执行抵押或担保，也肯定要造成一部分损失，只是因为存在借款人重组、兼并、合并、抵押物处理和未决诉讼等待定因素，损失金额的多少还不能确定，贷款损失的概率在 50%～75%。

5. 损失贷款

这是指借款人已无偿还本息的可能，无论采取什么措施和履行什么程序，贷款都注定要损失了，或者虽然能收回极少部分，但其价值也是微乎其微，从银行的角度看，也没有意义和必要再将其作为银行资产在账目上保留下来，对于这类贷款在履行了必要的法律程序之后应立即予以注销，其贷款损失的概率在 75%～100%。

五级分类是国际金融业对银行贷款质量的公认标准，这种方法是建立在动态监测的基础上，通过对借款人现金流量、财务实力、抵押品价值等因素的连续监测和分析，判断贷款的实际损失程度。也就是说，五级分类不再依据贷款期限来判断贷款质量，能更准确地反映不良贷款的真实情况，从而提高银行抵御风险的能力。

(三)商业银行不良资产管理

1. 强化银行信贷管理

信贷资产风险的防范和管理在于每一笔贷款的贷前调查、贷时审查、贷后检查，强化信贷管理必须实行贷款管理责任制。一是明确相关人员的职责，建立行长负责制度、审贷分离制度、分级审批制度、离职审计制度，以此来减少经营风险；二是银行一旦发现贷款出现了风险信号，就应立即查明原因，加强与企业的联系，督促企业调整经营策略，改善财务状况，防止和减少新的不良信贷资产发生。

2. 完善商业银行内部控制制度

商业银行不良资产产生的一个重要原因就是内控不健全，主要表现形式是：商业银行对分支机构和部门的负责人缺乏有效的监督和制约，在信贷风险资产的发放上，缺乏科学的评估体系和约束监督制度，随意性较大。

要不断规范和加强对银行业内部控制的考核评价，督促银行业金融机构建立一套有效的内部管控机制，发挥董事会与经理层在风险管理中既统一又区别的作用，提高内审部门的独立性和有效性，促进风险内控机制的形成和内控效果的不断提高。

3.与企业签订不良贷款处理协议

(1)追加新贷款。在借款人提出要求增加新贷款时，银行应重新审核当初企业在申请原贷款时提交的贷款申请报告、项目评估报告、信贷员或审批小组的评估报告，查明贷款不能按时还本付息或贷款额不能满足项目资金需求的真正原因，在允许的范围内考虑给予追加新贷款。

(2)追加担保品。确保抵押权益，追加保证人。

(3)参与借款企业的管理。对于不能按期还本付息的借款者，尤其是对于那些经营管理混乱、计划决策屡屡失误、管理班子涣散、领导能力薄弱的企业，银行应要求参与借款企业的管理，帮助其提高经营管理水平，从而改善企业的财务状况，以助于银行收回贷款。

4.重组不良贷款

针对借款人经营困难，但又具有诸如技术、资产等方面的优势，可借助多方面的力量，推动借款人与其他企业兼并、合资、合作，或进行股份制改造，帮助企业寻找适合市场经济发展需要的新体制，借以对不良贷款进行重组，落实新的债务人，确保信贷资金安全。

案例讨论

银行不良资产处置迎接新一轮高峰

银保监会数据显示，2020 年末，我国银行业金融机构不良贷款余额 3.47 万亿元，不良贷款率 1.9%，保持基本稳定。与此同时，我国商业银行提取的贷款减值准备金从 2019 年的 4.49 万亿元增加至 2020 年的4.98 万亿元，大大增强了风险抵补能力。

地方银保监局数据也表明，过去一年我国多数省市的资产质量得到进一步优化，风险加速出清。从已披露相关数据的 24 个银保监局来看，其中 21 个地区的银行业不良率比 2019 年有不同程度的下降，各地降幅在 0.05 至 1.14 个百分点。仅天津、重庆、浙江三地不良率上升。

不过值得注意的是，受新冠肺炎疫情及地区经济发展差异影响，仍有部分地区银行资产质量承压。截至 2020 年年末，吉林、黑龙江、天津、大连等北方省市银行业不良贷款率整体上仍超出全国平均水平。

业内人士表示，银行资产质量与区域宏观经济、产业发展状况联系紧密，尤其疫情对我国经济产业造成结构性冲击，因此经济复苏存在不平衡问题。

后续可能出现的不良贷款攀升已引起监管部门关注。银保监会主席郭树清日前表示，今年将保持不良贷款处置力度不减，力度甚至比 2020 年更大。

“疫情发生以后，一些企业的生产经营活动处于不正常的状态，还款会有困难，甚至有相当一部分企业可能会面临破产重整或者破产清算的状况，更没有能力偿还贷款。所以不良贷款上升是必然趋势。”郭树清直言，今年需要处置的不良贷款还会增长，甚至会延续到明年，但有信心、有能力把不良资产处置处理好。

此前，金融监管部门多次表态加快不良资产处置。央行发布的《2020 年第四季度中国货币政策执行报告》也强调，下一步将加大不良贷款损失准备计提力度及核销处置力度。

为缓释不良风险，更多不良处置方式正加速落地。年初银保监会印发《关于开展不良贷款转让试点工作的通知》，正式开展单户对公不良贷款转让和个人不良贷款批量转让试点。

3月1日，工商银行、平安银行在银行业信贷资产登记流转中心（以下称“银登中心”）以公开竞价方式成功开展首批个人不良贷款批量转让和单户对公不良贷款转让试点业务，3月8日、3月11日，银登中心又先后发布了兴业银行、浙商银行、浦发银行三家股份制银行拟对其单户对公债权项目进行竞价转让的公告。

业内人士预计，今年不良资产处置将迎来更多政策支持，地方AMC（资产管理公司）获批开展不良贷款转让试点工作有望进一步扩围，同时不良资产的处置渠道和方式也将继续得到拓宽。

案例讨论：1. 银行不良资产包括哪些？不良资产产生的原因有哪些？

2. 如何防范不良资产的产生？不良资产产生后有哪些处理方法？

资料来源：经济参考报2021年3月24日

五、存款保险制度

（一）存款保险制度的概念

存款保险制度是一种金融保障制度，是指由符合条件的各类存款性金融机构集中起来建立一个保险机构，各存款机构作为投保人按一定存款比例向其缴纳保险费，建立存款保险准备金，当成员机构发生经营危机或面临破产倒闭时，存款保险机构向其提供财务救助或直接向存款人支付部分或全部存款，从而保护存款人利益，维护银行信用，稳定金融秩序的一种制度。

（二）存款保险制度的分类

1. 显性存款保险和隐性存款保险

国际上通行的理论是把存款保险分为显性存款保险和隐性存款保险两种。显性存款保险制度是指国家以法律的形式对存款保险的要素机构设置以及有问题机构的处置等问题做出明确规定。

隐性存款保险制度则多见于发展中国家或者国有银行占主导的银行体系中，指国家没有对存款保险做出制度安排，但在银行倒闭时，政府会采取某种形式保护存款人的利益，因而形成了公众对存款保护的预期。

显性存款保险制度的优势在于：

（1）明确银行倒闭时存款人的赔付额度，稳定存款人的信心；

（2）建立专业化机构，以明确的方式迅速、有效地处置有问题银行，节约处置成本；

（3）事先进行基金积累，以用于赔付存款人和处置银行；

（4）增强银行体系的市场约束，明确银行倒闭时各方责任。

2. 根据组织形式分类

已经实行存款保险制度的国家根据不同组织形式，可以分为以下三种不同类别：

（1）由政府出面建立，如美国、英国、加拿大；

（2）由政府与银行界共同建立，如日本、比利时、荷兰；

（3）在政府支持下由银行同业联合建立，如德国。

3. 强制保险与自愿保险

已经实行存款保险制度的国家存款保险的方式有：

(1)强制保险，如英国、日本及加拿大；

(2)自愿保险，如法国和德国；

(3)强制与自愿相结合保险，如美国。

(三)存款保险制度的功能与问题

这一制度的功能基本如其组建的目标：维护存款人的利益，维护金融体系的稳定。存款人主要关心自己存款的安全的，但就每一个存款人来说，他们不可能掌握足够的信息和具备良好的分析能力来选择业绩优良及最为安全可靠的金融机构。此外，即使存款人选择了业绩优良及最为安全可靠的金融机构，也不可能会在金融振荡中遭受严重的打击。因此，很多的小存款人、小投资人在存款这种金融交易中是弱势群体，而存款保险制度的建立则有利于保护他们的权益。

在金融振荡中，当小存款人、小投资人的权益没有得到存款保险制度的保护时，他们保护自己权益的行为就是挤兑。如果某几家金融机构的问题导致存款人的利益受损，影响到其他金融机构存款人的信心，就很容易发生挤兑风潮。此时，即使是经营状况良好的金融机构，在没有外部力量干预的情况下，也很难渡过难关，从而造成金融机构的连锁倒闭。借助存款保险制度对存款人提供的保护，可大大降低挤兑和金融机构连锁倒闭的可能性。

应该说，设计存款保险制度的初衷，在大半个世纪的实践中是体现出来了，但与此同时，这一制度在实际执行当中也产生了以下几方面的相反结果：对存款人来说，存款保险制度对其利益提供了保护，但降低了他们关心银行经营业绩和对银行业务经营活动进行必要监督的积极性，甚至将其存款从潜在破产的银行中取出。因此，这就使低效率甚至是资不抵债的银行能够继续吸收存款。

对投保金融机构来说，存款保险制度对于存款人的保护意味着存款人的挤兑威胁对存款货币银行可能施加的惩戒力量受到削弱。无“后顾之忧”的银行，更倾向于从事风险较高、利润较大的银行业务。存款保险制度可能促成的风险，大多属于道德风险，这些风险不仅会削弱市场规则在抑制银行风险方面的积极作用，而且会使经营不善的投保金融机构继续存在。所以在国外，对于存款保险制度有着极不相同的评价。

(四)存款保险制度的发展历程

1. 美国联邦存款保险制度

运作历史最长、影响最大的是 1934 年 1 月 1 日正式实施的美国联邦存款保险制度。20 世纪 30 年代，美国为了挽救在经济危机的冲击下已濒临崩溃的银行体系，其国会在 1933 年通过《格拉斯一斯蒂格尔法案》，联邦存款保险公司(FDIC)作为一家为银行存款保险的政府机构于 1933 年成立并于 1934 年开始实行存款保险，以避免挤兑，保障银行体系的稳定，开启了世界上存款保险制度的先河和真正意义上的存款保险制度。当时中国金融业的现状是利率市场化改革即将完成，大量中小银行资产负债结构不合理，风险抵御能力较差，在金融市场发育不完善、金融监管手段和方法落伍的背景下，实行强制性存款保险是对银行业发展的一种强制性保护。

2. 全球广泛实施

20 世纪 60 年代中期以来，随着金融业日益自由化、国际化的发展，金融风险明显上升，绝大多数西方发达国家相继在本国金融体系中引入存款保险制度，中国台湾、印度、哥伦比亚等部分发展中国家和地区也进行了这方面的有益尝试。2011 年，全球已经有 111 个国家建立了显性存款保险制度。

3. 我国的存款保险制度

1985 年 4 月，中国人民银行在《关于我国社会主义资金市场问题的研究提纲》中首次提出在中国建立存款保险制度的问题。1993 年 12 月 25 日，《国务院关于金融体制改革的决定》首次动议建立存款保险制度，而后进入了 20 余年的漫长酝酿期。2004 年，中国人民银行曾经设立专门部门负责存款保险制度的实施事宜。2014 年 11 月 30 日，中国人民银行公布《存款保险条例(征求意见稿)》;2015 年 2 月 17 日，国务院正式公布《存款保险条例》(国务院令第 660 号)，并决定从 2015 年 5 月 1 日起正式实施。中国成为全球第 114 个实行存款保险制度的国家。

根据《存款保险条例》，我国存款保险的偿付上限为 50 万元，为人均 GDP 的 12 倍。据统计，中国存款在 50 万元以下的账户数量占全部存款账户的 99.70%，这就意味着全额保障账户比例和人均 GDP 倍数均处于全球较高水平。相比之下，若折合成人民币，美国的偿付上限为 154 万元，英国为 82 万元。存款保险的偿付上限与人均 GDP 的倍数，美国为 5.3 倍，英国为 3.0 倍。

我国存款保险制度的建立将弱化银行体系特别是国有商业银行体系背后的国家隐性担保，促进中小银行发展，并在制度上允许银行倒闭，借以改善银行体系的结构。但是，我国存款保险制度将对整体金融运行产生何种实际影响，尚有待进一步观察。

第四节 商业银行的发展趋势

20 世纪 70 年代至 80 年代，国际金融业发生了重大变化，各国银行的经营范围、对象、方式、管理理论和方法都在发展更新，银行资本集中，银行垄断统治进一步加强，电子计算机及现代通信手段在银行业务中广泛应用，银行的业务经营正在发生一场深刻的技术革命，使西方商业银行出现了新的发展趋势，主要包括以下几个方面。

一、金融业务全能化

随着经济发展对资金要求的多元化变化，客户对金融服务要求的变化，电子技术在银行业务中的广泛应用以及银行与同业、非同业的竞争，英国、美国、日本流行的英国式的商业银行与欧洲大陆流行的德国式的商业银行的区别越来越小，业务趋于向综合化发展。1929 年，全球性的经济危机爆发，许多人认为，这场大危机与商业银行长期从事证券业务有很大的关系，是证券业的危机转移到了银行业的头上，因此美国在 1933 年通过了《格拉斯－斯蒂格尔法案》，从法律上切断了银行业与证券业的关系，由此开始了长达半个世纪的分业经营时代。

20 世纪 70 年代以来，上述两种类型商业银行经营业务的范围和界限开始有所突破，职能分工型的商业银行开始向综合化发展。其原因在于：在金融业竞争日益激烈的条件下，商业银行面对其他金融机构的挑战，利润率不断降低，这就促使商业银行必须从事更广泛的业务活动以加强竞争实力。鉴于这种情况，原来实行职能分工型模式的国家，金融管理当局逐步放宽了对商业银行分业的限制。美国于 1999 年通过了《金融服务业现代化法案》，允许商业银行可以部分染指证券业，逐渐转向混业经营。

国际瞭望

美国混业经营造就超大型金融集团

1998 年，美国花旗银行与旅行者集团宣布合并，组成了集商业银行、投资银行、资产管理、信用卡、保险等金融服务为一身的世界上最大的金融集团之一，实现了花旗银行多年梦寐以求的“一条龙”式的金融服务理想。

1999 年 11 月，美国国会通过了《金融服务现代化法案》，该法废除了《格拉斯—斯蒂格尔法案》第 20 条和第 32 条，拆除了银行业与证券业分离的“防火墙”，为银行、证券和保险之间混业经营提供了法律依据。该法的实施标志着美国已放弃了恪守了半个多世纪的金融业分业管理模式，鼓励和倡导混业经营。至此，美国商业银行可以名正言顺地从事全能银行业务，并可成为全能化、综合化的大型金融集团。

资料来源：黄达. 货币银行学[M]. 6 版. 北京：中国人民大学出版社，2017.

二、金融工具创新化

金融创新是近二三十年来世界金融业迅速发展的一种趋势。金融创新是在货币经济走向金融经济、货币外延扩大以及金融功能扩张的背景下，金融业的现实反应。金融创新是指在金融业各种要素的重新组合。具体讲，就是指金融机构和金融管理当局出于对微观和宏观利益的考虑而对金融机构、金融制度、金融业务、金融工具及金融市场等方面所进行的创新性的变革和开发活动。

金融工具的创新是金融创新的最主要的内容。近二三十年来出现的金融创新中，最显著、最重要的特征之一就是大量的新型金融工具以令人目不暇接的速度被创造出来。金融工具的创新包括基本存款工具的创新和衍生金融工具的创新。基本存款工具的创新主要包括：可转让支付命令、自动转账服务账户、超级可转让支付命令、货币市场支付命令、个人退休金账户等。20 世纪 70 年代出现的衍生金融工具，可以说给当代金融市场带来了划时代的贡献。衍生金融工具除了让人们重新认识金融资产保值和规避风险的方式手段之外，还具有很强的杠杆作用，让人们充分体会到了“四两拨千斤”的妙用。同时，人们还把衍生金融工具称为“双刃剑”，如果运用得当，可给金融业带来许多好处，能起到传统避险工具无法起到的保值、创收作用；但如果运用失当，也会使市场参与者遭受严重损失，甚至危及整个金融市场的稳定与安全。衍生金融工具主要包括远期合约、金融期货、互换、金融期权等。

三、金融科技智慧化

最近 30 多年来，科学技术突飞猛进，出现了一批新的技术和新的产业，尤其是互联网科技对金融业带来颠覆性变革。根据金融科技产业主体的发展特点，从“新金融”和“新技术”两个不同角度，可将金融科技企业分为两大类型：第一类主要是利用互联网、大数据、云计算、人工智能和区块链等新兴技术，变革金融业务模式，提供创新型的金融服务，其金融属性更强，如众筹融资平台开始起步；第二类主要是为金融机构在客服、风控、营销、投顾和征信等服务领域，提供云计算、大数据、人工智能和区块链等新兴技术支撑服务，其技术属性更强，如纯互联网银行、互联网保险公司相继获批，不用投资实体分支机构就可以实现业务的开展。

金融科技不仅提升了金融业的效率，同时也有利于用户得到更加差异化和个性化的服务体验。金融科技能够帮助金融企业更好地分析和利用现有数据，更快捷地对用户需求做出反应，更深入和低成本地挖掘用户需求，提供场景化、生活化驱动的产品和服务，扩大产品和服务范围，拓宽客户基础。

金融科技应用让普惠金融、小微金融和智能金融等成为金融业转型发展的重点方向和结构性机遇。在普惠金融方面，金融科技所带来的金融创新能够降低成本，提高效率，扩大覆盖面，为更广大的用户提供差异化和个性化的服务体验；在小微金融方面，金融科技能够解决小微企业金融服务中存在的信息不对称、交易成本高、场景服务不足和风控难等问题，为小微企业提供特色化的金融服务解决方案；在智能金融方面，以智能客服、智能营销、智能投顾等为代表的智慧金融场景应用，能够使金融行业在业务流程、业务开拓和客户服务等方面得到全面的智慧提升，实现金融产品、风控、获客、服务等全流程的智慧化。

当前，我国高度重视金融科技应用对于强化金融监管能力和促进金融转型发展的双重作用。2017 年 6 月，中国人民银行印发的《中国金融业信息技术"十三五"发展规划》明确提出，"十三五"期间金融信息技术工作的发展目标包括金融信息基础设施达到国际领先水平、信息技术持续驱动金融创新等。2017 年 7 月，国务院印发的《新一代人工智能发展规划》专门提出了"智能金融"的发展要求，指出要建立金融大数据系统，提升金融多媒体数据处理与理解能力；创新智能金融产品和服务，发展金融新业态；鼓励金融行业应用智能客服、智能监控等技术和装备；建立金融风险智能预警与防控系统。

金融科技在带来一系列金融服务创新模式的同时，也给金融行业监管带来了新的挑战。这主要体现在三个方面：

(1)金融科技具有跨市场、跨行业特性，而且带来金融服务市场主体的不断多元化，传统的简单隔离商业银行和网络借贷之间的风险传播途径，面临巨大挑战；

(2)由于金融科技具有去中心化的发展趋势，金融风险也呈现分散化和蜂窝式分布，目前采取的对现有金融机构自上而下的监管路径，也面临前所未有的挑战；

(3)金融科技的发展使金融交易规模和交易频度呈几何级数增长，金融监管面临的数据规模性、业务复杂性、风险多样性持续上升，面对日益纷繁复杂的金融交易行为，金融监管能力面临巨大挑战。因此未来需要加大金融监管技术和模式的创新。

看现象学理论

网络银行

网络银行(internet bank)，又称网上银行、在线银行，是指通过互联网或其他电子传送渠道，提供各种金融服务的新型银行。进入 21 世纪以后，特别是自 2012 年以来，随着互联网技术的迅猛发展和普及，一种被称作互联网金融(internet finance，ITFIN)的新兴金融形态方兴未艾。广义的互联网金融包括众筹平台、P2P 网贷平台、第三方支付平台、数字货币以及网络银行(或称互联网银行)、互联网证券、互联网保险等形式。网络银行通常分为纯网络银行和分支型网络银行两类。纯网络银行也可称为"只有一个站点的银行"。这类银行一般只有一个办公地址，无分支机构、无营业网点，几乎所有业务都通过互联网进行，是一种虚拟银行(virtual bank)。世界上第一家纯网络银行是于 1995 年 10 月 18 日在美国亚特兰大成立的"安全第一网络银行"(Security First Network Bank，SFNB)；与此类似的是直销银行(direct bank)，如 1998 年成立的德国恩特瑞姆直销银行(Entrium Direct Bankers)。分支型网络银行是指原有的传统银行利用互联网作为新的服务手段，建立银行站点，提供在线服务。因此，网上站点相当于它们的一个分支行或营业部，是实体银行采用网络手段扩展业务、增强竞争力的一种方式。在网络银行业务中，以传统银行作为母行来推动的占主要份额。网络银行发展中存在的主要障碍是：①安全问题。互联网的公开性势必威胁到网络银行的安全性，而安全性问题是决定网络银行成败的关键。②法律规范问题。网络银行的发展要求有一套完整的法律规范与之适应，而目前全球关于计算机和网络领域的立法工作相对滞后，有关这方面的金融法规很不健全。③信用体系问题。与传统银行相比，网络银行没有物理网点，也没有抵押担保，只是通过网络技术获取和甄别客户的信用状况，因此更加依赖社会信用体系。

中国第一家网络银行是由互联网巨头腾讯公司牵头发起并于2014年12月12日开业的首家民营银行——深圳前海微众银行。该银行既无营业网点，也无营业柜台，更无须财产担保，而是通过人脸识别技术和大数据信用评级发放贷款。2015年6月25日开业的另一家民营银行——浙江网商银行也定位于网络银行，该行不设实体网点，不经营现金业务，仅通过网络数据甄别个人信用。此前，广告宣传上的网络银行都是传统银行通过网络开展业务。

近年来，我国绝大部分商业银行都提供网上银行服务，不少银行推出直销银行平台。银行网络业务在中国的开展，首先是1996年6月中国银行在国内设立网站，提供网上银行服务。1997年4月，招商银行推出网上金融业务："一网通——网上支付"，并于1999年实现网上支付业务的全国联网，初步构造了中国网上银行的经营模式。1999年，建设银行、工商银行也开始向客户提供网上银行服务。2015年3月23日，工商银行推出E—ICBC，开始全面提供互联网金融服务，其中包括国有大行的首个直销银行平台（"融E行"）。

四、信贷资产证券化

信贷资产证券化指把缺乏流动性但有未来现金流的信贷资产，如银行的贷款、企业的应收账款等经过重组形成资产池，并以此为基础发行证券。从广义上来讲，信贷资产证券化是指以信贷资产作为基础资产的证券化，包括住房抵押贷款、汽车贷款、消费信贷、信用卡账款、企业贷款等信贷资产的证券化，其中抵押贷款证券是证券化的最普遍形式。

信贷资产证券化的基本过程包括资产池的组建、交易结构的安排和资产支持证券（Asset Backed Securities，ABS）的发行，以及发行后的管理等环节。通过上述过程，信贷资产的形态发生了转化，从原始的诸多离散贷款形式，转化为系列化的证券形式。也就是说，证券化的过程可以描述为：银行将贷款进行组合打包，并切割为证券出售。这样，通过贷款的组合能有效分散单个贷款的特定风险；将贷款包拆为标准化的证券，提高了资产的流动性；通过对资产支持证券的结构划分，能满足不同的投资需求。

本章重点摘要

1. 现代商业银行主要通过以下两种途径产生：(1)从高利贷性质的银行逐渐转变而来；(2)按照资本主义经济的要求组建股份制商业银行。

2. 商业银行的性质可以归纳为以追求利润为目标，以经营金融资产和负债为对象的综合性多功能的金融企业。

3. 商业银行具有四大职能：(1)信用中介；(2)支付中介；(3)信用创造；(4)金融服务。

4. 商业银行的组织制度包括：(1)单一银行制度；(2)总分支行制度；(3)持股公司制；(4)连锁银行制。

5. 形成商业银行资金来源的业务即负债业务。其全部资金来源包括自有资本和吸收的外来资金两部分。

6. 商业银行的资产业务指商业银行将负债业务所筹集起来的资金加以运用的业务，它是商业银行取得收益的主要途径。资产业务主要包括现金资产、贷款、贴现和证券投资。

7. 表外业务是指对银行的资产负债表没有直接影响，但却能够为银行带来额外收益，同时也使银行承受额外风险的经营活动。广义的表外业务泛指所有能给银行带来收入而又不在资产负债表中反映的业务。狭义的表外业务是指涉及承诺或有债权、或有债务的活动，即银行对客户做出某种承诺，当约定的或有事件发生时，银行承担提供贷款或支付款项的法律责任。

8. 商业银行主要面临的风险是信用风险、市场风险和操作风险。这些风险是商业银行在经营过程中，由于各种不确定性造成的风险。

9. 商业银行风险管理的主要策略有风险分散、风险对冲、风险转移、风险规避和风险补偿。

10. 现代商业银行出现了新的发展趋势，主要包括下面几个方面：(1)金融业务全能化；(2)金融工具创新化；(3)金融技术智慧化；(4)信贷资产证券化。

重要名词

银行资产业务　银行负债业务　银行表外业务　银行资本金　分业经营　混业经营　银行存款保险制度　贷款五级分类法　银行不良贷款　商业银行风险管理　贷款承诺　票据发行便利　银行信贷资产证券化　金融创新　互联网金融

课后练习

一、单项选择题

1. 资本主义现代银行制度形成及商业银行产生的标志是(　　)。

A. 瑞典银行　B. 威尼斯银行　C. 圣乔治银行　D. 英格兰银行

2. 货币经营业与银行的本质区别是(　　)。

A. 能否办理贷款　B. 能否吸收存款

C. 能否办理汇兑　D. 能否办理款项的划拨

3. 商业银行最基本、最能反映其经营活动特征的职能是(　　)。

A. 支付中介职能　B. 信用中介职能　C. 信用创造职能　D. 金融服务职能

4. 商业银行无论采取何种组织形式都必须遵循的原则是(　　)。

A. 效率原则　B. 公平竞争原则　C. 防止垄断原则　D. 垄断原则

5. 在商业银行中，第一准备金指的是(　　)。

A. 按照中央银行法定准备金比率要求准备的现金或上缴的存款

B. 短期投资　C. 贴现　D. 再贴现

6. 商业银行最主要的收入来源是(　　)。

A. 手续费收入　B. 信托收入　C. 利息收入　D. 租赁收入

7.《巴塞尔协议》签署国银行的最低资本限额为银行风险资产的(　　)。

A. 4%　　B. 8%　　C. 20%　　D. 50%

8. 我国商业银行的组织制度是(　　)。

A. 单一银行制　　B. 总分支行制　　C. 连锁银行制　　D. 持股公司制

9. 商业银行间同业拆借时，资金拆借双方都要在中央银行开有(　　)。

A. 存款账户　　B. 准备金账户　　C. 保证金账户　　D. 同业拆借账户

10. 规定缴存法定存款准备金的最初目的是(　　)。

A. 提高商业银行的流动性管理　　B. 加强中央银行的宏观调控

C. 均衡各商业银行之间的盈利水平　　D. 避免发生挤兑而引起商业银行的倒闭

二、多项选择题

1. 现代商业银行产生的途径主要有(　　)。

A. 旧式高利贷银行转化而来　　B. 货币经营业转化而来

C. 以股份制形式组建　　D. 政府出资建立

E. 由商人转化而来

2. 核心资本包括(　　)。

A. 普通股　　B. 可收回优先股　　C. 不可收回优先股

D. 资本盈余　　E. 长期次级债券

3. 证券投资的收益有(　　)。

A. 股息收入　　B. 债息收入　　C. 手续费收入　　D. 资本损益

E. 代理费收入

4. 商业银行的表外业务包括(　　)。

A. 担保　　B. 结算　　C. 远期利率协议　　D. 贷款承诺E. 代理

5. 属于商业银行现金资产的有(　　)。

A. 库存现金　　B. 托收中的现金　　C. 在中央银行的存款

D. 存放同业存款　　E. 固定资产投资

三、简答题

1. 当代商业银行是怎样发展而来的？
2. 如何理解商业银行的性质？
3. 商业银行有哪些主要职能？
4. 论述商业银行的经营原则。
5. 试述商业银行经营业务的组成。
6. 商业银行表外业务快速发展的原因有哪些？
7. 现代商业银行的发展趋势如何？

第七章 中央银行

现代经济的核心是金融，现代金融的核心是中央银行。全球各地的金融市场中，掌握货币政策的中央银行可以说是最重要的市场参与者之一。中央银行的一举一动，将影响利率、信贷量和货币供应量的变化，进而影响金融市场、国民产出与通货膨胀。为了了解中央银行在经济体系中所扮演的角色，我们有必要知道这个机构的业务、结构与决策过程。

思政目标

通过了解我国中央银行的起源及中央银行制度的变迁过程、中央银行的性质和职能等，帮助学生从宏观角度理解国家经济、金融政策，树立正确的金融价值观，培养学生民族自豪感和爱国主义精神。

第一节 中央银行的产生与发展

一、中央银行产生的历史背景与客观经济原因

中央银行的历史起源大致可以追溯到17世纪中后期。在此之前，习惯上称为商业银行的银行已经存在和发展了相当长的一个时期。要了解中央银行产生的历史必然性以及它在现代金融体系和经济体系中地位不断上升的客观原因，有必要从中央银行诞生前后的社会经济、货币与信用、银行体系等方面的状况谈起。

（一）中央银行产生的历史背景

中央银行产生的历史背景，可以从以下几个方面的分析中得出大致的轮廓。

1. 社会生产力和商品经济的快速发展

在社会发展史上，不论是东方还是西方，都经历了一个很长的封建社会，但东方的封建社会持续的时间比西方更长。欧洲的封建社会解体较早，12世纪开始逐步兴盛起来的“生产力革命”和科学技术的发展，冲破了宗教神学统治的“中世纪的黑暗”，动摇了封建社会的基础。13、14世纪的西欧，商品经济已经得到初步发展。15、16世纪，欧洲资本主义制度开始形成，社会生产加速转向商品化，一些手工业开始脱离农业而成为新的独立的部门，并形成了若干工业中心。这一时期，纺织、酿酒、食品、农具制造等得到快速发展，农业也从传统的自给型向商品型转化，出现了一批商品农业区，资本主义由此渗透到广大农村和新兴行业。到17世纪，西欧的商品经济已比较发达，按照资本主义生产方式组织起来的工商企业和新式农业已占据社会

生产的主导地位，科学发明和技术革新极大地促进了生产力的发展，为资本主义制度的最终确立奠定了坚实基础，并为18—19世纪的西方工业革命开辟了道路，经济和社会发展以前所未有的速度迈向现代化社会的快车道。

2. 商业银行的普遍设立

伴随着商品经济的快速发展，银行业也逐步兴盛起来。银行业的产生有两条渠道，一是由在此之前的货币兑换商和银钱业发展而来，二是直接设立新的银行。银行业的最初形成是在13—14世纪，最先出现在经济贸易比较发达的欧洲，与该地区商品经济的发展直接相关。中国的银钱业虽然在古代有一定的发展，但由于中国封建社会的长期停滞和自然经济占统治地位，所以一直未能直接发展转化为现代银行业。在欧洲封建社会解体的过程中，商品经济的快速发展给银钱业向银行业的转变创造了条件。

到14世纪末期，主要为贸易服务的新的信用机构已有了较大发展，一些以“银行”命名的信用机构也开始出现，1397年成立的麦迪西银行（Medici Bank）便是较早用“银行”命名的信用机构之一。热那亚的圣乔治银行（Bank of St. George）建立于1407年，被称为第一个国家存款银行。

15、16世纪，伴随着欧洲商品经济的快速发展和资本主义生产方式的兴起，银行的设立和发展也出现了一个高潮。1587年成立的威尼斯银行（Bank of Venice）、1593年成立的米兰银行（Bank of Milan）等已初步具有近代银行的某些特征。同期在纽伦堡、里昂、法兰克福、布鲁日、安特卫普等交易中心也先后设立了类似的银行。

17、18世纪是欧洲资本主义制度确立的时期，也是社会生产力飞速发展的时期。这一时期的银行业在业务活动方面比先前的银行前进了一大步。发行银行券，为企业开立账户并办理转账、为新兴行业融资并提供服务等使银行真正具有了现代银行的性质。德国人1609年成立的阿姆斯特丹银行（Bank of Amsterdam）是这一时期新式银行的最典型代表。新式银行的成功引来了大批效仿者，出现了银行设立的又一次高潮。在这一时期成立的银行中，有两家特别值得一提，即1656年成立的瑞典银行和1694年成立的英格兰银行。这两家银行不但在业务上有所创新，而且也是最早转变为中央银行的银行。商业银行的普遍设立极大地促进了资本主义生产方式的确立和商品经济的发展。这是中央银行产生的又一历史背景。

3. 信用关系在社会经济体系中的广泛存在

商品经济的迅速发展和银行的普遍设立，促进了货币、信用和经济的融合，银行的业务创新使货币、信用活动、贸易与新兴工商业的发展紧密结合起来。银行把吸收的存款当作资本来经营，使得存款者把货币作为资本来让渡的要求在更广泛的范围内被社会普遍接受。货币和信用观念深入人心，使得资本主义的发展由以前的依靠众多的个体积累过渡到依靠社会资本积累的新阶段。此时，银行一方面为企业的资本联合和社会筹资提供条件与便利，如为股份公司代理发行股票、代付股息并建立股票市场，为企业代理债券的发行、流通和还本付息等事宜；另一方面向企业直接提供贷款，并且通过办理商业票据的承兑、贴现等业务，将商业信用转化为银行信用，克服了商业信用的局限性，大大扩展了信用范围和规模，为社会化大生产和商品经济的蓬勃发展创造了条件。

4. 经济发展过程中新的矛盾日益凸显

17世纪末、18世纪初，信用制度和银行体系已经成为商品经济运行体系中不可或缺的一部分，但由于银行的设立、业务的创新和信用规模的扩张缺乏有效、稳定的制度保证，这时的信用制度特别是银行体系还比较脆弱，银行业的迅速发展在促进商品经济走向繁荣的同时，新的矛盾和问题不断累积，各自独立、缺乏统一的银行体系也遇到严峻挑战。主要表现在：①银行券的分散发行不利于商品流通和商品经济的发展；②规模有限的商业银行难以应付票据交换和清算业务的日益增长需求；③银行的破产倒闭易造成信用体系和经济运行受到冲击；④缺少统一规则的竞争使整个市场的金融秩序经常出现混乱的局面等。面对这些状况，国家政府开始从制度入手，尝试建立一家公共性金融机构来代表政府管理各种金融事务以稳定信用制度和银行体系，于是中央银行应运而生。

（二）中央银行产生的客观经济原因

在前述信用制度和银行体系发展与它们服务的对象——商品经济更快的发展之间产生矛盾时，解决矛盾的办法也同时形成，这便是建立中央银行。要对中央银行产生的历史必然性或导致中央银行产生的基本经济原因有一个较为清晰的了解，大致可以从以下几个方面分析。

1. 统一银行券发行的需要

银行券是在商业票据流通的基础上产生的，用以代替商业票据的银行票据，是由银行发行的一种债务凭证。在中央银行成立之前，只要能保证银行券的随时兑现，每家银行都可发行以自身为债务人的银行券。因此，市场上有多种银行券存在和流通，其流通支付能力取决于它兑换金属货币的能力，即发行银行的信誉。如果每家银行都能保证自身发行的银行券随时兑现，那么银行券在给商品经济发展带来方便的同时不至于引发大的问题。但随着银行数量的增加及银行竞争的加剧，这种分散发行银行券制度的弊端日益显现。首先，各银行受实力、资信、分支机构的限制，所发行的银行券被接受的程度和流通的范围不同，一些中小银行发行的银行券只能在其所在地区或邻近地区流通，这有悖于生产和流通的社会化要求。其次，由于各银行都能发行银行券，这样在同一地区便有多种银行券流通。实力强、信誉佳的银行所发行的银行券流通性强，被认可程度高；而实力弱、信誉差的银行所发行的银行券的流通性受到一定限制。再次，分散发行、多种信用货币同时流通与货币作为一般等价物的本质相矛盾，也给社会的生产与流通带来困难。最后，由于银行林立，竞争加剧，各银行常常无法保证银行券的及时兑现，特别是在经济危机期间，因此在银行与银行、银行与企业债权债务关系日趋复杂的情况下，某种银行券不能兑换所带来的连锁反应更加突出。

这些问题的存在，客观上要求集中信用货币的发行权，由资金雄厚且有权威的银行发行能在全社会流通的信用货币。于是，国家开始限制一般银行发行银行券的权力，并将银行券的发行权集中到几家乃至最终集中到一家大银行。

2. 保证银行支付能力的需要

银行为了营利，贷款的规模不断扩大，期限不断延长。尽管银行为了满足客户提取存款的需要，会保留一部分准备金，但一般将其控制在较低的水平。若银行发放的贷款不能按时回收或因其他原因产生挤兑时，银行便会陷入支付危机。此时，银行固然可以通过发行银行券、同业拆借、回购协议等方式融通资金，但有时这些措施是极不可靠的，特别是出现普遍的银行恐慌时，银行因支付能力不足而发生破产、倒闭的可能性极大。而一家银行的倒闭会迅速波及其他银行甚至危及整个银行体系。因此，客观上需要一个金融机构作为整个银行体系的最后贷款人，适当集中银行的一部分现金，在银行出现支付危机时，向其提供资金支持，以保证其支付能力，从而维持整个银行体系的稳定。

3. 统一票据交换及清算的需要

随着商品经济的发展和银行业务的扩大，银行收受票据的数量急剧增长，银行间的债权债务关系日趋复杂，票据交换业务日趋繁重。不断增长的票据交换和清算业务同原有的各银行自行轧差当日清算的方式间的矛盾日趋激化，不仅异地结算时间延长、速度变慢，而且同城结算也遇到很大的困难。虽然当时有些城市已由多家银行建立了票据交换所，但主要为会员银行提供服务，中小银行难以参与其中。这在客观上要求建立一个全国统一和公正的权威性机构，作为金融支付体系的核心，能快速结清银行间的票据，从而便于资金流通，更好地为经济服务。

4.政府融资的需要

在资本主义制度确立和发展的过程中，政府的职能和作用不断增强，从而导致了政府开支的增加，政府融资便成为一个重要问题。在各自独立发展的银行体系中，政府要与多家银行建立联系，不过这种联系大多是极其松散的，从而给政府融资带来不利，特别是政府需要巨额资金时。为了保证和方便政府融资，建立一个与政府有密切联系、能够受政府控制的银行机构，便成了必然。19 世纪末之前各国的中央银行几乎都是以解决政府融资问题为目的而建立的，如英格兰银行、法兰西银行、日本银行、美国第一国民银行和第二国民银行等。

5.金融监管的需要

随着经济的发展，金融业在国民经济中的重要性日益提升，并且逐渐成为现代经济的核心。金融业是一个特殊行业：它是高风险行业，存在严重的信息不对称现象，外部经济问题明显。因此，成立一个专门机构对金融业进行监督管理是必要的。这个机构不仅要在业务上与银行有密切联系，而且要依据政府意志制定金融政策和监管条例，对整个金融业实行监督和管理，对宏观经济进行调节，以此来统筹、管理和监督整个国家的金融活动，这一职责非中央银行莫属。

上述诸方面的需要推动了中央银行的产生，但这些要求并非同时提出，其迫切程度亦不相同。中央银行的产生与发展经历了一个长期的过程。

二、中央银行制度的形成与发展

中央银行从最初的创立、演进到现代中央银行制度的普遍设立，历经坎坷，不同国家经历不同，所走的道路亦有所不同。但总的来看，经历了三次大的演进：初创时期、普遍推行时期和强化发展时期。

(一)中央银行的初创时期

历史上中央银行的产生一般有两条途径：一是自然发展型，即由信誉好、实力强的大银行逐步演变而成，如瑞典银行和英格兰银行；二是创建型，即由政府直接组建的中央银行，如美国联邦储备体系。

1.最早的中央银行

英格兰银行是自然发展型的典型，英格兰银行的历史可以说就是一部中央银行的形成历史。虽然英格兰银行的成立(1694 年)晚于瑞典银行，但其与英国政府的特殊关系使其最早具有中央银行的基本性质和特征。因此，大部分的经济学家认为英格兰银行是中央银行的鼻祖。

英格兰银行设立时最初的宗旨纯属为政府筹集资金，其交换条件是该行有权发行纸币。1833 年，英国议会通过法案，规定英格兰银行的纸币为全国唯一的法偿货币。1844 年，英国议会再度修订银行条例，该条例由英国当时首相皮尔所拟，故称为《皮尔条例》。该条例决定将英格兰银行机构分为发行部和业务部，将发行钞票和银行业务分开，从而奠定了现代中央银行组织模式。同时该条例又限制其他商业银行发行纸币的数量，扩大了英格兰银行的货币发行权。

随着发行权的扩大，加上该行与政府的密切关系，英格兰银行作为特殊银行的地位更加稳固，许多商业银行把自己现金准备的一部分存入英格兰银行，用于交换和清算，英格兰银行成了英国银行业的清算银行。在英国的几次周期性经济金融危机中，英格兰银行充当银行的银行，对资金周转困难的银行提供贷款，以免银行挤兑风潮的扩大导致整个银行业的崩溃，发挥了“最后贷款人”的作用，英格兰银行就逐步演变成英国的中央银行。到 19 世纪后期，英格兰银行已经成为中央银行的典范，为他国所纷纷模仿。

2. 中央银行制度的初步形成

英格兰银行的出现，使中央银行制度在世界上尤其是欧洲的一些国家受到重视，这些国家的大银行纷纷开始逐步向中央银行转变。例如，成立于 1800 年的法兰西银行，1848 年垄断了全国货币发行权；成立于 1829 年的西班牙银行，于 1874 年垄断了货币发行权；日本银行和德国国家银行也分别于 1889 年和 1912 年统一和独享了货币发行权。

在整个 19 世纪到第一次世界大战爆发前这 100 多年里，出现了成立中央银行的第一次高潮。在此期间，世界上约有 29 家中央银行相继设立，除了以上列举的以外，还有俄罗斯银行(1860 年)、瑞士国家银行(1905 年)、大清户部银行(1905 年)、埃及国家银行(1898 年)等。

可以看出，在中央银行制度形成的初期阶段，绝大部分中央银行产生在欧洲国家，这是因为欧洲的经济、金融发展比其他地区要早得多，也发达得多。另外，从中央银行产生的形式看，多数是由普通银行通过国家法律赋予集中货币发行权和对其他银行提供清算服务及资金支持而逐步演进成为中央银行的。

(二)中央银行制度的普遍推行时期

第一次世界大战结束后，面对世界性的金融恐慌和严重的通货膨胀，1920 年在布鲁塞尔和 1922 年在瑞士日内瓦召开的国际经济会议上，要求尚未设立中央银行的国家应尽快建立中央银行，以共同维持国际货币体系和经济的稳定。由此，又一次推动了中央银行成立的高潮。1921—1942 年，世界各国改组或设立的中央银行约有 40 家，许多都是借助政府力量并根据前一时期中央银行创设和发展的经验直接设计的权责明确的特定机构。

从第一次世界大战到第二次世界大战结束，这段时期是中央银行的普及与发展时期，中央银行的主要任务是调节货币供应量，为商业银行服务。

(三)中央银行制度的强化发展时期

第二次世界大战以后，为了恢复经济发展，稳定经济金融秩序，各国都对中央银行加强了控制，与此同时，中央银行的权利与责任也大大加强了。这一时期，中央银行制度的发展主要表现在两方面：一是欧美国家中央银行以国有化为主要内容的改组和加强；二是亚洲、非洲等新独立的国家普遍设立中央银行。

由于亚洲和非洲的经济和金融发展比欧美晚得多，因此中央银行制度的形成也晚得多，绝大多数的亚洲和非洲国家的中央银行都是在第二次世界大战结束后成立的。这些国家摆脱了宗主国或殖民者的统治而获得独立，它们皆视中央银行的建立为巩固民族独立和国家主权的一大标志。

这一时期新成立的中央银行绝大部分是由政府直接组建的，并借鉴了欧美中央银行发展的经验，使之直接具备了比较全面的现代中央银行特征。经济和金融发展较晚的亚洲和非洲国家中央银行的普遍设立，完成了中央银行制度在全世界范围内的扩展，目前除极少数的殖民地、附属国外，几乎所有国家都设立了自己的中央银行，中央银行制度普遍成为世界各国一项基本经济制度。

这一时期中央银行的主要任务是完善组织结构、健全调控机制、加强独立性，成为国家干预和调控经济的工具。

专栏 7-1 延伸阅读

中央银行的先驱：古代的公共银行

在中国，对于政府的金融机构，可以追溯到公元前11世纪的西周初年。《汉书》有“太公为周立九府环法”的记载，这是中国最早的政府金融机构和货币立法。后来的秦、汉、唐、宋、明、清政府常常出台干预货币金融的政策。清代大约在康雍时期，民间金融活跃，出现了办理票据交换、承担货币金融监管的金融行会组织，呼和浩特有“宝丰社”、包头有“裕丰社”、大同有“恒丰社”等。

在西亚和欧洲，金融业是从寺庙借贷和摊桌钱币兑换商开始的。政府为了反对高利贷，也为了减轻雅典和德劳斯神殿带来的影响，古希腊的许多城市从公元前4世纪就决定成立公共银行，由政府官员掌管和监控。这些公共银行除了发挥银行本身的职能作用以外，还负责征收赋税和铸造货币。公元前3世纪，古埃及以古希腊的样板建立了皇家银行网，垄断了银行业务。后来古希腊和古埃及融入了古罗马。由于各公共银行或摊桌兑换商都分散在外省，在古罗马城没有一个中央银行。他们的合作者被称为包税人。在15、16世纪欧洲文艺复兴时期，公共银行制度出现。1401年，巴塞罗那市政府创立“交换所”，延续了三个世纪；1407年，法国瓦朗斯成立当地的第二家公共银行；1408年，意大利第二家公共银行“圣乔治银行”在热那亚成立，它接受市政大量债务，进行整顿，吸收存款，为政府融通资金，并延续了四个世纪，意大利一些教会的典当行，在省政府支持下变成了公共银行。1619年，威尼斯共和国成立了一家转账银行——吉罗银行，促使国家的供应商接受延期付款，银行以流通票据购回供应商的票据。1637年，它兼并了另一家公共银行——理亚多银行，成为威尼斯国家银行，印制流通票据，承兑国家债权现金存款和商业债权，1797年与共和国同时寿终正寝。1609年，阿姆斯特丹市成立一家外汇银行，垄断外汇结算和转账，与威尼斯银行一样发行流通票据。

1656年，立陶宛籍瑞典人约翰·帕尔莫斯塔奇在斯德哥尔摩成立成克塞尔银行，在用流通票据支付存款时，不计利息、手续费，没有期限，可以换取现金。但是需要交付一笔现金或者签署一个简单的债务认可书，这就成为最早的纸币，该银行也就成为最早的贷款无须存款的银行。但它在1666年还是陷入了支付困难。为了接替这家银行，1668年瑞典组建王国国家银行，这就是近代中央银行的最早雏形。

资料来源：1. 孔祥毅. 中央银行的制度变迁与功能[J]. 河南金融管理学院学报，2005(3)：22-26.

2. 转引自盛宝莲，徐峥主编. 中央银行学[M]. 上海：华东理工大学出版社，2012.

第二节 中央银行的职能与组织结构

一、中央银行的性质

中央银行是指在一国金融体系中处于中心地位，代表一国政府调控金融和经济发展的特殊金融机构。从中央银行业务活动的特点和发挥的作用看，中央银行既是为商业银行等普通金融机构和政府提供金融服务的特殊金融机构，又是制定和实施货币政策、监督管理金融业、规范与维护金融秩序、调控金融和经济运行的宏观管理部门。因此,中央银行的性质可以综合表述为:中央银行是代表国家制定和执行货币政策,对国民经济进行宏观调控和对金融业进行管理的特殊的政府金融机构。

总的说来,中央银行的性质可以从以下几个方面分析:

(一)中央银行是特殊的金融机构

首先,中央银行的主要业务活动具有银行固有办理“存、贷、汇”业务的特征;其次,它的业务活动又与普通金融机构有所不同,主要表现在:

(1)其业务对象仅限于政府和金融机构,不是一般的工商客户和居民个人;

(2)享有政府赋予的系列特有的业务权利,如发行货币、代理国库、保管存款准备金、制定金融政策等;

(3)与政府有特殊关系。中央银行既要与政府保持协调,又要有一定的独立性,可独立地制定和执行货币政策,实现稳定货币的政策目标。

(二)中央银行是保障金融稳健运行、调控宏观经济的工具

(1)中央银行通过改变基础货币的供应量,保障社会总需求和总供给在一定程度上的平衡。

(2)承担着监督管理普通金融机构和金融市场的重要使命,保障金融稳健运行。

(3)中央银行是最后贷款者,它通过变动存款准备率和贴现率对商业银行和其他信用机构进行贷款规模和结构的调节,间接地调节社会经济活动。

(三)中央银行是国家最高的金融决策机构和金融管理机构

随着国家对金融和经济实施干预和控制的加强,中央银行的国家机关性质也趋于强化。但其国家机关的性质与一般国家行政机关又有很大不同。

(1)中央银行履行其职责主要是通过特定金融业务进行的,对金融和经济管理调控基本上是采用经济手段,这与主要靠行政手段进行管理的国家机关有明显不同。

(2)中央银行对宏观经济的调控是分层次实现的。通过货币政策工具操作调节金融机构的行为和金融市场的运作,然后再通过金融机构和金融市场影响到各经济部门,市场回旋空间较大,作用也较平缓,而国家机关一般是用行政手段直接作用于各微观主体。

(3)中央银行在政策制定上有一定的独立性。

总之,中央银行既是为商业银行等普通金融机构和政府提供金融服务的特殊金融机构,又是制定和实施货币政策、监督和管理金融业、规范与维护金融秩序、调控金融与经济运行的宏观管理部门。这可以看作是对中央银行性质的一个基本概括。

二、中央银行的基本职能

尽管随着中央银行制度的不断发展,中央银行的职能也得到不断的完善,内容也更加丰富,但是,中央银行是发行的银行、政府的银行和银行的银行,仍然是对中央银行职能的最典型概括。

(一)发行的银行(Issue Bank)

国家赋予中央银行集中与垄断货币发行的特权,是国家唯一的货币发行机构。中央银行垄断货币发行权是统一货币发行与流通和稳定货币币值的基本保证。目前,世界上几乎所有国家的现钞都由中央银行发行。一般的硬辅币的铸造、发行,有的国家由中央银行经营,有的国家则由财政部负责,发行收入归财政,由中央银行投入流通。

这一职能的具体体现有以下几个方面：

（1）中央银行必须根据经济发展和商品流通扩大的需要，保证及时供应货币。现代社会中中央银行所发行的货币是法定通货。由央行垄断发行货币有利于货币流通的集中统一，有利于货币总量的控制，避免币制混乱。

（2）中央银行必须根据经济运行状况，合理调节货币数量。一方面为经济发展创造良好的货币环境，促进经济和社会稳定；另一方面，推动经济持续协调增长。

（3）中央银行要加强货币流通管理，保证货币流通的正常秩序。中央银行依法管理货币发行基金，严格控制货币投放，加强现金管理，需要做好货币印制、清点、保管运输、收兑等方面的工作。货币的投放与回笼渠道如图 7-1 所示。

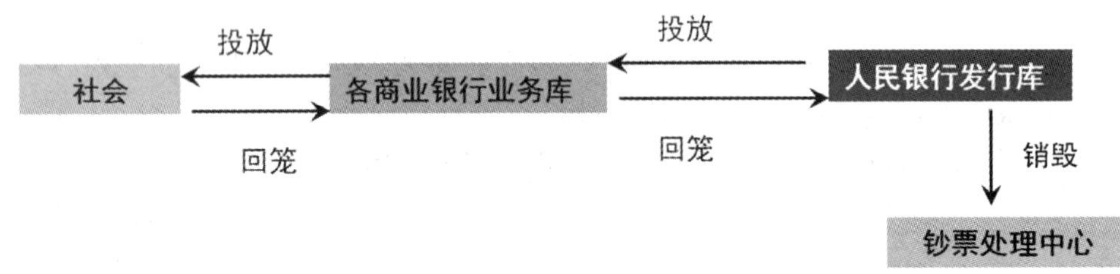

图 7-1 货币的投放与回笼渠道

（二）银行的银行（Bank for Bankers）

所谓银行的银行，是指中央银行面向商业银行和其他金融机构办理金融业务，提供各种支持与服务。中央银行与其业务对象之间的业务往来仍具有银行固有的办理“存、贷、汇”业务的特征；中央银行通过影响商业银行和其他金融机构的业务来实现金融宏观调控和维护金融业稳定。因此，这一职能最能体现中央银行作为金融体系核心的基本条件。

这一职能主要表现在以下几个方面：

1. 中央银行集中保管商业银行及其他存款机构的存款准备金

各国银行法规定商业银行和其他存款机构必须上缴一定比例的准备金由中央银行集中保管。保管存款准备金的作用在于：便于央行了解和掌握各存款机构的准备金状况；便于中央银行组织全国范围内的资金清算；便于中央银行根据宏观调控的需要调整存款准备金率，改变商业银行和其他金融机构的信用创造能力，间接调节货币供应量。

2. 充当商业银行等金融机构的“最后贷款人”（Lender of Last Resort）

“最后贷款人”一词，是巴奈霍特于 1837 年在其《伦巴第街》一书中首次提出的，意指在商业银行发生资金困难而无法从其他银行或金融市场筹措时，向中央银行融资是最后办法，否则银行便会破产倒闭。中央银行承担“最后贷款人”角色具体表现在：

（1）当商业银行或其他金融机构发生资金周转困难、出现支付危机时，中央银行为其提供权力支持，以防银行挤兑风潮的扩大导致支付链条中断，以致引起金融恐慌甚至整个银行业的崩溃。

（2）为商业银行办理资金融通，使其在同业拆借方式之外，增加银行资金头寸短期调剂的渠道，提供最终保障。

（3）中央银行通过对商业银行等金融机构提供多种资金支持方式，调节银行信用和货币供应量，传递和实施金融调控意图。

央行作为最后贷款人对商业银行和其他金融机构融通资金，主要采取为这些机构办理票据再贴现方式，在特殊需要时，也采取直接提供贷款方式。“最后贷款人”的角色确立了中央银行在金融体系中的核心和主导地位，确定了中央银行对金融机构实施监督管理的必然性。

3.组织、参与和管理全国的清算

在存款准备金制度建立起来之后，各商业银行都在中央银行设立了存款账户，这给中央银行负责全国的资金清算带来了极大便利。各金融机构之间的清算通过其在中央银行的存款账户进行转账、轧差，直接增减其存款金额便可完成。目前，大多数国家的中央银行都已成为全国资金清算中心。随着资金清算数量的不断扩大和科技成果在清算体系中的运用，中央银行对清算方法也做了技术性的改进，如大量采用电子数据处理系统等，使清算的准确性、实效性有了极大的提高。

另外，中央银行有必要监管好一国支付清算系统，因为一国支付清算系统是否健全关系到中央银行的三项职责。

(1)提供货币作为交易媒介。若支付清算系统没有效率或突然失灵，货币作为交易媒介的功能将大为降低。

(2)维持金融稳定。系统处理的金额相当庞大，且系统与各金融机构间已广泛联结，若系统发生失灵，将可能造成金融失序。

(3)货币政策执行。安全、有效率的支付清算系统，使得中央银行与其交易对手间能可靠地移转资金及证券，以保证执行货币政策的效果。

(三)政府的银行(Bank for Government)

中央银行具有“政府的银行”的职能，又称为“国家的银行”，主要通过以下几个方面得到具体体现。

1.代理国库

国家财政收支一般不另设机构经办具体业务，而是交由中央银行代理。政府的收入和支出均通过财政部门在央行内开立的各种账户进行。主要包括：①按国家预算要求代收国库库款；②按财政支付命令拨付财政支出；③向财政部门反映预算收支执行情况。

2.代理政府债券的发行

央行通常代理政府债券的发行、认购和推销，以及办理债券到期时的还本付息等业务。

3.为政府融通资金、提供特定信贷支持

主要通过购买政府债券和在法律限度内提供短期贷款或透支。

4.管理和经营国家的储备资产

主要包括外汇储备、黄金、在国际货币基金组织中的储备头寸和特别提款权。

5.代表国家政府参加国际金融组织和各项国际金融活动

在国外经济金融活动中，中央银行代表政府参加国际金融组织，如国际货币基金组织(IMF)、世界银行、国际清算银行等；代表政府签订国际金融协定，出席各种国际性金融会议，办理政府间的金融事务往来及清算等。

6.制定和实施货币政策

各国政府一般都是通过法律赋予中央银行承担货币政策的制定与实施的职责，达到稳定币值和物价、促进经济增长等目标。

此外，中央银行作为国家的银行，还制定并监督执行有关金融管理法规，提供经济、金融情报和决策建议等。

三、中央银行的组织结构

中央银行的组织结构是中央银行制度的重要内容之一，它包括中央银行的权力分配结构、内部职能机构和分支机构设置等，是由一国的政治经济体制、经济发展水平、国民经济宏观调节与管理对中央银行的要求以及历史传统等多方面因素共同决定的。

(一)中央银行的权力分配结构

中央银行的权力分配结构主要指最高权力分配状况，通过权力机构的设置和职责分工体现出来。中央银行的最高权力可分为决策权、执行权和监督权三个方面，分别由一个或几个机构单独或分别行使。其中决策权是权力的核心，是中央银行权威的象征；执行权是权力的集中体现，在执行中又包含着许多次级决策权；监督权是对决策权和执行权的约束，是对中央银行有效行使职能的保证。

由于各国的历史传统、文化背景、经济发展水平、在一国经济中所处的地位不同，决定了中央银行在行使决策权、执行权和监督权的方式上也存在一定差异，大体可以归纳为三种情况。

1. 决策权、执行权和监督权由一个机构统一行使

这种权力分配结构是由中央银行的董事会或理事会同时负责各项货币金融政策的制定、执行和监督。实行这种结构的国家主要有美国、英国、菲律宾等。如美国联邦储备体系将决策权、执行权和监督权集中于联邦储备理事会。

2. 决策权、执行权和监督权分别由不同机构承担

实行这种权力分配结构的国家主要有日本、德国、法国等。不同机构行使不同权力，决策机构代表政府发布行政性命令，执行机构通过中央银行业务来掌握全国的金融情况，监督机构是执行金融管理纪律的司法机构。这种“三驾马车”式的机构设置，体现了行政、业务、司法 3 个方面的配合。如日本银行的最高决策机构是日本银行政策委员会，由 7 人组成，主要决策范围是根据经济发展的要求，调节日本银行的业务，调节通货与信用，具体决定官定利率、公开市场业务、存款准备金率以及制定金融市场的运作与管理规则等。日本银行的最高执行机构是日本银行理事会，负责执行政策委员会的决定和研究处理日本银行的日常工作。另外，日本银行还设立监事会作为行使监督权的机构，负责监督检查日本银行的业务和政策执行情况。

3. 决策权、执行权和监督权由不同机构交叉承担

这种权力分配结构使中央银行的监督机构和执行机构也有一定的决策权。比较典型的是瑞士国家银行。它除股东大会以外，还有参事会、联邦银行委员会和理事会等决策、执行和监督机构。参事会是瑞士国家银行的监督机构，同时具有决策权。理事会是瑞士国家银行的最高执行机构。

(二)中央银行的内部机构设置

中央银行的内部机构设置，是指中央银行总行或总部机关的职能划分及分工。内部机构设置的合理与否，以及各机构相互之间配合如何，直接关系到中央银行业务的开展和完成职能的效率。为确保中央银行行使其职能，各国中央银行内部都设置了一些具体的职能机构进行业务操作。各国中央银行内部职能部门都是根据其担负的任务，包括货币政策的组织实施、与各类金融机构的业务往来及金融监管等，按照精干、高效和有利配合协调等原则而设置的。尽管各国中央银行的内部机构设置数量不等，名称各有差别，但总体来看，大都包括以下几个部门。

1. 业务部门

各国中央银行都必须设立与其行使中央银行职能直接相关的各业务部门。这是中央银行内设机构的主体部分，包括办理与金融机构业务往来的部门、货币政策操作部门、负责货币发行的部门及组织清算的部门。

2. 金融监管部门

金融监管部门主要负责对金融机构、金融市场的管理及对金融业务的监督等。

3. 经济金融调研部门

经济金融调研部门主要负责对有关经济金融资料和情报的收集、整理、统计、分析，对经济社会发展情况进行研究，为金融决策部门提供咨询和建议。该部门又可进一步细分为统计分析部门、研究部门等。

4. 行政办公部门

行政办公部门主要负责中央银行的日常行政管理，为中央银行有效行使职能提供保障，是行政管理服务的部门，包括秘书、人事、服务部门、后勤保障部门等。

中央银行内部职能机构的设置并不是固定不变的，而是随着中央银行职能和业务量的变化，职能机构也会随之调整，各部门之间的业务分工也会视工作的方便而有所改变，但一般说来，在一定时期内，中央银行的内部职能机构是比较稳定的。例如，目前英格兰银行的内部机构主要有发行部和银行部两大体系，彼此相对独立。

（三）中央银行的分支机构设置

中央银行的分支机构是中央银行体系中的重要组成部分，是中央银行全面行使职能和高效顺利履行规定职责所必需的组织保证。世界各国的中央银行基本上都设立了自己的分支机构。中央银行分支机构的设置大致有以下三种情况。

1. 按经济区域设置分支机构

这种设置方法是根据各地经济金融发展状况和中央银行业务量的大小，视实际需要按经济区域进行分支机构的设置。经济区域的划分主要考虑的因素有：地域关系；经济、金融联系的密切程度；历史传统以及业务量等。一般说来，中央银行分支机构都设立在选定区域内的经济和金融中心，机构规模的大小视实际需要而定。

按经济区域设置分支机构的特点主要表现在：①有利于中央银行各项政策方针的贯彻、执行和货币政策的集中统一操作；②反映出中央银行是国家的宏观经济调控部门而非一般行政机构的基本特征，从而少受地方政府的干预；③分支机构设置的主动权完全掌握在中央银行手中，中央银行可根据实际需要确定分支机构的数量和分布，使分支机构尽可能地集中，有利于减少成本、提高效率；④能更好地体现市场经济的原则，也符合商品经济发展的客观规律。

世界上大多数国家中央银行的分支机构都是按照经济区域设置的。美国是按经济区域设置中央银行分支机构最典型的国家。美国 12 家联邦储备银行虽然不是联邦储备理事会的下属分支机构，但事实上作为美国联邦储备体系的重要组成部分，它们是按照经济区域成立的。美国联邦储备体系将全国 50 个州和哥伦比亚特别行政区划分为 12 个联邦储备区，每个区在指定的中心城市设立一个联邦储备银行。美国联邦储备银行在各自的辖区内执行中央银行的职能。英格兰银行的分支机构也是按照经济区域设置的。目前，英格兰银行在全国 5 个中心城市伯明翰、布里斯尔、利兹、曼彻斯特、纽卡斯尔设立了区域分行，在 3 个城市格拉斯哥、利物浦和南安普敦设立了代理处。

2. 按行政区划设置分支机构

该种方式即中央银行的分支机构设置与国家的行政区域划分相一致，逐级设置分支机构。分支机构的大小与其所在行政区域的级别有关，与业务量的关系不大，这种模式一般与计划经济体制相适应。苏联、东欧国家基本上采取此种模式。我国中央银行 1998 年以前也属于这种方式，总行设在首都北京，各省、自治区、直辖市以及经济特区和国家确定计划单列的重点城市，设立一级分行；在省辖地区和市设立二级分行；在全国的县级或县级市设立支行。总、分支机构实行垂直领导和管理。

3. 以经济区划为主，兼顾行政区划设置分支机构

这种方式一般是按经济区域设置分行，而分行之下的机构设置则考虑行政区划并尽量与行政区划相一致。采用这种方式的主要有日本、意大利等国的中央银行。如日本银行把全国47个都、通、府、县划分为33个业务区，每区设立一个分行。分行以下的机构设置则更多地考虑按行政区划。我国的中央银行1998年以后也属于这种方式。

从总的情况看，按经济区域和按业务量设分支行，是各国中央银行设分支机构的一般原则。当然，这只是一种大的分类，实际上，各国中央银行设置分支机构时，在遵循某种基本原则时，也必然受其历史发展、传统习惯、政治体制、中央银行职能等诸多因素的影响。目前世界各国的中央银行，除美国联邦储备体系之外，其分支机构都可以看成中央银行总行或总部的派出机构。总行或总部对分支机构一般都实行集中统一领导和管理，在分支机构层次较多的情况下，大都按逐级管理的方式进行运作。

值得一提的是，由于中央银行的宏观调控职能不能跨越国界，目前各国中央银行都没有在国外设立分支机构，只是少数国家中央银行根据需要，在国外设立代表机构。如日本银行在纽约、伦敦、巴黎、法兰克福和中国香港设有代表处；澳大利亚联邦储备银行在纽约和伦敦设有代表处。

延伸阅读

中国人民银行的组织结构

(一)最高决策机构设置

中国人民银行从其权力分配结构看，是属于决策权、执行权、监督权合一，并且权力高度集中的中央银行。

中国人民银行实行行长负责制，行长行使最高决策权。中国人民银行行长是我国中央银行——中国人民银行的核心人物，是中央银行决策层的领导，也是中国人民银行最高的行政领导人，作为中国人民银行的法定代表，他对外代表中国人民银行。

货币政策委员会是中国人民银行制定货币政策的咨询机构和议事机构，不是决策机构，它是人民银行的内部机构，其设立目的是保证中国人民银行在制定货币政策时更加民主和科学化。其职责是在综合分析宏观经济形势的基础上，依据国家的宏观经济目标，讨论货币政策事项并提出建议。货币政策委员会的职责、组成和工作程序，由国务院规定，报全国人民代表大会常务委员会备案。中国人民银行货币政策委员会在国家宏观调控、货币政策制定和调节中，发挥重要作用。

(二)内部机构设置

中国人民银行从其内部机构设置看，内设19个职能司(局、厅)，具体见表7-1。

表 7-1　　中国人民银行内部机构设置

序号	机构	序号	机构
1	办公厅	11	货币金银局
2	条法司	12	国库局
3	货币政策司	13	国际司
4	汇率司	14	内审司
5	金融市场司	15	人事司
6	金融稳定局	16	研究局
7	调查统计司	17	征信管理局
8	会计财务司	18	反洗钱局
9	支付结算司	19	党委宣传部
10	科技司		

资料来源:《国务院办公厅关于印发中国人民银行主要职责内设机构和人员编制规定的通知》国办发〔2008〕83 号

(三)分支机构设置

1998 年年底,中国人民银行在分支机构设置上进行了重大改革。撤销了省级分行,按经济区域设立了 9 家跨省、自治区、直辖市的分行,它们是:天津分行(管辖天津、河北、山西、内蒙古);沈阳分行(管辖辽宁、吉林、黑龙江);上海分行(管辖上海、浙江、福建);南京分行(管辖江苏、安徽);济南分行(管辖山东、河南);武汉分行(管辖江西、湖北、湖南);广州分行(管辖广东、广西、海南);成都分行(管辖四川、贵州、云南、西藏);西安分行(管辖陕西、甘肃、青海、宁夏、新疆)。同时,撤销北京分行和重庆分行,在这两个直辖市设立总行营业管理部,履行所在地中央银行职责。在撤销省级分行、设立 9 大经济区域分行之后,在不设分行的省会城市设立中心支行,经济特区和国家确定的计划单列市的分行改设为中心支行,原在省辖地区和市设立的二级分行也改设为中心支行,共有 328 个中心支行。县级支行仍然保留,共有 1 797 个县(市)支行。所以,中国人民银行的分行是按照经济区域设置的,而中心支行和支行则是按行政区域设置的,属于以经济区划为主,兼顾行政区划设置分支机构。

第三节　中央银行的业务与管理

一、中央银行的业务活动

中央银行职能作用的发挥依赖于中央银行业务活动的开展,通过业务的运作来调节社会货币总量,借以实现宏观金融调控目标。由于中央银行的地位和职能的特殊性,它的业务活动的种类与一般金融机构相比有很大的不同。按中央银行的业务活动是否与货币资金的运动相关,一般可将中央银行的各项业务活动划分为银行性业务和管理性业务两大类。

(一)银行性业务

银行性业务是指中央银行作为发行的银行、银行的银行、政府的银行所从事的业务。这类业务与一般商业银行业务有相似之处,都直接与货币资金相关,都将引起货币资金的运动或数量变化。当然,由于职能不同,具体业务与商业银行是有差异的。中央银行的银行性业务具体又可分为两种。

(1)形成中央银行资金来源和资金运用的资产负债业务。主要有货币发行业务、存款准备金业务、其他存款或发行中央银行债券、再贴现业务和再贷款业务、公开市场证券买卖业务、黄金外汇业务、其他贷款或融资业务等,这类业务所形成的债权债务状况综合反映在中央银行的资产负债表内。

(2)与货币资金运动相关但又不进入中央银行资产负债表的银行性业务。主要有清算业务、经理国库业务、代理政府向金融机构发放及兑付债券业务、会计业务等。

(二)管理性业务

管理性业务是中央银行作为一国最高金融管理当局所从事的业务。这类业务主要服务于中央银行履行宏观金融管理的职责,其最大的特点是:

(1)与货币资金的运动没有直接的关系,不会导致货币资金的数量或结构的变化。

(2)需要运用中央银行的法定特权。

管理性业务主要有:金融调查统计业务,对金融机构的稽核、检查、审计业务等。

二、中央银行的资产负债表

中央银行资产负债表是中央银行业务活动的综合记录,但由于各国在金融体制和信用方式方面存在差异,因而不同国家中央银行资产负债表的结构并不相同,其中项目的多寡及包括的内容、各项目在总资产或总负债中所占比重等差异较大。但这并不影响其基本结构的相似性,下面仅就中央银行最主要的资产负债项目进行概括,见表 7-2。

表 7-2　中央银行的资产负债表

资产	负债
储备资产	储备货币
黄金	货币发行
外汇	对金融机构负债
国际金融机构资产	债券
对政府的债权	中央政府存款
对存款货币银行的债权	对外负债
对非货币金融机构的债权	资本项目
对非金融部门的债权	其他项目
其他资产	
合计	合计

根据《国际金融统计》提供的目录,表中各项目的主要内容是:

(一)资产

货币当局的资产包括:

1. 国外资产

国外资产主要包括中央银行持有的黄金储备、外汇储备,国库中的外国资产、对外国政府和外国金融机构贷款,在国际货币基金组织中的储备头寸,特别提款权持有额等。

2. 国内资产

国内资产主要由中央银行对政府、存款货币银行、非货币金融机构和非金融部门的债权构成。

(1)对政府的债权

对政府的债权包括对中央政府的债权和对各级地方政府的债权两个层面。它包括央行持有的国库券、国债、地方政府债券，财政短期贷款，对国库的贷款和垫款或法律允许的透支额。

中央银行持有和买卖政府债券通常不是为了营利，而是为了调节货币流通和调剂资金供求的需要，进而影响宏观经济。另外，政府为了弥补财政赤字，一般还通过透支或采取直接贷款的形式从央行获得资金。但为了防止政府向中央银行过度透支引起通货膨胀，各国都对央行向政府透支进行严格控制，对政府放款也都限于短期，并通过法律或协议限制贷款的限额和期限。

(2)对存款货币银行的债权

这包括再贴现、央行对商业银行贷款和回购协议，在一些银行的存款等。央行对商业银行的再贴现与贷款，主要目的在于满足商业银行临时性短期资金的需要，补充商业银行的流动性，也是作为"最后贷款人"的体现。中央银行对商业银行间的回购协议的主要目的在于调节商业银行的超额准备金，从而对货币供求进行短期微调。

(3)对非货币金融机构的债权

其内容与对存款货币银行的债权基本相同，差别在于债权对象是两类不同的金融机构。债权内容主要为持有其证券或发放短期贷款。

(4)对非金融部门的债权

对某些地区或某些项目的专项贷款等。如中国人民银行为支持老少边穷地区经济开发所发放的专项贷款。

(二)负债

中央银行的负债就是其资金的来源，主要包括储备货币、债券、中央政府存款等。虽然资本项目也是中央银行资金来源，但并非严格意义上的负债。

中央银行能办理存贷业务吗

1. 储备货币

储备货币又称为基础货币，是社会各金融机构创造信用的基础，包括两大部分，流通中的货币和金融机构在中央银行的存款。

(1)流通中的货币。发行货币既是中央银行的基本职能，又形成中央银行的主要资金来源，因此，货币发行是中央银行最重要的负债业务。一般来说，央行的货币发行，是通过再贴现、再贷款、购买有价证券以及购买黄金外汇等途径投入市场，从而形成流通中的货币，成为中央银行对社会公众的债务。

(2)金融机构在中央银行的存款。包括两大部分：一是向中央银行上缴存款准备金，二是在中央银行的活期存款用于票据清算。

为了满足商业银行流动性及清偿能力的要求，同时为了调节信贷规模和货币供应量，央行要集中商业银行吸收存款的一部分作为存款准备金，存在中央银行准备金账户上。存款准备金分为法定存款准备金和超额存款准备金。前者是商业银行将其所吸收的存款按照规定的法定存款准备金比率，向中央银行缴存的准备金，后者是商业银行存在中央银行准备金账户上的，超过法定准备金的那部分存款。

在现代经济条件下，中央银行一般都是一国金融机构之间债权债务的清算中心。中央银行办理清算业务通常都要有两个条件：①金融机构要在中央银行开立往来存款账户；②金融机构要交存一定的清算保证金，从而也形成商业银行及其他金融机构在中央银行的存款。

2. 债券

中央银行发行的融资债券。

3. 中央政府存款

各级财政在央行账户上预算收入与支出的余额。

4. 对外负债

对国际金融机构的负债或对其他国家政府的负债等。

5. 资本项目

中央银行的自有资本，一般包括股本、盈余以及财政拨款等。大多数国家中央银行的资本金为国家所有。

中央银行资产和负债的关系：中央银行资产和负债是在一定时点上所拥有的债权债务，按照会计原理，各项目之间具有如下基本关系式：

资产＝负债＋资本项目

该公式表明，在任何时点上，中央银行未清偿的负债总额与资本总额之和，必然等于其资产的价值。中央银行资产的任何增加与减少，如果其他负债项目如政府存款、债券发行、货币发行和资本项目不变的话，必然是金融机构存款的增加或减少。因此，中央银行可以通过主动改变资产项目的结构和数量，来影响商业银行存款准备金的规模。我们常常可以从中国人民银行资产负债表（表 7-3）各项目的变动来了解宏观金融调控的重点。

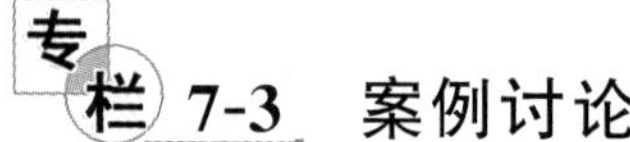

7-3 案例讨论

表 7-3 中国人民银行资产负债表（2020 年 10 月）

Balance Sheet of Monetary Authority

单位：亿元人民币

Unit：100 Million Yuan

报表项目 Items	2020.10
国外资产 Foreign Assets	218185.21
外汇 Foreign Exchange	211577.49
货币黄金 Monetary Gold	2855.63
其他国外资产 Other Foreign Assets	3752.09
对政府债权 Claims on Government	15250.24
其中：中央政府 Of which：Central Government	15250.24
对其他存款性公司债权 Claims on Other Depository Corporations	120745.14
对其他金融性公司债权 Claims on Other Financial Corporations	4740.42
对非金融性公司债权 Claims on Non－financial Corporations	
其他资产 Other Assets	12891.7
总资产 Total Assets	371812.72
储备货币 Reserve Money	302380.38
货币发行 Currency Issue	86357.71
其他存款性公司存款 Deposits of Other Depository Corporations	216022.67
非金融机构存款 Deposits of Non－financial Institutions	17808.25
不计入储备货币的金融性公司存款 Deposits of financial corporations excluded from Reserve Money	5275.5
发行债券 Bond Issue	950
国外负债 Foreign Liabilities	981.22
政府存款 Deposits of Government	49894.37
自有资金 Own Capital	219.75
其他负债 Other Liabilities	1211.49
总负债 Total Liabilities	371812.72

案例讨论：

试从资产负债的基本关系和各项目的对应关系分析中国人民银行的资产负债表。

资料来源：中国人民银行官网，2020.10

三、中央银行的金融监管

金融监管是金融监督和金融管理的总称。随着现代科技的发展和金融创新的不断涌现,金融业务之间的界限不断被打破,金融领域的风险也在急剧增大,通过监管保证金融业的稳健运行越来越成为经济与社会健康发展的关键。因此,中央银行金融监管的重要性越来越突出。对金融业实施监督管理,是中央银行的基本职责之一。

(一)金融监管的概念

纵观世界各国,凡是实行市场经济体制的国家,无不客观地存在着政府对金融体系的管制。从词义上讲,金融监管是金融监督和金融管理的总称。金融监督是指金融主管当局对金融机构实施的全面性、经常性的检查和督促,并以此促进金融机构依法稳健地经营和发展;金融管理是指金融主管当局依法对金融机构及其经营活动实施的领导、组织、协调和控制等一系列的活动。

金融监管有狭义和广义之分。狭义的金融监管是指中央银行或其他金融监管当局依据国家法律规定对整个金融业,包括金融机构和金融业务实施的监督管理。广义的金融监管除狭义的内容之外,还包括金融机构的内部控制和稽核、同业自律性组织的监管、社会中介组织的监管等内容。在市场经济体制下,金融机构依法经营、监管当局依法监管,是确保金融体系稳定的前提。

(二)金融监管的目标

中央银行实施金融监管的主要目的在于防范和化解金融风险,维护金融体系的稳定与安全;保护公平竞争、提高金融效率,保证本国金融业的稳健运行和货币政策的有效实施。

金融监管起因于“市场的失效”,那么金融监管的目标就是要纠正“市场的失效”以及由此引起的金融资源配置不合理、收入分配不公平和金融不稳定。具体目标包括以下几个方面:

(1)促进全社会金融资源的配置与政府的政策目标相一致,提高整个社会金融资源的配置效率,促进整个金融业的公平竞争。

(2)维持金融业健康运行的秩序,最大限度地减少银行业的风险,保障存款人和投资者的利益,促进银行业和经济的健康发展。

(3)中央银行通过货币储备和资产分配向国民经济的其他领域传递货币政策。金融监管可以保证实现银行在执行货币政策时的传导机制。

(4)消除因金融市场和金融产品本身的原因而给某些市场参与者带来的金融信息的收集和处理能力上的不对称,避免因这种信息不对称造成的交易不公平。

(5)克服或者消融超出个别金融机构承受能力的,涉及整个经济或金融体系的系统性风险。满足公平而有效地发放贷款的需要,由此避免资金的乱拨乱划,制止欺诈活动或者不恰当的风险转嫁。

(三)金融监管的制度

随着金融业务的间隔越来越模糊、金融混业经营的盛行,以及金融经营风险日趋复杂多变,金融机构监管面临很大的挑战。由于各国金融发展水平不同,各国金融监管的方式也各不相同,但总体而言,主要有以下两种方式:

1. 多重监管制度

多重监管主要指对银行、保险、证券等金融市场或金融机构的监管由不同监管主体执行。多重监管的实施主要是由于金融业务的多样性和监管目标的不同。1992 年以前，中国人民银行作为我国的中央银行，是唯一的金融监管机构，但是鉴于我国的金融发展水平、金融监管的能力以及目前实行分业经营的现状，我国逐渐对证券、保险和银行实行分业监管，设立了专门的中国证券监督管理委员会、中国保险监督管理委员会和中国银行业监督管理委员会。中国人民银行则专门负责货币政策调控、金融稳定等一系列非直接监管金融机构的任务。除上述四个部门之外，还设置了包括财政部等在内的多部委领导参加的金融监管联席会议。

多重监管制度的主要优点：

(1)处理问题较迅速。多重监管制度下，各监管机构的组织较小，有弹性，遇到金融机构有问题时，反应比庞大的单一监管机构迅速。

(2)协调分工，各尽其职。若各监管机构彼此间协调分工得当，则不必要的重复监管可降到最低。各监管机构有各自的专业领域，且能良性互动，对健全金融体制也有帮助。

多重监管制度的主要缺点：

(1)监管效率不高。若监管机构多，彼此协调分工不当，重复监管，容易造成金融监管的无效率。

(2)多头监管，权责不清。多重监管容易发生监管权之争，且遇到金融机构出现问题时，大家互相推卸责任，容易产生责任归属不明和权责不相称等问题。

我国目前实行的多头监管制度是和我国的分业经营制度分不开的，目前还存在很多的不足，我国的多头监管容易造成监管权力分散，既不利于监管的实施，也有违效率原则。另外，我国的金融监管还存在自律组织弱化、法律配套措施不足、执法力度不够等缺陷，亟待改进。

2. 单一监管制度

单一监管制度主要指对银行、保险、证券等金融市场或金融机构的监管由同一监管主体执行。20 世纪 80 年代以来，随着西方发达国家金融一体化的不断发展，金融创新使金融机构和金融业务的界限日益模糊，原来对金融实行分业经营的国家，政府管制和法律限制被不断突破，混业经营趋势不断增强。与此相对应，各国金融监管体制也在进行重大变革，逐渐由多重监管转向单一监管或部分单一监管制度。因为金融业的自身特性需要独立和统一的监管，以迅速应对突如其来的市场变化，化解并减少市场风险。

单一监管制度的主要优点：

(1)提升监管效率。由单一监管机构负责全部金融机构的监管，可大幅提高监管的有效性。特别是对金融集团的监管，由于集团经营多种金融业务，其不同业务面临的风险形态也不相同，单一监管容易进行合并监管，从整体角度来评估集团的经营质量。

(2)规模经济。单一监管制度可使资源的运用更有效率，达到规模经济，大幅节省监管成本。各监管机构整合后，可有效缩减人员编制；另外，可以减少金融机构重复申报、监管机构间的沟通成本和公文往来成本等。许多新的金融商品，其属性并非单一金融领域，还可能产生监管权争议的问题。

单一监管制度的主要缺点：

(1)组织过于庞大，遇到问题反应较迟缓。

(2)单一监管机构权力过于集中，无视货币当局和财政当局的政策与建议，不利于金融体系的健全发展。

总之，不同的监管方式具有不同的优缺点，监管方式的选择主要取决于各国金融业的发展水平、金融监管的能力等。

专栏 7-4 案例讨论

案例一 英国金融服务管理局(FSA)：英国的单一监管制度

国际金融领域近年来显现几个突出特点：金融全球化、金融混业经营和信息技术广泛而深入的运用，给整个金融监管体系带来了很大的影响。它们的相互作用加剧了金融业在全球经济中的影响范围和影响程度，也使防范金融业的系统风险成为各国金融管理机构必须考虑的首要问题，并由此引发了一轮完善监管制度的法律改革。众所周知，金融监管必须兼顾监管效果和效率，在这个思路指导下，英国率先设立了独立的中央金融监管机构(Financial Services Authority，FSA)，并在试运行三年后又修订了英国金融服务与市场法(Financial Services and Markets Act 2000)，从 2001 年 12 月 1 日起开始实施，从而在法律上进一步明确了 FSA 中央金融监管机构的地位。

英国金融服务管理局(FSA)于 1997 年 10 月由英国证券投资委员会(Securities and Investments Board，SIB)(该组织于 1985 年成立)改制而成，成为英国金融市场统一的监管机构，行使法定职责，直接受英国财政部控制。

一、宗旨：对金融服务行业进行监管；保持高效、有序、廉洁的金融市场；帮助中小投资者取得公平交易机会。

二、目标：依据《2000 年金融和市场服务法》，有四个方面。

(一)维护英国金融市场及业界信心。

(二)促进公众对金融制度的理解，了解不同类型投资和金融交易的利益和风险。

(三)确保从业者有适当经营能力及健全的财务结构，以保护投资者。同时，引导投资者正确认识投资风险。

(四)监督、防范和打击金融犯罪。

三、职责范围：负责监管银行、保险以及投资事业，包括外汇、证券和期货，与英格兰银行(BOE)同隶属财政部，FSA 负责金融事业管理，而英格兰银行(BOE)主要负责维持金融稳定。

在过去几年的实践中，FSA 的工作取得了极大的成功。它除了为中央监管模式提供了可贵的经验，也引起了全球金融监管部门的关注，继而成为全世界金融专家和法律专家研究的热点。

案例二 美国的多重监管制度

美国的金融监管体系是一种典型的分权型多头监管模式，也被称为伞式监管加功能监管体制，是功能监管和机构监管的混合体。在这个监管体系中，存在多种类型、多种层次的金融监管机构，换言之，美国实行的是一种介于多重监管与统一监管之间的金融监管模式。其中，金融持股公司实行伞式监管制度，美联储为其伞式监管人，负责对公司的综合监管；同时，金融持股公司又要按所经营业务的种类接受不同行业监管人的监督。伞式监管人和功能监管人的共同作用，促进了美国金融业的繁荣。

案例讨论：

1. 通过阅读以上资料，请进一步查阅美国与英国的金融监管制度，比较其优缺点。

2. 谈谈以上两种金融监管制度对我国金融监管制度改革的启示。

（四）金融监管的对象与内容

金融监管主体是历史和国情的产物，它既没有统一的模式，也不是一成不变的，它是多元的，可以是政府机构，可以是各种非官方性质的民间机构或私人机构，也可以是两者的混合。金融监管的传统对象是国内银行业和非银行金融机构，但随着金融工具的不断创新，金融监管的对象逐步扩大到那些业务性质与银行类似的准金融机构，如集体投资机构、贷款协会、银行附属公司或银行持股公司所开展的准银行业务等，甚至包括对与金边债券市场业务有关的出票人、经纪人的监管等。目前，一国的整个金融体系都可视为金融监管的对象。

金融监管的主要内容包括：对金融机构设立的监管；对金融机构资产负债业务的监管；对金融市场的监管，如市场准入、市场融资、市场利率、市场规则等；对会计结算的监管；对外汇、外债的监管；对黄金生产、进口、加工、销售活动的监管；对证券业的监管；对保险业的监管；对信托业的监管；对投资黄金、典当、融资租赁等活动的监管。

延伸阅读

金融监管的历史沿革

金融监管的发展历史大致可以划分为四个阶段。

1. 20 世纪 30 年代以前——金融监管理论与实践的自然发轫

这一阶段金融监管的特点具有自发性、初始性、单一性和滞后性，对金融监管的客观要求与主观认识不足，处于金融监管的初级阶段。

后果：自由经营银行业务造成投机之风盛行，多次金融危机给西方国家的经济发展带来了很大的负面影响。

2. 20 世纪 30 年代至 70 年代——严格监管，安全优先

这一阶段金融监管的主要特点是全面而严格的限制性，主要表现在对金融机构具体业务活动的限制，对参与国内外金融市场的限制以及对利率的限制等方面。

影响：强有力的金融监管维护了金融业的稳健经营与健康发展，恢复了公众的投资信心，促进了经济的全面复苏与繁荣。并且，金融监管的领域也由国内扩展到国外，开始形成各自不同的金融监管组织体系。

3. 20 世纪 70 年代至 80 年代末——金融自由化，效率优先

这一时期金融监管的主要特点便是放松管制，效率优先。

客观背景：布雷顿森林体系的崩溃加大了商业银行在开展国际业务过程中的汇率风险；世界经济增长速度放缓，国际资本出现了相对过剩，银行经营日益国际化，全球性的银行业竞争

更加激烈；金融的全球化、自由化及其创新浪潮使建立于20世纪30年代的金融监管体系失灵。

理论背景：货币学派、供给学派、理性预期学派等新自由主义学派从多个方面向凯恩斯主义提出了挑战，尊崇效率优先的金融自由化理论也对20世纪30年代以后的金融监管理论提出了挑战。

4. 20世纪90年代至今——安全与效率并重

20世纪90年代以来的金融监管最主要的特征是安全与效率并重。

背景：经济全球化进程加快，金融创新与自由化带来的金融风险更加复杂，并具有国际传染性。有效的金融监管要求政府在安全与效率之间努力寻找一个平衡点。

第四节　中央银行的国际协调与合作

随着经济国际化和世界金融市场一体化的加深，世界各国政府都已认识到有必要在经济和金融政策方面采取协调的步骤和措施，管理国际经济、金融的运行。全球化和信息化使得资本流动加快，巨额资本流动将动摇一国的汇率制度，并迅速扩展到货币市场和证券市场，最终引发全面危机，使世界经济受到沉重打击。改革和加强目前的国际货币与金融体系已势在必行。必须加强国际合作，构建多元化、多层次化的国际协调和合作机制。

一、中央银行国际协调与合作概述

国际政策协调主要是涉及两个或两个以上国家决策机构或决策当局之间某些形式的合作关系。中央银行国际协调与合作，有广义与狭义之分。从狭义上讲，中央银行的国际协调是指各国在制定国内经济金融政策的过程中，通过各国之间的磋商等方式对货币政策和金融监管的目标进行共同的设置。从广义上讲，凡是在国际范围内能够对各国国内经济金融活动产生一定程度制约的行为均可视为国际政策协调与合作。

中央银行国际协调与合作，是指各国中央银行和有关国际机构为促进国际金融体系和市场的稳定与发展，在国际磋商和国际协议的基础上，在国内政策方面相互进行的配合，或对国际金融活动采取的联合行动。实施国际协调与合作的主体是各国中央银行和主要的国际金融组织，其特征是各国保持一致的立场或采取联合的行动，协调成败的关键是各国能在多大程度上对国内的金融政策做出牺牲，以及政府愿意动用多少国内资源进行干预。由于国际行为体的利益不是一成不变而是不断调整的，因此中央银行的国际协调与合作经常处在一种稳定与不稳定相互交叉变动的状态之中。

二、中央银行国际协调与合作的形式

从形式上看，中央银行国际合作与协调可以划分为规则协调与随机协调。

（一）规则协调

规则协调，又称机构协调，是指由特定的常设机构出面安排和组织的国际协调。这种协调是按照规则进行的，即每个参与国都同意按照一定的规则就其经济行动达成协议，其前提条件是其他成员国也全面接受这些规则。以规则为基础的协调形式是以各种制度为基础的，例如

国际货币基金组织经常牵头展开多边的金融政策协调。规则协调往往需要成立一个超国家的国际性组织对规则的执行加以管理和监督。

（二）随机协调

随机协调，又称政府协调，是指为应付某一具体事件，有关国家政府通过举行经常性或临时性召开的国际会议，就有关问题进行协调。具体形式有两种：一是峰会协商，即各国首脑就重大国际经济、金融情况进行政策确立、实施的协商和调解。这种方式的着力点在于解决国际经济交往中的重大战略问题，解决某一时期可能对经济、金融形势产生重大影响的货币政策，如G20峰会（如专栏7-6）等。二是临时性的多边或双边协调，这是国际协调货币政策最常见的方式。当某些事件突发时，国际市场各成员国及各利益集团在估计突发事件对本国或本经济体最大冲击力的基础上，对事件发生国提出货币政策调整方案，以使突发事件对本国或本利益集团的负面效应减小到最低程度。

（三）两种协调机制的比较

以规则为基础的协调，其优点在于，一是设计良好的规则往往具有约束力，二是规则可以鼓励协定各方考虑政策博弈的重复性。但这种协调机制也有缺点，主要在于一套规则必须在很大程度上使协定各方的义务对称，规则形成及修改较难实现，一般只能就某一领域达成协议。比如1978年《波恩协议》就包括美国同意改变能源政策，日本同意实现贸易自由化，而德国承诺进行宏观经济扩张。

随机协调的优点在于能够较好地对非对称性冲击实施协调，同时可以协调的议题广泛，它可以使各国就更多的问题进行讨论。但是，由于随机协调的各方承诺没有第三方的监督，也没有相应的惩罚措施，协调形成的协议在执行过程中完全依靠参与国的自觉自愿，协调效果有时不甚理想。如20世纪70年代后成立的西方七国首脑会议，常见的协调主要在于情况通报和磋商，缺乏约束力。在实施协调内容上，较常见的是针对利率开展协调，由于遇到来自成员国国内的阻力，因而这种金融政策的协调是很不充分的。

三、中央银行国际协调与合作的发展

中央银行国际协调与合作的不同历史时期和发展阶段划分主要根据以下标准，即国际货币体系的演化、国际储备货币的变更以及协调在主体和目标等方面的不同特点。据此，可以将国际金融协调划分为以下三个历史时期。

（一）中央银行国际协调与合作的初期

第一次世界大战与第二次世界大战之间，为中央银行协调与合作的初期。在第一次世界大战期间，由于战争的需要，各国政府相继放弃了金本位制，20世纪20年代许多国家开始怀念金本位制所带来的相对稳定性。1922年，在意大利热那亚（Genoa）召开的一次会议上，英国、法国、意大利、日本等国家或地区通过了一项全面恢复金本位制的行动纲领，同意各国中央银行紧密合作，共同配合实现外部平衡与内部平衡的目标。会议批准了一个局部的金汇兑本位制，即小国可以用一些大国的货币作为储备，而拥有这些货币的大国则全部以黄金作为国际储备。根据会议的协定，许多国家把国际储备以英镑的形式存放在伦敦。但1929年大萧条开始，由于外国英镑持有者担心英镑的价值，纷纷把英镑换成黄金，迫使英国放弃了金本位制。

(二)以国际货币稳定为主要目标的协调与合作时期

第二次世界大战后至 20 世纪 70 年代初,中央银行注重货币和汇率制度的协调与合作,这一时期,建立了布雷顿森林体系和以国际货币基金组织为代表的一系列国际金融机构。主要协调内容有:汇率制度方面,实行以美元为中心的可调整的钉住汇率制;建立资金融通机制,以改善成员国国际收支。

(三)加强国际金融监管的协调与合作时期

从 20 世纪 70 年代以后,金融改革和金融创新不断发展,金融危机频发,国际协调与合作开始注重金融监管的合作。IMF 在继续协调国际汇率波动的同时,开始了国际债务危机处置的协调与合作,并加强了成员国债务监督和监测,建立了相应预警机制。除了 IMF 的继续努力外,其他的协调与合作形式也发挥着越来越大的作用,一是国际清算银行不断加强监管机制的建立。由于银行在跨国经营中的风险导致一些银行的倒闭,西方主要国家在 1974 年设立了巴塞尔国际银行管理委员会,设置监管指标,加强国际银行的风险控制。二是国际主要储备货币国家开始了政府间的协调与合作,如西方七国会议。三是一些经济联系密切的地区加强金融合作,如欧洲货币体系的建立。

延伸阅读

二十国集团(G20)协调机制

二十国集团(G20)是八国集团(美国、日本、德国、法国、英国、意大利、加拿大、俄罗斯)于 1999 年 12 月 16 日在德国柏林成立的国际经济合作论坛。其成员除了原来的 8 个国家外,还包括 11 个重要的经济发展国家(中国、阿根廷、澳大利亚、巴西、印度、印度尼西亚、韩国、墨西哥、沙特阿拉伯、南非和土耳其)和欧盟。与八国集团相比,G20 具有更广泛的代表性,其 GDP 总额占世界的 90%,其进出口贸易总额占世界 80%以上,其人口总数占世界人口的 2/3。它囊括了目前所有世界经济发展的主导力量。

G20 会议原来是一个由成员国财政部长和中央银行行长出席的、每年一次非正式部长级会议。其宗旨为促进成员国就国际经济、货币政策和金融体系等问题展开建设性对话,以此推动国际金融体制改革,促进世界经济稳定持续增长。

2008 年国际金融危机爆发后,G20 升格为领导人峰会,成为国际社会应对金融危机的重要机制。

2008 年 11 月 15 日,G20 金融市场和世界经济第一次领导人峰会在华盛顿举行,对于稳定金融市场、遏制危机蔓延发挥了重要作用,同时启动了国际金融机构改革和金融部门改革的进程。2009 年匹兹堡峰会又把 G20 确定为国际经济合作的重要论坛并实现了峰会机制化。

2009 年以来,G20 峰会及其相关的部长级会议等成了全球政策协调的核心载体之一,在特定领域上,二十国集团的重要性甚至超越了联合国、国际货币基金组织等。

四、中央银行国际协调与合作的内容

中央银行国际协调与合作的基本内容大体表现在货币政策与金融监管的国际协调与合作

两方面。

(一)货币政策国际协调与合作的基本内容

货币政策国际协调与合作是指各国中央银行在进行国际磋商基础上,进行货币政策配合,从而避免因政策溢出导致货币政策的失效。在经济全球化发展的今天,各国货币政策难以保持独立,由于存在"货币替代"等原因,一个国家出于增加投资需求所采取的扩张性货币政策,因国内利率下降而导致资本外流,最终国内投资无法有效增加,货币政策低效或无效。只有各国进行货币政策的国际协调,且协调目标达成一致,货币政策的有效性才会增强。货币政策国际协调与合作的主要内容包括汇率协调和利率协调。

1. 汇率协调

在国际市场上,各经济体之间的贸易及资本往来状况,最终反映在货币的汇率上。当某个国家的货币汇率变化超过其他国家和地区可能承受的限度,直接或间接影响到贸易和资本流动的种类和方向,引起国际收支异常变动,导致受影响国被迫进行内部调整时,国际市场各参与主体就会提出各主要国际货币汇率协调问题。在一个经济体货币汇率出现非政府行为变动而危及内部均衡时,就会要求国际协调和共同干预,使汇率回落或上升到合理水平。

2. 利率协调

一国或一个经济体的利率影响到国内均衡,也影响国际收支。各国之间的利率差异会导致资本的国际流动,而这种资本国际流动可能会破坏一国的内外部均衡,比如引起国际收支失衡,影响国内经济增长,导致失业以及不利于控制通货膨胀或通货紧缩等。所以当一个经济体的利率政策危及其他国家或经济体的利益时,各国货币当局就会进行协调以维护各经济体经济秩序稳定。

(二)金融监管国际协调与合作的基本内容

金融监管国际协调与合作,是指各国中央银行及监管当局通过协调,实现对金融机构跨国经营和资本国际流动情况在监管制度、监测指标和信息数据分享等方面的合作。从协调与合作的内容来看,主要包括监管当局的交流与合作、国际监管规则的制定、对资本流动的监管合作以及金融监管人才的培训等。

20 世纪 70 年代,布雷顿森林体系崩溃后,在金融一体化、金融自由化和金融创新推动下,金融不稳定事件和金融危机频繁爆发,中央银行合作目标从货币稳定转变为金融稳定,中央银行合作方式从纯技术合作转变为政策合作,中央银行合作参与者从主要工业国家转变为由新兴发展中国家参与的全球合作。

本章重点摘要

1. 中央银行是在商业银行的基础上,经过长期发展逐步形成的,中央银行的产生具有一定的历史必然性,商品经济的快速发展、商业银行的普遍设立、信用关系在社会经济体系中的广泛存在,以及新的生产方式和经济体系确立过程中产生的新的矛盾是促使中央银行产生的历史背景;统一货币发行权、保证银行支付能力、集中票据交换和清算、为政府融资提供方便、保证金融业稳健运行等方面的客观需要是导致中央银行产生的直接经济原因。

2. 中央银行从最初创立发展到现在,历经坎坷,不同国家经历不同,所走的道路亦有所不同。但总的来看，中央银行经历了三次大的演进：初创时期、普遍推行时期和强化发展时期。

3. 中央银行具有自己的特有属性。它既是特殊金融机构又是特殊国家机关。中央银行性质的具体体现即中央银行职能。对中央银行职能的归纳和表述有不同的方法，一般地，中央银行的职能可归纳为“银行的银行、发行的银行和政府的银行”，其中每一个方面都有丰富的内容。

4. 中央银行的组织结构是中央银行制度的重要内容之一，一般包括权力分配结构、内部职能机构和分支机构设置三个方面。

5. 中央银行业务活动大致可分为银行性业务和管理性业务两大类。银行性业务直接与货币资金相关，将引起货币资金的运动或数量结构的变化，具体又可分为形成中央银行资金来源与运用的资产负债业务和不进入资产负债表的其他银行性业务。管理性业务与货币资金运动无关，不引起货币资金数量或结构的变化，但需要运用中央银行的法定特权来开展业务。

6. 中央银行资产负债表是其银行性业务中资产负债业务的综合会计记录。中央银行资产与负债业务的种类、规模和结构，都综合反映在一定时点的资产负债表上。

7. 金融监管是中央银行管理职能的具体体现。金融监管的主要目的有：确保金融体系的安全稳定；提高金融业的运行效率，提高金融业的竞争力；保护投资者利益及存款人利益；促进市场公平竞争，避免造成金融巨头，垄断经济资源。中央银行金融监管的方式大体可分为两种：多重监管制度和单一监管制度。

8. 中央银行国际协调与合作，有广义与狭义之分。从狭义上讲，中央银行的国际协调是指各国在制定国内经济金融政策的过程中，通过各国之间的磋商等方式对货币政策和金融监管的目标进行共同的设置。从广义上讲，凡是在国际范围内能够对各国国内经济金融活动产生一定程度制约的行为均可视为国际政策协调与合作。

9. 从形式上看，中央银行国际合作与协调可以划分为规则协调与随机协调。从发展阶段来看，中央银行国际合作与协调可划分为三个历史时期：中央银行协调与合作的初期、以国际货币稳定为主要目标的协调与合作时期、加强国际金融监管的协调与合作时期。

10. 中央银行国际协调与合作的基本内容大体表现在货币政策与金融监管的国际协调与合作两方面。

重要名词

中央银行　中央银行制度　发行的银行　银行的银行
政府的银行　银行性业务　管理性业务　金融监管
多重监管制度　单一监管制度　中央银行国际协调与合作

课后练习

一、选择题

1. (　　)是历史上第一家统一货币发行权的银行，世界上一般都公认它是中央银行的鼻祖。

A. 瑞典银行　　B. 英格兰银行　　C. 法兰西银行　　D. 德国国家银行

2. 下列中央银行业务活动中属于管理性业务的是(　　)。

A. 清算业务　　B. 金融调查统计业务

C. 会计业务　　D. 兑付债券业务

3. 下列不属于中央银行资产负债表中资产项的是(　　)。

A. 对中央政府的债权　　B. 对存款货币银行的债权

C. 对私人部门的债权　　D. 发行债券

4. 在中央银行三大职能中,集中保管商业银行的存款准备金是中央银行(　　)职能的具体表现。

A. 银行的银行　　B. 发行的银行　　C. 清算的银行　　D. 政府的银行

5. 世界各国金融监管的一般目标主要有(　　)。

A. 确保金融体系的安全稳定

B. 提高金融业的运行效率,提高金融业的竞争力

C. 保护投资者利益及存款人利益

D. 促进市场公平竞争,避免造成金融巨头,垄断经济资本

二、简答题

1. 为什么说中央银行的产生具有一定的历史必然性?

2. 中央银行具有哪三大基本职能?分别体现在哪些方面?

3. 简述中央银行产生与发展的几个重要阶段。

4. 简述金融监管体制的主要类型。

5. 简述中央银行国际协调与合作的基本内容。

第八章 货币需求与货币供给

前面我们介绍了与货币银行学相关的基础理论和知识，从本章开始，我们向大家介绍货币银行学方面的宏观金融理论。经济学家在研究很多问题的时候，都会采用供求分析的方法，对于货币问题的研究也是如此。因此，在这里向大家介绍一下关于货币供给和货币需求的相关理论知识是十分必要的。本章将分六个小节向大家简单介绍关于货币需求、货币供给以及货币的供求均衡问题。

思政目标

通过货币需求和货币供给基本原理的学习，以新时代中国特色社会主义经济思想指导金融发展，了解中国人民银行的货币政策，帮助学生树立正确的金钱观和价值观。

第一节 货币需求原理分析

从现实情况来说，相对于货币供给而言，经济学家通常更为关注货币需求的问题。因此本节中，我们会向大家介绍货币需求的含义，以及它与利率、预期通货膨胀率的关系。

一、货币需求的含义

历史上，经济学家曾经从两个不同的角度描述过货币需求：一是从社会角度出发，把货币只看作交易的媒介，从而讨论为了完成一定额度的交易量需要多少货币充当交易媒介；二是从经济活动的微观主体出发，把货币看作一种资产，这样一来货币就是人们持有自身财富的一种形式，就如同股票、债券和各种实物资产一样，但与这些资产不同的是货币这种资产还具有能够充当交易媒介的职能。两种观点中，前者以马克思的货币必要量公式和费雪的现金交易方程式为代表，后者以剑桥学派的现金余额方程式和新货币数量学派弗里德曼的货币数量论为代表。

那么，究竟什么是货币需求呢？从今天的主流学术观点来看，当下的大多数经济学家更愿意接受后一种观点，即认为货币需求是指一国（或一地区）在既定时间上社会各部门在既定的收入或财富范围内能够而且愿意以货币形式持有的数量。从宏观角度出发，它通常表现为一国在既定的时间上社会各部门所持有的货币数量。

对于货币需求的含义的理解需注意以下几点。

（1）货币需求是一个存量概念，它是有一个具体的时点和空间范围要求的，而不是一个流量概念。我们只能考察2020年12月月底这个时点的中国的居民货币需求,而无法考察最近几个月这个时段的货币需求。

(2)构成货币需求必须同时具备两个条件:一是有能力获得或持有货币,二是愿意以货币形式保有其财产,二者缺一不可。货币需求并不是简单地表示人们想持有多少货币,事实上如果没有前提条件限制,每个人都会希望自己手中的货币量越多越好,货币需求也就失去了讨论的意义。真正的货币需求是一种能力与愿望的统一,它以收入或财富的存在为前提,是在具备获得或持有货币的能力范围之内愿意持有的货币量。因此,有能力而不愿意持有货币不会形成对货币的需求;有愿望却无能力获得货币也只是一种幻想。

(3)现实中的货币需求不仅包括对现金的需求,还包括对存款货币的需求。因为货币需求是所有商品、劳务的流通以及有关一切货币支付所提出的需求。这种需求不仅现金可以满足,存款货币也同样可以满足。如果把货币需求仅仅局限于现金,显然是片面的。

(4)人们对货币的需求既包括执行流通手段和支付手段职能的货币需求,也包括执行价值贮藏手段职能的货币需求。二者的差别只在于持有货币的动机不同或货币发挥职能作用的不同,但都在货币需求的范畴之内。

二、货币需求的分类

(一)主观货币需求和客观货币需求

主观货币需求是指经济主体在主观上希望拥有多少货币,是一种对货币占有的欲望。这里的经济主体可以是个人,也可以是企业、政府等,它们为了自身的发展而占有一定货币。货币作为一般等价物具有与一切商品交换的能力,主观货币需求在数量上是无限的,这种需求因人而异,因此说主观货币需求是一种无效的货币需求。例如,某人梦想有1亿元人民币的资产,但是他真的有吗?没有,这只是一种欲望,是无效的。而客观货币需求是有支付能力的有效需求。在实际工作中,客观货币需求是研究的主要对象,但是不能忽略对主观货币需求的研究,它有助于货币当局制定和实施货币政策。

(二)名义货币需求和实际货币需求

名义货币需求是指社会各个部门在不考虑币值变动所引起价格变动时的货币需求,即用货币单位来表示的货币数量。在实际的经济运行过程中,名义货币需求是由中央银行的货币供给来决定的。而实际货币需求是扣除价格变动因素的影响后的货币需求,是由商品流通本身所引起的货币需求。实际货币需求等于名义货币需求除以物价指数。在现实经济中,经济发展有时会超出人们的预料,发生通货膨胀或通货紧缩,因此,这里不仅要重视名义的货币需求,也要研究实际的货币需求。

(三)微观货币需求和宏观货币需求

微观货币需求是从微观角度考察的货币需求,是指一个社会经济单位(家庭或个人)在既定的经济条件下所持有的货币量。研究微观货币需求,有助于进一步认识货币的职能,对短期货币需求的分析起到重要作用。宏观货币需求是从宏观角度考察的货币需求,它是以宏观经济发展目标为出发点,分析国民经济运行总体对货币的需求,即考虑一个国家在一定时期内所需的货币总量。研究宏观货币需求,有利于货币政策当局制定货币政策,为一国政府在特定时期内经济发展做出贡献,同时能在一定程度上平衡社会的总需求与总供给。

三、货币需求的决定因素

(一)收入状况

收入状况对货币需求的影响主要体现在两个方面:一是收入水平的高低;二是取得收入的时间间隔长短。

1.收入水平的高低

在一般情况下,货币需求量与收入水平成正比,即当居民、企业等经济主体的收入增加时,它们对货币的需求也增加;反之,当其收入减少时,它们对货币的需求也会减少。这是由于人们收入的取得与支出的发生往往都是以货币形式进行的,而收入的取得通常是定期的、一次性的,而支出是经常的、陆续发生的,一般情况下,收入越多,则支出越多,这就需要持有更多的货币。

2.取得收入的时间间隔长短

如果人们取得收入的时间间隔延长,则整个社会的货币需求量就会增大;相反,如果人们取得收入的时间间隔缩短,则整个社会的货币需求量就会减少,二者成正相关关系。

(二)消费倾向

在现代货币经济中,人们在消费过程中必须以货币作为交换的媒介,人们的消费越多,则需要持有的货币也就越多。因此,在一般情况下,消费倾向与货币需求呈同方向变动关系,即消费倾向越大,则货币需求量也越大;反之亦然。

(三)利率水平

在市场经济中,利率是调节经济活动的重要杠杆。在正常情况下,利率上升,货币需求减少;利率下降,货币需求增加,利率与货币需求成负相关关系。其原因主要体现在两个方面:

1.利率决定人们持有货币的机会成本

在经济体系中,我们假定自己的财富既能够以货币的形式持有,又能够以其他的形式持有。以货币持有财富的时候,我们无法获取任何收益,只保有持有货币所带来的便利。以其他形式持有财富(股票和债券等)的时候都可能获得收益,这个收益率的大小我们用普遍的市场利率来代替。这样,由于利率的高低决定了人们持币机会成本的大小,利率越高,持币成本越大,人们就不愿持有货币而愿意购买生息资产以获得高额利息收益,因而人们的货币需求会减少;利率越低,持币成本越小,人们则愿意手持货币而减少了购买生息资产的欲望,货币需求就会增加,因此利率的变动与货币需求量的变动是反方向的。

2.利率影响人们对资产持有方式的选择

市场利率与有价证券的价格通常呈反方向变动,利率上升,有价证券的价格下跌;利率下降,有价证券的价格上升。从市场利率的变动来看,它往往呈现一种周期性变动的规律,而且从长期来看,它将趋于某一合理的或正常的水平,所以,在利率市场化条件下,利率上升到一定高度时将回落,反之,利率下降到一定水平时又将回升。因此,当利率上升时,尤其是上升到一定高度时,有价证券价格下跌且下跌到一定的低谷,人们往往会预期利率将下降,有价证券价格会上升,于是,将减少货币的持有量,而增加有价证券的持有量;反之亦然。因此人们的持币愿望与利率成反比,与有价证券的价格成正比。

(四)信用的发达程度

如果一个社会信用发达、信用制度健全,相当于一部分交易可以通过债权债务的形式相互抵消,于是减少了作为流通手段和支付手段的货币的需求量,而且信用发达的社会往往金融市场也比较完善。在这样的经济中，人们可将收入中暂时不用的部分先用来购买短期债券，当人们需要货币时，再将短期债券在金融市场上出售以获得货币，这样人们既能保证正常的交易需要，又能在支付之前减少货币持有量而增加债券持有量以获取收益。那么，整个社会所必需的货币量相对于信用不发达、信用制度不健全的社会所必需的货币量就少些。因此，货币需求量往往和信用发达程度成负相关关系。

(五)货币流通速度、社会商品可供量和物价水平

这三个因素对货币需求的影响可用货币流通规律说明。若以 M 代表货币需求量，P 代表物价水平，Q 代表社会商品可供量，V 代表货币流通速度，则根据货币流通规律有如下公式：

$$M=PQ/V$$

可见，物价水平和社会商品可供量同货币需求成正比；货币流通速度同货币需求成反比。

(六)公众的预期和偏好

货币需求除了受以上几个客观因素决定外，还在不同程度上受到人们的主观意志和心理活动的影响。一般地说，人们的心理活动与货币需求有如下关系：

1. 对利率及有价证券价格的预期

当利率上升幅度较大时，人们往往预期利率将下降，而有价证券价格将上升，于是人们将减少手持现金，增加有价证券的持有量，以期日后取得资本溢价收益；反之亦然。

2. 对物价水平变动的预期

预期物价水平上升，通货膨胀率升高时，人们认为将来的实物商品(或劳务)会越来越贵，货币贬值，于是宁愿减少所持有的货币，而增加相应的实物资产，则货币需求减少；反之，预期物价水平下降，则货币需求增加。

3. 人们对货币的偏好

如果人们偏好货币，则货币需求增加，人们偏好其他金融资产，则货币需求减少。

第二节　货币需求理论

西方经济学家对货币需求理论的研究历史悠久，有关货币需求的理论十分庞杂，我们在这里选取了几种非常有代表性的理论向大家简要地介绍一下。

一、传统货币数量论

货币数量论是一种古老的经济理论，最早可以追溯到古罗马法学家鲍罗斯(Julius Paulus)。法国重商主义者鲍丁(Jean Bodin)第一次明确地将价格波动和货币数量论联系起来。18 世纪到 19 世纪，一些学者和经济学家，如洛克(John Locks)、休谟(David Hume)、李嘉图(David Ricardo)、穆勒(J. S. Mill)等，接受和发展了该学说。

早期的货币数量论研究的是名义国民收入与物价的决定机制，而并非货币需求本身。但在其研究中建立了名义国民收入同货币量之间的关系，换个角度也可以看作是在既定名义收入水平下对货币需求量的考察，因此它也被看作是一种货币需求理论。随着货币数量论的发展，它作为货币需求理论的特征越来越明显。其中，20 世纪初美国的经济学家欧文·费雪(Irving Fisher)与英国经济学家马歇尔(A. Marshall)和庇古(A. E. Pigou)在前人的基础上发展出了两种不同的学说理论。下面我们就这两种理论向大家做一个简单的介绍。

(一)欧文·费雪的现金交易方程式

1911年,美国经济学家欧文·费雪出版了《货币购买力》一书。在书中,他提出了著名的"现金交易方程式",即

$$MV=PT$$

式中　M——流通中的货币总量,是一定时期内流通中货币的平均量;

P——价格水平,是所有交易商品和劳务的平均价格;

T——商品和劳务的交易总量,因此 PT 就代表该时期内商品和劳务交易的总价值量(出售这些商品和劳务所能获得的货币总量);

V——货币流通速度,即该时期内平均每一单位的货币周转了多少次。

显然,这一等式从本质上来说是一个交易恒等式,它只描述了一个简单的事实:在交易中发生的货币支付总额(一定时期内货币的数量乘以每一单位货币周转的次数,即 MV)等于被交易商品和劳务的价值量总和(PT)。除此以外,它不附带任何额外信息。

假定某一月中的平均货币余额为1 000万元,其中每一单位的货币平均转手了5次,那么这一个月里的货币支付总额就是5 000万元。显然,这些货币只能用于商品和劳务的交易。

欧文·费雪认为,货币制度和交易技术影响公众所采用的交易方式。其中,交易技术又决定了货币流通速度 V,假如公众更多地采用非现金交易的转账和信用卡结算方式,那么货币流通速度会显著提高。同时,欧文·费雪还认为,交易技术和制度性因素对流通速度的影响是相当缓慢的,因此,短期内货币流通速度可以被看作是一个常数(V 是常数)。

同时,由于古典经济学家相信名义工资和价格是完全弹性的,因此劳动力市场完全出清,总产出等于充分就业时的产出量,商品和劳务的交易总量短期内可以看作是常数(T 是常数)。

由此,在以上这些前提下(V、T 是常数),原恒等式就可以改写为

$$P=MV/T$$

即流通领域中的商品和劳务价格水平由货币存量唯一决定。

考虑到所有商品或劳务的总交易量资料不容易获得,而且人们关注的重点往往也在于国民收入,而不在于总交易量,所以交易方程式通常也被写成以下形式(数量方程的国民收入形式):

$$MV=PY$$

其中,Y 代表以不变价格表示的一年中的生产的最终产品和劳务的总价值,也就是实际国民收入,因此 PY 就是名义国民收入。因为货币流通速度 V 不可能为零,所以,此式也可以改写为

$$M=PY/V$$

在货币市场均衡的情况下,货币存量(M)就等于人们所愿意持有的货币量,即货币需求(M_d)。因此,等式又可以写为

$$M_d=\frac{1}{V}\cdot PY$$

这就是由传统货币数量论导出的货币需求函数。从式中可以看出,货币需求(名义货币需求)取决于货币流通速度和名义国民收入。根据货币数量论的观点,货币流通速度是一个相对固定的量,所以名义货币需求就取决于名义国民收入。

实际上,在这里面存在着一个问题,货币流通速度是否真的是一个常数?考虑到货币不仅是一种交易媒介,它还是财富持有的一种形式,人们持币的愿望可能受到各种因素的影响,当

某些因素发生变化而使名义收入没有变化时，人们仍可能把自己的财富在货币与非货币资产之间重新分配。这样一来，货币需求就不可能是名义收入的一个固定比例了，从而货币流通速度也不可能是一个常数。事实上，凯恩斯后来也正是从这一点出发，对传统货币数量论进行抨击的。

(二)剑桥学派的现金余额方程式

在欧文·费雪发展货币需求现金交易学说的同时，英国剑桥的一批古典经济学家马歇尔、庇古和罗伯森等，却走了一条不同的道路。他们认为货币是一种资产，个体的货币需求实际上就是个人在资产选择的时候选择以货币形式持有资产的数量。这一理论开创了从个人的资产选择角度来讨论货币需求的分析方法，这使得后来的经济学家在谈到货币需求时，不再是讨论流通中所需要的货币量是多少，而是讨论人们希望持有的货币额是多少。

剑桥经济学家认为，影响人们希望持有的货币量的因素包括个人财富总额、持币的机会成本以及货币持有者对未来收入、支出和物价等因素的预期。在综合分析了这些因素后，剑桥学派的经济学家得到结论

$$Md=kPY$$

即人们的货币需求同国民收入的名义值成正比。式中的 k 为比例系数，代表人们愿意以货币这种形式持有的名义国民收入的比例。

考虑到货币供给 M 与货币需求 M_d 会自动趋于平衡，于是便有

$$M=kPY$$

这就是剑桥学派的现金余额方程式。之所以它会有这样一个名称，是因为剑桥学者考察货币需求的出发点是停留在公众手中的货币余额，而并非像欧文·费雪那样是交易过程中的货币。

剑桥学派开创的这一研究角度，为后来的经济学家研究货币需求以及货币和国民收入的关系奠定了基础。凯恩斯的流动性偏好理论正是在其基础上发展起来的。

依今天的观点看，剑桥学派的出发点无疑是非常正确的，但其放弃了进一步研究，仅把系数 k 看作一个常数，这和欧文·费雪犯了一样的错误。两种理论都认同，货币需求正比于国民收入，但欧文·费雪更强调交易的技术因素，排除了短期利率的影响；而剑桥学派更强调个体的资产选择，因此，无法排除利率的影响，货币需求需要考虑机会成本的因素。

二、凯恩斯的流动性偏好论

凯恩斯(John Maynard Keynes)在继承了剑桥学派的分析方法，从资产选择的角度来考察货币需求之后，于1936年出版的《就业、利息和货币通论》一书中提出了自己的理论，他将其称为流动性偏好理论。所谓流动性偏好(Liquidity Preference)，是指人们愿意持有名义收益为零但可以灵活周转的货币的心理倾向，即人们对货币的需求。

凯恩斯将个体的持币动机分为三类：

(1)交易动机：为从事日常的交易支付，人们必须持有货币的意愿。

(2)预防动机：又称谨慎动机，持有货币以应付一些未曾预料的紧急支付的意愿。

(3)投机动机：由于未来利率的不确定，人们为避免资本损失或增加资本收益，及时调整资产结构而持有货币的意愿。

相应地，货币需求也可以分为三部分：

(1)交易性需求：指企业或个人为了应付日常的交易而愿意持有部分货币。由于货币具有

交易媒介的职能,任何企业或个人为了满足交易需求都必须持有部分货币。考虑到个体收入的差异性,持有货币的数量因人而异。与古典经济学家一样,凯恩斯相信,这部分货币需求与个体的收入成正比。

(2)预防性需求:指企业或个人为了应付意外支出,或为捕捉一些突然出现的有利时机(如商品降价等)而愿意持有部分货币。正如凯恩斯所一贯坚持的,未来是充满不确定性的,为了应付这些不确定的支出,人们必须持有一部分货币。考虑到这种预防性货币需求量依赖于个体对未来交易水平的预测,而后者正比于个体的即期收入,因此,预防性货币需求也正比于收入。

(3)投机性需求:人们为了在未来某一适当的时机进行投机活动而愿意持有部分货币。为便于分析,凯恩斯将人们持有财富可选择的形式分为两类:货币和有价证券等可生息的资产,其中,后者可以用长期政府债券来做代表。因此,影响在这两者之间做选择的因素就是影响货币投机性需求的因素。

假定货币的预期收益为零,那么,投机性需求就主要取决于利率水平的高低。当利率越高的时候,持有生息资产的收益也就越高,生息资产也就越有吸引力,货币的投机性需求也就越小。反之,当利率水平很低的时候,从生息资产上获得的利息收入也低,生息资产的吸引力降低。当利率水平低到一定程度时,人们宁可持有货币,也不愿持有生息资产,货币的投机性需求变得无限大。此时任何新增的货币供给都会被人们所持有,而不会增加对债券的需求,这就是所谓的流动性陷阱。

基于这样的分析基础,凯恩斯得到了货币需求函数。考虑到名义货币存量和价格水平的同比上升并不能给个体带来任何好处,个体在持有货币时所关心的是其实际购买力水平,因此,他提出应讨论实际的货币需求,而非名义的货币需求。实际货币需求可以用名义货币需求除以价格水平来表示,即 M_d/P。

前两部分需求都正比于收入,因此把这两种需求归在一起称为 L_1:

$$L_1=L_1(Y),\frac{dL_1}{dY}>0$$

投机性需求主要与利率有关,并随利率的上升而下降,因此将其单独写为 L_2:

$$L_2=L_2(i),\frac{dL_2}{di}<0$$

两项合并,得到货币需求函数:

$$\frac{M_d}{P}=L_1(Y)+L_2(i)$$

所以,总的货币需求应与实际收入成正向关系,与利率成负向关系。

考虑到货币市场均衡时,货币需求 M_d 等于货币供给 M,因此,根据流动性偏好函数可以求出货币流通速度的公式为

$$V=\frac{PY}{M}=\frac{Y}{L(i,Y)}$$

从此表达式中可见,货币流通速度不再是一个常数,而是会随着利率的变化而变化的。利率上升(i 增加),实际货币余额下降(M 减少),货币流通速度随之上升(V 增加)。由此批驳了传统货币数量论关于货币流通速度常数的观点。

第二次世界大战后,凯恩斯的后继者发现与交易动机和预防动机相应的货币需求也受到利率的影响,他们利用具有微观基础的经济模型对凯恩斯的理论做了推广,其中最具有影响性

的模型包括鲍莫尔——托宾的存货理论模型、惠伦模型和托宾的资产选择理论。受篇幅所限，本书将不再对此进行介绍。

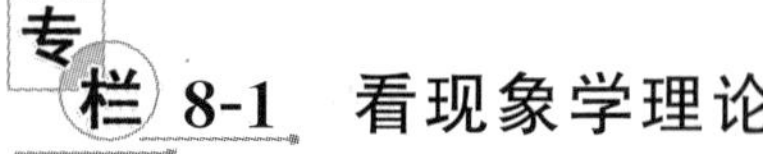

专栏 8-1 看现象学理论

货币流通速度长期呈现 U 型走势

近 35 年来，货币流通速度呈整体下降态势，2019 年货币流通速度若以 M_2 为基准测算，则不到 0.5，具体为 0.498 8。也就是说，在完成当年国内名义总收入的交易中，平均每 1 元货币一年内流通远远不足 1 次。

若以 M_1 为基准测算货币流通速度，结果显示，自 2008 年金融危机发生，货币当局实施刺激政策后，2009 年、2010 年连续两年货币流通速度大幅走低。从去年的情况来看，尽管这一指标环比有所回升，达到 1.72，但从过去 35 年的期限来看，依然处于低位，特别是 2016 年、2017 年连续两年，货币供应速度都低于 2010 年，并且在 2017 年创下历史最低水平——1.530 1。

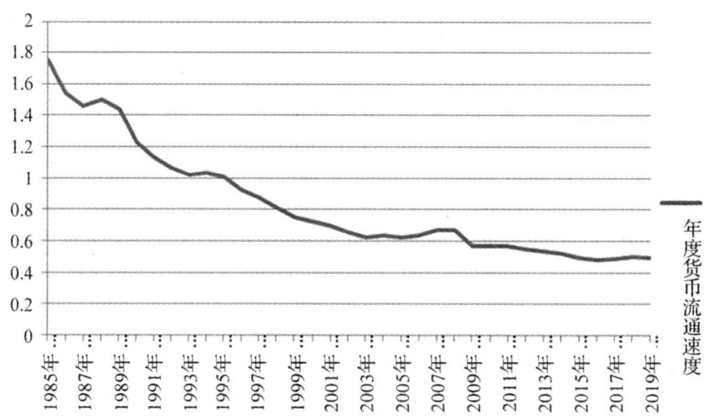

不管是以 M_2 为基准还是以 M_1 为基准计算，结果都指向，过去 35 年间货币流通速度整体上不升反降。

根据央行官方信息，货币流通速度是指，同一单位的货币在一定时期内充当流通的次数，是决定商品流通过程中所需要货币量的重要因素之一，能在一定程度上弥补流通中货币数量的不足。

M_2 既是广义货币供应量，同时又是存款性金融机构的总负债。金融机构吸收存款后，通过贷款扩张总资产，既是创造货币的过程，也是将储蓄转换为投资的过程。货币流通速度（GDP/M_2）下降，意味金融机构需要增加更多的负债来支撑 GDP 的增长，即金融效率在下降，储蓄难以直接有效地转化成投资。

统计测算结果显示，2020 年上半年，以 M_2 为基准的货币传输速度为 0.213 9，是自 1996 年以来最低水平。而且结果同样显示，1996 年以来，半年期货币传输速度整体呈下降趋势。最高水平为 1996 年下半年的 0.518 2。

2020 年上半年货币传输速度创下有记录以来最低，这或许和新冠疫情暴发有关。

根据国家统计局通报的数据，上半年，我国 GDP 为 456 614 亿元，按不变价格计算，比上年同期下降 1.6%。在 GDP 下降的情形下，货币供应量反倒大幅增加。

6 月末，M_2 同比增长 11.1%，社会融资规模存量同比增长 12.8%，增速均明显高于 2019

年。上半年，央行三次降准，此外还增加再贷款、再贴现额度共计 1.8 万亿元。

GDP 下降，货币供应增加，对应直接结果就是货币流通速度进一步下降。这可以结合支付数据来看。根据 2020 年第一季度支付体系运行总体情况报告，第一季度全国银行共办理非现金支付业务 630.76 亿笔，金额 883.24 万亿元，同比分别下降 5.23%和 5.20%。

央行行长易纲此前也指出，疫情应对期间的金融支持政策具有阶段性，要注重政策设计激励相容，防范道德风险，要关注政策的“后遗症”，总量要适度，并提前考虑政策工具的适时退出。

资料来源：选自《每日经济新闻》2020 年 9 月 18 日

三、弗里德曼的现代货币数量理论

凯恩斯的《就业、货币和利息通论》发表后，凯恩斯主义大行其道，古典货币数量论开始没落，人们甚至把货币数量理论和古代迷信相提并论。在一片对货币数量论的反对声中，1956 年，弗里德曼(Milton Friedman)发表了《货币数量理论的重新表述》。这本书的出版标志着现代货币数量论的诞生。伴随着这一理论的产生而出现的，还有一个崭新的宏观经济学派——货币主义学派。它对主流的凯恩斯主义宏观经济学构成了有力的挑战。

弗里德曼继承了凯恩斯等人把货币视为一种资产的观点，从而把货币需求当作财富所有者的资产选择行为来考察。同时，他认为货币数量理论首先是一种货币需求理论，其次才是产出、货币收入或物价水平的理论。他强调了货币需求的稳定性，认为货币需求中随机波动成分很小，货币需求可以通过货币需求函数来精确预测。与凯恩斯不同，弗里德曼用来代表非货币资产的不仅仅是债券，他将可替代货币的资产范围扩大到了股票以及各种实物资产。

在弗里德曼的分析中，影响货币需求的因素有以下几类。

1. 财富总量

财富总量制约了人们的货币需求总体规模，货币需求的总体规模不能超过其财富总量。在经济研究中，通常大部分研究者都会使用收入指标作为其代表，但弗里德曼认为使用一般的现期收入指标来衡量财富是有缺陷的。考虑到现期收入指标会受宏观经济波动的影响，他选取了其在消费理论中提出的持久性收入来代表财富水平。所谓持久性收入，是指消费者在较长一段时期内可以获得的平均收入。在实际生活中，可以使用过去某一年份到现在的实际收入的加权平均值统计计算，这样处理就可以把一些周期性和短期内的影响因素都剔除在外了。

2. 人力财富和非人力财富的比率

弗里德曼所定义的人力财富主要是指个人创造财富(我们通常所说“赚钱”)的能力。在个人的人力财富(能力)与非人力财富(实物资产和金融资产)对比中，人力财富不像非人力财富(股票、现金、债券等)那样具备较强的流动性。因此，对于在财富总额中人力财富比率相对较大的人而言，他们试图通过持有较多的货币来增强其总体财富的流动性。因为，货币是一种流动性最高的资产。就总体而言，弗里德曼认为，在人力财富向非人力财富转化的过程(“赚钱”的过程)中，人力财富对非人力财富的比率越大(或者非人力财富占总财富比率越小)，那么其对货币的需求就越多。

3. 持有货币的预期报酬率

在弗里德曼的分析中，将货币定义为 M_2(货币供给的第二层次，将在下一节具体阐述)，即指包括活期存款、储蓄存款和定期存款的广义货币供给。这样，持有货币的预期收益就包括银行为存款支付的利息和银行为存款提供的各种服务两部分。持有货币的预期收益越高，其对货币的需求就越大。

4. 其他资产的预期报酬率

其他资产的预期报酬率是持有货币的机会成本。它们包括以下两部分：一是一切当期支付的所得或所支，比如股息、债券利息、实物资产保管费等；二是上述所有资产项目价格的变动，如各种资本利得和实物资产在通货膨胀下的价格上涨等。由于这些都是持币的机会成本，因此这部分越高，对货币的需求就越低。

5. 其他因素

其他因素是指除了以上四类因素外的所有影响因素，如个人偏好等。这类因素在短时间内可以被看作是不变的。

在以上的分析基础上，弗里德曼得出了货币需求函数：

$$\frac{M_d}{P}=f\left(Y_{\mathrm{p}},w,r_{\mathrm{m}},r_{\mathrm{b}},r_{\mathrm{e}},\frac{1}{P}\cdot\frac{\mathrm{d}P}{\mathrm{d}t},u\right)$$

式中 $\frac{M_d}{P}$——实际货币需求；

Y_p——实际恒久性收入，用来代表财富；

w——非人力财富占总财富的比率；

r_m——货币的预期收益率；

r_b——债券类的固定收益资产的预期名义报酬率，包括债券的资本利得等；

r_e——股票类的非固定收益资产的预期名义报酬率，包括股票的资本利得等；

$\frac{1}{P}\cdot\frac{\mathrm{d}P}{\mathrm{d}t}$——商品价格的预期变动率，即实物资产的预期名义报酬率；

u——其他影响货币需求的因素。

函数中，Y_p 与 r_m 和货币需求成正向关系，w、r_b、r_e 和$\frac{1}{P}\cdot\frac{\mathrm{d}P}{\mathrm{d}t}$都与货币需求成反比例关系，$u$ 在一定条件下可以忽略不计。

弗里德曼在提出了货币需求函数后，也对函数进行了实证方法研究，并进一步得出：恒久性收入是函数的重要决定因素，而利率变动对货币需求的影响几乎没有，其他因素都可以省略。因此，货币需求函数就可以得到简化，在函数中恒久性收入是函数中唯一起到最重要作用的因素。

对于货币需求，他提出了一个具有总结性的论断：由于恒久性收入的波动幅度比现期收入的波动幅度要小得多，因此货币需求函数相对稳定，也就是说货币流通速度（恒久性收入除以货币存量）也相对稳定。

弗里德曼理论认为货币流通速度的稳定和货币需求对利率不敏感，这是弗里德曼理论与凯恩斯理论间的主要差异之一。

与凯恩斯的理论相比，弗里德曼的货币需求理论还有以下两个方面的不同：首先，弗里德曼所考虑的资产选择范围要广泛得多，它不仅包括货币、债券，还包括实物资产等，而凯恩斯只考虑了货币和生息资产之间的选择；其次，弗里德曼把货币的预期报酬率看作是能够随其他资产预期报酬率的变化而变化的量，而凯恩斯则把货币的预期报酬率视为零。这些观点上的差别不仅使他们对货币需求函数的看法不同，而且还进一步影响到两者就货币对其他经济变量的影响过程的见解。

第三节　货币供给及货币供给层次的划分

同货币需求一样，经济学家也十分关心货币供给的问题。在本节中，我们要向大家介绍货币供给的含义以及货币供给层次的划分。

一、货币供给的含义

货币供给是指一定时期内一国银行系统向经济中投入、创造、扩张(或收缩)货币的行为，是银行系统向经济中注入货币的过程。它主要研究由谁来提供货币、提供什么货币、怎样提供货币和提供多少货币等问题，从而引出货币供给的主体、货币的口径与层次、货币供给机制、货币供给的控制等诸多理论与实际问题。因此，货币供给量可以表述成一国经济中被个人、企事业单位和政府部门持有的可用于各种交易的货币总量。

对货币供给的理解需要把握以下几点。

(1)货币供给是一个存量的概念，即一个国家(或地区)在某一时点上实际存在的货币总量。现实中的货币供给量是分层次进行统计的。

(2)与名义和实际货币需求相对应，货币供给也有名义货币供给和实际货币供给之分。名义货币供给是指一定时点上不考虑物价因素影响的货币存量；实际货币供给是指剔除了物价因素后的一定时点上的货币存量，它等于名义货币供给除以物价指数。在现实经济中，人们所说的货币供给往往是名义货币供给量，例如，描述某年某国货币供给量是多少，增长了多少等。

(3)货币供给量有狭义货币供给量和广义货币供给量之分。狭义的货币供给量由流通中的现金和商业银行活期存款构成，在许多国家常常用 M_1 表示；广义的货币供给量由狭义的货币供给量和准货币构成，常常用 M_2 表示，其中准货币包括银行的定期存款、储蓄存款、外币存款以及各种短期信用工具等。

(4)如果说货币需求量是个预测值，那么，货币供给量则是一个实实在在的量值，是反映在银行(包括中央银行和商业银行)资产负债表一定时点上的负债总额，它是银行通过各项资产业务向经济社会投放出去的货币量。因此，从一定意义上说，货币供给量的多少由银行系统资产业务规模的大小决定。但这并不是说一定时期的货币供给量可以由银行系统随意创造，恰恰相反，货币供给要受到诸多因素的影响与制约，特别是由中央银行进行宏观调控。因此，货币供给的分析成为与货币需求分析相对应，并同货币政策理论紧密联系的重要经济范畴。

二、货币供给层次的划分

出于对宏观经济监测和执行货币政策操作的目的，各国货币当局都需要将货币供应划分成诸多不同的层次，以便明确在宏观监测或政策执行中具体到何种地步。考虑到现金、活期存款、定期存款等流动性并不完全相同，各国都依流动性由大至小划分为若干个层次(或称为货币口径)，依次用 M_1、M_2、M_3…来表示。

在各国的划分中，由于受自身经济情况、银行业务内容等影响，各国间每个层次所包含的内容都不完全相同，但通常各国都会把“通货”划入 M_1 这个层次。“通货”(Currency)是指不兑现的银行券和辅币，在我国一般习惯称为“现金”。各国的 M_1 往往指的都是通货和活期存款之和，这两者之和在我国通常被定义为“狭义货币”。

(一)国际货币基金组织的货币供给层次划分

国际货币基金组织(IMF)采用了三个口径对货币供给层次进行描述,它们分别是"通货"(Currency)、"货币"(Money)、"准货币"(Quasi Money)。"通货"采用一般定义;"货币"等于银行存款货币以外的通货加上私人部门的活期存款之和,基本等同于各国常用的 M_1;"准货币"相当于定期存款、储蓄存款与外币存款之和,即除 M_1 外可称得上是货币的各种形态总和。"货币"加上"准货币"基本等同于各国的 M_2。

(二)美欧日的货币供给层次划分

1. 美国现行货币供给层次

M_1 包括:(1)处于美国国库、联邦储备银行和存款机构库存以外的通货;(2)非银行发行的旅行支票;(3)商业银行的活期存款(存款机构、美国政府、外国银行和官方机构的存款除外)减去应收现金项目和联邦储备存款;(4)其他支票存款(OCDs),包括可转让支付命令(NOW)和存款机构的自动转账服务(ATS)账户、信用合作社股金提款账户和储蓄机构的活期存款。

M_2 包括 M_1 项目内容加上以下各项:(1)储蓄存款(包括货币市场存款账户);(2)小额定期存款(10 万美元以下的定期存款)减去个人退休金账户(IRA)及自由职业者为退休准备的存款;(3)货币市场共同基金份额减去 IRA 及自由职业者为退休准备的存款。

2. 欧盟现行货币供给层次

欧盟在货币层次划分方面,相对于美国有很大的差别。欧洲中央银行将货币分为狭义货币、中间货币和广义货币三个层次,具体划分如下:

狭义货币:M_1=流通中现金+隔夜存款;

中间货币:M_2= M_1+期限为两年以下的定期存款+通知期限三个月以内的通知存款;

广义货币:M_3= M_2+回购协议+货币市场基金(MMF)+货币市场票据+期限为两年以内的债券。

3. 日本现行货币供给层次

2003 年 5 月,日本银行公布了《对货币测量的修订和货币供给与信用统计变化》,其中对货币供给统计的口径进行了修订,其现行的货币供给统计口径如下:

M_1 由现金和活期存款构成,包括企业、个人和地方政府等持有的流通中的现金和活期存款。

M_2+CDs 包括 M_1、准货币(定期存款、外币存款等)和可转让的定期存单(CDs)。

M_3+CDs 则包括 M_2+CDs+邮政、农协、渔协、信用合作和劳动金库的存款以及货币信托和贷方信托存款。

此外还有广义流动性等于"M_3+CDs"加回购协议债券、金融债券、国家债券、投资信托和外国债券。

(三)我国的货币供给层次划分

我国的货币供给层次划分探讨研究最早始于 1984 年,正式按季公布统计监测指标始于 1994 年,按国际货币基金组织的要求,我国现行的货币供应量划分为 M_0、M_1 和 M_2。

M_0=流通中的现金;

M_1=M_0+活期存款;

M_2=M_1+准货币(包括定期存款、储蓄存款、其他存款和证券公司客户保证金)。

其中,M_1 被称为狭义货币量,M_2 被称为广义货币量。

第四节　货币创造机制

货币流通中的钱是哪里来的

从前面章节所学中我们知道作为一国货币当局的中央银行，其发行货币的过程就是将现金纸币从发行库提出转入业务库，进而投放到流通领域的一系列行为总和。从这个角度看，流通领域由现金和活期存款组成的货币量要远远超过中央银行所发行的货币总量。那么，多出的那一部分货币是从哪里来的呢？在此，我们为大家总结一下货币供给的过程(图 8-3)。

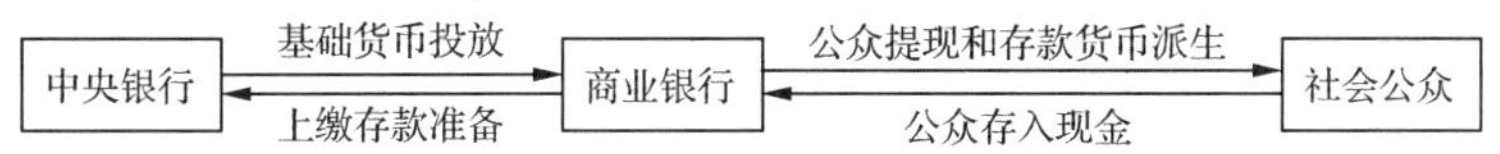

图 8-3　货币供给的过程

如上图所示，中央银行向以商业银行为主体的金融体系注入基础货币，商业银行在此基础上进行信用创造或存款创造，流通领域中将持有一定量的现金货币和存款货币，这些货币的总和就是中央银行提供的货币供给量。那么，商业银行的存款创造又是如何实现的呢？

一、商业银行的存款货币创造

(一)存款货币创造的前提条件

存款货币创造基于两个基本条件，即部分准备金制度和非现金结算制度。

准备金是指商业银行库存的现金和按比例存放在中央银行的存款。在现代金融制度下，金融机构的准备金分为两部分，一部分以现金的形式保存在自己的业务库，另一部分则以存款形式存储于央行，后者即存款准备金。

存款准备金分为法定准备金和超额准备金两部分。央行在国家法律授权中规定金融机构必须将自己吸收的存款按照一定比率交存，这个比率就是法定存款准备金率，按这个比率交存央行的存款为法定准备金存款。而金融机构在央行存款超过法定准备金存款的部分为超额准备金存款，超额准备金存款与金融机构自身保有的库存现金，构成超额准备金(习惯上称为备付金)。

针对以上这一系列内容制定出的制度，称为准备金制度。部分准备金制度也叫法定存款准备金制度。部分准备金制度不同于全额准备制度，对于吸收进来的存款，银行只需要留足一定比例的资金即可，其余部分可以用于贷款业务，而全额准备金制度要求存款必须全额提取准备，从根本上排除了银行用吸收到的存款去发放贷款的可能。部分准备金制度的建立，是商业银行能进行信用创造的基础。对于数量规模一定的存款而言，准备金比例越高，则银行可用于贷款的资金就越少；反之，准备金比例越低，银行可用于发放贷款的资金就越多。因此，部分准备金制度是银行创造信用的基本前提。

非现金结算制度使人们能通过支票进行货币支付，通过银行之间的往来进行转账结算，无须现金。如果不存在非现金结算，银行不能用转账方式去发放贷款，一切贷款都必须付现，商业银行也就无法创造信用。因此，非现金结算制度也是银行创造信用的基本条件。

(二)存款货币的创造过程

1. 几个简化的假设

由于存款货币的创造和消失受到多种因素的复杂影响，我们在对其基本原理和基本过程进行分析的时候为简化起见，做出以下几个假设。

(1)假设整个银行体系由一个中央银行和至少两家商业银行构成，这一假设完全符合实际，因为我们讨论存款货币的创造和消失是就整个银行体系而言的，不是指个别银行。

(2)假设中央银行规定的法定存款准备金比率为10%。在现实经济生活中这一假设也是完全可以成立的(我国2007年上半年曾出现)。我们做这一假设的目的是在后面的分析中，便于用具体的数据加以举例说明。

(3)假设商业银行只有活期存款，而不存在定期存款。这一假设有两个目的:第一，存款货币的创造与消失，主要是指活期存款，而不是定期存款;第二，中央银行常对活期存款和定期存款规定不同的法定准备金比率，像美国等部分西方发达国家甚至已经取消了对定期存款的法定准备金要求。因此，这一假设可以使我们避开活期存款与定期存款相互转化的问题。

(4)假设商业银行并不保留超额准备金。因此，这时商业银行可以把除法定准备金以外的所有货币均用于贷款或投资。

(5)假设银行的客户并不持有现金(指狭义的现金，即通货)，从而在它们取得银行的贷款，或从其他客户那里收到任何款项以后，将把全部货币收入都存入银行。

显而易见，以上后三条都不符合实际情况，我们这里做出这样假设的唯一目的就是简化分析。

2.存款货币多倍扩张的基本过程

存款货币创造的过程也称为存款货币扩张的过程，实际上就是商业银行通过贷款、贴现和投资等行为，引起成倍的存款派生的过程。为了便于大家理解这一基本过程，我们将举例说明，按照之前的假设，需要按照10%的法定准备金率提取1 000元准备金。

例如:甲银行接受了客户A存入的一笔10 000元的活期存款，并将剩下的9 000元全部用于发放贷款。那么，甲银行的T式资产负债表变化见表8-1。

表8-1　　甲银行的资产负债表　　(单位:元)

资　产	负　债
准备金　1 000	客户A活期存款　10 000
未偿贷款　9000	
总　计　10 000	总　计　10 000

假定甲银行将9 000元贷放给客户B，客户B以借到的这9 000元全部用来向客户C购买商品，客户C将收到的9 000元存入乙银行。乙银行在接受客户C的9 000元活期存款后，又按照10%的法定准备金率提取法定准备金，共计900元，并将剩下的8 100元全部贷放出去。则乙银行的T式资产负债表变化见表8-2。

表8-2　　乙银行的资产负债表　　(单位:元)

资　产	负　债
准备金　900	客户C活期存款　9 000
未偿贷款　8 100	
总　计　9 000	总　计　9 000

假定乙银行将8 100元贷放给客户D，客户D又用来购买客户E的商品，客户E将收到的8 100元以活期存款的形式全部存入丙银行。丙银行在接受客户E的存款后，再次按照10%的法定准备金率提取法定准备金，共计810元，并将剩下的7 290元全部贷放出去。则丙银行

的 T 式资产负债表变化见表 8-3。

表 8-3　　丙银行的资产负债表　　（单位:元）

资　产	负　债
准备金　810	客户 E 活期存款　8 100
未偿贷款　7 290	
总　计　8 100	总　计　8 100

这样每一家银行都在提留了必要的法定准备金后，剩下的全额贷放出去，这个过程可以在各银行间无限继续下去。在这个过程中，每一家银行都在创造存款（表 8-4）。

表 8-4　　多家银行的存款创造　　（单位:元）

银行	活 期 存 款	法定准备金	贷　款
甲	10 000	1 000	9 000
乙	9 000	900	8 100
丙	8 100	810	7 290
⋮	⋮	⋮	⋮
总计	100 000	10 000	90 000

如果用 ΔB 表示最初活期存款增加的数额，ΔD 表示最终活期存款增加的总额，ΔL 表示最终增加的贷款总额，ΔR 表示最终计提的法定准备金总额，r_d 表示法定准备金率，n 表示第 n 次扩张过程，那么整个商业银行系统创造存款的过程见表 8-5。

表 8-5　　商业银行系统创造存款的过程

n	活 期 存 款	法定准备金	贷　款
1	ΔB	$r_d\Delta B$	$\Delta B(1-r_d)^1$
2	$\Delta B(1-r_d)^1$	$r_d\Delta B(1-r_d)^1$	$\Delta B(1-r_d)^2$
3	$\Delta B(1-r_d)^2$	$r_d\Delta B(1-r_d)^2$	$\Delta B(1-r_d)^3$
⋮	⋮	⋮	⋮
n	$\Delta B(1-r_d)^{n-1}$	$r_d\Delta B(1-r_d)^{n-1}$	$\Delta B(1-r_d)^n$
⋮	⋮	⋮	⋮
总计	$\Delta D=\Delta B\sum_{n=1}^{\infty}(1-r_d)^{n-1}$	$\Delta R=r_d\Delta B\sum_{n=1}^{\infty}(1-r_d)^{n-1}$	$\Delta L=\Delta B\sum_{n=1}^{\infty}(1-r_d)^n$

由上表可知，若初期的活期存款增加 ΔB，经过商业银行系统的扩张以后，其活期存款总额将增加到 $\Delta D=\Delta B\sum_{n=1}^{\infty}(1-r_d)^{n-1}$。

由于法定准备金率一般都小于 1，所以 $(1-r_d)<1$，因此 ΔD 是公比小于 1 的几何级数。

$$\Delta D=\Delta B\sum_{n=1}^{\infty}(1-r_d)^{n-1}=\Delta B\frac{1}{1-(1-r_d)}=\frac{1}{r_d}\Delta B$$

同样，准备金总额 ΔR 也是公比小于 1 的几何级数。

$$\Delta R=r_d\Delta B\sum_{n=1}^{\infty}(1-r_d)^{n-1}=r_d\Delta B\frac{1}{1-(1-r_d)}=\Delta B$$

因而，法定准备金总额的增加从根本上看，就是最初的这笔活期存款全部转化为法定准备金的过程。

由此我们还可以得到$\Delta D=\frac{1}{r_d}\Delta R$。在此式中，我们看到$\Delta D$与$\Delta R$相差了一个倍数$\frac{1}{r_d}$，这个倍数一般被称为存款乘数或者派生乘数，它说明了最初的ΔD经过银行间的业务行为后，最终会产生多少银行存款（包括ΔD本身）。如果用d来表示这个乘数，则$d=\frac{1}{r_d}$。

通常为了区别每笔活期存款的不同性质，我们把银行最初吸收到的这笔存款称为原始存款，而把其后由各银行渐次贷放而产生的活期存款称为派生存款。在最初的例子中，原始存款为10 000元，法定准备金率为10%，则最终的派生存款可以达到90 000元。也就是说，银行通过一系列的业务行为使得90 000元从流通领域中无故“多”了出来。

存款货币紧缩的过程与其扩张过程正好相反。如果说存款货币的多倍扩张是由商业银行的准备金增加所引起的，那么，存款货币的多倍紧缩就是由商业银行的准备金减少引起的，最终整个银行体系发生连锁反应，存款总额将成倍缩减，其缩减的倍数与存款扩张的倍数是一致的。因而，我们说存款货币的多倍紧缩实际上是多倍扩张的反向过程。

（三）限制存款货币创造的因素

我们在分析存款货币扩张和紧缩的基本过程时曾做了五个假设，但在现实生活中这五项假设中的后三项很难成立，因为从实际情况来说，除法定准备金外，银行持有的超额准备金、客户提留的现金以及银行吸收的除活期存款以外的其他存款也都是限制存款货币创造的因素。下面我们来分析一下这些因素对存款货币创造的限制与影响。

1.超额准备金对存款货币创造的限制与影响

对于商业银行而言，存款业务是其最为重要的一项负债业务。这一业务的安全性和稳定性将直接影响商业银行经营的安全性和稳定性。因此，在正常的经营活动中，为避免客户提款而出现的准备金不足，通常它们都要持有一定比例的超额准备金，虽然这个比例一般来说很小。超额准备金不足将使银行在客户提现时面临挤兑的风险，严重影响其正常经营和资产安全。

对于银行而言，虽然法定准备金数额是由国家法律规定的，银行必须持有，而超额准备金的数量是银行可以自由掌握的，但是银行一旦决定持有一部分超额准备金，那么这部分超额准备金在存款创造过程中所起的作用就与法定准备金完全相同。例如，在我们的例子中，法定准备金率是10%。那么在这个时候，如果银行决定另外再持有10%的超额准备金，那么它在吸收了10 000元的原始存款后，能够贷放出去的金额就只剩下8 000元。如果收到这8 000元活期存款的银行也决定持有10%的超额准备金，则它能发放的贷款数额就只剩下6 400元。再接下来，收到这6 400元活期存款的银行要是仍然决定持有10%的超额准备金，则其能够发放贷款的数额就又变成了6 400×80%=5 120元。依次类推，最终能够产生的存款总额也就是以10 000元为首项，公比为0.8的等比数列之和，等于50 000元。

此时，存款乘数就等于法定准备金率与超额准备金率之和的倒数，在本例中，存款乘数即1/(10%+10%)=5。如果用e来表示银行愿意持有的超额准备金率，那么新的存款乘数d就可以表示为：$d=\frac{1}{r_d+e}$，显然，它要小于原先的简单存款乘数$\frac{1}{r_d}$。

2.客户提现对存款货币创造的限制与影响

在前面的分析中，我们还假设了银行的所有客户都不持有现金，其任何行为活动所获得的货币全部存入银行的活期存款账户，并从不提取现金。

客户不持有现金就意味着没有现金从银行系统中漏出，但实际上，这种情况是不存在的。

现金从银行漏出，这部分资金就独立于银行系统以外，不能再通过银行系统派生出新的存款货币来。那么,如果假定客户都有自己的行为习惯,这一点是符合事实的,因而可以假设客户会在存款时保留一定比例的现金不存入银行,或者是在存入后又提出一定比例的现金。例如,法定准备金率为10%,超额准备金率为10%,客户提现导致现金漏损的比率为5%,那么当银行最初吸收了一笔金额为10 000元的原始存款后,最终会派生出多少存款货币呢?

由于法定准备金率为10%,超额准备金率为10%,客户提现导致现金漏损的比率为5%,银行在吸收了10 000元的原始存款以后,需要留存1 000元的法定准备金、1 000元的超额准备金并且提出500元现金交付给客户,所以银行这时可用于发放贷款的资金总额为7 500元。如果接受这笔7 500元活期存款的银行也面临相同的法定准备金率、超额准备金率和现金漏损率,那么它需要留存750元的法定准备金、750元的超额准备金和支付375元的客户提现,可以用于再次发放贷款的资金只有5 625元。与前例类似,当贷款继续发放的时候也会产生一个等比数列,不同的是这个等比数列的公比发生了变化,变为了0.75。其中的具体过程,可以由读者自行完成。

此时,加上原始存款,最终的存款金额会达到40 000元,其中派生存款数为30 000元。存款乘数正好是法定准备金率、超额准备金率和现金漏损率三者之和的倒数,在本例中,存款乘数为1/(10%+10%+5%)=4。如果用c来表示现金漏损的比率,那么新的存款乘数就变为

$$d=\frac{1}{r_d+e+c}$$

3.非交易存款对存款货币创造的限制与影响

在前面的分析中,我们还假设了银行只有活期存款,并不存在其他类型的存款。但是读者根据自己的生活经验可以很清楚地认识到这一假设是无法成立的。我们最初不考虑非交易存款与活期存款相互转化的问题,完全是因为我们在前面只需要了解最简单的存款创造原理和过程,在这个假定条件下分析起来更加简便清晰。下面我们考虑在非交易存款存在下,存款货币创造所受的影响。

假设在前例中,客户的存款都有30%会转化为定期存款等非交易存款,那么这些存款会不会也像漏损出去的现金那样退出存款创造的过程了呢?回答是否定的。这些货币虽然在性质上发生了变化,但仍然保留在银行的手中,银行除了要为它保留少量的法定准备金外,其余的仍然可以贷放出去。

假定法定准备金率为10%,超额准备金率也是10%,现金漏损率为5%,原始存款的30%转化为非交易存款,这部分存款的法定准备金率为4%,那么若原始存款10 000元,则各银行吸收到的活期存款情况为

甲银行:$10\ 000\times(1-5\%-30\%)=10\ 000\times65\%$

乙银行:$10\ 000\times\{1-[5\%+65\%\times(10\%+10\%)+30\%\times4\%]\}\times65\%$

丙银行:$10\ 000\times\{1-[5\%+65\%\times(10\%+10\%)+30\%\times4\%]\}^2\times65\%$

……

对此数列求和得

$$\frac{10\ 000\times65\%}{5\%+65\%\times(10\%+10\%)+30\%\times4\%}=\frac{10\ 000}{\frac{5\%}{65\%}+10\%+10\%+\frac{30\%}{65\%}\times4\%}=33\ 854.17$$

式中第一个等号后的分母项依次为流通中现金与活期存款的比率(现金漏损率)、活期存款的法定准备金率、活期存款的超额准备金率、非交易存款与活期存款的比率,以及非交易存款的法定准备金率。如果以上各项分别用字母c、r_d、e、t和r_t来表示,则新的存款乘数为

$$d=\frac{1}{c+r_d+e+r_t\cdot t}$$

二、中央银行体制下的货币创造过程

前面我们介绍了商业银行体系下存款货币的创造过程，下面我们要变换一下视角，从中央银行的角度考察整个经济生活中货币是怎样创造出来的。现代二阶银行体制下货币供给的实现机制：中央银行向以商业银行为主体的金融体系注入基础货币，商业银行在此基础上进行信用创造或存款创造，向整个社会提供最终货币。

（一）基础货币

1. 概念

由于流通中的现金完全是由中央银行发行的，而法定准备金率又是由中央银行独立控制的，将流通领域中的现金存入商业银行才能转化为商业银行所吸收的原始存款，进而派生创造出新的存款货币。因此，我们将中央银行比较容易控制的流通中的现金（C）和银行准备金（R）之和定义为一个新的变量，即基础货币（B），也就是 $B=C+R$。其中 R 作为银行准备金包括商业银行在中央银行的存款和其持有的现金，即法定准备金和超额准备金的总和。基础货币（Base Money）是银行信贷和货币这些上层建筑建立的基础，因而也称为货币基础（Monetary Base）。由于每一单位的基础货币支撑着若干现金和存款货币，所以基础货币还可以被称为高能货币（High-power Money）。

2. 基础货币的用途

基础货币的用途主要有两项：其一是作为流通中的现金而存在；其二是作为商业银行在中央银行的存款。需要解释的是，流通中的现金包括公众手中持有的现金和商业银行自己保有的现金两部分。

公众手中持有的现金一旦进入银行体系就会转化为原始存款，进而通过商业银行的存款派生机制创造出大量的存款货币。商业银行持有的现金和在中央银行的存款因其自身就处于银行体系内，以法定准备金和超额准备金的形式存在，因此商业银行可以随时将超出法定准备金的那部分货币贷放出去，从而使整个社会领域内的存款货币达到多倍扩张的效果。

3. 基础货币与商业银行存款货币创造的关系

中央银行提供的基础货币与商业银行创造存款货币的关系，概括起来就是一种源与流的关系。中央银行虽然不对一般的企事业单位商业银行客户提供贷款服务，从而不能直接派生出存款货币，但它却掌握着商业银行创造存款货币的“源头”——基础货币的创造和提供，商业银行作为直接货币供给者，其创造存款货币的一系列存贷行为都是建立在基础货币这个基础上的。当经济中原有的基础货币通过商业银行系统已经创造出最大限度地存款货币后，为满足社会经济发展的需要，只能靠中央银行创造新的、更多的基础货币。

（二）货币乘数

货币供给量与基础货币的比值称为货币乘数。所谓货币乘数，是指一定量的基础货币发挥作用的倍数，或者说是货币扩张或收缩的倍数。用 Ms 代表货币供应量，B 为基础货币，m 为货币乘数，则有下式：

$$Ms = m \cdot B$$

货币乘数反映了货币供应量（Ms）与基础货币（B）之间的倍数关系。其中货币供应量 M_S（这里指狭义的货币）主要由两部分构成：流通中的现金和商业银行的活期存款。用 C 表示流通中的现金，D 表示银行体系的活期存款，则有关系式：

$$Ms = C + D$$

又由于基础货币由流通中的现金和存款准备金两部分构成，用 R 表示商业银行的存款准备金，有关系式：

$$B = C + R$$

则

$$m = Ms/B$$

$$m=\frac{C+D}{C+R}\text{(图 8-4)}$$

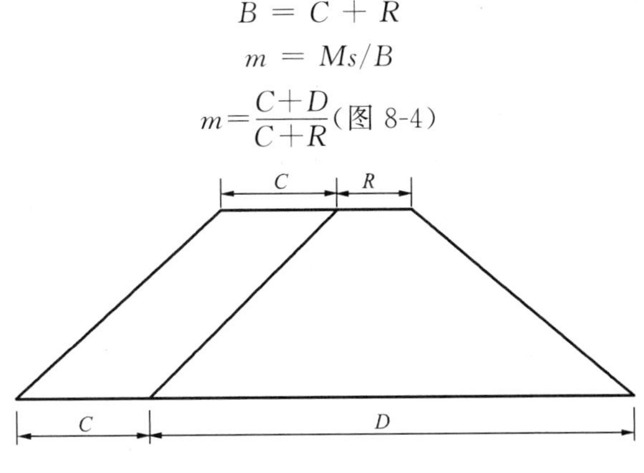

图 8-4　基础货币与货币供应量关系

专栏 8-2　看现象学理论

货币乘数和基础货币的背离意味着什么？

从央行披露的数据得知，基础货币在今年(2017 年)6 月底余额 303 771.57 亿元，较上一年年底减少 3 048 亿元，而 7 月基础货币减少到 299 098.02 亿元，基础货币的收缩程度比 M_2 还要大。而基础货币由银行的准备金和流通中的现金组成，流通中的现金变动不大，那么变动最大的是银行的准备金，而银行的准备金包括两部分，一部分是法定准备金，另一部分是超额准备金，法定准备金今年没有变化，那么收缩最厉害的就是超额准备金。

超额准备金率也是一路下滑，2003—2008 年平均超额准备金率在 3.5%左右，之后进一步下行，目前超额准备金率在 1.5%左右，7 月金融机构超额准备金率为 1.4%。

关于银行超额准备金率下降，央行在今年第二季度货币政策报告中进行了专题解释，央行认为下降的原因，一是现代支付技术的提高，二是商业银行融资渠道多样化，三是银行流动性管理水平提高，四是央行创造了 MLF、SLF 等流通性工具等。央行还指出，这种下降并不意味着银行体系流动性收紧和货币政策取向发生变化。

商业银行通过基础货币创造货币存款的能力被称为货币乘数，央行的数据显示，7 月货币乘数为 5.37，比 3 月末高 0.08。从以上可以看出，在基础货币和超额准备金率下行的同时，货币乘数是一路上行，到今年 7 月已经增加到了极限。货币乘数接近极限，则意味着商业银行通过基础货币创造货币存款的能力已经到了极限，与此同时，我们看基础货币却一直在减少，这意味着未来的流动性创造能力是极为有限的。

而基础货币的收缩，除了商业银行对超额存款准备金的充分利用之外，还有就是央行的基础货币释放也非常克制，目前就通过公开市场操作和再贷款补充流动性，但是这些工具不仅有成本，还必须到期归还。

只有存款准备金率的下调才可能为商业银行释放流动性，所以今年银行业内部人士一直呼吁下调存款准备金率，但存款准备金率已经一年多未有调整，央行一直不为所动，第二季度货币政策报告中专题解释超额存款准备金率下行的原因，这很可能意味着，央行仍然不打算短期内调整存款准备金率。

以上几个货币指标的变化趋势意味着，在人民币汇率市场波动较大、房地产泡沫进一步膨胀、商业银行通过表外理财刚性兑付威胁金融安全，以及不良资产压力加大，而外汇占款持续萎缩的情况下，央行仍然将把流动性的主动权紧紧掌握在自己手中，通过 MPA 考核等政策工具，对商业银行的流动性以及经营管理实施有效精准的控制。

资料来源：《华夏时报》，2017.8.18

（三）中央银行影响存款货币创造的主要方式

正如以上内容所述，中央银行主要是通过影响基础货币的数量来影响存款货币的创造，但这并不意味着在不改变基础货币数量的前提下，中央银行无法影响存款货币的创造。下面要向大家说明的是中央银行影响存款货币创造的几种方式。

中央银行投放基础货币主要有三条渠道：一是对商业银行等金融机构的贷款；二是收购金、银、外汇等储备资产投放的货币；三是对政府部门的债权。

现代中央银行作为金融机构体系中处于核心位置的机构，其主要职能不仅包括三大传统职能（发行的银行、银行的银行和政府的银行），还要具备代表国家对金融机构、市场等方面进行监管和辅助政府制定宏观经济政策、实施货币政策调节国家经济等现代职能。

在执行这些职能的时候，中央银行经常采用的三大工具有法定存款准备金率、再贴现率以及公开市场操作。实际操作中，三大工具对应的具体做法分别是提高或降低法定存款准备金率，改变向商业银行提供的再贴现或贴现贷款业务的再贴现率，在公开市场上买入或卖出二级市场债券（一般主要是政府债券）。中央银行使用这三种工具都会引起整个社会领域内的存款货币发生变化。

1. 改变法定存款准备金率对存款货币创造的影响

中央银行改变法定存款准备金率有提高和降低两种选择，我们以第二节的结论分别来说明这两种选择最终对存款货币创造的影响。需要注意的是，中央银行使用这一工具并没有改变基础货币的数量，但又确实影响到了存款货币的创造。

(1)提高法定存款准备金率

最终的存款乘数：

$$d=\frac{1}{c+r_d+e+r_t\cdot t}$$

其中，c，r_d，e，t 和 r_t 分别表示流通中现金与活期存款的比率（现金漏损率）、活期存款的法定准备金率、活期存款的超额准备金率、非交易存款与活期存款的比率，以及非交易存款的法定准备金率。当中央银行提高法定存款准备金率后，r_d 和 r_t 的数值都变大。如果假定其他条件都不变时，那么对于存款派生乘数 d 而言，分母数值变大，d 值变小。即对于相同数量的原始存款来说，最终能够创造出的存款货币数量减少了。

(2)降低法定存款准备金率

与刚才的分析结果刚好相反，当中央银行降低法定存款准备金率后，r_d 和 r_t 都变小。当其他条件都不变时，对于存款派生乘数 d 而言，分母数值变小，d 值就会变大，对于相同数量的原始存款来说，最终能够创造出的存款货币数量也就增大了。

2. 改变再贴现率对存款货币创造的影响

关于贴现业务，我们曾在商业票据和商业银行资产业务部分提到。再贴现业务是中央银行对商业银行持有的未到期票据办理的贴现业务。如同利率的高低将影响存贷款数量规模一样，再贴现率的提高或降低也将影响到商业银行向中央银行申请贴现的规模。商业银行在申请再贴现并收到贴付款项的同时，社会经济领域中的基础货币量也就得到了同等数量的增加。我们仍然通过具体的例子来说明再贴现业务对存款货币创造的影响。

假定某银行向中央银行贴现了一张票据并获得了 1 000 元的贴现款，那么此时这 1 000 元贴现款就成了该银行可以动用的准备金(通常是超额准备金)。这样一来，整个经济领域中的基础货币量就增加了 1 000 元，商业银行将这部分货币贷放出去后，整个社会中的存款货币又会以存款乘数 d 这个倍数关系得到增加，最终新增存款货币数将是 $1\ 000\times d$ 元。

事实上，商业银行除了直接持未到期票据向中央银行申请再贴现以外，还可以以未到期票据为担保申请贴现贷款。贴现贷款对存款货币创造的影响和直接申请票据贴现是相同的。需要注意的是，不管是贴现贷款还是票据贴现，在归还贷款和票据到期时，都需要收回相应的现金，这一行为又会使基础货币存量降低，相应的存款货币也会发生多倍紧缩。

3. 公开市场操作对存款货币创造的影响

公开市场操作是中央银行在公开市场上买入或卖出以政府债券(国债等)为代表的二级市场债券。在实务操作中，实际情况分为向商业银行购买或出售和向公众购买或出售两种，我们分别举例说明。

(1)向商业银行购买或出售债券

假定中央银行买卖政府债券的对象是一家商业银行，那么公开市场业务的结果将只影响商业银行的准备金，而不影响公众手中的现金。例如，当中央银行从一家商业银行手中买入了 1 000 元政府债券时，这一行为的后果将是该商业银行的政府债券减少了 1 000 元，而在中央银行的准备金账户中增加了 1 000 元；反之，如果中央银行向这家商业银行出售了 1 000 元政府债券，则商业银行的债券增加 1 000 元，但准备金减少了 1 000 元，这些变化都体现在银行准备金的增减上。银行准备金的增减实际上就是基础货币的增减，基础货币的变化会导致存款货币的扩张和紧缩。

(2)向公众购买或出售债券

与上述情况不同，此时的中央银行公开市场操作行为只会影响公众手中保有的现金数量。但我们之前向大家讲解过，公众手中的现金货币只是暂时停留在公众手中，一旦其进入银行系统，那么必然会使银行的原始存款增加并派生出新的存款货币。中央银行这一行为的影响同样也是通过改变基础货币的数量而达到的。也就是说，中央银行主要是通过影响基础货币的数量来影响存款货币创造的。

第五节　货币供给模型分析

在货币需求理论的研究中，有很多货币需求模型。同样，在货币供给理论研究中也存在货币供给模型。本节中，我们会向大家介绍货币供给模型的有关知识，并对前述章节提到的货币乘数做进一步探讨，考察影响货币乘数的具体因素有哪些。

一、货币供给决定的一般模型——乔顿模型

乔顿模型是货币供给决定的一般模型，在这里我们要分别向大家介绍最初的乔顿模型和乔顿模型的两个扩展形式。

(一)采用狭义货币定义的乔顿模型

在最初的模型中，货币供给使用第一个层次，即狭义货币 M_1。由于是狭义货币定义，因此 M_1 等于活期存款加现金，即 $M_1=D+C$。又因为 M_1 是货币供给量，所以其必然等于基础货币 B 乘上货币乘数 m，即 $M_1=B\cdot m$。那么，由这两个公式，我们可以得到

$$m=\frac{M_1}{B}=\frac{D+C}{B}$$

因为，基础货币 B 可以表示为存款准备金 R 与现金 C 的和，即 $B=R+C$。而存款准备金 R 又可以表示为活期存款的法定准备金率 r_d 与活期存款 D 的乘积加上定期存款法定存款准备金率 r_t 与定期存款 T 的乘积再加上超额准备金 E，即 $R=r_d\cdot D+r_t\cdot T+E$。

因此，上式就可以表示为

$$m=\frac{D+C}{R+C}=\frac{D+C}{r_d\times D+r_t\times T+E+C}$$

在此式中，如果用 k 表示现金 C 与活期存款 D 的比率，即通货比率 $k=C/D$；用 t 表示定期存款 T 与活期存款 D 的比率，即定期存款比率 $t=T/D$；用 e 表示超额准备金 E 与活期存款 D 的比率，即超额准备金率 $e=E/D$，那么上式又可以改写为

$$m=\frac{D+C}{r_d\times D+r_t\times t\times D+e\times D+k\times D}$$

将公式整理后，得到

$$m=\frac{1+k}{r_d+r_t\times t+e+k}$$

即有 $M_1=B\times m=B\times\dfrac{1+k}{r_d+r_t\times t+e+k}$，该式就是最初的采用狭义货币定义的乔顿模型。

模型表示，货币供给量由基础货币的数量和货币乘数的大小决定，其中货币乘数的大小又由通货比率 k、定期存款比率 t、法定准备金率 r_d、定期存款准备金率 r_t 和超额准备金率 e 所共同决定。

(二)将货币定义扩展到 M_2 的乔顿扩展模型

由于货币供给口径扩展到 M_2 层次，因此原模型变为

$$m=\frac{D+C+T}{B}=\frac{1+k+t}{r_d+r_t\times t+e+k}$$

$$M_2=B\times\frac{1+k+t}{r_d+r_t\times t+e+k}$$

显然，货币供给的决定因素并没有增加，但过程变得更复杂。

(三)取消定期存款法定准备金率的乔顿扩展模型

为了更符合实际生活中的事实情况，并使模型更简单化，我们尝试取消定期存款的法定准备金率，那么，前述的两种口径下的货币供给模型可以进一步改写为

$$M_1=B\times\frac{1+k}{r+t+e+k},M_2=B\times\frac{1+k+t}{r+t+e+k}$$

此时的货币供给决定因素仍留下五个，但公式的形式已经变得十分简单和清晰了。

在乔顿模型及其扩展模型中，货币供给决定的总体因素共有六个。其中，基础货币量 B、法定准备金率 r_d 和定期存款准备金率 r_t 都由货币当局所控制；超额准备金率 e 由商业银行掌握；而通货比率 k、定期存款比率 t 则由社会公众的资产选择行为所决定。中央银行紧缩银根，提高存款准备金率，货币供应量就会减少；商业银行感觉到央行的政策指向，也会随之提高超额准备金率，从而使货币供应量减少；同样，公众与企业持有的现金多，则通货比率放大，也会使货币供应量减少。

由此，我们看到一国的货币当局政策能够影响一国的货币供给量，但它也无法做到对货币供给量完全控制。同时，该模型也说明了，货币供给量并非完全是一个外生变量。

二、弗里德曼—施瓦茨货币供给模型

1963 年经济学家弗里德曼和安娜・施瓦茨出版了《美国货币史：1867－1960 年》，其中通过对美国 1993 年货币史的实证研究，推导出了这个著名的货币供应决定模型。这个决定模型用方程式表示为

$$M=m\cdot H=\frac{\frac{D}{R}\left(1+\frac{D}{C}\right)}{\frac{D}{R}+\frac{D}{C}}\times H,m=\frac{\frac{D}{R}\left(1+\frac{D}{C}\right)}{\frac{D}{R}+\frac{D}{C}}$$

式中，M 表示货币存量(M_2 口径)，H 表示高能货币(基础货币)，R 表示商业银行的全部存款准备金，C 表示非银行部门公众持有的通货，D 表示商业银行的存款。

公式的推导过程为：

因为 $Ms=m\cdot B$，并且 $B=R+C$，所以

$$m=\frac{D+C}{R+C}$$

再将等式右端的分子分母都除以 D，则有

$$m=\frac{\frac{C}{D}+1}{\frac{C}{D}+\frac{R}{D}}$$

如果此时再将等式右边的分子、分母同乘 D/CR，则上式就可变为

$$m=\frac{\frac{D}{R}+\frac{D^2}{CR}}{\frac{D}{R}+\frac{D}{C}}=\frac{\frac{D}{R}\left(1+\frac{D}{C}\right)}{\frac{D}{R}+\frac{D}{C}}$$

其两边再乘以 H，则可变为

$$m\cdot H=\frac{\frac{D}{R}\left(1+\frac{D}{C}\right)}{\frac{D}{R}+\frac{D}{C}}\times H$$

这就是弗里德曼—施瓦茨分析货币供应量决定因素的基本公式。从式中可见，决定货币供应量的主要是三个因素：高能货币 H、商业银行的存款与准备金之比 D/R、商业银行存款与公众持有的通货之比 D/C。弗里德曼和施瓦茨把这三个因素称为“货币存量的大致的决定因素”，而 D/R、D/C 则为货币乘数的决定因素。弗里德曼和施瓦茨认为，货币供应量是由 H、D/R、D/C 三个因素共同决定的。其中任一因素的变化都可以引起货币供应量的变化。

从基础货币来看，它是非银行公众所持有的通货与银行的存款准备金之和。它们之所以

还被称为高能货币，是因为一定量的这样的货币被银行作为准备金而持有后可引致数倍的存款货币。弗里德曼—施瓦茨认为高能货币的一个典型特征就是能随时转化为(或被用作)存款准备金，不具备这一特征就不是高能货币。

弗里德曼—施瓦茨利用这一模型方法，通过检验1867—1960年美国货币史得出的基本结论是：高能货币量的变化是广义货币存量长期性变化和周期性变化的主要原因；D/R 比率和 D/C 比率的变化对金融危机条件下的货币运动有着决定性影响；同时 D/C 比率的变化还对货币存量长期缓慢的周期性变化起重要作用。

三、卡甘货币供给模型

这种模型同样是建立在对美国货币史的实证分析基础上的，并且同弗里德曼—施瓦茨模型一样也把货币供给定义为 M_2。但它比弗里德曼—施瓦茨模型更能直观地反映存款准备金比率与通货比率对货币乘数的影响。

其推导过程是这样的，根据货币的定义

$$M=C+D$$

两边同时除以 M 并移项

$$1=\frac{C}{M}+\frac{D}{M}$$

$$\frac{D}{M}=1-\frac{C}{M}$$

若用 R 表示存款准备金，则

$$\frac{R}{M}=\frac{R}{D}\times\frac{D}{M}$$

将上式代入本式得

$$\frac{R}{M}=\frac{R}{D}\times\left(1-\frac{C}{M}\right)$$

因为高能货币 H 是货币供给 M 的一部分，所以

$$\frac{H}{M}=\frac{C+R}{M}=\frac{C}{M}+\frac{R}{M}$$

同样把上式代入本式，则

$$\frac{H}{M}=\frac{C}{M}+\frac{R}{D}\times\left(1-\frac{C}{M}\right)=\frac{C}{M}+\frac{R}{D}-\frac{R}{D}\times\frac{C}{M}\text{，即}$$

$$M=\frac{H}{\frac{C}{M}+\frac{R}{D}-\frac{R}{D}\times\frac{C}{M}}$$

四、国际货币基金组织的货币供给模型

国际货币基金组织(IMF)对其成员国货币供给变化衡量采用的模型是：

$$\Delta M=\Delta R+\Delta D$$

其含义是一国货币供给量的变化 ΔM 由该国的外汇储备的变化 ΔR 和金融系统国内信贷的变化 ΔD 共同决定。其中，一国的外汇储备的变化 ΔR 由该国出口 X、进口 M，以及非银行部门的资本净流入量 K 形成，即 $\Delta R=X-M+K$。模型中信贷的变化 ΔD 和出口 X 视为外生变量；进口 M 视为内生变量，即收入的函数。IMF 的这套模型十分简单，最初是因为许多成员

国在提供具体的统计数据上较为困难，而银行业和进出口数据通常易于获得。

五、货币供给决定因素与货币乘数影响因素的讨论

前面我们所讨论的货币供给模型，除最初的简单模型和最后的IMF模型外，从其他的模型中我们能看到决定一国货币供给量的决定性因素只有两个：基础货币（或高能货币）B 和货币乘数 m——无论其具体形式如何。

当货币乘数一定时，基础货币量增加，则货币供应量将成倍地扩张；反之，基础货币量减少，则货币供应量将成倍地缩减。当基础货币量一定时，货币乘数的大小决定着货币供给扩张的倍数，两者呈正比例关系。

现实生活中有众多因素能对基础货币量和货币乘数这两个方面产生影响，进而影响到货币供给的数量。下面我们将对这两方面的影响因素逐一进行分析。

（一）基础货币的影响因素

影响基础货币量的因素很多，主要影响因素基本都源于一国政府和货币当局，以下我们列举一些典型的货币当局和政府行为来为大家做一个简要的分析。

1. 中央银行在公开市场上买进或卖出有价证券

中央银行在公开市场上买进有价证券，则流通领域中的现金量因中央银行付出的价款而增加。如果中央银行付出的这笔现金进入商业银行，则成为商业银行的现金或准备金。因此，无论哪种情况，流通中的基础货币量都会得到增加。反之，中央银行在公开市场上卖出有价证券，则流通领域中的现金量因中央银行付出的债券回笼现金而减少。如果中央银行付出的这笔债券是由商业银行购买的，则商业银行的现金或准备金减少。因此，无论哪种情况，流通中的基础货币量都会减少。

2. 中央银行收购或卖出黄金与外汇

中央银行收购黄金与外汇必然需要向流通领域支付款额，这笔现金进入流通领域的同时就增加了基础货币的数量。当中央银行卖出黄金与外汇的时候就需要流通领域向中央银行支付款额，这笔现金退出流通领域的同时就减少了基础货币的数量。

3. 中央银行对商业银行的再贴现和再贷款

中央银行向商业银行提供再贴现和再贷款，这笔资金将直接增加商业银行在中央银行的存款准备，基础货币量因此而增加。

4. 中央银行的应收账款与应付账款

应收账款增加表明中央银行有更多的款额没有从流通领域中收回，流通中的基础货币量因此而增加，应付账款增多表明中央银行对流通领域中有更多的拖欠款额没有清偿，流通中的基础货币量因中央银行占用而减少。

5. 财政部发行通货与财政盈余和财政赤字

财政部发行通货，会使流通领域中的通货增加，基础货币量也随之增加。中央银行为财政提供融资贷款，其对基础货币的影响完全取决于财政部还款的方式。

财政盈余意味着有更多的存款从商业银行账户向中央银行账户转移，流通中的基础货币量减少，货币供应量降低。而财政赤字影响基础货币，进而引起货币供应量变化，主要取决于财政赤字的弥补方法。弥补财政赤字的办法，主要有动用历年结余、发行政府债券、向中央银行透支和借款等，这些方法对基础货币量与货币供应量的影响是不同的。

（1）由于中央银行代理国库，因此使用历年结余弥补赤字必然要迫使中央银行调整自己的资产结构。如果中央银行通过减少或回收对商业银行的贷款等方式压缩资产规模，同财政动用历年结余的规模相等，那么，财政动用历年结余所产生的总量扩张效应，就会与中央银行压

缩其他资产所产生的总量收缩效应抵消，基础货币数量不变，货币供应量也不发生改变；反之，如果中央银行压缩资产规模小于财政动用历年结余的规模，那么，中央银行压缩其他资产所产生的总量收缩效应就不足以抵消财政动用历年结余所产生的总量扩张效应，基础货币数量就增加，货币供应量也会增加。

(2)发行政府债券弥补赤字对基础货币的影响，取决于承购主体及其资金来源的性质。企业或个人用现金购买，商业银行用自己收回的贷款或投资购买，则基础货币量不变；如果商业银行用超额准备金或增加向中央银行的借款购买政府债券，基础货币量将等量增加；政府债券由中央银行认购，其影响等同于中央银行在公开市场上买卖有价债券。

(3)向中央银行透支和借款会引起中央银行资产规模和负债规模的等量增加。当财政将借得的款项下拨给基建单位和经费单位后，一方面引起企事业单位在商业银行的存款增加，另一方面会使商业银行持有的基础货币量增加。

(二)货币乘数的影响因素

对于货币乘数而言，其影响因素主要就是上述模型中所显示的活期存款的法定准备金率、定期存款的法定准备金率、超额准备金率、通货比率和定期存款比率这五项。具体影响分析如下。

1. 活期存款的法定准备金率与定期存款的法定准备金率

这两者都由中央银行直接控制。当这两者上升时，在其他条件不变的情况下，同样数量的原始存款，商业银行所需缴纳的法定准备金数量将会增加，那么，其所能创造出的派生存款数量将会成倍地减少，货币乘数变小，货币供给水平也随之降低。反之，当这两者下降时，在其他条件不变的情况下，同样数量的原始存款，商业银行所需缴纳的法定准备金数量将会减少，那么，其所能创造出的派生存款数量将会成倍地增加，货币乘数变大，货币供给水平也随之提高。

2. 超额准备金率

与上面两个因素相同，超额准备金率提高，在其他条件不变的情况下，同样数量的原始存款，商业银行所能创造出的派生存款数量会成倍地减少，货币乘数变小，货币供给水平也随之降低。反之，当超额准备金率降低时，在其他条件不变的情况下，同样数量的原始存款，商业银行所能创造出的派生存款数量会成倍地增加，货币乘数变大，货币供给水平也随之提高。但是与上述两个因素不同的是，超额准备金率并非是由中央银行所能控制的，而是由商业银行的行为所决定的。影响商业银行行为选择的有三个因素：①保有超额准备金的机会成本的大小；②借入超额准备金成本的大小；③经营风险和资产流动性的状况。

3. 通货比率与定期存款占活期存款的比率

与上述三个因素都不相同，这两个因素受公众行为决定。当公众面临可支配收入增加；以通货购买商品或劳务的相对价格比用支票购买更优；当公众对未来通货膨胀的预期强烈时，在其他条件不变的情况下，公众倾向持有更多的通货，如此就会造成通货比率增加，货币乘数变小，货币供给水平下降；反之，当公众面临可支配收入减少；以支票购买商品或劳务的相对价格比用通货购买更优；当公众对未来通货膨胀的预期不强时，在其他条件不变的情况下，公众倾向持有较少的通货，如此就会造成通货比率下降，货币乘数变大，货币供给数量增加。

与此类似，当收入增加、定期存款利率提高时，公众选择定期存款的比率会上升，在其他条件不变的情况下，货币乘数变小，货币供给水平下降；反之，当收入减少、定期存款利率下降时，公众选择定期存款的比率会下降，在其他条件不变的情况下，货币乘数变大，货币供给水平提高。

专栏 8-3 看现象学理论

M_2 与增长：水落舟稳？

近期 M_2 增速持续下滑，7 月末 M_2 增速下降至 9.2% 的历史低点，已连续 3 个月个位数增长。未来，随着金融去杠杆的不断推进，M_2 将如何变化？又将对实体经济造成多大影响？

M_2 即广义货币供给，$M_2=M_1+$准货币（企业定期存款＋居民储蓄存款＋其他存款）。其中，狭义货币（M_1）$=M_0+$企业活期存款，M_0 为流通中现金。所以，M_2 实际上就是流通中现金加上银行的存款，属于银行负债。按照货币银行学理论，商业银行负债是由资产派生而出的，且资产和负债具有恒等关系。

长期以来，M_2 一直是我国货币政策中间目标。一方面，我国利率市场化改革虽持续推进，但仍未完成，数量型调控依然是央行调控的重要手段和参考依据；另一方面，在以信贷为主的融资模式下，M_2 变化是信用派生（贷款投放）的最直接反映，而信贷投放又是投资拉动型经济增长的主要动力来源，所以 M_2 的变化直接决定了经济增长快慢，以 M_2 作为中间目标也较好地衡量了名义经济增长情况。M_2 增长较快的时期，信用派生较多，经济体的投资需求较大，经济增长相对较快；而在 M_2 增长较慢的时期，信用派生相应减弱，经济体的投资需求下降，经济增长会相应回落。

另外，M_2 变化在一定程度上也体现了央行逆周期调控的思路。当经济存在下行压力时，M_2 增长通常比较快，M_2 增速与名义 GDP 增速之间的差值维持在 6～8 个百分点甚至更高的水平，如 2009 年经济下行压力较大时，两者差值甚至达到 22 个百分点；而当经济增长过热时，央行会相应收紧货币政策，M_2 增速也会随之下降，M_2 增速与名义 GDP 增速有可能会出现一定的背离。比如 2004 年 3 月至 2005 年 6 月、2007 年 3 月至 2008 年 9 月和 2011 年 3 月至 12 月，在经济明显过热时，名义 GDP 增速分别超过 M_2 增速 1.8、4.0 和 3.7 个百分点。

2012 年以前，M_2 与名义经济增速具有较强的相关性，M_2 领先名义经济增速 6～9 个月，但 2012 年以后，M_2 与名义经济增速之间的相关性不断弱化。具体来看，2000 年以来，M_2 与名义经济增速之间的关系大致可分为三个阶段：第一阶段为 2000 年至 2004 年 6 月，其间，信用扩张持续加快，M_2 保持较高增长态势，且有效带动了经济的同步增长；第二阶段为 2004 年 6 月至 2012 年 3 月，M_2 与名义经济增速之间保持同步异向波动，该时期 M_2 更多体现了货币政策逆周期调控，且有效影响经济增长；第三阶段为自 2012 年 3 月至今，M_2 与名义经济增速均表现为下降态势，但经济下降幅度更为明显，两者之间的相关性明显减弱，甚至在部分时期 M_2 明显上升（回落）后，经济却呈现出阶段性回落（上升）。

目前 M_2 依然是我国货币政策中间目标，其走势既反映了管理部门的政策取向，也直接影响了市场主体预期及经营行为。

从信用派生的角度来看，2017 年以来，M_2 的逐步回落是由证券类投资（包括债券投资和股权及其他投资），尤其是股权及其他投资大幅下降所致。受金融监管加强等金融去杠杆政策影响，上半年不仅信用债净增量持续为负值，国债和地方债等利率债的发行进度也有所放缓，导致今年上半年银行投资的债券净增量低于往年同期水平，造成上半年债券投资占 M_2 的比例持续下降；股权及其他投资在金融去杠杆的背景下，大幅收缩，3 月、5 月和 6 月均出现了净减少，尤其是 5 月净减少了 7600 亿元，显示同业资产萎缩较快，是 M_2 放缓的最大原因。

但近期 M_2 下降并没有拉低社会融资规模，实体经济融资需求基本得到了有效满足，下半年社会融资规模也很难大幅下滑。2017 年 7 月末社会融资规模存量为 168.01 万亿元，同比增长 13.2%。其中，对实体经济发放的人民币贷款余额为 114.31 万亿元，同比增长 13.5%；对实体经济发放的外币贷款折合人民币余额为 2.58 万亿元，同比下降 3.3%；委托贷款余额为 13.81 万亿元，同比增长 12.9%；信托贷款余额为 7.71 万亿元，同比增长 33.5%；未贴现的银行承兑汇票余额为 4.27 万亿元，同比增长 4.9%；企业债券余额为 17.9 万亿元，同比增长 7.6%；非金融企业境内股票余额为 6.3 万亿元，同比增长 20%。前七个月，社会融资规模增加 12.4 万亿元，同比增多 2.2 万亿元，其中，人民币贷款增加 9.1 万亿元，同比增多 1.2 万亿元；信托贷款增加 1.4 万亿元，同比增多 1.1 万亿元。

总的来看，考虑到信贷增长较快以及债券投资恢复性增长，下半年 M_2 或可以维持 9.0%～10%的增速。即使 M_2 保持个位数增长，在金融去杠杆的推动下，金融服务实体经济的水平和能力却在持续提升，不会对经济增长造成明显影响，也不会改变经济增长态势。但同时，也要密切关注金融监管强化可能导致的信用创造的过度萎缩波及实体经济，把握好金融监管的力度和节奏。

资料来源：《文涛宏观债券研究》，2017.8.17

第六节　货币均衡与总供求均衡

在介绍了货币需求与货币供给之后，我们仍有必要向大家介绍一下货币的均衡，以及其与宏观经济中的社会总需求、总供给、总供求均衡的联系。

一、基本概念

均衡是一个物理学概念，引入经济学后，这个概念往往被用来描述市场供求的对比状态。我们这里提到的货币均衡与非均衡，是针对整个社会生活中的货币供给与货币需求之间的关系而言的。

货币均衡（Currency Equilibrium）指的是在一定时期经济运行中的货币需求与货币供给在动态上保持一致的状态。换言之，在这段时期内，一国的货币供给量基本符合其货币需求量，即货币供给与货币需求基本相等，$Ms=M_d$。相对的货币非均衡指的就是货币供给超过或满足不了货币需求，货币供给量与货币需求量不相适应，并开始影响和干扰正常的经济运行，供求间出现了严重的失衡现象，因此货币非均衡也可以称作“货币失衡”。

总供给（Aggregate Supply），指社会总供给，概括地说，是企业（西方经济学的厂商）在现行价格、生产能力和成本既定条件下将生产和出售的产出数量，具体来说，就是供应的消费品和生产品的总和。总需求（Aggregate Demand），指社会总需求，相对总供给而言，表述成在价格、收入和其他经济变量既定的情况下，个人、企业、政府希望获得并且能够支付得起的产品数量，具体而言可以包括私人部门的消费需求、私人部门的投资需求、政府部门的支出和出口需求四个部分。

二、货币均衡的含义

货币均衡，看似只要货币供给与货币需求相等即可。但事实上，货币均衡并非如此简单。具体而言，货币均衡有以下三个方面的含义。

（一）货币均衡是货币供给与实际货币需求的均衡

在现实生活中，我们无法统计出实际的货币需求量，只能统计出名义的货币需求量。而一国的货币当局在提供了一定的货币供给量后，流通领域中的社会公众手中所持有的货币量，既不可能多于也不可能少于这笔货币存量。因此，在社会生活中，我们通过统计数据能够看到的事实就是名义货币供给量总是等于名义货币需求量。这种名义上"均衡"背后隐藏着的社会现实也可能是物价飞涨、生产萎缩。这种现象下的"均衡"显然不是我们所要讨论的真正的"货币均衡"。那么，我们所要讨论的真正的货币均衡只可能是货币供给与实际货币需求的均衡。

（二）货币均衡是一种动态均衡

货币均衡是一种动态均衡，是在货币供求相互作用中实现的均衡，而绝非货币供给量对某个货币需求量的简单适应并达成的均衡。因此，它绝不可能通过主观地确定一个年增长比率而达到和实现。供给和需求是一对相互作用的矛盾体，货币供给的改变在一定程度上会影响社会总产出和物价水平，这两者的变动又会影响到货币需求的水平，最终货币需求又反过来与货币供给进行均衡，这是一个动态的均衡—失衡—均衡的运动过程。

（三）货币均衡是一种广义的均衡

货币均衡是一种允许货币供求在一定范围内存在偏差的广义均衡，而并不是需要货币供求严格恪守绝对相等的狭义均衡。一方面，货币需求在生活中是一个模糊的量，正如人们在描述当期或未来的时候经常会采用模糊性的词语一样，货币需求在生活中一般都只能描述成一个大致范围，只有描述过去的既定统计量才可能把货币需求界定在具体而精确的值上。另一方面，由于存在诸如货币贮藏手段的职能、延迟和提前消费的消费模式、受个人偏好习惯等决定的货币流通速度弹性的因素影响，货币的供给具有一定的"容纳弹性"——在一定幅度内供求差额并不会引起价格和经济出现大幅波动的特性——这种"容纳弹性"同样能支持货币供求在特定幅度内存在偏差。多方面原因造成货币均衡在实际生活中并不需要在某个绝对的数量点上达成，而只需要存在一个大体适应均衡范围即可。

三、货币失衡的表现、原因及治理手段

对比货币均衡的内涵，我们很清楚地看到并非货币供求数量上存在差额就被称为"货币失衡"，只有当这个差额超过了某个度，影响了经济的正常运行，此时我们才称"货币失衡"。货币失衡有两种可能性：供大于求或供不应求，记为 $Ms>M_d$ 或 $Ms<M_d$。

当 $Ms>M_d$ 时，货币当局提供的货币供给量超过流通中商品的价值量总和，在市场上表现为物价普遍地持续大幅上涨，也就是发生通货膨胀现象。当市场中的商品物价遭遇普遍管制的时候，表现为商品供应紧张——"一货难求""有钱没处花"——强制储蓄。

当 $Ms<M_d$ 时，货币当局提供的货币供给量少于流通中商品的价值量总和，在市场上表现为物价普遍地持续大幅下跌，也就是发生通货紧缩现象。又或者表现为产品出现大幅积压，生产基本或完全停滞，经济出现明显衰退。

在说明了货币失衡的表现以后，我们再来追寻一下货币失衡的原因。人类社会历史上，货币失衡的两种情况都存在过，并有可能继续存在下去。我们对此分开讨论。

（一）货币供给小于货币需求的原因

这种情况多发生于金属货币时代。因为经济发展过于迅速，商品生产和流通大规模产生，但由于没有足够且及时地增加货币供应量，导致流通中货币数量大幅短缺。这种情况在人类社会进入不兑现的信用货币时代以后几乎就没有再发生了，因为单纯的印制增发货币量对货币当局而言是再简单不过的事情了。另一种可能导致出现货币供不应求现象的原因是在货币供求大致相当的情况下，货币当局收缩银根、降低货币供应水平，使原本均衡的状态滑落为失衡，但是这种情况出现的概率同样不大。

(二)货币供给大于货币需求的原因

现代社会中,货币供给大于货币需求的情况相对来说要更多一些。产生货币供过于求的主要原因有两方面:其一是没有任何准备和预料的财政赤字;其二是银行系统贷款规模扩张太甚。两种原因都会造成流通中的货币量大增,从而出现货币供给大于货币需求的情况。

要治理货币失衡,一般可以采用两种方法:供给型手段和需求型手段。前者主要通过货币当局以货币需求量为参照控制货币供给量,使之主动向货币需求量靠拢,具体如三大货币政策工具等;或通过政府财政部直接增加流通领域的货币存量,使之接近货币需求量,具体如增减税、补贴等。后者主要通过货币当局和政府进行窗口指导等影响货币需求,使之逐渐接近和适应货币供给量,达到均衡。

四、货币供求与社会总供求的关系

(一)货币需求与总供给的联系

货币需求与总供给的联系可以从宏观和微观两个角度来考察。

从宏观角度来说,在经济体系中,交易行为可以用两个同时存在的运动过程来描述,商品和劳务的运动与货币的运动。交易中货币的运动通常就是商品和劳务在做交易运动同时的反向运动,即应对货物收取(支付)行为的货币支付(收取)过程。因此,当描述货币运动目的时,我们可以将之看作是商品和劳务正常运转的客观保障条件。所以,我们也可以说一个经济体系中货币的需求量从根本上取决于体系中商品和劳务的供给量,即 $AS \rightarrow M_d$。

从微观角度来说,微观经济主体之所以需要持有货币,其原因不外乎满足当前消费和未来消费两种,考虑到其在进行即期消费(当前的消费)和远期消费(未来的消费)的抉择时,可能具有不同的偏好——节约消费(偏好远期消费)和透支消费(偏好即期消费),那么此时同样的总供给水平反映到对即期的(当前的)货币需求量上就可能有偏大和偏小两种不同的情况,但总体而言,决定微观经济主体货币需求量的因素还是商品和劳务的总供给量。

(二)货币供给与总需求的联系

就社会总需求 AD 的构成而言,通常可以划分为消费需求 C、投资需求 I、政府支出 G 和出口需求 X 四个大类。如果把政府支出分为消费支出和投资支出两大部分,并暂时略去出口需求方面,只考察封闭条件下的经济状况,那么总需求 AD 就只包括投资 I 和消费 C 两个方面。

因为无论何时货币总是社会需求的载体与实现社会需求的手段,所以社会总需求的实现实际上很大程度都受制于货币供给量的多少。适当数量的货币供应量可以使整个社会的总需求量稳定在一个适当的规模上,其数量刚好可以达到社会总供给 AS 的水平;反之,过多或过少的货币供给量就会使得社会总需求量实现的程度出现大幅超出或低于社会总供给水平。社会总需求失衡将带来一系列的社会、经济、政治等问题,不利于社会经济健康发展。但与货币需求与总供给类似,同样的货币供给水平反映到对总需求量上也可能有偏大和偏小两种不同的情况,因此,我们这里提出的“过多”和“过少”都应该是超出了“适当”限度的概念。

在封闭经济下,由于总需求 $AD=$投资 $I+$消费 C,货币供给 Ms 不足必将使投资 I 或消费 C 低于正常水平。投资 I 的不足将使企业的积累无法完成,消费 C 的不足将使企业的产品无法变现,资金无法回笼。这两种情况的发生又会导致社会再生产过程无法正常进行,企业只能压缩生产规模,进而出现全社会性的经济衰退。开放经济下情况更为复杂,在此不再单独阐述。货币供给与货币需求的关系可以用一句话来概括:社会总需求就是已供应出来的货币量对商品劳务量的需求,即 $Ms \rightarrow AD$。

综上所述，我们可以将总需求 AD、总供给 AS、货币需求 M_d 以及货币供给 Ms 的关系表述如图 8-5 所示。

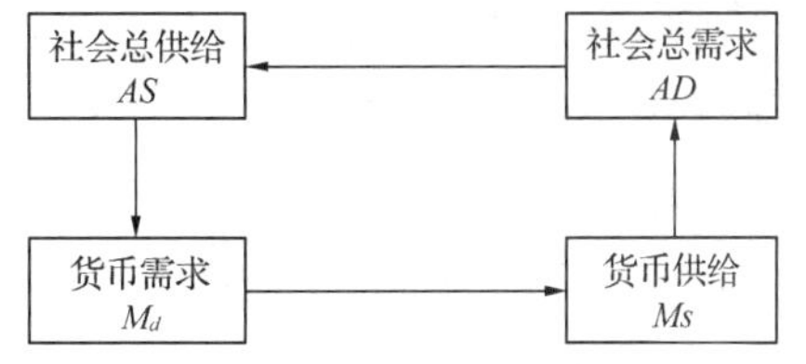

图 8-5　总需求、总供给、货币需求及货币供给关系

由于图中四个变量之间都是可以相互影响的，因此图中的箭头指向，只能理解为是变量间相互影响的主导方向，而不能单纯地理解为是一个变量对另一个变量的完全决定。

在这四个变量互相决定和影响的过程中，总供给的多少决定了整个社会的货币需求量有多大，货币需求的大小又在一定程度上影响着货币供给量的多少，货币供给量最终都要体现为对商品和劳务的总需求量，总需求反过来影响总供给的规模。

货币需求在一定程度上决定和影响货币供给。部分经济学家认为货币供给是一个外生变量，货币需求很难或不能对其产生影响。事实上，货币供给无论是否外生，都应以货币需求为前提和基础，其出发点和落脚点都应放在货币供给对货币需求的适应上。不适应货币需求的货币供给只会使经济出现异常变化，而不能更好地促进经济的发展。片面提高货币供给的水平，使之超出货币需求过多，只能使得物价水平大幅上升；反之，片面压缩货币供给的规模，使之低于货币需求过甚，只能使得更多的社会产品无法实现，紧缩经济规模，最终导致衰退。

社会总需求同样也对社会总供给水平有着巨大的影响。总需求不足，则总供给不能充分实现，经济可能出现衰退；总需求过盛，则在一定程度上能够推动总供给的增加，但经济可能出现过度膨胀。

（三）货币供给的产出效应与总产出扩张边界

在社会总供给、总需求、货币需求和货币供给中，一国货币当局最有可能掌握在手中的只有货币供给这一项，因此讨论货币供给对现实产出的效应是很有必要的。

从各国的实践来看，货币供给在一定程度上是可以对社会总产出具有促进作用的，用通俗的话来说，增加货币供给量在一定程度上是能够使得总产出增加的，但这一结论是需要有其前提基础的。一般而言，只有当一国在一定时期内具备各种尚未得到充分利用的潜在生产资源时，增加货币供给才能使这些潜在资源逐渐得到充分利用，从而使得社会总产出在这一时期内得到扩张。当一定时期内各种潜在的生产资源几乎都已得到充分利用，或已接近充分利用的状态时，货币供给量的增加只能导致物价水平的上涨，而无法使社会总产出增加。

从理论上来讲，社会总产出的扩张是有限制的。我们可以用如图 8-6 所示的来展示社会总产出的扩张过程。

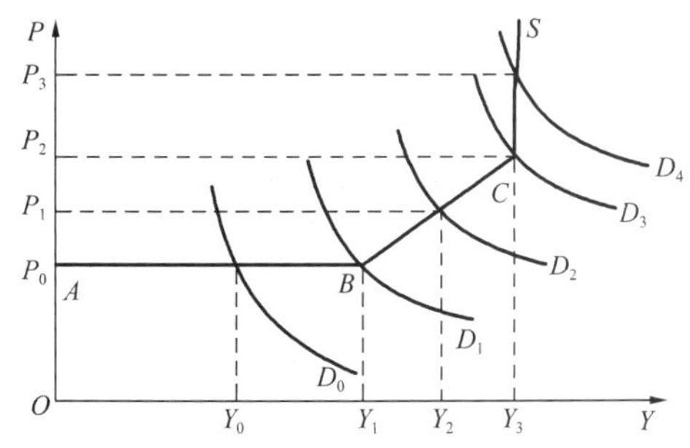

图 8-6　社会总产出的扩张过程

其中，横轴 Y 表示社会总产出，纵轴 P 表示物价水平，线段 AS 表示社会总供给曲线，D_0 至 D_4 分别表示各种情况下的总需求曲线。

图中，D_0 是最初的总需求水平，它与总供给曲线 AS 的交点决定了此时的社会总均衡状态，此时的物价水平为 P_0，产出水平为 Y_0。显而易见，此时社会资源仍存在闲置，因此增加货币供给使社会总需求水平从 D_0 增加到 D_1 后，新的总需求与总供给的交点 B 决定了新的均衡水平。此时的总产出由 Y_0 增加到 Y_1，而物价水平仍处在 P_0，未发生任何变动。需要注意的是，这个过程有可能并非货币供给一次性增加的结果，更可能是连续多次的货币供给增加导致的状态。B 点的位置实际上是潜在的社会闲置资源逐渐接近充分利用和充分就业的状态临界点，当社会总均衡水平突破这个位置后，均衡状态越来越靠近资源充分利用、就业充分实现状态。此时如果继续增加货币供给刺激总需求的扩张，总需求水平将渐次扩张到 D_2、D_3 水平，我们发现此时的货币供给增加虽然在一定程度上导致了总产出水平的扩张，即 $Y_1 \to Y_2 \to Y_3$，但物价水平同时也出现了上升，即 $P_0 \to P_1 \to P_2$，并且我们可以从图中看到总产出扩张的速度越来越慢，物价上升的速度却越来越快。最终，均衡水平再次达到一个临界点 C，此时的社会资源已经得到了充分利用，C 点的产出水平 Y_3 就已经是充分就业状态下的产出水平了。如果在这种情况下继续增加货币供给，由于已经没有潜在闲置资源可以投入生产，所以所有新增的货币量都将反映在物价水平中。在图上表现为总需求水平由 D_3 增加到 D_4，总产出水平 Y_3 没有发生改变，但物价水平却出现了由 P_2 到 P_3 的大幅上升。在这一阶段无论增加多少货币供给都不能对总产出水平产生任何促进作用，任何增加的货币供给都将体现在物价水平快速上升上。线段 AB、BC、CS 分别代表着货币供给对潜在资源利用的三个阶段，总产出的扩张也只能以最终的资源充分利用为扩张的边界。

专栏 8-4 看现象学理论

央行报告：相对慢一点的货币增速可支持经济平稳增长

2021 年 1 月 12 日，中国人民银行公布了 2020 年金融统计数据。数据显示，2020 年我国人民币贷款增加 19.63 万亿元，社会融资规模增量累计为 34.86 万亿元。中国人民银行行长易纲曾于 2020 年 6 月表示，预计当年全年人民币贷款新增近 20 万亿元，社会融资规模增量超过 30 万亿元。目前来看，当时提出的目标已经实现。

2020 年新冠疫情暴发以来，国内逆周期调控力度明显增大，5 月份两会提出"广义货币供应量和社会融资规模增速要明显高于去年"。随着国内经济逐步走出疫情影响，2020 年下半年，针对疫情的宽松政策适时逐步退出。从全年来看，2020 年人民币贷款增加 19.63 万亿元，同比多增 2.82 万亿元，增幅远超 2019 年的同比增量。2020 年社会融资规模增量累计为 34.86万亿元，同比增加 9.19 万亿元，增幅同样远超 2019 年的同比增量。2020 年 12 月末，M_2 余额 218.68 万亿元，同比增长 10.1%，增速比 11 月末低 0.6 个百分点，比上年同期高 1.4 个百分点；M_1 余额 62.56 万亿元，同比增长 8.6%，增速比上月末低 1.4 个百分点，比上年同期高 4.2 个百分点；M_0 余额 8.43 万亿元，同比增长 9.2%。全年净投放现金 7 125 亿元。

2020 年新冠疫情对经济造成了较大冲击，使得国内逆周期调控力度明显加大。在金融支持下，企业加速复工复产，市场信心不断增强，中国经济加快恢复发展，成为全球率先实现正增长的主要经济体。而随着经济不断复苏，作为特殊时期的一些特殊举措将会逐步退出舞台，预期 2021 年宏观政策回归常态，信贷及社融增量将恢复往年增长水平。

资料来源：选自《新华财经》2021 年 1 月 28 日

本章重点摘要

1.货币需求是人们更愿意以货币这种形式持有的财富数量。从宏观角度出发,它通常表现为一国在既定的时间上社会各部门所持有的货币数量。货币需求是一个存量概念,构成货币需求需要同时具备两个条件:一是有能力获得货币;二是愿意以货币形式保有其财产。人们对货币的需求既包括执行流通手段和支付手段职能的货币需求,也包括执行价值贮藏手段职能的货币需求。

2.货币需求的决定因素很多,包括收入状况、消费倾向、利率水平、信用的发达程度、货币流通速度、社会商品可供量和物价水平、公众的预期和偏好等。其中,收入状况、消费倾向、社会商品可供量与货币需求成正比,信用发达程度、货币流通速度、利率和预期的通货膨胀率则与货币需求呈负相关关系。

3.历史上曾出现许多研究货币需求的理论。在传统的货币数量论中,欧文·费雪的现金交易方程式描述了名义货币需求与名义国民收入和货币流通速度的关系,这一理论认为在货币流通速度一定的情况下,名义货币需求就取决于名义国民收入。而剑桥学派的现金余额方程式也同样得出了类似结论,并在理论阐述中提出了人们的货币需求同国民收入的名义值呈正比的观点。继古典货币数量论后,凯恩斯提出了他的"流动性偏好"理论。凯恩斯的理论将货币需求划分成了三类,即交易性需求、预防性需求和投机性需求。在凯恩斯之后,弗里德曼的现代货币数量论将影响货币需求的主要因素分成了四类:财富总量、人力财富和非人力财富的比率、持有货币的预期报酬率和其他资产的预期报酬率。在他的理论中,弗里德曼认为货币需求与财富总量和持有货币的预期报酬率呈正向关系,与其他因素呈负向关系。

4.当银行系统吸收了一笔原始存款后,其经过一系列的派生最终将得到最大等于存款乘数倍的存款货币,这一过程我们称为存款创造。存款创造是一个货币扩张的过程,与之相对的就是紧缩的过程。

存款货币的创造要受很多因素的限制,法定准备金率是其中最为重要的一项。法定准备金率的提高将导致存款货币派生规模成倍数收缩。除法定准备金率外,超额准备金率、现金漏损率和非交易存款占活期存款的比率也都对存款货币的创造有很大的影响,其过程与法定准备金率的影响类似,其比率提高对存款货币创造都有紧缩影响。

5.货币供给是指一定时期内一国银行系统向经济中投入、创造、扩张(或收缩)货币的行为,是银行系统向经济中注入货币的过程。考虑到现金、活期存款、定期存款等流动性并不完全相同,各国都依流动性由大至小划分若干个层次或称为货币口径。

国际货币基金组织(IMF)采用了三个口径对货币供给层次进行描述,它们分别是"通货"(Currency)、"货币"(Money)、"准货币"(Quasi Money)。"通货"是指不兑现的银行券和辅币,在我国一般习惯称为"现金"。我国现行的货币供应量划分为 M_0、M_1 和 M_2,其中 M_1 被称为狭义货币量,M_2 被称为广义货币量。

6.在研究货币供给理论方面,乔顿模型向我们揭示了决定货币供给的六个因素。其中,基础货币量 B、法定准备金率 r_d 和定期存款准备金率 r_t 都由货币当局所控制;超额准备金率 e 由商业银行掌握;而通货比率 k、定期存款比率 t 则由社会公众的资产选择行为所决定。

7. 货币均衡指的是在一定时期经济运行中的货币需求与货币供给在动态上保持一致的状态。货币非均衡或货币失衡是指货币供给超过或满足不了货币需求，货币供给量与货币需求量不相适应，并开始影响和干扰正常的经济运行，供求间出现了严重的失衡现象。货币均衡是一种动态均衡和广义均衡。当一国在一定时期内具备各种尚未得到充分利用的潜在生产资源时，增加货币供给能使这些潜在资源逐渐得到充分利用，使得社会总产出在这一时期内得到扩张。这一扩张必须依存总供给曲线的三个阶段，其最大扩张规模就是资源充分利用状态下的产出水平。

重要名词

货币需求　货币数量论　现金交易方程　现金余额方程　流动性偏好　流动性陷阱　恒久性收入　货币供给　货币供给层次　法定准备金　超额准备金　派生存款　现金漏损率　基础货币　货币乘数　货币均衡

课后练习

一、单项选择题

1. 正常情况下，市场利率与货币需求呈(　　)。

A. 正相关　　B. 负相关　　C. 正负相关都可能　　D. 不相关

2. 提出现金交易说的经济学家是(　　)。

A. 凯恩斯　　B. 马歇尔　　C. 欧文·费雪　　D. 庇古

3. $M=KPY$ 是属于(　　)的理论。

A. 现金交易说　　B. 现金余额说　　C. 可贷资金说　　D. 流动性偏好说

4. 根据凯恩斯的流动性偏好理论，当预期利率上升时，人们就会(　　)。

A. 抛售债券而持有货币　　B. 抛出货币而持有债券

C. 只持有货币　　D. 只持有债券

5. 以下(　　)是属于弗里德曼的货币数量说。

A. 利率是货币需求的重要决定因素

B. 人们的资产选择原则是效用极大化

C. "恒久性收入"的概念是一个不包括人力资本在内的纯物质化的概念

D. 货币数量说首先是一种货币需求理论，其次才是产出、货币收入或物价水平的理论

6. 现金漏损率越高，则存款乘数(　　)。

A. 越大　　B. 越小　　C. 不变　　D. 不一定

7. 在其他条件不变的条件下，如果提高了定期存款利率，则存款乘数(　　)。

A. 不变　　B. 增大　　C. 减小　　D. 不确定

8. 存款货币银行影响派生存款能力的因素有(　　)。

A. 财政性存款　　B. 原始存款　　C. 法定存款准备金　　D. 超额准备金率

9. 超额准备金率的变动主要取决于(　　)的行为。

A. 中央银行　　B. 社会公众　　C. 商业银行　　D. 都不是

10. 在基础货币一定的条件下，货币乘数越大，则货币供应量（ ）。

A. 越多 B. 越少 C. 不变 D. 不确定

11. 存款准备金率越高，则货币乘数（ ）。

A. 越大 B. 越小 C. 不变 D. 不一定

二、填空题

1. 货币的定义可以分为狭义和广义两种。狭义货币（M_1）包括商业银行的________和________。广义货币 M_2 在我国是指 M_1 加上商业银行的________和________。

2. 基础货币又称强力货币，它包括商业银行的________和流通中的________。

3. 货币乘数的决定因素主要有五个，它们分别是________、________、________、________和________。

4. 货币供给量是由________、________和________这三个经济主体的行为共同决定的。

5. 货币当局投放基础货币的渠道主要有三条：一是________；二是________；三是________。

三、简答题

1. 简述货币需求的含义及决定影响。

2. 查阅资料，讨论欧文·费雪方程和剑桥方程的异同。

3. 比较弗里德曼的现代货币数量论与凯恩斯的流动性偏好理论的异同。

4. 凯恩斯和弗里德曼的货币需求理论的政策意义分别如何？

5. 基础货币对货币供给的影响有哪些？

6. 为什么要把货币供给划分成几个层次？划分的依据是什么？

7. 如果法定存款准备金率为 15%，现金漏损率为 5%，其他因素不计，那么存款乘数是多少？

8. 假设银行体系从央行获得的原始存款有 15 000 亿元。中央银行法定活期存款准备金率为 10%，法定定期存款准备金率为 5%，现金漏损率为 20%，定期存款比率为 40%，商业银行的超额准备金率为 18%，问：存款乘数是多少？派生出的存款总额是多少？

9. 简述商业银行存款货币的创造过程及影响派生规模的因素。

10. 什么是货币乘数？什么是基础货币？它们之间有怎样的关系？

11. 货币均衡和总供求均衡之间存在什么关系？

第九章 货币政策

在前面章节已介绍了与货币政策有关的基本概念，如存款货币的创造过程、货币供给的决定过程等；也提到中央银行、商业银行和社会公众的行为，均会影响货币供给量。中央银行不仅对基础货币有相当高的控制力，也能影响货币乘数，因此，中央银行在货币供给的过程中，扮演了最重要的角色。本章将继续深入这一议题，探讨中央银行货币政策的目标是什么，中央银行可动用哪些货币政策工具以及如何影响货币供给量及利率水平，最终达到的效果如何，等等。货币政策是最重要的宏观经济政策之一，也是影响每个微观经济主体行为的重要因素。

思政目标

以新时代中国特色社会主义经济思想指导金融发展，深刻理解我国基本货币政策，以及这些政策在中国特色经济中的基本运用，坚定社会主义经济发展道路。

第一节 货币政策及其目标

如何运用货币政策进行宏观调控

一、货币政策及其目标的含义

(一)货币政策的含义

中央银行的基本职责之一是制定和实施货币政策。货币政策(Monetary Policy)是指中央银行为实现给定的经济目标，运用各种工具调节货币供给和利率所采取的一系列方针和措施的总和。作为宏观经济间接调控的主要手段，货币政策在长期国民经济宏观调控体系中居于十分重要的地位。

(二)货币政策的内容

货币政策所包含的内容较为广泛，一个完整的货币政策体系包括三个方面的基本内容：(1)政策目标；(2)实现目标所运用的货币政策工具；(3)预期达到的政策效果。从确定目标，运用工具，到实现预期的政策效果，这中间还存在着一些作用环节，其中主要有中介目标和政策传导机制等。

(三)货币政策目标与货币政策目标体系

1. 货币政策目标的含义

货币政策目标是指中央银行采取调节货币和信用的措施所要达到的目的。明确货币政策目标是整个货币政策制定与实施过程的首要任务，只有确立了货币政策目标才能有的放矢地围绕目标选择货币政策的操作目标和政策工具,进而建立货币政策体系,发挥货币调控经济的功效。

2.货币政策目标体系

一般来讲,按照中央银行对货币政策目标的影响程度、影响速度及施加影响的方式,货币政策目标可划分为三个层次,分别为最终目标、中介目标和操作目标。最终目标是中央银行通过货币政策在一段较长的时期内所要达到的目标,基本上与一国的宏观经济目标相一致,具体包括物价稳定、充分就业、经济增长、国际收支平衡。中央银行并不能对这些目标直接加以控制,而只能通过货币政策工具对它们施加间接的影响和调节。为了及时准确地判断货币政策的力度和效果,中央银行需要有一套便于决策和控制的指标,即操作目标与中介目标,将货币政策工具的操作和货币政策最终目标的实现联系起来。

一般而言,货币政策指标的选择标准有以下几条。

(1)相关性(Relatedness)。所选择的货币政策指标必须同货币政策的最终目标有极密切的关系,并且是能作为一种函数关系存在的经济变量。

(2)可控性(Controllability)。所选用的货币政策指标的变动一定要为中央银行所控制,并能置于中央银行运用的控制手段的作用范围之内。

(3)可测性(Measurability)。所选用的货币政策指标必须具有明确而合理的内涵和外延,使中央银行能迅速而准确地收集到有关指标的数据资料,且便于进行定量分析,科学预测。

(4)抗干扰性(Anti-interference)。货币政策在实施过程中常会受到许多外来因素或非政策因素的干扰,只有选取那些受干扰程度较低的中介目标,才能通过货币政策工具的操作达到最终目标。

(5)适应性(Adaptability)。经济及金融环境不同,选择作为中介指标的金融变量也必然不同,中央银行所选用的货币政策指标必须与特定的经济金融环境相适应。

根据以上几个标准,中介目标可分为数量目标和价格目标两类,前者包括货币供应、准备金等,后者包括利率和汇率等。根据中介目标对货币政策工具反应的先后和作用于最终目标的过程,中介目标又可以分为近期中介目标和远期中介目标。近期中介目标又称为操作目标,是最接近货币政策工具的金融变量,具体包括准备金、基础货币、短期货币市场利率等。它们直接受货币政策工具的影响,对货币政策工具的变动反应较为灵敏,是货币政策工具操作直接控制的指标,但与最终目标的因果关系不太稳定。

远期中介目标简称中介目标,处于最终目标和操作目标之间,与最终目标联系密切,是中央银行在一定时期内和某种特定的经济状况下,能够以一定的精确度达到的目标,其变动可以较好地预告最终目标可能出现的变动。中介目标主要包括货币供给量和长期利率,在一定的条件下,银行信贷规模和汇率等也可以充当中介目标。

操作目标、中介目标和最终目标与宏观经济的相关性从弱到强,受中央银行的控制程度从强到弱,有机地构成了货币政策的目标体系。其关系如图 9-1 所示。

二、货币政策最终目标

货币政策最终目标是指货币政策在一段较长的时期内所要达到的目标。最终目标相对固定,基本上与一个国家的宏观经济目标一致,因此最终目标也称作货币政策的战略目标或长期目标,货币政策最终目标就是宏观经济目标。纵观现今世界各国中央银行的货币政策目标,虽然在用词上稍有差异,却不外乎稳定物价、充分就业、经济增长、国际收支平衡。近年来,随着

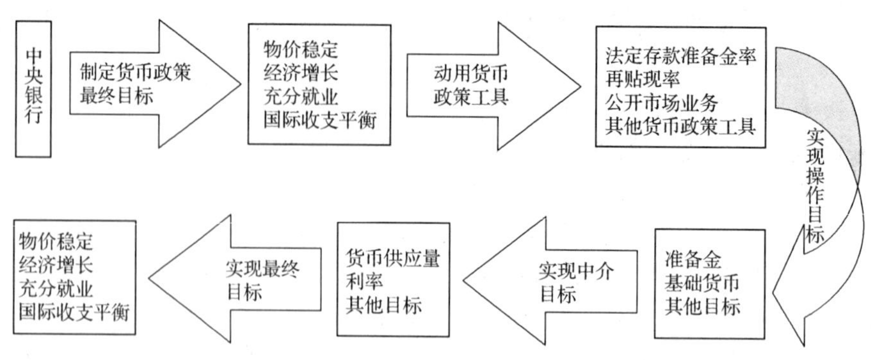

图 9-1 货币政策的目标体系

几次金融危机的发生，金融市场的稳定和外汇市场的稳定也被列入货币政策的目标。这里着重讨论传统意义的四大目标。

(一)物价稳定

物价稳定(Prices Stability)通常是指设法促使一般物价水平在短期内不发生显著的波动，以维持国内币值的稳定。物价水平不稳定有两种表现形式：一是通货膨胀，即物价总水平趋于上涨；二是通货紧缩，即物价总水平趋于下降。这两者都会给经济带来巨大的危害。具体危害在下一章通货膨胀部分中进行介绍，在此仅解释物价稳定的好处。物价稳定可以降低未来价格的不确定性，使厂商及个人能做适当的决策，因而能提高经济效率；另外，物价稳定也有助于降低通货膨胀所产生的资源配置扭曲。

许多证据证明，低而稳定的通货膨胀，可以提升资源使用效率及生产力，因而有助于经济发展；高通货膨胀则不利于经济增长，尤其是恶性通货膨胀。有鉴于此，几乎所有国家的中央银行都将物价稳定定为货币政策的主要目标。有些国家甚至将物价稳定定为货币政策的单一目标，如新西兰、澳大利亚。

在众多的通货膨胀成因中，真正与中央银行货币政策紧密相关的是社会总需求的膨胀这一因素。因此，中央银行的物价稳定目标是以防止出现由于货币供应量过多导致的社会总需求膨胀而造成的价格上涨。

(二)充分就业

充分就业(High Employment)是指一切生产要素(包含劳动)都有机会以自己愿意的报酬参加生产的状态。

充分就业作为货币政策目标的意义，可以从高失业率带来的巨大负面影响来反映：高失业率使家庭收入减少，低收入者生计出现困难，容易引发犯罪，危及社会稳定；高失业率意味着大量的闲置资源未被利用，降低了产出和收入水平。因此，消除大量失业现象，充分实现就业，就成为各国中央银行货币政策最终目标之一。

充分就业不能等同于人人就业，并不是指失业率为零的状态。因为，即使处在最佳的经济状态，也无法避免发生摩擦性失业(Frictional Unemployment)及结构性失业(Structural Unemployment)。摩擦性失业是指有能力且有意愿的劳动者，在寻找合适或更好的工作时，所处的暂时性失业状态；结构性失业是指因为产业结构调整，劳动者所能提供的技能不符合雇主所需，而产生的失业状态。这两种失业均不可避免，属于正常合理的失业状态。

充分就业是将失业率维持在一个较低的合理的限度内。当失业率等于自然失业率(Natural Rate of Unemployment)时即称为实现了充分就业。自然失业率是指劳动力市场处于均衡状态下的失业率。从理论上讲,自然失业率是事实上工资上涨率和预期工资上涨率相等时的失业率。20 世纪 60 年代,美国经济学家认为自然失业率为 4%,20 世纪 80 年代后提高到 6%,20 世纪 90 年代后又降到 3%。可见,自然失业率是随着不同的社会经济条件和发展状况而变化的。一般认为,我国的自然失业率在 4%～6%是正常的。

(三)经济增长

经济增长(Economic Growth)是指在特定的时期内经济社会所产生的人均产量和人均收入的持续增长,通常用一定时期国民生产总值年均增长率来衡量。

理解经济增长,不仅要考察经济增长的数量指标,还要考察经济增长的质量,即经济的可持续发展问题。只片面追求国民经济的数量增长,但同时带来环境污染、能源等资源过度开采浪费的后果,实际上是降低了人们的生活质量和福利水平,并给子孙后代造成沉重的经济负担。

经济增长既是一国人力和物质资源的增长、社会生活水平物质保证的提高,也是维护国家安全的必要条件。经济的合理增长需要多种因素的配合,其中最重要的是要增加各种经济资源,并提高各种经济资源的生产率。

中央银行的货币政策只能在一定程度上以其所能控制的货币政策工具,通过创造维持一个适宜经济增长的货币金融环境来促进经济增长。

(四)国际收支平衡

广义的国际收支是指一定时期内一国居民与非居民间各项经济交易的系统的货币记录。判断国际收支是否实质性平衡,国际上通行的做法是把国际收支记录的各项交易区分为自主性交易和调节性交易。

自主性交易是指那些基于交易者自身的利益或其他的考虑而独立发生的交易,主要包括经常项目和资本与金融项目中的交易,如货物和劳务的输出输入、直接投资、长期资本流出流入、侨民汇款、赠予等。这些交易出自生产经营、投资和单方面支付等需要,具有相对的自主性。

调节性交易是指为弥补自主性交易所造成的收支不平衡而进行的交易,因此也被称为弥补性交易。可以说,调节性交易是自主性交易的附属物,其本质是为弥补自主性交易收支不平衡而进行的一种融通性交易。

通常判断一国国际收支是否平衡,主要看其自主性交易是否平衡。如果一国国际收支的自主性交易本身是平衡的,则不必依靠调节性交易来达到平衡,这是一种最理想的状态。

国际瞭望

美国货币政策目标的历史选择

货币政策目标的建立与某一特定历史条件下需要解决的经济问题有着密切的连带关系。在 20 世纪 30 年代,西方各国普遍存在金本位制度。由于黄金作为货币具有自动调节货币流通量的功能,币值的稳定即意味着经济的稳定,因此,维持币值稳定成为经济政策的主要目标,也自然而然地成为当时货币政策的首要目标。

自 1929 年开始美国股票市场的狂飙带来了历史上最大的世界性经济危机。1932 年,整个资本主义世界的工业生产比 1929 年下降了 1/3 以上。失业状况也是空前的。1929—1933

年,资本主义国家总失业人数由 1 000 万人增至 3 000 万人,加上半失业人数 4 000～4 500 万人。这期间美国失业人数从 150 万人增至 1 300 多万人,加上半失业者共有 1 700 万人,高达民用劳动力的 1/3。此时各国政府竞相采取货币贬值,竖起关税壁垒等措施,以增进国内就业水平。至 1946 年,美国国会通过"就业法",正式将就业列为经济政策目标。

第二次世界大战后,世界各国普遍发生通货膨胀。这时经济安定与币值稳定又重新成为经济政策的主要课题。20 世纪 50 年代初期,自侵朝战争发生后,美国通货膨胀亦日益严重,这时美国政府明确提出制止通货膨胀,将其列为经济政策的主要目标之一。

然而为克服通货膨胀而采取的各种经济措施却带来了经济衰退的威胁。20 世纪 50 年代美国经济增长率已明显落后于其他发达国家。为提高美国在国际上的经济力量,经济增长问题便成为经济政策的目标之一。

20 世纪 60 年代初期,美国整个国际收支情况出现恶化,美元大量外流,世界各国对美元降低了信心,致使国际货币危机更为严重。美国为竭力支持战后以美元为中心的国际货币制度,必须遏制美元外流,改善其国际收支,遂将国际收支平衡列为经济政策的第四个目标。

20 世纪 60 年代末至 70 年代,美国政府为刺激经济增长、降低失业率,长期实行扩张性货币政策,造成恶性通货膨胀。在 1969—1982 年,美国出现了四次由高通胀引发的经济衰退。美联储由此认识到,只有保持一个较低的通胀率才能保证经济的稳定增长。因此,保罗·沃克、格林斯潘和伯南克三代联储主席都把反通胀放在第一位。

2008 年次贷危机出现,世界经济增长下滑,为刺激经济,美国采用量化宽松货币政策,货币政策目标改向经济增长和充分就业。2011 年 4 月 27 日,在美联储议息会议上,伯南克表示:"中长期政策目标是维持美元购买力,控制通胀在较低水平,确保经济强劲复苏,吸引资金流入美元,有助美元走强。"从这个声明来看,美联储现在的货币政策目标已经重点转向对"通胀率和失业率"的关注。

2015 年年底,美联储开始逆转宽松政策,推行货币政策正常化,遵循先进先出的原则采用加息政策,截至 2017 年年底已加息 4 次,联邦基金目标利率加至 1～1.25 厘,并延续用 25bp 区间的做法(2008 年 12 月,美联储最后一次减息,并首次为联邦基金目标利率设定一个 25bp 的区间,为 0～0.25 厘)。

三、货币政策目标之间的冲突

货币政策的四大目标是国家宏观经济目标的重要组成部分,四大目标均为国民经济稳定所必须,但在实际操作中,它们并非都协调一致,相互间往往存在冲突。除了充分就业与经济增长之间一般是正相关的外,其他的目标之间多表现为冲突的一面。这些冲突主要表现在以下几方面:

(一)物价稳定和充分就业的冲突

在分析物价稳定和充分就业的冲突时,人们通常采用菲利普斯曲线来说明。菲利普斯曲线说明在失业率和物价上涨之间存在此消彼长的置换关系(图 9-2)。

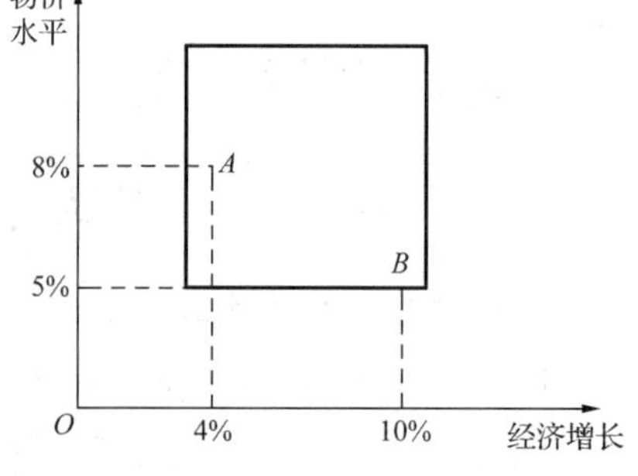

图 9-2 菲利普斯曲线

该图说明,如果一个社会(或政府)倾向于高就业率,比如将失业率控制在 4%,就必然要增加货币供应量,降低税率,扩大政府支出,以刺激社会总需求的增加;总需求的增加在一定程度上又将引起一股物价水平的上涨,达到 8%的水平。

相反，如果一个社会（或政府）更倾向于物价稳定，比如5%的物价上涨率，为此必然要缩减货币供应量，提高税率，削减政府支出，以抑制社会总需求的增加；社会总需求的压缩，又必然导致失业率的升高，达到10%的水平。若要维持物价稳定，则必须以提高若干程度的失业率为代价。对决策者而言，面临的可能选择只有三种：(1)失业率较高的物价稳定；(2)通货膨胀率较高的充分就业；(3)在物价上涨率和失业率的两极之间进行权衡和相机抉择。

（二）物价稳定和经济增长的冲突

按理说，物价稳定与经济增长之间的关系是辩证的统一：只有物价稳定，才能为经济的健康发展提供良好的社会经济环境；只有经济增长，物价稳定才有雄厚的物质基础，经济增长同物价稳定是辩证的统一。然而，就现代市场经济的实践而言，凡是经济正常增长时期，物价水平都呈上升趋势，二者往往表现出一定的矛盾性。

关于物价稳定与经济增长之间的矛盾，西方经济学理论对此看法颇不一致。凯恩斯于20世纪30年代即提出以增发纸币刺激经济复苏的政策。近30年来，以弗兰克斯、西尔斯等人为代表的结构学派理论也颇为流行，他们认为通货膨胀在某种程度上成为经济增长的催化剂，并作为一种战略，即借用通货膨胀来促进经济起飞。但是，以坎波斯、哈伯哥等人为代表的反通货膨胀主义者认为通货膨胀必然损害经济增长。而以刘克思为代表的通货膨胀中性论者，则认为通货膨胀对经济增长不起作用。

西方货币政策实践的结果证明，要使物价稳定与经济增长齐头并进并不容易：经济的快速增长往往会带来投资过旺，特别是在政府刻意追求增长速度，有意或无意地以通货膨胀为手段来促进经济增长时，扩张的信用手段虽然能使投资增加，但结果必然导致货币发行量的增加和物价上涨；而为抑制通货膨胀所采取的提高利率等货币政策又可能因抑制投资而影响经济的增长。因此，中央银行在为实现经济增长目标而努力时，必须考虑如何处理经济增长与物价稳定之间的关系，或者说在确定物价稳定的政策目标时，必须考虑经济增长的要求。

（三）物价稳定与平衡国际收支的冲突

物价稳定与国际收支平衡之间也存在着矛盾，可以从二者的相互影响方面加以分析。

1. 国际收支不平衡对国内物价稳定的影响

不论是国际收支顺差还是逆差，都会给国内货币流通带来不利的影响，集中表现在存在大量顺差的情况下，可能形成部分外汇收入的闲置，形成剩余购买力，从而影响物价稳定。当对外收支出现大量逆差时，由于商品多进口而增加了国内市场商品供应，有利物价稳定，但为了解决逆差问题所采取的组织商品出口等措施，又会造成物价不稳定。

2. 物价稳定对国际收支平衡的影响

当本国出现通货膨胀时，由于物价水平上升，外国商品相对价格低廉，导致国内商品出口减少而外国商品进口增加，结果是国际收支失衡，出现大量逆差。而本国物价稳定也绝不意味着国际收支的平衡。在本国物价稳定而他国发生通货膨胀的情况下，本国商品价格相对低于他国商品价格，出口增加而进口减少，难免发生顺差现象。

另外，对于开放条件下的宏观经济而言，中央银行稳定国内物价的努力常常会影响到该国的国际收支平衡。举例来说，假如国内发生了严重的通货膨胀，货币当局为了抑制通货膨胀，有可能采取措施提高利率或降低货币供应量。在资本自由流动的条件下，利率的提高有可能导致资本流入，资本项目下出现顺差。同时由于国内物价上升势头的减缓和总需求的减少，出口增加，进口减少，经常项目下也可能会出现顺差。这样就会导致国际收支的失衡。

由此可见，一国中央银行在稳定物价和平衡国际收支两个货币政策目标之间，常常要在政策措施的侧重点上做出选择。

(四)经济增长与平衡国际收支的冲突

在正常的情况下,经济增长必然带来国际收支状况的改善。但从动态角度来看两者,也存在着矛盾,具体表现在以下几个方面:

(1)经济增长带来国民收入增加的同时,也会增加对进口商品的需要,此时如果出口贸易的增长不足以抵消这部分需求,进口就会大于出口,从而国际收支出现逆差。

(2)为促进国内经济增长,就要增加投资,在国内资金来源不足的情况下,必须借助于外资的流入。虽然外资的流入会使资本项目出现顺差,从而在一定程度上弥补贸易差额的变化,但若本国不具备利用大量外资的条件及外汇还款能力,则又会造成国际收支失衡。

(3)治理经济衰退所采用的手段与平衡国际收支所采用的手段往往出现冲突。在经济衰退的时候,政府采取的货币政策可能因进口增加或通货膨胀而导致国际收支逆差。当国际收支逆差时,采取国内紧缩政策,其结果又可能带来经济衰退。

四、各国货币政策目标的选择

货币政策的"四大目标"对于任何一个国家来讲要想同时实现是不可能的,四个目标之间存在着冲突,一个目标的实现同时会制约着另一个目标的实现,甚至出现相反的一面。因此就出现了货币政策目标的选择问题,政策目标的选择只能是有所侧重而无法兼顾,中央银行不得不根据某一时期的经济形势及各项目标的特点,对这些目标进行权衡,以确定牺牲某个目标而实现另一个目标。

表 9-1 为主要国家中央银行货币政策的法定目标,其中不难看出,物价稳定和充分就业(或经济增长)可以说是各国中央银行最常见的法定目标,根据对这两大目标的重视程度,我们可以分为三类。

表 9-1　　主要国家中央银行货币政策的法定目标

国别	货币政策的目标	主要法律依据
美国	物价稳定 充分就业 经济增长 金融市场及金融机构稳定 长期利率稳定	联邦储备法、银行法、就业法、充分就业及均衡增长法
英国	物价稳定 在物价稳定的前提下,支持经济增长 金融体系稳定	《英格兰银行法》第 11 条和第 12 条,以及英格兰银行、财政部及金融监理委员会合作备忘录
欧元区	物价稳定 在不抵触物价稳定的前提下,支持经济增长	《马斯楚克条约》第 105 条
加拿大	控制并维持本国货币对外价值 缓和物价及就业波动 促进经济与金融发展	《加拿大银行法》前言
日本	物价稳定 健全国内经济发展 金融体系稳定	《日本银行法》第 1 条和第 2 条
韩国	追求物价稳定,便于国内经济健全发展	《韩国银行法》第 1 条
新西兰	物价稳定	《新西兰银行法》第 9 条,以及财政部与新西兰储备银行之《政策目标协定》
中国	保持货币币值的稳定,并以此促进经济增长	《中华人民共和国中国人民银行法》第 3 条

1. 单一目标(Sole Mandate)

明确规定物价稳定为唯一目标。包括新西兰和澳大利亚储备银行，以及欧元区整合之前的德国联邦储备银行。

2. 递进目标(Hierarchical Mandate)

将物价稳定与高度就业列为目标，但有先后顺序，物价稳定为首要目标，高度就业为次要目标。包括欧洲中央银行体系(ESCB)、英格兰银行。

3. 并列目标(Dual Mandate)

将物价稳定与充分就业列为共同目标，而无优先顺序，如美国联邦储备体系和日本中央银行。

五、货币政策中介目标

可选择的中介目标主要包括货币供应量、长期利率、银行信贷规模。

(一)货币供应量

货币供应量指标的优点和缺点如下。

1. 就可测性而言

根据货币的流动性差别及货币性的强弱，M_0、M_1、M_2、M_3 等指标均有很明确的定义，分别反映在中央银行、商业银行及其他金融机构的资产负债表内，可以很方便地进行测算和分析，因而可测性比较强。

2. 就可控性而言

货币供应量是基础货币与货币乘数之积，货币供应量的可控性实际上就是基础货币的可控性及货币乘数的可控性。从逻辑上讲，如果一国的货币体制能够确保中央银行对基础货币的控制，同时货币乘数相对稳定并且中央银行能够准确地加以预测，则中央银行就能够通过控制基础货币间接地控制货币供应量，此时货币供应量就具有很好的可控性；反之，如果中央银行对基础货币的控制能力较弱，货币乘数缺乏稳定性，那么货币供应量控制起来就比较困难。由此可见，货币供应量的可控性在很大程度上取决于特定的货币制度、金融环境及经济发展阶段。

3. 就相关性而言

一定时期的货币供应量代表了当期的社会有效需求总量和整个社会的购买力，对最终目标有着直接影响。然而，问题在于指标口径选择上，就 M_0、M_1、M_2、M_3 四者而言，到底哪一个指标更能代表一定时期的社会总需求和购买力，从而表现出与最终目标有着更强的相关性？以货币供应量作为中介目标的实践表明，指标口径的选择可能是货币供应量作为中介目标存在的主要问题，当大规模的金融创新和放松管制导致金融结构发生变化时，这个问题就会更加突出。以美国为例，美国曾经用 M_1、M_2、M_3 作为货币供应量指标，但最终于 1992 年放弃了，而将利率作为货币政策的中介目标。

(二)长期利率

长期利率，主要指中长期债券利率。凯恩斯主义者认为，长期利率作为货币政策的中介目标，与最终目标有着很强的相关性。中长期利率对投资有着显著的影响，对不动产及机器设备的投资来说尤其如此。另外，货币市场与资本市场上的众多利率水平和利率结构易于为中央银行所获取，所以利率目标是满足可测性的。从可控性方面来说，在间接调控体系下，中央银行借助于公开市场操作，就可以影响银行的准备金供求，从而改变短期利率，进而引导长期利率的变化，以实现对长期利率的控制。因此，长期利率作为货币政策的中介目标是适宜的。

但选择长期利率作为中介目标仍然存在一些问题。

(1)利率数据虽然很容易获取，但如何从大量利率数据中找出一个代表性利率并不容易。

(2)名义利率与预期的实际利率之间往往存在着差别，而且直接影响投资和消费需求的是实际利率而不是名义利率。但实际上中央银行只能钉住名义利率，无法确知社会公众的预期实际利率。货币政策和市场因素对利率的作用效果是叠加的，当利率发生变动时，中央银行往往很难分辨出利率对货币政策的作用效果，进而对货币政策的松紧也就无从掌握。

(3)中央银行以长期利率为远期中介目标，必须通过短期利率指标来传递。但因为利率的期限结构、流动性和风险性等因素不同，长期利率与短期利率之间存在复杂的关系，这给中央银行货币政策操作带来了不确定性，这也是长期利率作为中介目标的局限性。由于上述原因，在20世纪80年代初，美联储曾将中介目标从长期利率转移到货币供应量上。尽管如此，长期利率仍然是货币政策中介目标中一个可供选择的指标变量。

以上分析表明，是选用货币供应量还是选用利率作为中介目标，似乎没有绝对的定论。例如，在凯恩斯主义盛行的20世纪50—60年代，美联储主要以利率作为货币政策的中介目标，很少顾及货币供应量。但是20世纪70年代中期以后，货币主义的影响日益扩大，西方各国中央银行纷纷将中介目标由利率改为货币供应量；而进入20世纪90年代以后，一些发达国家又先后放弃以货币供应量作为中介目标，转而采用利率。原因是自20世纪80年代末期以来的金融创新、金融放松管制和全球金融市场一体化，使得各层次货币供应量之间的界限更加不易确定。因此基础货币的扩张倍数失去了以往的稳定性，货币总量与最终目标的关系更难把握，结果是中央银行失去了对货币总量强有力的控制，只能重新采用利率作为中介目标。

(三)银行信贷规模

银行信贷规模是指银行对社会大众及各经济单位的存贷款总额度。就其量的构成而言，包括存款总额和贷款总额两大部分。由于信贷规模与货币供应总量直接相关，改变信贷规模就是改变货币供应量的重要途径，会对货币政策的最终目标产生直接的影响。因此，中央银行只要通过观测、调控银行信贷规模的变化，就能促使和保证货币政策的实现。

就可测性而言，银行信贷规模由存贷款总额两部分构成，中央银行通过统计银行和非银行金融机构资产负债表上各个有关项目及构成，就能及时得到银行信用总量和构成数据。

可控性方面，对银行信贷规模的控制可采取两种方式：一种是直接的信贷管制；另一种是间接调控。前一种方式的含义是显然的。对间接调控而言，根据银行系统的多倍存款创造原理，中央银行通过改变准备金率、贴现率及进行公开市场业务，就可以扩大或收缩银行准备金率，从而控制其信贷规模。另外，中央银行可通过利率的变动，改变存贷款人的相对收益，也能间接控制银行信用总量。所以，银行信贷规模满足可控性要求，适合作为中介目标。

银行信贷规模与最终目标间的相关性类似于货币供应量与最终目标之间的相关性。广义的货币供应量包括现金和存款，它是银行体系(包括中央银行)的负债；贷款是银行体系的主要资产。如果银行体系其他资产、负债项目的数量不变，则其贷款增量等于现金增量加存款增量。所以，以货币供应量为中介目标与以贷款规模或其增量为中介目标其实是同一事物的两个方面，它们两者是一致的。从实际情况来看，银行信贷规模的收缩与扩张会直接导致货币供应量的收缩和扩张，从而影响社会总需求的规模。因此，银行信贷规模与最终目标之间存在较强的关系。

从各国的实际情况来看，英国、日本、法国、韩国和印度等国都曾将贷款规模作为中介目标加以管理。美国在 20 世纪 70 年代以前也曾将银行信贷规模作为货币政策的远期中介目标。

六、货币政策操作目标

货币政策近期中介目标也称为操作目标。从货币政策作用的全过程看,操作目标距离中央银行的政策工具最近,是中央银行货币政策工具的直接调控对象,可控性极强。中央银行正是借助于货币政策工具作用于操作目标,进而影响到远期中介目标并实现其最终目标的。操作目标的选择同样要符合可测性、可控性及相关性三个标准。除此之外,很重要的一点是,操作目标的选择在很大程度上还取决于远期中介目标的选择。具体而言,如果以总量指标作为远期中介目标,则操作目标的选择就应该以价格指标为宜。

从西方各主要工业化国家中央银行的操作实践看,经常被选作操作目标的主要有银行准备金、基础货币和短期货币市场利率。

(一)银行准备金

按不同的标准,准备金可划分成不同的内容。

从准备金的需求来看,总准备金可以划分为法定存款准备金和超额存款准备金两部分。法定存款准备金是银行按照法律规定所必须持有的那部分准备金,其数量一般取决于银行吸收的存款和法定存款准备金率。超额准备金是银行总准备金余额中超过法定存款准备金的那部分准备金。

从准备金的供给来看,银行准备金的供给来源主要有两个渠道:借入准备金和非借入准备金。借入准备金是指中央银行通过贴现窗口提供的临时性贷款,它在使用额度、频率和使用理由上都有明确的限制。非借入准备金是指中央银行通过贴现窗口以外的其他渠道所获得的准备金。中央银行通过公开市场操作,买进政府债券是非借入准备金的一个主要供应渠道。此外,其他一些技术因素,如财政存款余额、在途资金、流通中现金也会影响非借入准备金的供给。

银行准备金是指商业银行和其他存款机构在中央银行的存款余额及其持有的库存现金。银行准备金的特点主要是不生息或只有很低的利息。

中央银行对存款准备金的调控主要是通过公开市场操作和贴现窗口,即调控非借入准备金和借入准备金来完成的。在实际操作中,中央银行可以进一步选择非借入准备金或借入准备金来作为其操作目标。银行准备金作为操作目标常常与银行同业拆借市场利率相联系,其操作原理是:通过调节准备金供给,以影响银行同业拆借市场利率,从而进一步影响货币总量。

就可测性而言,无论是总准备金、法定存款准备金、超额存款准备金、借入准备金还是非借入准备金等,都可以很方便地从有关的记录和报表中获得或者通过相应的估测得到。另外,由于中央银行可以通过公开市场业务改变准备金数额,可控性也不存在问题。至于相关性,我们知道,基础货币由流通中的现金和银行准备金组成,中央银行通过调控银行准备金,就可以改变基础货币,从而改变货币供应量。

(二)基础货币

一般认为,基础货币是比较理想的操作目标。首先,就可测性而言,基础货币表现为中央银行的负债,其数额随时反映在中央银行的资产负债表上,很容易为中央银行所掌握。其次,基础货币中的通货可以由中央银行直接控制;银行准备金总量中的非借入准备金,中央银行可以通过公开市场操作加以控制;借入准备金虽不能完全控制,但可以通过贴现窗口进行目标设定,并进行预测,有较强的可控性。最后,根据货币乘数理论,货币供应量等于基础货币与货币乘数之积，只要中央银行能够控制住基础货币的投放，也就等于间接地控制了货币供应量，从而就能够进一步影响利率、价格及国民收入，以实现其最终目标。

（三）短期货币市场利率

经常被选作操作目标的短期货币市场利率是银行同业拆借利率。银行同业拆借市场作为货币市场的基础，其利率是整个货币市场的基准利率。中央银行通过调控银行同业拆借利率就可以影响长期利率，并改变货币供应量。有关银行同业拆借利率的水平和变动情况，中央银行可以很方便得到。当中央银行根据既定的 M_1，有必要维持或改变现有的利率水平和结构时，就通过相应的公开市场操作及对贴现窗口借款量和贴现率的具体规定，调控同业拆借利率，以贯彻其政策意图。举例来说，假如中央银行打算提高同业拆借利率，以缩减货币供应量，它就通过公开市场卖出政府债券，以减少银行准备金，增加商业银行的准备金压力。此时，银行为弥补准备金的不足就会增加在同业拆借市场上的融资，从而导致同业拆借利率的上升。同业拆借利率作为货币市场的基准利率，又会进一步引起金融市场利率的上升，并最终影响到货币供应量及经济活动。

短期货币市场利率作为操作目标存在的主要问题是：利率对经济产生作用，存在着时滞，同时因为它是顺应经济周期的，所以容易形成货币供应的周期性膨胀和紧缩。举例来说，假如经济受到一个正向冲击，收入突然增加，从而引起利率的相应上升，中央银行为使利率回落到预定的目标水平，将会增加在公开市场上的购买，以增加银行准备金，这将导致基础货币的增加，从而引起货币供给的增长。当发生相反的情况时又会造成货币供给的下降，不符合货币政策的逆风向调节的原则。此外，利率也容易受通货膨胀、市场供求、心理预期等非货币因素的影响，不利于中央银行做出正确判断并采取正确行动。所以，当 1979 年美国恶性通货膨胀上升、美元大幅度贬值、金融市场信心动摇之际，美国联邦储备银行立刻将操作目标的重点转移到银行准备金上。各国货币政策操作目标及中间目标见表 9-2。

表 9-2　　各国货币政策操作目标及中间目标

	澳大利亚	加拿大	欧元区	日本	挪威	瑞典	瑞士	英国	美国	中国
中介目标	π	π	M_3,π	多元	π	π	π	π	无	M_2
操作目标（市场利率）	O/N	O/N	短期利率	O/N	短期利率	O/N	3 月期 LIBOR	短期利率	联邦基金利率	短期利率
操作频率	约 $1\times d$	$1\times d$	$1\times w$	$>1\times d$	约 $1\times d$	$>1\times w$	约 $1\times d$	约 $2\times d$	$1\times d$	$>1\times w$

说明：1. π 为预期通货膨胀率。

2. O/N 指银行间隔夜拆借利率；LIBOR 指伦敦银行间隔夜拆借利率。

3. $1\times d$ 指每天操作一次；$2\times d$ 指每天操作两次，$>1\times d$ 指每天操作多次，$1\times w$ 指一周操作一次。

第二节　货币政策工具

货币政策工具是中央银行为了实现货币政策目标而采取的具体措施和手段。完善的货币政策工具体系由一般性货币政策工具、选择性货币政策工具和补充性货币政策工具构成。

一、一般性货币政策工具

一般性货币政策工具是借助于对货币供给量和信贷规模实施总量控制来对国民经济施加普遍性影响的工具，包括以下三种：法定存款准备金率、再贴现率、公开市场业务。

(一)法定存款准备金率

法定存款准备金率(Reserve Requirements Ratio),指以法律形式规定商业银行等金融机构将其吸收存款的一部分上缴中央银行作为准备金的比率。准备金占存款或负债总额的比例就是存款准备金率。存款准备金分为法定存款准备金和超额存款准备金。

1.准备金制度建立的目的和内容

法定存款准备金制度是指国家法律授权中央银行规定和调整有关商业银行等存款机构的法定存款准备金事项,以控制存款机构的信用创造能力和调节货币供应量的制度。

建立准备金制度的目的是:第一,保证银行的资金流动性和现金兑付能力;第二,控制货币供应量;第三,有助于中央银行进行结构调整。

准备金制度的基本内容主要包括以下几个方面。

(1)对法定存款准备金率的规定,一般国家规定存款期限越短,存款准备金比例越高,存款账户的金额越大,存款准备金比例越高,而有的国家按同一比例计提。

(2)对作为法定存款准备金的资产种类的限制,一般是针对各种存款,有些国家也把流动性高的库存现金和政府债券作为法定存款准备金的资产。

(3)法定存款准备金的计提,包括存款余额的确定和缴存基期的确定。

(4)法定存款准备金率的调整幅度等。

2.法定存款准备金率的政策效果

(1)对所有存款银行的影响是平等的,即使准备金率调整的幅度很小,它也会引起货币供应量的巨大波动。

(2)其他货币政策工具都是以存款准备金为基础来发挥作用的。

(3)即使商业银行等金融机构由于种种原因持有超额准备金,法定存款准备金的调整也会产生效果。

(4)即使存款准备金维持不变,它也能在一定程度上限制商业银行体系创造派生存款的能力。

法定存款准备金率的局限性表现在以下几个方面。

(1)由于它是存款机构日常业务统计和报表中的一个重要指标,频繁地调整势必会扰乱正常的财务计划和管理,增加不确定性,不利于中央银行对公开市场操作和对利率的控制。

(2)其变动对各种类型的银行和不同种类存款的影响不一致,如法定存款准备金率的提高,可能使超额准备率低的银行立即陷入流动性困境,往往迫使中央银行通过公开市场业务或贴现窗口向陷入流动性困境的银行提供流动性支持,这就导致货币政策的效果可能因这些复杂情况的存在而不易把握。

(3)它的调整效果比较强烈,各国调整法定存款准备金率都很慎重,致使它有了固定化的倾向。

在我国,法定存款准备金率的调整是中央银行频繁使用的一项货币政策工具,从我国实行存款准备金制度30多年来,存款准备金率经历了45次调整,法定存款准备金率这一原本猛烈、在一些发达国家“从不常用的政策工具”在我国却是“常用工具”,效果也比较温和。这是由中国特定经济时期大背景所决定的,随着我国市场经济的深化,直接融资和非存款机构的占比增大,中央银行调控目标、方式及技术的转变和完善,我国把调整存款准备金率作为主要货币政策工具之一的现象将会逐渐改变。

3.法定存款准备金率的发展趋势

存款准备金制度建立的最初目的是保证银行的清偿力,使银行能及时满足客户提取存款的要求。它产生于19世纪的中期。1842年,美国路易斯安那州银行法中首先创立了存款准备金制度，规定银行必须将其存款和银行券的 1/3 作为准备金。此后，美国许多州也相继建立存款准备金制度。1913 年联邦储备体系成立后，于 1914 年制定了对各种存款和各类银行的不同档次的准备金率。以后在许多国家，存款准备金制度随着中央银行制度的发展得以推广。

20 世纪 90 年代以来，法定存款准备金率有弱化的趋势，美国、日本、德国、法国大幅度降低法定存款准备金率。美联储分别于 1990 年 12 月和 1992 年 4 月取消了定期存款的法定准备金，将可签发支票存款的准备金率从 12%降至 10%。英国、加拿大、比利时、挪威、瑞士、英国、墨西哥等国先后实行了零准备金制度，具体分类见表 9-3。

表 9-3　主要国家存款准备金政策及其准备金率

<table>
<tr><th>国家</th><th>存款准备金政策</th><th>存款准备金率</th></tr>
<tr><td>瑞士、新西兰、澳大利亚、荷兰、加拿大、英国等国</td><td>完全取消存款准备金率</td><td>0%</td></tr>
<tr><td>美国</td><td rowspan="3">存款准备金率已降至极低水平，存款准备金率政策的重要性微小</td><td>定期存款：0%
低于 41 300 000 美元的活期存款：3%
超过 41 300 000 美元的活期存款：10%</td></tr>
<tr><td>日本</td><td>定期存款：0.05%～1.75%
其他存款：0.1%～2.5%</td></tr>
<tr><td>欧元区</td><td>2%(最低准备金率)</td></tr>
<tr><td>马来西亚</td><td rowspan="2">存款准备金率政策仍然是重要的货币政策工具</td><td>活期存款及 3 个月内定期性存款：8.5%
3 个月以上定期存款：4%</td></tr>
<tr><td>中国</td><td>大型金融机构：21.50%
中小金融机构：18.00%</td></tr>
</table>

存款准备金制度现在备受争议。特别是：第一，存款保险制度的建立，有一种替代作用；第二，存款准备金是不盈利资产。国际银行业竞争的压力，迫使各国取消法定存款准备金制度，以增加本国银行竞争力。

事实证明，银行也并不因为存款准备金制度的存在而不破产。世界上存款准备金制度最完善的美国，在 20 世纪是银行破产最多的国家。

专栏 9-2　看现象学理论

零准备金制度

零准备金制度是指在准备金保持期结束时，准备金的积累余额为零，即在保持期内的每一天，准备金余额可以是正数，也可以是负数，但在保持期结束时，每日准备金正余额的总和一定要等于负余额的总和，从而使其在中央银行准备金存款账户的积累余额为零。如果在保持期结束时，准备金的积累余额为负数，该商业银行就要按此余额支付惩罚性的高利息。

在零准备金制度下，商业银行可用资金比传统准备金制度下要多，货币乘数相应扩大，在利率不变的情况下，商业银行获利空间增大，提高了盈利水平。在零准备金制度下，中央银行调控利率的方式发生了变化：货币需求不变的前提下，中央银行保持零基础货币供给，则市场均衡利率为央行存贷款利率的平均值，中央银行只要调控存贷款利率，就能调节市场利率，而不需在公开市场上频繁买卖证券。

(二)再贴现率

再贴现政策是指中央银行对商业银行持有的未到期票据向中央银行申请再贴现时所做的政策规定。中央银行通过贴现窗口向商业银行提供的贷款,称为贴现贷款,其利率即再贴现率(Rediscount Rate)。

再贴现政策包括两方面的内容:一是再贴现率的确定与调整。再贴现率是一种官定的标准利率或最低利率,表达了中央银行的政策取向,再贴现率的高低对整个利率水平具有引导作用。中央银行根据贴现票据的信用等级对再贴现实行差别利率。再贴现率高于市场利率,意味着中央银行不鼓励商业银行向中央银行申请贴现贷款,是惩罚性利率;再贴现率低于市场利率,意味着中央银行向信誉良好的金融机构优先提供贷款。再贴现率一般是短期利率,最长不超过1年。二是规定向中央银行申请再贴现的资格。从中央银行获得再贴现贷款的主体资格是商业银行等存款货币银行,申请再贴现的票据是以生产和流通过程的商品为依据、能自行清偿的短期商业票据。

1.再贴现政策的效果

再贴现率的调整是中央银行改变基础货币和货币供应量的政策工具。当再贴现率提高时,商业银行由于再贴现率贷款成本上升,将减少再贴现率贷款,其超额准备金将减少,商业银行向企业的贷款规模收缩,经济中的货币供应量将减少,从而使市场利率上升;当再贴现率降低时,情况相反。

中央银行对再贴现资格条件的规定可以起到抑制或扶持的作用,并能够改变资金流向。通过对同信用等级的票据实行差别再贴现率,可以影响不同票据的再贴现贷款数量,使货币供给与中央银行的货币政策相符合,与国家的产业政策相符合。

再贴现率有防止金融恐慌的作用。运用再贴现政策,中央银行可以履行"最后贷款人"的职责。通过向危机中的商业银行提供准备金,可以化解公众的信用危机,防止商业银行倒闭。

2.再贴现政策的局限性

主动权并非只在中央银行,市场的变化可能违背其政策意愿。

再贴现率的调整有时不能正确反映中央银行的意图,可能会引起误解。当市场利率高于再贴现率时,贴现贷款量也将增加,中央银行为了减少贴现贷款总量,不得不提高再贴现率,使它和市场利率一致,尽管此时中央银行并没有紧缩银根的意图,但再贴现率的提高会使公众产生货币紧缩的预期。

如果中央银行把再贴现利率固定在某一水平上,市场利率和贴现利率之间的利差会使贴现贷款的规模随着市场利率的波动产生较大的变动,从而引起货币供应量的大幅波动,这并非中央银行的意图。

再贴现率虽易于调整,但随时调整会引起市场利率的经常波动,会使商业银行无所适从。

再贴现率的调节作用是有限度的。鉴于此,有经济学家建议将市场利率与再贴现率捆绑在一起,以消除两者的利差。弗里德曼甚至建议中央银行取消再贴现贷款,使货币供应机制更加有效。目前,不少国家已经降低再贴现政策作用,使之趋于自由化发展。

(三)公开市场业务

公开市场业务(Open Market Operation,OMO)是指中央银行在公开市场上买进或卖出二级市场上的债券(主要是政府债券),以增加或减少商业银行准备金,用以增减货币供应量的一种政策手段。中央银行通过在金融市场上公开买卖有价证券,可以达到调节市场货币量的目的。

1.公开市场业务的内容

(1)确定买卖证券的品种和数量。

(2)确定交易方式,主要有现券交易和回购交易。回购交易又分为正回购和逆回购两种。正回购是指卖方在卖出证券的同时与买方约定在将来某个时间按照某个价格买入相同数量同品种证券的交易。逆回购是指买方在买入证券的同时与卖方约定在将来某个时间按照某个价格卖出相同数量同品种证券的交易。

(3)确定是长期性储备调节还是临时性储备调节。长期性储备调节是中央银行根据长期经济发展的需要,在公开市场上单向性买进或卖出证券,使商业银行的储备在一个较长时期内增加或减少。临时性储备调节是中央银行为了消除一些偶然性因素对银行储备造成的影响,通过回购性操作,使银行储备在短期内得到临时性调节,而不影响银行储备金的累计总量。

2.公开市场业务的作用

中央银行从公开市场上购买一笔政府债券,卖方可能有两种:一是商业银行;二是保险公司或债券经纪人。假如是前者,则在中央银行资产负债表上,资产方增加一笔政府债券。商业银行将其卖债券的收入存入中央银行,因此在中央银行的负债方增加存款负债。在商业银行的资产负债表上,在资产方则减少一笔政府债券,同时增加一笔在中央银行的存款资产,负债不变。假如是后者,则保险公司或债券经纪人必须把卖政府债券的收入通过票据清算,把中央银行的支票存入商业银行。这会增加商业银行的准备金。

中央银行在公开市场上购买政府债券,无论交易对手是商业银行还是保险公司或债券经纪人,其结果都有两个:一是政府债券价格上涨,利率下降,投资上升,从而促进 GNP 增长和就业增加;二是商业银行的准备金增加,活期存款增加,信用量扩大,则使利率下降,投资上升,从而促使 GNP 增长和就业增加。反之亦然。

中央银行在运用公开市场业务时,常常是逆经济风向行事。如果经济形式趋于萧条,即总支出不足或失业有所增加时,中央银行就在公开市场上购买政府债券,以降低利率,刺激经济增长;如果经济发展趋于过热,即总支出过大或价格水平上升时,中央银行就在公开市场上卖出政府债券,以提高利率,抑制经济增长。

从以上分析可见,运用公开市场业务带来的积极作用表现如下。

(1)主动性强。中央银行可以按照政策目的主动进行经常性、连续性、试探性的操作,弹性较大。

(2)灵活性高。买卖数量、方向可以灵活控制,还可以进行逆向操作,使中央银行得以纠正操作中出现的错误。

(3)调控效果和缓,震动性小,影响范围广。

(4)是财政政策和货币政策最好的结合点,为两者的配合提供了平台。

但它也存在消极作用:中央银行必须具有强大的、足以干预和控制整个金融市场的金融实力;要有一个发达、完善的金融市场,且市场必须是全国性的,市场上证券种类齐全并达到一定规模;必须有其他政策工具的配合。

基于以上特点,公开市场业务在金融市场发达的国家是最重要、最常用的货币政策工具。

专栏 9-3　从理论到实务

美国公开市场业务运作

美国联邦公开市场委员会(FOMC)由联邦储备体系理事会的7位成员、纽约联邦储备银行行长和另外4位联邦储备银行行长组成。尽管只有5家储备银行的行长在该委员会中拥有表决权,但另外7位地区储备银行行长也列席会议并参加讨论,所以他们对委员会的决定也有些影响。由于公开市场操作是联邦储备体系用以控制货币供应量最重要的政策工具,联邦公开市场委员会必然成为联邦储备体系内决策的焦点。虽然法定存款准备金率和贴现率并非由联邦公开市场委员会直接决定,但同这些政策工具有关的政策实际上还是在这里形成的。联邦公开市场委员会不直接从事证券买卖,它只是向纽约联邦储备银行交易部发出指令,在那里,负责国内公开市场操作的经理则指挥人数众多的下属人员,实际操作政府或机构证券的买卖活动。该经理每天向联邦公开市场委员会成员及其参谋人员通报交易部活动的情况。

公开市场操作可以分为两类:能动性的公开市场操作和保卫性的公开市场操作。前者旨在改变准备金水平和基础货币;后者旨在抵消影响货币基数的其他因素的变动(如在联邦的财政部存款和在途资金的变动)。美联储公开市场操作的对象是美国财政部和政府机构证券,特别是美国国库券。

国内业务操作经理监督交易员进行证券买卖。纽约联邦储备银行交易部工作流程如下。假如我们称这位经理为吉姆,他的工作日从阅读一份昨天晚上银行系统准备金总量的报告开始,这份关于准备金的报告,有助于他确定需要多大规模的准备金变动才能达到令人满意的货币供应量水平。他也检查当时的联邦基金利率——它可以提供有关银行系统准备金数量的信息:如果银行体系拥有可贷放给其他银行的超额准备金,联邦基金利率便可能下降;如果银行准备金水平低,几乎没有银行拥有超额准备金可以贷放,联邦基金利率便可能上升。

上午9点,吉姆同几位政府证券交易商(它们为私人公司或商业银行)进行讨论,以便对当天交易过程中这些证券价格的走势有所感觉。同这些交易商见面之后,大约在上午10点,他收到研究人员提交的报告,附有关于可能影响基础货币的一些短期因素的详细预测。例如,如果预测结算在途资金将因全国范围内的天气晴好使支票交付加快而减少,吉姆便知道,他必须运用保卫性的公开市场操作(购买证券)来抵消因在途资金减少而预期带来的基础货币减少。然而,如果预测在联邦的财政部存款或外国存款会减少,便有必要运用保卫性的公开市场出售来抵消预期的基础货币扩大。这份报告亦对公众持有的通货情况做出预测。如果预期通货持有量上升,那么,运用公开市场购买以增加货币基数,从而防止货币供应量下降,便是必须做的事情了。

上午10点15分,吉姆或其手下的一名工作人员打电话给财政部,了解财政部对存款这些项目的预测。与财政部的通话,也能获得其他方面的有用信息,如将来财政部出售债券的时间安排等,这些可以提供有关债券市场走势的线索。

在取得了所有这些信息以后,吉姆查看他从联邦公开市场委员会收到的指令。这个指令告诉他,联邦公开市场委员会欲实现的几种货币总量指标的增长率(用幅度表示,比如说年率4%～6%)和联邦基金利率的调整幅度(比如说10%～14%)是多少。然后,他规划好为实现联邦公开市场指令所需进行的能动性的公开市场操作。把必要的保卫性的公开市场操作同所需进行的能动性的公开市场操作合在一起，该经理便做出了当天公开市场操作的行动计划。

整个过程到上午11点15分完成，这时，吉姆同联邦公开市场委员会的几位成员举行每天例行的电话会议，扼要报告他的战略，计划得到同意以后，通常在上午11点30分稍后一些，他让交易部的交易员打电话给政府证券一级交易商（私人债券交易商，人数在40人左右），询问出售报价（拟公开市场购买）。举例来说，如果吉姆为增加基础货币而打算购买2.5亿美元的国库券，交易员便将交易商在不同报价水平上所愿出售的国库券数额写在一块大黑板上。报价从低价到高价依次排列。由于美联储欲得到尽可能有利的价格，它便由低到高依次购买国库券，直到打算购买的2.5亿美元都已买到为止。

收集报价和着手交易，大约在12点15分完成。交易部随即平静下来，但是交易员仍要继续监视货币市场和银行准备金的动向，在极少数情况下，吉姆还可能有必要继续进行交易。

有时，公开市场操作是以直截了当买卖证券的方式进行的。不过，交易部市场采取另外两种交易方式。在回购协议方式（常称作回购）下，美联储与出售者订立协议，规定出售者要在短时期内（一般不超过一星期）再将这些证券购回。

一份回购协议，实际上就是一次暂时的公开市场购买。当美联储打算实施暂时性的公开市场出售时，它可以进行一售一购配对交易（有时称作逆回购）。在这种方式下，美联储出售证券，但买主同意在不久的将来再把这笔证券卖给美联储。

二、选择性货币政策工具

选择性货币政策工具是从调整信贷结构入手，通过对某些部门、某些业务活动进行调控，达到调整经济结构的目的。选择性货币政策工具一般只影响货币的流向，不影响货币供给的总量。此类工具主要有：消费者信用控制、证券市场信用控制、不动产信用控制。

消费者信用控制，指中央银行对不动产以外的各种耐用消费品的销售融资予以控制的政策措施。

证券市场信用控制，指中央银行通过规定证券信用交易的法定保证金比率，控制以信用方式购买股票和债券的数额。

不动产信用控制，指中央银行对商业银行等金融机构向客户提供不动产抵押贷款的管理措施，主要是规定贷款的最高限额、贷款的最长期限、第一次付现款的最低金额、分期还款的最低金额。

三、补充性货币政策工具

补充性货币政策工具属于辅助性政策措施，主要有以下两种。

（1）直接信用控制。它指中央银行从质和量两个方面以行政命令或其他方式直接对金融机构，特别是商业银行的信用活动进行控制，其手段包括利率最高限额、信用配额管理、流动性比率管理、直接干预、开办特种存款等。

（2）间接信用控制。它分为道义劝告和窗口指导等间接信用指导。道义劝告指中央银行利用自己的声望和地位，对商业银行和其他金融机构经常发出通告、指示或与各金融机构的负责人进行面谈、交流信息、解释政策意图，使商业银行和其他金融机构自动采取相应措施来贯彻中央银行的政策。窗口指导是中央银行根据产业行情、物价变动趋势和金融市场动向，规定商业银行贷款的重点投向和贷款的变动数量。

第三节　货币政策传导机制

货币政策传导机制是指中央银行运用货币政策工具影响中介目标，进而最终实现既定政策目标的传导途径与作用机理。

货币政策传导途径一般有三个基本环节，其顺序如下。

(1)从中央银行到商业银行等金融机构和金融市场。中央银行的货币政策工具操作，首先影响的是商业银行等金融机构的准备金、融资成本、信用能力和行为，以及货币供给与需求的状况。

(2)从商业银行等金融机构和金融市场到企业、居民等非金融部门的各类经济行为主体。商业银行等金融机构根据中央银行的政策操作调整自己的行为，从而对企业和居民的消费、储蓄、投资等经济活动产生影响。

(3)从非金融部门经济行为主体到社会各经济变量，包括总支出量、总产出量、物价、就业等。

大多数经济学家认为，货币政策可以通过影响货币供给来影响总支出。但是在传导的具体渠道中，认为何种变量最为重要仍然存有分歧。货币政策在决定经济活动和价格行为上的作用，还没有出现一个广泛被人们所接受的观点。一般认为，货币供给影响最终支出的渠道可以分为三类：一是通过投资支出渠道起作用；二是通过消费支出渠道起作用；三是通过国际贸易渠道起作用。实际上，根据 GDP 的支出核算方法，投资、消费和净出口是构成 GDP 的三大部分。中央银行通过对货币供应量的调控会分别对这三个变量产生作用，继而影响经济增长。

一、投资支出渠道

关于货币政策如何影响投资支出主要有四种理论，它们分别是利率对投资的效应、托宾的 q 理论、信贷渠道和信息不对称效应。

(一)利率对投资的效应

利率对投资的效应实际上是凯恩斯学派的传统货币政策传导机制。传统的凯恩斯学派十分强调投资在经济周期波动中的作用，因而有关货币政策传导机制的早期研究工作主要集中在投资支出上。其主要观点是：货币供给(M)的增加会使利率(i)下降，利率下降又促使投资(I)增加，投资增加会引起产出(Y)的增长。但这种传导机制在两种情况下可能会出现堵塞：一是流动性陷阱出现时，人们预期利率只会上升，不会下降，货币供给的增加被公众无限的货币需求所吸收，而不会引致投资的增加；二是当投资的利率弹性非常低时，利率的下降不会刺激投资增加。

(二)托宾的 q 理论

耶鲁大学托宾教授的 q 理论主要是研究金融市场上的各种变化对消费和投资决策的影响。根据他的传导机制理论，货币政策影响经济的机制是影响股票的价值。

1. q 和投资支出的关系

托宾把 q 定义为：

$$q=\text{企业的市场价值}/\text{企业资本的重置成本}$$

和投资之间是正相关关系，q 和普通股股票价格也是正相关关系。

企业资本的市场价值数据可以从上市企业的股票价格获知，资本重置成本的价格指数可以在国民收入和国民生产核算账户中查到。因此,托宾的 q 是一个衡量投资状况的有效指标。例如,20 世纪 30 年代的经济大萧条时期,股票价格暴跌(1933 年股票价值仅为 1929 年的 1/10),q 降至很低的水平,投资支出也降至极低水平。1983 年,美国出现了投资高潮,虽然当时的实际利率和资本租用价格并不利于投资,但是托宾的 q 值相当高,这证明了托宾的 q 和投资之间的正相关关系。

当 q 值较高时,企业的市场价值要高于资本的重置成本,因而新厂房、新设备的成本要低于企业的市场价值。在这种情况下,企业可以发行股票,并且能够在股票上得到一个比它们正在购买的设施和设备要高一些的价格。由于企业可以通过发行较少的股票而买到较多的新投资品,投资支出便会增加。相反,当 q 值较低时,由于企业的市场价值低于资本的成本,企业不会购买新的投资品(如果企业这时想购买投资品,可以低价购买其他企业已经存在的资本品。这样,对新资本品的购买就会很少,而投资支出是指对新投资品的购买)。因此,当 q 值很低时,投资支出也很少。

2.货币政策与股票价格变动的联系

当中央银行采取扩张性货币政策时,引起货币供给量增加,人们发现手中的货币比他们需要持有的要多,就会按照自己的偏好安排其金融资产,其中一部分货币必然流向股票市场,造成对股票需求的增加,股票价格(Ps)将会上升。

(三)信贷渠道

信贷渠道传导理论的观点是货币政策可以影响社会信用总额,并进一步影响总产出。

银行借贷渠道这种传导观认为,货币政策可以通过银行贷款刺激或减少投资支出,从而引起总产出的变化。在间接融资比重较大的国家中,商业银行可贷资金与社会投资支出的关系很密切。因为企业主要的融资渠道是商业银行贷款,这时银行贷款量就会对投资支出及整个经济活动产生重要影响。在资本市场很发达的国家,由于信息不对称等原因,并非所有的企业都可以在证券市场上融资,即银行贷款与其余金融资产(如股票、债券等)不可完全替代。在此情况下,银行信贷对那些不能在金融市场上融资的中小企业的重要性就格外突出。在中央银行采取紧缩性货币政策下,银行可能并不提高利率,而是采取对某些企业实行限额贷款的方式解决资金紧张的问题,银行贷款的供给因此被迫削减。因此,企业贷款可得性或银行可贷资金数量是影响投资支出的重要因素。同样,中央银行若采取一项扩张性货币政策引起货币供给量扩大,会增加银行可用资金。如果银行愿意贷款,那么贷款增加将引起投资支出的增加。通过信贷渠道传递货币政策的机制在依赖银行资金为主要资金来源的国家比在资本市场发达的国家的作用更为明显。

(四)信息不对称效应

信息不对称效应主要指货币政策通过影响股票价格,引起企业资产净值的变化,进而影响银行贷款过程中的逆向选择和道德风险的发生,从而改变投资支出的传递过程。信息不对称效应又称为资产负债表渠道或财富净额渠道。

信息不对称引起的逆向选择和道德风险问题会影响银行的贷款发放,银行放款前必须考虑借贷人的资产价值,这两者之间是正向关系。一个企业的资产净值(它等于企业的资产与负债的差额)发挥着类似抵押品的作用。如果一个企业的资产净值较大,即使它从事了导致亏损的投资,在贷款偿付上出现了违约,银行仍可以取得企业资产净值的所有权,将其出售以补偿贷款损失。此外,企业的资产净值较高意味着所有者在企业投入较多股本,这使其从事高风险投资项目的意愿降低,也减轻了道德风险问题。因此,向这类企业提供贷款比较安全。

扩张性货币政策使货币增加，利率下降，借款人的资产状况将从两方面发生变化：从企业的资产净值来看，利率的下降，意味着股票价格上升，从而现有资本品的价值随之增加，资产状况好转；从企业的净现金流量来看，利率下降导致利息等费用开支减少，从而直接增加净现金流，销售收入增加则从间接渠道进一步增加现金流。由于上述原因，借款人担保品价值上升，贷款的逆向选择与道德风险随之降低，容易获得银行贷款，投资与产出增加。紧缩性的货币政策则产生相反的效果。

货币政策信息不对称效应在表现形式上非常接近银行借贷渠道，即同样认为货币政策对经济运行的影响可以经由特定借款人授信能力的制约而得以强化。然而实际上，两者存在显著差异，前者从银行借贷供给角度解释信用对经济的独特影响；后者从不同货币政策态势对特定借款人资产负债状况的影响角度，解释信用在传导过程中的独特作用。信息不对称不以中央银行能够影响银行贷款供给为前提，因而适用范围更加广泛。

二、消费支出渠道

关于货币政策与消费支出之间关系的早期研究，集中在利率对耐用消费品支出可能发生的影响上。后来，研究者考察了消费者的资产负债如何影响消费者的支出决策问题，提出了货币政策的财富效应，专门研究货币政策与非耐用消费品支出之间的关系。研究者还发现，由于耐用消费品的流动性很差，股票的流动性较强，因此股票市场对耐用消费品支出也有影响，从而提出了货币政策的流动性效应。下面从以下三个方面分别介绍：

(一)利率的耐用消费品支出效应

利率的耐用消费品支出效应是指货币政策通过引起利率的变动来影响消费者对耐用消费品支出的决策，进而影响总需求的效应。耐用消费品支出主要指消费者对住房、汽车及家用电器等耐用品的支出，由于消费者常常靠借贷来筹措用于这类消费品的支出，因此利率降低会使在这方面支出的筹资成本降低，从而鼓励消费者增加耐用消费品的支出。扩张性货币政策引起的利率降低，将刺激耐用消费品支出增加。

(二)财富效应

货币政策的财富效应，是指货币政策通过货币供给的增减影响股票的价格，使公众持有的以股票市值计算的个人财富变动，从而影响其消费支出的效应。

莫迪利亚尼最早利用其消费生命周期理论对货币政策引起的这种消费支出增加进行研究。莫迪利亚尼认为，消费者是按照时间均匀地安排他们的消费。这里的消费是指用在非耐用消费品和服务上的开支，它取决于消费者毕生的财富，而不是取决于消费者的当期收入。消费者毕生财富的重要组成部分是金融资产，而股票往往又是金融资产的主要组成部分。因此，当扩张性的货币政策使得货币供给量增加，使得普通股的价格及金融资产的市场价值上升时，消费者的毕生财富也增加，进而消费增加。

莫迪利亚尼通过研究发现，这是一个强有力的货币政策传导机制，它使货币政策的效果大为增强。在 20 世纪 90 年代中后期，美国股市持续走高，美国公众持有的金融资产的市场价值上升，这对同期消费支出增加和经济稳定增长具有重要作用。需要说明的是，财富效应中影响消费者支出的是其“毕生财富”，只有股市较长时间的上涨才会增加消费者整体的“毕生财富”，这样才具有财富效应，股市短时间的暴涨暴跌则不具有财富效应。

(三)流动性效应

流动性效应是指货币政策通过影响股票价格，使消费者持有的金融资产价值及其资产的流动性发生变化，从而影响其耐用消费支出变化的政策效应。

人们在进行耐用品消费时，通常会根据自己的资产负债状况得出一个关于资产流动性的判断。若流动性高，则人们会增加耐用消费品的支出；反之，人们会减少耐用消费品的支出。

当人们预计会遇到财务困难时，无论是企业还是个人都愿意持有流动性强的金融资产而不是流动性不足的实物资产。因为金融资产（如银行存款、股票、债券等）可以很快在市场上出售，而且在变现时价值损失的可能性也比较小，因而金融资产的流动性高。但想要很快出售耐用消费品等实物资产，则可能出现两种结果：一是找不到合适的买主；二是可能收不回耐用消费品的完全价值。因此，当发生财务困难的可能性增大时，人们就会减少对耐用消费品的支出；反之，则增加对耐用消费品的支出。一般来说，当消费者持有的金融资产数量要远比其债务多时，他们对未来发生财务困难的可能性的估计会很低，因而比较愿意购买耐用消费品。因此，当股票价格上升时，金融资产的价值也将上升，人们对发生财务困难的可能性的估计会降低，会愿意增加对耐用消费品的支出。

三、国际贸易渠道

货币政策传导的国际贸易渠道是指货币政策的变动通过影响货币供给量进而影响到国内利率，利率的变化引起汇率的变动，进而对进出口产生影响的过程。随着国际经济一体化和浮动汇率制度的盛行，汇率对进出口的影响已经成为一个重要的货币政策传导机制。

（一）货币供给对汇率的影响

一国如果长期实施扩张性货币政策，长期性的货币供给增加会使国内的真实利率水平下降，并使国内物价水平上升，这两个因素都会使本国货币贬值。

（二）汇率变动对净出口的影响

在直接标价法下，汇率下降意味着本国货币升值，汇率上升意味着本国货币贬值。一国货币贬值，则该国出口上升，进口下降，从而净出口将增加。净出口的增加意味着出口需求的增加，出口需求的增加又会增加总需求，从而总产出会增加。

第四节　我国货币政策的实践

从 1953 年起，我国实行的是高度集中统一的计划经济，人们很少使用“货币政策”这个概念。自 1978 年经济体制改革以来，我国的金融体系、中央银行体制、中央银行宏观金融调控的机制和方式都经历了重大变革，货币政策的体制环境、经济环境及实施机制和实施方式等也都发生了深刻的变化。

中国人民银行从 1984 年起才同工商银行分离开来，正式行使中央银行的职责，所以真正的货币政策只能从 1984 年算起。1984 年以后，货币政策逐步实现了从直接调控向间接调控的转变，也逐步实现和国际惯例的接轨。从 1984 年以来货币政策的实践大体可以分为两个阶段。

一、1984—1997 年紧缩的货币政策

1984 年，我国分设了中国工商银行，并打算从 1985 年实行新的信贷管理体制，即实存实贷，划分资金的体制。所谓实存实贷是指商业银行需要资金先要向中央银行借，然后再存在中央银行，中央银行分户管理。划分资金，顾名思义就是各家银行自己管理属于自己的资金。而如何决定各家银行的资金的量，实际上就是根据 1984 年年底的贷款规模。各家银行都心领神

会，因此在1984年年底，为了把贷款基数提高，各家银行都拼命地贷款。当年的货币流通量比上一年增加了近50%。中央银行被迫实行货币紧缩，对各家银行实行严格的现金管理。正因为如此，1985年下半年经济出现严重下滑。由于经济增长速度下降得过快，1986年货币政策基本上是紧中求松。但货币政策一松，1986年贷款规模又增加很多，因此1987年采取了紧中有活。

1988年我国经济改革的突破口准备选择在价格改革上。人们对物价上升的预期，造成严重的通货膨胀，抢购风潮的后果是严格的治理整顿，货币供给减少，经济出现了低增长。1989年、1990年的经济增长率只有3%～4%。

1992年，邓小平南方谈话，提出了三个"有利于"的标准，大大解放了生产力。我国经济增长从1993年起持续高速增长。但当时我国金融体制中一些根本性的矛盾没有解决，表现在金融机构缺少自我约束，对信贷风险控制得很差。尽管整个贷款规模还由中央银行控制着，但通过同业拆借这一渠道把大量的银行资金转移到了股票市场和房地产市场中，助长了泡沫经济。因此出现了1993年较为严厉的宏观调控，后来被称为"软着陆"(Soft Landing)。软着陆的结果是经济增长速度逐渐下滑，但还是在一个很高的水准上。

二、自1998年至今稳健的货币政策

1997年7月，爆发了亚洲金融危机。这场危机在1998年给中国经济带来很大的负面影响，表现在我国的出口大幅度下滑。亚洲金融危机使我国货币政策调控方向发生了根本性的转变。我国开始采取"稳健"的货币政策。

稳健的货币政策，是指根据经济变化的征兆来调整政策取向，当经济出现衰退迹象时，货币政策偏向扩张；当经济出现过热时，货币政策偏向紧缩。

稳健的货币政策主要包含以下四个方面的内容：

(1)灵活运用货币政策工具，保持货币供应量适度增长。

(2)及时调整信贷政策，引导贷款投向，促进经济结构调整。

(3)执行金融稳定工作计划，发挥货币政策保证金融稳定的作用。

(4)在发展货币市场基础上，积极推进货币政策工具改革，基本实现了货币政策从直接调控向间接调控的转变。

几年来，公开市场业务操作力度明显加大，对基础货币吞吐、货币市场利率的影响显著增强。

从以上的解释可以看出，"稳健"的货币政策并不一定是宽松的或是紧缩的，其依据具体的经济背景而有所偏向。就其存款准备金率的调整来看，主要有五个阶段。

(一)下调阶段(1998年3月—2003年9月)

从1998年开始，我国经济形势受到亚洲金融风暴的影响，由通货膨胀风险变为通货紧缩风险，国内市场疲软，有效需求不足。为了刺激经济增长，1998年3月21日，中国人民银行对金融机构的存款准备金制度进行了重大改革，将法定准备金账户和备付金账户合二为一，同时法定存款准备金率从13%下调到8%。1999年，我国的GDP增幅滑落到7.1%，经济仍然处在较为低迷的状态，因此央行在11月21日将金融机构法定存款准备金率由8%下调到6%，以刺激经济增长。从1998年到1999年，我国的存款准备金率由13%下降到6%，下降的幅度很大，之后一直到2003年9月保持了法定存款准备金率的稳定。

(二)平稳上升阶段(2003年9月—2008年9月)

2003年，扩张性的政策造成了我国投资过热，宏观经济出现了固定资产投资规模过大、货

币供应量和信贷投放增长过快、物价上涨迅速等不利情况。为了防止货币信贷总量过快增长，从2003年9月21日起，中国人民银行将法定存款准备金率提高了1个百分点，由6%调高至7%。2004年第一季度，金融机构贷款再次呈现快速增长，部分银行贷款扩张明显。2004年4月25日再次提高存款准备金率，并实行差别存款准备金制度。2005年，投资增速仍在比较高位运行，我国继续采取适当收紧政策。2006年，我国经济发展所面临的国内外宏观环境总体向好，但面临产能释放过快所导致的供给过剩压力，因此央行3次上调法定存款准备金率，从7.5%调整至9%。2007年，GDP增速与CPI涨幅双双创下近十余年最高纪录，经济不平衡凸显。固定资产投资，尤其是房地产开发投资增长过快，双顺差迫使外汇储备不断膨胀，人民币升值压力增大，货币供应量增长较快，贷款增加较多，流动性明显过剩，央行在一年中共进行了10次调控，法定存款准备金率由年初的9%上调到年底的14.5%。2008年，CPI指数飞涨，GDP增长速度已达到9.4%，因此在2008年年初到6月25日六次调高存款准备金率，提高到了17.5%，创历史新高。调控之频繁、调控力度之大都是罕见的。

（三）小幅回调阶段（2008年9月—2010年1月）

2008年9月，为了更好地应对金融危机，向社会注入流动性，增大货币供应量，避免危机进一步影响实体经济，我国采取了宽松的货币政策，法定存款准备金率有所回调。2008年9月25日，央行宣布，除了工商银行、农业银行、中国银行、建设银行、交通银行、邮政储蓄银行暂不下调外，其他存款类金融机构人民币存款准备金率在原来17.5%的基础上下调1个百分点。之后，我国央行再次宣布从2008年10月15日起下调存款类金融机构人民币存款准备金率0.5个百分点。11月26日央行第三次宣布下调法定存款准备金率，即从2008年12月5日起，工商银行、农业银行、中国银行、建设银行、交通银行、邮政储蓄银行等大型金融机构下调1个百分点，中小型存款类金融机构下调2个百分点。随后中国人民银行又决定从2008年12月25日起，下调0.5个百分点。2009年我国总体宏观经济形势良好，存款准备金率保持稳定。

（四）不断上调阶段（2010年1月—2011年11月）

2010年，国内经济形势较金融危机时已有很大的好转，但依旧面临很多新的突出矛盾和问题，如流动性过剩、通货膨胀、房价飞涨等，迫切需要尽早收缩流动性。为了应对这些问题，中国人民银行决定从2010年1月18日起上调存款类金融机构人民币存款准备金率0.5个百分点，农村信用社等小型金融机构暂不上调。这是2008年12月25日央行下调准备金率以来首次上调。2010年2月25日，中国人民银行又一次上调存款准备金率0.5个百分点。调整至16.5%。此后，为了防范通胀，央行连续11次上调存款类金融机构人民币存款准备金率0.5个百分点，至此，大型存款类金融机构存款准备金率达到21.5%的历史高位。

（五）小幅下调阶段（2011年12月至今）

自2011年年底开始，由于外汇占款趋减、CPI下行趋势确立、PMI疲软以及工业增加值继续下降，中国人民银行决定从2011年12月5日起，下调存款类金融机构人民币存款准备金率0.5个百分点，为近三年以来的首次下调。下调后，大型银行存款准备金率为21%，中小金融机构的存款准备金率为17.5%。为保持金融体系流动性合理充裕，引导货币信贷平稳适度增长，为供给侧结构性改革营造适宜的货币金融环境，中国人民银行决定自2016年3月1日起，普遍下调金融机构人民币存款准备金率0.5个百分点。直至目前，大型金融机构的存款准备金率一直维持在16.5%，中小型金融机构的存款准备金率维持在13%。

我国存款准备金率历次调整一览表，见表9-4。

表 9-4　　我国存款准备金率历次调整一览表

（2008 年 9 月后的差别存款准备金率调整）

次数	时间	调整前	调整后	调整幅度
25	2016 年 3 月 1 日	（大型金融机构）21.00%	16.50%	0.5
		（中小金融机构）17.50%	13.00%	0.5
24	2015 年 10 月 24 日	（大型金融机构）21.00%	17.00%	0.5
		（中小金融机构）17.50%	13.50%	0.5
23	2015 年 9 月 6 日	（大型金融机构）21.00%	17.50%	0.5
		（中小金融机构）17.50%	14.00%	0.5
22	2015 年 6 月 28 日	（大型金融机构）21.00%	18.00%	0.5
		（中小金融机构）17.50%	14.50%	0.5
21	2015 年 4 月 20 日	（大型金融机构）21.00%	18.50%	1
		（中小金融机构）17.50%	15.00%	1
20	2015 年 2 月 5 日	（大型金融机构）21.00%	19.50%	0.5
		（中小金融机构）17.50%	16.00%	0.5
19	2012 年 5 月 18 日	（大型金融机构）21.00%	20.00%	0.5
		（中小金融机构）17.50%	16.50%	0.5
18	2012 年 2 月 24 日	（大型金融机构）21.00%	20.50%	0.5
		（中小金融机构）17.50%	17.00%	0.5
17	2011 年 12 月 5 日	（大型金融机构）21.00%	21.00%	0.5
		（中小金融机构）17.50%	17.50%	0.5
16	2011 年 6 月 20 日	（大型金融机构）21.00%	21.50%	0.5
		（中小金融机构）17.50%	18%	0.5
15	2011 年 5 月 18 日	（大型金融机构）20.50%	21.00%	0.5
		（中小金融机构）17.00%	17.50%	0.5
14	2011 年 4 月 21 日	（大型金融机构）20.00%	20.50%	0.5
		（中小金融机构）16.50%	17%	0.5
13	2011 年 3 月 25 日	（大型金融机构）19.50%	20.00%	0.5
		（中小金融机构）16.00%	16.50%	0.5
12	2011 年 2 月 24 日	（大型金融机构）19.00%	19.50%	0.5
		（中小金融机构）15.50%	16.00%	0.5
11	2011 年 1 月 20 日	（大型金融机构）18.50%	19.00%	0.5
		（中小金融机构）15.00%	15.50%	0.5
10	2010 年 12 月 20 日	（大型金融机构）18.00%	18.50%	0.5
		（中小金融机构）14.50%	15%	0.5
9	2010 年 11 月 29 日	（大型金融机构）17.50%	18.00%	0.5
		（中小金融机构）14.00%	14.50%	0.5

（续表）

次数	时间	调整前	调整后	调整幅度
8	2010年11月16日	（大型金融机构）17.00%	17.50%	0.5
		（中小金融机构）13.50%	14%	0.5
7	2010年5月10日	（大型金融机构）16.50%	17.00%	0.5
		（中小金融机构）13.50%	不调整	—
6	2010年2月25日	（大型金融机构）16.00%	16.50%	0.5
		（中小金融机构）13.50%	不调整	—
5	2010年1月18日	（大型金融机构）15.50%	16.00%	0.5
		（中小金融机构）13.50%	不调整	—
4	2008年12月25日	（大型金融机构）16.00%	15.50%	−0.5
		（中小金融机构）14.00%	13.50%	−0.5
3	2008年12月5日	（大型金融机构）17.00%	16.00%	−1
		（中小金融机构）16.00%	14.00%	−2
2	2008年10月15日	（大型金融机构）17.50%	17.00%	−0.5
		（中小金融机构）16.50%	16.00%	−0.5
1	2008年9月25日	（大型金融机构）17.50%	不调整	—
		（中小金融机构）17.50%	16.50%	−1

由表9-4可知，“稳健”的货币政策的基本含义就是要让非常时期的非常货币政策回归常态，并非银行信贷的全面收紧或全面放松，是让信贷增长回归到一个正常的增长水平。既要管理好泛滥流动性，以信贷促进经济增长，又要以信贷促经济增长方式转变、经济结构调整以及为经济持续发展提供动力。因此，“稳健”的货币政策也包括有效利用各种货币政策工具，特别是要加快中国金融体系的改革（包括汇率制度）及利率市场化的步伐，通过有效的价格机制及政策工具引导货币信贷回归常态。只有这样才能加强对金融市场的流动性及风险管理、弱化系统性风险的累积、保持金融体系稳定、挤出房地产的泡沫，并让物价水平回归到正常水平。

专栏 9-4 案例讨论

解读中国人民银行《2017年第四季度中国货币政策执行报告》节选

2017年以来，中国经济运行稳中向好、好于预期，消费需求对经济增长的拉动作用保持强劲，投资增长稳中略缓、结构优化，进出口扭转了连续两年下降的局面，服务业对经济增长的贡献不断提高，企业效益继续改善，生态环境状况明显好转，经济结构调整加快，总供求更趋平衡，内生增长动力有所增强。全年实现经济较快增长和物价平稳的较好组合，国内生产总值（GDP）同比增长6.9%，居民消费价格（CPI）同比上涨1.6%，经济发展的质量和效益提升。

当前，中国经济已由高速增长阶段转向高质量发展阶段，正处在转变发展方式、优化经济结构、转换增长动力的攻关期，货币政策需要更好平衡稳增长、调结构、促改革、去杠杆和防风险之间的关系。2017年，中国人民银行继续实施稳健中性的货币政策，货币政策和宏观审慎政策双支柱调控框架初见成效，为供给侧结构性改革和高质量发展营造了中性适度的货币金融环境。密切关注流动性形势和市场预期变化，加强预调微调和与市场沟通，综合运用逆回购、中期借贷便利、抵押补充贷款、临时流动性便利等工具灵活提供不同期限流动性，维护银行体系流动性合理稳定，公开市场操作利率“随行就市”小幅上升。宣布对普惠金融实施定向降准政策，运用支农支小再贷款、再贴现、扶贫再贷款和抵押补充贷款等工具，发挥信贷政策的结构引导作用，支持经济结构调整和转型升级，将更多金融资源配置到经济社会发展的重点领域和薄弱环节。

案例讨论：

1. 稳健的货币政策的含义是什么？

2. 中国人民银行运用了哪些货币政策工具？取得了什么效果？

资料来源：中国人民银行网站，2018.1

本章重点摘要

1. 货币政策是指中央银行为实现给定的经济目标，运用各种工具调节货币供给和利率所采取的一系列方针和措施的总和。

2. 货币政策目标是指中央银行采取调节货币和信用的措施所要达到的目的，包括最终目标、中介目标和操作目标三个层次。

3. 货币政策最终目标是指货币政策在一段较长的时期内所要达到的目标，包括稳定物价、充分就业、经济增长、国际收支平衡。货币政策中介目标主要包括货币供应量、长期利率、银行信贷规模等。货币政策操作目标主要有银行准备金、基础货币和短期货币市场利率等。

4. 货币政策工具是中央银行为了实现货币政策目标而采取的具体措施和手段。由一般性货币政策工具、选择性货币政策工具和补充性货币政策工具构成。一般性货币政策工具是借助于对货币供给量和信贷规模实施总量控制来对国民经济施加普遍性影响的工具，包括以下三种：法定存款准备金率、再贴现率、公开市场业务。选择性货币政策工具主要有消费者信用控制、证券市场信用控制、不动产信用控制等。

5. 货币政策传导机制是指中央银行运用货币政策工具影响中介目标，进而最终实现既定政策目标的传导途径与作用机理。货币政策可以通过影响货币供给来影响总支出。

重要名词

货币政策　货币政策目标　货币政策最终目标　货币政策中介目标　货币政策操作目标
货币政策工具　法定存款准备金率　再贴现率　公开市场业务

课后练习

一、单项选择题

1. 属于货币政策近期中介目标的是(　　)。

A. 货币供应量　B. 基础货币　C. 长期利率　D. 经济增长

2. 下列(　　)不是货币政策的最终目标。

A. 充分就业　B. 经济增长　C. 物价稳定　D. 国际收支顺差

3. 货币政策四大目标之间存在矛盾，任何一个国家要想同时实现是很困难的，但其中(　　)是一致的。

A. 经济增长与国际收支平衡　B. 物价稳定与经济增长

C. 物价稳定与充分就业　D. 充分就业与经济增长

4. 下列属于直接信用控制工具的是(　　)。

A. 法定准备金率　B. 再贴现率　C. 优惠利率　D. 利率最高限额

5. (　　)是指运用货币政策或工具影响中介指标进而实现最终目标的途径和过程的机能。

A. 货币政策操作系统　B. 货币政策工具

C. 货币政策传导机制　D. 货币政策调控机制

6. 下列货币政策操作中,引起货币供应量增加的是(　　)

A. 提高法定存款准备金率　B. 提高贷款利率

C. 降低再贴现率　D. 中央银行卖出债券

7. 中央银行在公开市场上大量抛售有价证券,意味着实行(　　)的货币政策。

A. 扩张　B. 紧缩　C. 窗口指导　D. 对货币供应量无影响

8. 中央银行与政府的各种关系中,与(　　)的关系最为重要。

A. 财政部　B. 国家计划部门　C. 商业银行　D. 各级地方政府

9. 中央银行证券买卖业务的主要对象是(　　)。

A. 国库券和国债　B. 股票　C. 公司债券　D. 金融债券

10. 目前,西方各国运用比较多,且具有灵活性强、主动性强的货币政策工具是(　　)。

A. 法定存款准备金　B. 再贴现政策　C. 公开市场业务　D. 窗口指导

11. 各国货币政策的首要目标是(　　)。

A. 充分就业　B. 经济增长　C. 物价稳定　D. 国际收支平衡

12. 中央银行在公开市场上大量抛售有价债券,意味着货币政策是(　　)的。

A. 放松　B. 紧缩　C. 不变　D. 不一定

13. 菲利普斯曲线反映(　　)之间此消彼长的关系。

A. 通货膨胀与失业率　B. 经济增长与失业率

C. 通货膨胀与经济增长　D. 通货紧缩与经济增长

二、多项选择题

1. 货币政策目标有(　　)。

A. 稳定物价　B. 充分就业　C. 宏观调控　D. 经济效益　E. 国际收支平衡

2. 选择的或可能的中介目标应具备的条件是(　　)。

A. 可测性　B. 计划性　C. 可控性　D. 相关性　E. 抗干扰性

3. 根据各国中央银行的货币政策传导,一般被称作远期中介目标的主要有(　　)。

A. 存款准备金　B. 基础货币　C. 利率　D. 货币供应量　E. 超额准备金

4. 货币政策工具较科学的分类是,分为(　　)。

A. 一般性工具　B. 特殊性控制工具　C. 选择性控制工具

D. 直接信用管理工具　E. 道义劝说

5. 为了紧缩银根,中央银行可以(　　)。

A. 卖出国债　B. 降低法定存款准备金率　C. 发行央行票据

D. 提高再贴现率　E. 买入黄金

6. 下列货币政策操作中,能引起货币供应量增加的是(　　)。

A. 提高法定存款准备金率　B. 提高再贴现率　C. 降低再贴现率

D. 中央银行卖出债券　E. 中央银行买入债券

三、判断题

1. 我国货币政策的首要且唯一目标是经济增长。（　）

2. 货币政策诸目标呈一致关系的是经济增长与物价稳定。（　）

3. 再贴现是中央银行作为最后贷款人解决银行临时性资金短缺和流动性紧张问题的重要手段。（　）

4. 道义劝告、窗口指导是属于间接信用指导的货币政策工具。（　）

5. 贷款业务是中央银行向社会提供基础货币的唯一渠道。（　）

6. 中央银行在公开市场买进证券，只是等额地投放基础货币，而不是等额地投放货币供应量。（　）

四、名词解释

1. 货币政策

2. 再贴现政策

3. 货币政策传导机制

4. 货币政策时滞

5. 公开市场业务

五、简答题

1. 货币政策目标之间有哪些冲突？

2. 简述法定存款准备金率作为货币政策工具的优点及缺陷。

3. 简述公开市场业务作为货币政策工具的优点及缺陷。

4. 简述再贴现率作为货币政策工具的利弊。

5. 货币政策中介目标的选择标准是什么？

六、论述题

1. 请结合我国现实，谈谈如何提高货币政策传导机制运行效率？

2. 中央银行为实现经济增长的目标，可以运用哪些货币政策工具？这些工具是如何一一发挥作用的？

第十章 通货膨胀与通货紧缩

通货膨胀的高低,不仅影响人们的日常生活、企业的成本与利润等国计民生问题,也会影响一国的消费、投资、政府支出、进口、出口等宏观经济活动。因此,通货膨胀是经济学家与政府部门最关心的课题之一。

思政目标

以新时代中国特色社会主义经济思想指导金融发展,了解通货膨胀对人民生活的影响,用符合中国特色经济的政策手段解决通货膨胀问题。

第一节 通货膨胀的含义、测量及其分类

一、通货膨胀的含义

通货膨胀是怎么回事

一般,大家会把通货膨胀(Inflation)与物价上涨看作同义词,事实上,这两者是不同的。经济学家对于"通货膨胀"一词有着比较严格的定义。通货膨胀是指一般物价水平在一定时期内持续上涨的现象。正确理解这个概念,需掌握两个要件。

(一)一般物价水平的上涨,而非单一商品或服务价格的上涨

一般物价水平指的是普遍的物价水平,它是以一般的商品或服务作为考察对象,而不是个别商品或服务的价格上涨,也要别于地区性的商品或服务价格的波动。另外,需注意在此以商品和服务作为考察对象,是要与股票、债券以及其他金融资产的价格相区别的。

(二)持续上涨,而非偶然的价格波动

关于持续上涨,是强调通货膨胀并非偶然的价格波动,它是一个过程,并且这个过程具有上涨的趋势。也就是说,即使物价上涨,但涨一次就停下来,不涨了,这不算通货膨胀。但在实际运用上,物价水平到底要持续多久才算通货膨胀,并没有一定的标准。

二、通货膨胀的测量

通货膨胀率(Inflation Rate)多大,实际就是指物价指数上涨了多少。比如,物价指数上升了5%,通货膨胀率就是5%;如果物价下跌,就用通货膨胀率负百分之几来表示。度量通货膨胀程度所采用的指数主要有以下三种。

(一)居民消费物价指数

居民消费物价指数(Consumer Price Index,CPI)是综合反映一定时期内居民生活消费品和服务项目价格变动的趋势和程度的价格指数。由于直接与公众的日常生活相联系,这个指数在检验通货膨胀效应方面有其他指标难以比拟的优越性,所以也最常用来衡量一般物价水平。

要将众多价格变成一个值得信赖的物价水平指标,最简单的方法是将所有的东西的价格加以平均,但是,这种方法等于是把所有的商品与服务视为同等重要,这与实际情况是不符合的。比如,在肉类的消费中,猪肉的消费量一般要远远大于牛肉的消费量,因此,猪肉的价格在居民消费物价指数的计算中,应该比牛肉价格扮演更重要的角色(权数应该更大)才对。所以很多国家或地区统计部门的实际做法,是先决定代表性消费者平常所购买的一篮子商品与服务中所包含的项目,再给予每种商品或服务一个特定的权数,最后再计算这个篮子总共值多少钱,而CPI就是这一篮子东西的当期价格相对于同一篮子东西的基期价格。

另外还有一个与CPI有关且很重要的物价指数,称为核心价格指数(Core CPI)。其指的就是剔除某些价格波动较大项目之后的物价指数。比如有国家或地区统计部门在计算核心物价时,会剔除蔬果、水产及能源,因为这些项目较容易受到气候及突发事件等暂时性因素的影响,而无法反映真正的通货膨胀情况。比如,1995年8月,美国负责物价编制的劳工部(Bureau of Labor Statistics)把二手车剔除在外,主要是因为当时二手车车价变动太大,使得原来计算的核心物价产生偏差;又比如,英格兰银行观察的核心物价是一种剔除了房贷利息支出的零售物价指数(Retail Price Index Excluding Mortgage Interest Payments,RPIX)。

近期中国居民消费价格指数(CIP)见表10-1。

(二)批发物价指数

1.批发物价指数

批发物价指数(Wholesale Price Index,WPI)是反映全国生产资料和消费资料批发价格变动程度及趋势的价格指数。以批发物价指数度量通货膨胀,可以在最终产品价格变动之前获得工业投入品及非零售消费品的价格变动信号,进而能够判断其对最终进入流通的零售商品价格变动可能带来的影响。所以该指数与CPI有很高的相关性,通常是WPI上扬之后,过一段时间就会传递到CPI,也就是说通常WPI领先CPI。

2.生产者价格指数

生产者价格指数(Producer Price Index,PPI),在经济分析和宏观决策中也广为应用。PPI是衡量工业企业产品出厂价格变动趋势和变动程度的指数,是反映某一时期生产领域价格变动情况的重要经济指标,也是制定有关经济政策和国民经济核算的重要依据。目前,我国PPI的调查产品有4 000多种,覆盖全部39个工业行业大类,涉及调查种类186个。

根据价格传导规律,PPI对CPI有一定的影响。PPI反映生产环节价格水平,CPI反映消费环节的价格水平。整体价格水平的波动一般首先出现在生产领域,然后通过产业链向下游产业扩散,最后波及消费品。产业链可以分为两条:一是以工业品为原材料的生产,存在原材料→生产资料→生活资料的传导。另一条是以农产品为原料的生产,存在农业生产资料→农产品→食品的传导。在中国,就以上两个传导路径来看,目前第二条,即农产品向食品的传导较为充分,2016年以来粮价上涨是拉动CPI上涨的主要因素(表10-1)。但第一条,即工业品向CPI的传导基本是失效的。

表 10-1 近期中国居民消费价格指数(CPI)

时间	全国				城市				农村			
	当月	同比增长	环比增长	累计	当月	同比增长	环比增长	累计	当月	同比增长	环比增长	累计
2018 年 1 月	101.5	1.5%	0.6%	101.5	101.5	1.5%	0.6%	101.5	101.5	1.5%	0.6%	101.5
2017 年 12 月	101.8	1.8%	0.3%	101.6	101.9	1.9%	0.3%	101.7	101.7	1.7%	0.4%	101.3
2017 年 11 月	101.7	1.7%	0.0%	101.5	101.8	1.8%	0.0%	101.6	101.5	1.5%	0.0%	101.2
2017 年 10 月	101.9	1.9%	0.1%	101.5	101.9	1.9%	0.1%	101.6	101.7	1.7%	0.2%	101.2
2017 年 9 月	101.6	1.6%	0.5%	101.5	101.7	1.7%	0.5%	101.6	101.4	1.4%	0.6%	101.1
2017 年 8 月	101.8	1.8%	0.4%	101.5	101.9	1.9%	0.4%	101.6	101.5	1.5%	0.5%	101.1
2017 年 7 月	101.4	1.4%	0.1%	101.4	101.5	1.5%	0.1%	101.5	101.0	1.0%	0.0%	101.0
2017 年 6 月	101.5	1.5%	−0.2%	101.4	101.7	1.7%	−0.1%	101.5	101.0	1.0%	−0.2%	101.0
2017 年 5 月	101.5	1.5%	−0.1%	101.4	101.7	1.7%	−0.1%	101.5	101.1	1.1%	−0.1%	101.1
2017 年 4 月	101.2	1.2%	0.1%	101.4	101.3	1.3%	0.1%	101.5	100.8	0.8%	0.0%	101.1
2017 年 3 月	100.9	0.9%	−0.3%	101.4	101.0	1.0%	−0.3%	101.5	100.6	0.6%	−0.4%	101.1
2017 年 2 月	100.8	0.8%	−0.2%	101.7	100.9	0.9%	−0.2%	101.8	100.6	0.6%	−0.1%	101.4
2017 年 1 月	102.5	2.5%	1.0%	102.5	102.6	2.6%	1.0%	102.6	102.2	2.2%	0.9%	102.2
2016 年 12 月	102.1	2.1%	0.2%	102.0	102.1	2.1%	0.2%	102.1	101.9	1.9%	0.3%	101.9
2016 年 11 月	102.3	2.3%	0.1%	102.0	102.3	2.3%	0.1%	102.0	102.0	2.0%	0.2%	101.9
2016 年 10 月	102.1	2.1%	−0.1%	102.0	102.2	2.2%	−0.1%	102.0	101.8	1.8%	−0.1%	101.8
2016 年 9 月	101.9	1.9%	0.7%	102.0	102.0	2.0%	0.7%	102.0	101.6	1.6%	0.7%	101.8
2016 年 8 月	101.3	1.3%	0.1%	102.0	101.4	1.4%	0.1%	102.0	101.0	1.0%	0.1%	101.9
2016 年 7 月	101.8	1.8%	0.2%	102.1	101.8	1.8%	0.3%	102.1	101.5	1.5%	0.0%	102.0
2016 年 6 月	101.9	1.9%	−0.1%	102.1	101.9	1.9%	−0.1%	102.1	101.9	1.9%	−0.1%	102.1

(三)国内生产总值平减指数

国内生产总值平减指数(GDP Deflator)是经济学家进行研究时经常采用的一种物价指数,它是一个能综合反映物价水平变动情况的指标。从字面上可知,它是与 GDP 有关,它是将国内生产总值指标的名义值化为实际值所使用的价格指数,也就是名义 GDP 与实际 GDP 相除后乘以 100 所得:

$$GDP\ 平减指数=(名义\ GDP/实际\ GDP)\times 100$$

三、通货膨胀的分类

在经济分析过程中,人们还以不同的标准,对通货膨胀进行分类。分类大略可归纳为如图 10-1 所示。

关于预期与非预期通货膨胀,从字面就不难理解;关于通货膨胀成因所划分的几种类型,在下一节将进行介绍。这里主要介绍按市场机制和价格上涨速度区分的通货膨胀类型。

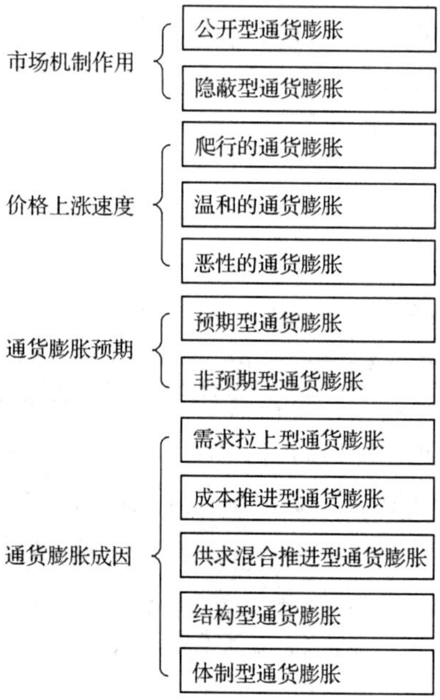

- 市场机制作用
  - 公开型通货膨胀
  - 隐蔽型通货膨胀
- 价格上涨速度
  - 爬行的通货膨胀
  - 温和的通货膨胀
  - 恶性的通货膨胀
- 通货膨胀预期
  - 预期型通货膨胀
  - 非预期型通货膨胀
- 通货膨胀成因
  - 需求拉上型通货膨胀
  - 成本推进型通货膨胀
  - 供求混合推进型通货膨胀
  - 结构型通货膨胀
  - 体制型通货膨胀

图 10-1 通货膨胀的分类

1. 公开型通货膨胀(Open Inflation)

公开型通货膨胀或称显性通货膨胀(Evident Inflation)是指物价总水平明显地、直接地上涨。在公开型通货膨胀下,货币贬值所导致的物价水平上涨服从市场机制下的价值规律,完全通过物价指数的上涨表现出来。一般不加说明,我们平时所说的通货膨胀都是指公开型通货膨胀。

2. 隐蔽型通货膨胀(Hidden Inflation)

隐蔽型通货膨胀是货币工资水平没有下降,物价总水平也未提高,但居民消费水准却程度不同地有所下降的一种情况。此通胀类型在苏联及东欧各国、中国都出现过。这种通货膨胀的形成条件大体有以下几个:

(1)经济体系中已积累了难以消除的过度需求压力;

(2)存在着严格的价格管制,这种管制包括对生产企业的定价管理和流通企业的价格管制两方面的内容;

(3)实行排斥市场机制的单一行政管理体制。

在存在隐蔽型通货膨胀条件下,消费品供不应求的矛盾,主要是以非价格的方式表现出来的。例如,国家牌价与自由市场价或黑市价之间的巨大价差、一些产品在价格不变的情况下质量下降等。按国家物资调拨计划进行管理的生产资料,其供不应求矛盾则表现为质量下降,实际供货数量低于交易量,索取价外的报酬,直到事实上拒绝按照官定价格供货,等等。在隐蔽型通货膨胀下,经济体系中已存在的多余购买力无法通过市场供求的自我调节予以消除,而且还必然助长贪污腐败之风。

从价格上涨速度的角度对通货膨胀的状态进行区别,关键在于说明爬行、温和、恶性三者的具体数量界限。爬行通货膨胀是指价格总水平年上涨率不超过2%~3%,并且在经济生活中没有形成通货膨胀的预期;温和通货膨胀是价格总水平上涨比爬行通货膨胀高,但又不是很快,具体百分比没有一个统一的说法;恶性通货膨胀是价格总水平年上涨率在两位数以上,且发展速度很快,呈加速趋势。

专栏 10-1 国际瞭望

津巴布韦通货膨胀导致钱不如纸:一千亿只能买一个面包

津巴布韦突然的政治变动带来的经济风险促使该国比特币价格大涨10%,而在此前,该国的比特币价格一直处于高位,“引领”全球市场。

据美国“财富”(Fortune)网站11月15日报道,当日津巴布韦Golix交易所网站显示的比特币价格已飙升至13 499美元,几乎为国际市场交易价格(约7 000美元)的两倍。同时,包括美元在内的国际流通货币在津巴布韦无序的市场中的溢价都已接近100%。

在长期缺乏硬通货的津巴布韦,高风险的比特币已然成为这个国家民众的重要储蓄、保值工具。而这背后,是津巴布韦长期以来的内忧外患——超高通胀、外汇短缺、经济危机……

“曾经,津巴布韦一度是南部非洲继南非之后的第二大经济体,但最近十多年,其经济发展非常失败。他(穆加贝)的土地改革、经济改革、货币政策(都失败了)。”上海外国语大学研究员、南非开普敦大学客座教授郭俊逸接受新闻采访时指出,穆加贝“经济上的失败”,是导致这场政治风暴爆发的重要原因之一。

伴随着一年7倍的增幅，比特币的价格泡沫风险早已受到国际众多专业投资者的警告。

然而，在津巴布韦，比特币却是最"安全"的投资之一。许多人愿意在第一时间将自己银行账户中带有无数个"0"的本国货币存款兑换成加密的数字货币比特币或者黄金。

"我将所有的储蓄都换成了比特币，这是我保护我资产的唯一途径。"在津巴布韦首都哈拉雷一家科技企业工作的阿诺德(Arnold Manhizwa)向路透社表示。

几个月前，阿诺德为自己刚出生的女儿购买了20美元的比特币，如今其市值已涨到200美元。"如果我把钱存到津巴布韦银行，到头来我将一无所有。"阿诺德解释道，"钱取不出来，存款一直在贬值。但如果我有比特币的话，它就每天都在升值。"

津巴布韦Golix交易所数据显示，过去30天内，Golix处理了超过100万美元的交易，这一数值是该交易所去年全年交易额的10倍。

在津巴布韦，长年的恶性通货膨胀已导致钱不如纸，同时，拮据的外币储备、对MasterCard和Visa卡等国际支付手段的诸多限制，更助推了比特币的交易。

"财富"网站报道指出，如今，津巴布韦人想要换1美元，需要拿出35千万亿津巴布韦元来，还时常处于无钱可换的状态。

即便是美元交易，人们也需要花费180"津美元"(储存在津巴布韦银行账户中的美元)，才能在黑市中换取100美元现钞。相比之下，更易于国际流通的比特币成了津巴布韦人更好的储蓄、保值工具。人们还会使用比特币来给在海外读书的孩子汇款。

事实上，13 499美元的价格并非比特币在津巴布韦的峰值。据路透社13日报道，上周，伴随着国际市场价格的普遍拉升，Golix交易所的比特币价格更是触及13 900美元，但在周日(11月12日)跌破了11 000美元，24小时内下跌幅度达8%，整体振幅超过20%。

"尽管具有波动性，但许多人仍将比特币视为更好的保值手段。"Golix的电子货币分析师塔莱(Taurai Chinyamakobvu)向路透社表示。

纸钞上不断增长的"0"

在20世纪80年代津巴布韦独立之初，这个南部非洲国家一度被誉为"非洲面包篮"——来自这片土地的粮食养活了不少非洲饥民。作为南部非洲第二大经济体，GDP增长曾连续两年达到21%，是撒哈拉以南非洲国家GDP增长率的3倍。良好的工农业基础和较高的受教育水平使津巴布韦曾经被认为是最有希望率先进入发达国家行列的非洲国家。

变化从2000年开始。这一年，总统穆加贝开始大力推行"土地改革"政策——强行收回白人农场主的土地，将之分配给无地或少地的黑人。此举大大破坏了津巴布韦原有的经济体系，引发了粮食危机，该国的农业、旅游业和采矿业随之一落千丈。

不仅如此，津巴布韦政府对国内白人的打压还使之与部分西方国家迅速交恶，后者对其实施了严厉的制裁，津巴布韦经济进一步濒临崩溃。

到2006年，津巴布韦的年通胀率为1 042.9%，2007年则超过10 000%。到了2008年6月末，津巴布韦货币的汇率已跌至1美元兑1 000亿津巴布韦元，而厚厚一沓纸币凑够的1 000亿津巴布韦元却只能买到一个面包。

这一年，津巴布韦政府多次推出大面值纸币，从年初的1 000万面额到5 000万、2.5亿。到了8月，政府开始发行第三代津元，新货币的1元相当于上一代的100亿津元。但这一举措并未见效，2008年12月4日，政府推出了新版面额为1 000万、5 000万和1亿津元的三种新钞；12月12日，推出面额5亿的钞票；12月19日，面额100亿的钞票正式问世。

次年，在推出了"1"后面紧跟着14个"0"的100万亿面额钞票后，津巴布韦政府选择发行第四代新钞，划掉了前一代纸币上的 12 个“0”，即 1 万亿元第三代钞票＝1 元新钞。但由于恶性通货膨胀，这些“0”又迅速地涨了回来。最终，在该国通胀率达到 1 000 000 000％后，政府宣布停止发行本国货币，开始使用稳定经济体的一篮子货币组合。

此后，美元、欧元、英镑、南非兰特、博兹瓦纳普拉、人民币、日元、澳元、印度卢比 9 种货币先后被允许在当地流通。其中，美元与南非兰特占据主体。

为了促使已印发的津巴布韦币彻底退出历史舞台，2015 年津巴布韦宣布采取“换币”行动，从当年 6 月 15 日起至 9 月 30 日，175 千万亿津巴布韦元可兑换 5 美元，每个津元账户最少可得 5 美元。此外，对于 2009 年以前发行的老版津元，250 万亿津元可兑换 1 美元。

然而，即便将津巴布韦元兑换成美元，对于许多民众而言，不过是其银行账户里换了一个数字。

从去年开始，由于长期缺乏美元储备，津巴布韦中央银行实行管制，规定每天每个账户只能提取 50 美元，而银行自身的限制则更为严苛——只能提取 20 美元。每天，都有民众在银行门口排起长龙，等待着将账户中的“津美元”变为手中真实存在的现钞。

同时，为了防止潜在的通胀，除了比特币，津巴布韦人还疯狂地囤积任何他们认为具有保值能力的东西。汽车、房产和股票的价格都不断上涨。在 2008 年 10 月，津巴布韦工业指数曾出现过一天内涨幅最高达到 257％的纪录。据“财富”网站报道，过去一年内，津巴布韦工业指数共上涨了 322％，市值约为 145 亿美元。而在过去两个月内，这一指数再度翻了一番。

资料来源：网易新闻，2017.11.16

第二节　通货膨胀的成因

造成通货膨胀的最直接原因就是货币供应量过多。货币供应量与货币需求量相适应，是货币流通规律的根本要求。一旦违背了这一经济规律，过多发行货币，就会导致货币贬值，物价水平持续上涨，产生通货膨胀。

通货膨胀的深层次原因则主要有需求拉上、成本推动、结构因素以及供给不足、预期不当、体制制约等。

一、需求拉上

需求拉上（Demand Pull Inflation）是指经济运行中社会消费支出、投资支出和政府支出激增，总需求过度增加，超过了既定价格水平下商品和劳务等方面的供给，从而引起货币贬值、物价总水平上涨，形成通货膨胀。如图 10-2 所示，当总需求曲线由 AD 右移时，代表总需求增加；在总供给 AS 不变的情况下（或者 AS 也增加，但增加幅度小于 AD 的增幅），均衡物价 P_0 上升。

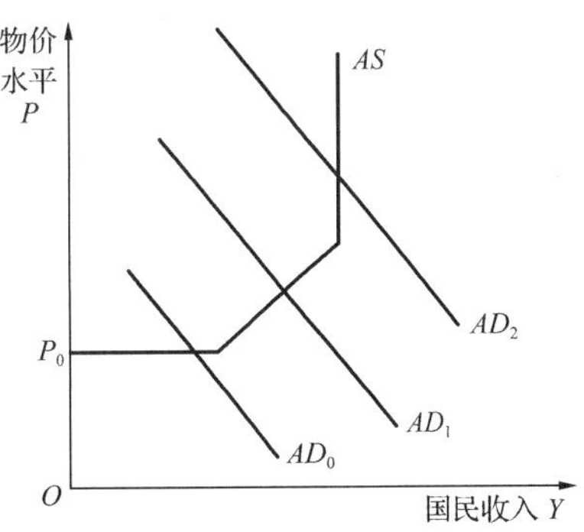

图 10-2　需求拉上的通货膨胀

值得注意的是，该图是凯恩斯学派的观点，但古典学派、新古典学派与货币学派则持不同的观点。古典学派认为总需求增加只会造成物价上涨，对产出完全没有影响；新古典学派认为非预料到的总需求增加会使物价和产出水平上升，而预料到的需求增加只会造成物价上升，产出不受影响；货币学派则认为总需求增加，短期内会造成物价和产出水平上升，长期而言，也只会造成物价上涨，产出不受影响。

二、成本推动

成本推动(Cost Push Inflation)是指由于生产成本上升引起的物价持续上涨的现象。成本提高的原因主要有以下几种。

(一)原材料价格上涨

如石油价格上涨,使厂商的生产成本提高。

(二)工资提高

若强有力的工会不顾劳动市场情况,对雇主要求提高工资,将使生产成本提高。这种强有力的工会力量,多见于西方,我国则较少存在。

(三)企业提高利润的冲击

有些大企业尤其是垄断行业或者垄断大公司对产品价格具有支配能力,它们为追求利润而不顾商品市场的情况,把产品价格提高,或借反映成本的理由,趁机超额提高产品价格,也会引起 AS 曲线左移。

这三种原因都会造成总供给曲线左移,进而导致通货膨胀。如图 10-3 所示,当总供给曲线 AS 左移时,在总需求曲线不变的情况下,均衡物价 P_0 上升。

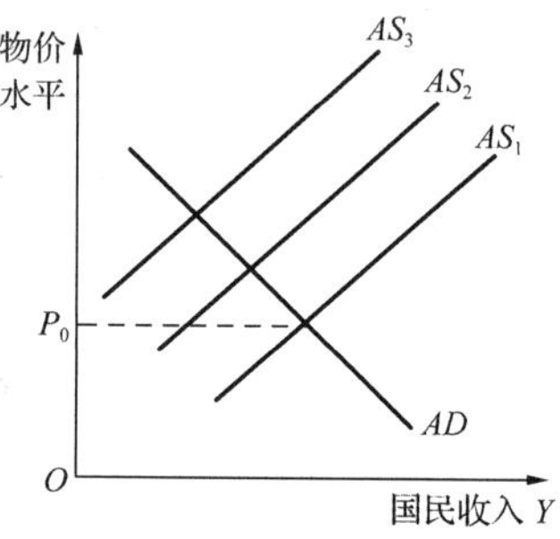

图 10-3 成本推动的通货膨胀

值得注意的是,不论总供给曲线是处于何种生产阶段(水平、正斜率或垂直形态),当发生成本推动的通货膨胀时,都会使物价水平上涨并使产出下降。

高通货膨胀率与低产出(高失业率)并存的现象,称为停滞性通货膨胀(Stagflation),简称滞涨。如前面提到,当发生成本推动的通货膨胀时,通货膨胀与产出减少是并存的。但成本推动并非滞涨的唯一因素,需求因素所引发的通货膨胀预期也可能是原因之一,例如,政府不断采取扩张性政策,刺激总需求,总需求曲线虽然右移,但因政府的过度干预,使得通货膨胀的预期继续存在并恶化,导致总供给曲线大幅左移,结果造成滞涨。

当经济体出现滞涨时,人们的生活相当痛苦,因为一方面高通货膨胀率让其实际所得财富下降,另一方面很多人面临失业的痛苦。更麻烦的是,当出现成本推动的通货膨胀时,政府可能面临更高通货膨胀率或更高失业率的抉择,因为采取宽松性政策虽可能增加产出,降低就业,但必须付出更高通货膨胀率的代价;反之,若采取紧缩性政策虽可能抑制通货膨胀,但必须付出更高失业率的代价,而陷入所谓政策两难(Dilemma)的困境。

三、预期心理

通货膨胀预期心理主要通过以下三种途径影响实际通货膨胀。

(1)对于商品服务价格及工资具有决定权者(如企业主等),他们对于未来物价的预期心理,对物价具有最直接的影响力。道理很简单,如当厂商预期未来物价将普遍而持续上升时,他们有可能会提高产品的售价,因为当别人的售价也都上升时,提高本身产品的售价不易造成客户流失。

(2)当预期未来通货膨胀将持续向上时,受雇者可能会要求提高工资以维持其购买力,此时工资有可能会上涨,而此举也会迫使厂商调高商品售价。

(3)消费者与投资者对于未来的通货膨胀预期,也会影响其消费与投资行为。例如,假设在某一既定的名义利率下,某消费者预期未来会有较高的通货膨胀率,则代表未来的实际利率将会下降,这样消费相对于储蓄变得更为吸引人,因而提高消费,进而刺激需求而促使物价上升。不过如果名义利率因为预期货币当局未来将提高利率以打击通货膨胀而上升,则实际利率就不见得会下降。再者,民众的预期心理会让原本不会涨的东西涨价,或是原本只涨一点点的东西涨得更凶,这种现象,称为预期的自我实现。例如,台风将来袭击,民众因过去台风后菜价暴涨的经验,提早抢购蔬菜,导致台风来袭前的菜价上涨。

四、结构因素

结构因素,即除了总量因素之外,即便总需求和总供给处于平衡状态时,由于经济结构方面的问题,也会使物价水平持续上涨,导致通货膨胀。对于这类通货膨胀的分析主要有两种模型。一种模型是以北欧一些开放经济的小国为对象的北欧模型。由于小国是世界市场上的价格接受者,世界通货膨胀从小国的开放经济部门传递到不开放经济部门,从而导致全面通货膨胀。另一种模型是以传统农业部门和现代工业部门并存的发展中国家为对象的二元经济结构模型。在二元经济中资本短缺、市场化程度低、货币化程度低等结构因素的制约下,要发展经济,往往要靠赤字预算、多发货币来积累资金,从而带动物价全面上涨,引发通货膨胀。

五、中国对通货膨胀成因的若干观点

我国经济体制改革后至 1997 年下半年以及 2007 年以来物价持续上涨的事实推动了对我国通货膨胀形成原因的探讨,并提出了一些较有特色的假说。

(一)中国的需求拉上说

在我国,比较传统的是从需求拉上的角度分析通货膨胀的成因。较有代表性的思想曾有两种:一种思路是把货币供给增长过快归因于财政赤字过大,财政赤字又由投资,特别是基本建设投资过大所引起。这种思路的形成是与改革开放前财政分配居于国民收入分配的核心地位相联系的。另一种思路是将通货膨胀直接归结为信用膨胀的结果。这种思路的形成是以改革开放后信贷分配货币资金的比重急剧增大为背景的。两种思路的共同点是重视货币因素在通货膨胀形成中的直接作用;不同点是一个强调财政,另一个强调信贷。但力求客观地、综合地分析财政与信贷各自所起的不同作用以及中国特定体制下两者的交错影响已是主流。比如,有这样一种典型的分析:财政对国有企业亏损应补未补而占压国有银行贷款的“信贷资金财政化”现象的大量存在,是直接导致信用膨胀产生、过多需求形成的重要原因之一。而将近年由需求拉上导致的通货膨胀归因于外汇收支长期双顺差、外汇占款大幅增长,从而货币供给增加过快引起的“流动性过剩”。

(二)中国的成本推动说

重视成本推动因素作用的也有两种观点:一种观点是重点强调工资因素的关键作用;另一种观点则是强调应综合考虑原材料或资源类产品涨价对企业造成的成本超支压力和工资增长速度过快这两者的作用。

关于工资因素在物价上涨中的决定性作用,人们是这样分析的:商品的出厂价提高迫使零售价提高,而出厂价提高的主要原因是工资成本(包括奖金在内)加大;工资成本加大源于企业职工的个人收入最大化行为;企业职工追求个人收入最大化的愿望之所以能变成现实,原因在于企业管理者与职工个人利益方面的同构性。该分析强调必须考虑原材料或资源类产品涨价因素的背景,是由于改革中为了改变原材料或资源类产品与制成品比价不合理的状况而对前者的价格多次调高。近年来资源类产品（如土地、原油等）价格的持续飙升对通货膨胀的形成，最能说明问题。

不论企业产品成本大幅度增加的原因为何，也不论其是否合理，对于企业来说，用提高出厂价的办法来消化最为简便。当然，有可能实现提高出厂价是以市场需求较旺为必要条件。

（三）结构说

中国的结构性通货膨胀说的基本论点是：在供给与需求总量平衡的前提下，如果某些关键产品的供求出现失衡，同样会引发通货膨胀。具体的分析是，初级产品的短线制约是结构性通货膨胀的主要促成因素。自从 1978 年价格计划管理逐步弱化以至基本放开以来，初级产品价格变动主要受供求影响，而相对短缺更使其不断上涨。初级产品价格上涨形成的成本推动，导致后续产品价格上涨。比如粮食、肉类产品的持续涨价，就会直接或间接引发全面的价格水平上扬。

还有一种论证意见是，国家为了改变不合理的经济结构，企图对资源进行重新配置。为此，采取减税和增加货币供给等措施对这些部门进行投资并造成货币供给过多、需求过大。这可以称为结构性的需求拉上。

（四）体制说

相当一部分人倾向于从体制上寻找中国通货膨胀的终极原因。他们认为，由于破产和兼并机制不健全、产权关系不明晰、在资金上吃国有银行大锅饭的问题没有很好解决等，使得投资效益很差甚至无效益，风险也由国家承担。同时，在企业半停产或停产时职工也照拿工资，或者即使企业产品无销路也能得到国家的贷款支持。这种国家与国有企业之间的关系必然导致有效供给的增加与有效需求的增加总是不成比例，而需求的过度累积最终必然推动物价上涨。这种论证实际上是剖析需求拉上之所以产生的原因。

（五）摩擦说

摩擦性的通货膨胀是指在现今特定的所有制关系和特定的经济运行机制下，计划者需要的经济结构与劳动者所需要的经济结构不相适应所引起的经济摩擦所造成的通货膨胀。具体来说，在公有制特别是国有制条件下所存在的积累与消费之间的矛盾，外在的表现为计划者追求高速度经济增长和劳动者追求高水平消费之间的矛盾。国家追求高速度经济增长往往引起货币超发，劳动者追求高消费往往引起消费需求膨胀和消费品价格上涨。这是从体制上的角度说明需求拉上的起因。

（六）混合类型说

有人还将中国的通货膨胀概括成混合型通货膨胀。他们认为，中国通货膨胀的形成机理是十分复杂的，应该将导致通货膨胀的因素分成三类，即体制性因素、政策性因素和一般因素。体制性因素不仅包括制度因素，还包括价格双轨制、银行信贷管理体制以及体制改革进程中各种新体制间的配合难以马上磨合、衔接到位等因素。政策性因素是指宏观经济政策选择不当（如过松或过紧）对社会总供求均衡带来的不利影响。所谓一般因素是指即使排除体制和政策选择不当等因素的影响，单纯由于经济成长和经济发展等过程也存在足以引发物价总水平持续上涨的中性原因。例如，中国人均可耕地面积很小，而人口众多且其增长率相当难控制。在土地的农产品产出率为一定的条件下，这就足以在一定时期后形成本国农副产品生产与需要之间的巨大差距。假若外向经济调剂能力有限，那么这种既非体制又非宏观政策的因素就足以形成对农产品及消费品价格上涨的很大压力。

结合近年来的情况，在论及混合型通货膨胀时，不少人还通过流动性过剩现象，探究了我国不合理的经济增长方式这一深层次诱因，认为引发通货膨胀的流动性过剩这一直接原因背后，除了确有国际流动性过剩因素影响外，主要还是国内体制、政策方面的缺陷使然。正是诸如投资、消费、出口三者的合理协调发展被长期忽视，出口导向政策的过度运用以及围绕这种经济增长方式的利率、汇率、投资(包括利用外资)、外汇管理体制改革的滞后等，推动了外汇收支的巨额双顺差，从而导致外汇占款的大幅增长和货币供给的过快增加。

既然体制性因素、政策性因素及一般因素交互发生作用，那么把这种通货膨胀称为混合型较为恰当。

综上所述，我国学者关于通货膨胀形成机理的种种假说有一个共同点，就是紧密结合中国的实际，特别是 1978 年以来实行改革开放政策后的经济运行实际。另外，大多数假说意识到了体制这个大背景的变化对物价持续上涨的影响和作用。

在对通货膨胀的剖析中，有的着重于探索各方面的本质联系，即使情况已经变化，但其论断仍然有理论意义。有的由于情况变化，其论断已不适用于今天，但其揭示变化的思路和分析方法仍可给人以启发。当然，在有的论证中判定某些因素必然导致通货膨胀，而其中的一些因素今天依然存在却并无通货膨胀伴随，但这对于全面认识通货膨胀问题也有帮助。所以，改革开放以来关于通货膨胀成因的剖析，其意义不在于具体论断，而在于它们铺下了进一步揭示中国通货膨胀乃至下面要讨论的通货紧缩的复杂形成机理之路。

第三节　通货膨胀的影响

当通货膨胀发生时，一般商品与劳务的价格普遍上涨，一般家庭若要维持原来的消费水平，消费支出必须增加；若消费支出不变，则会使消费水平降低。因此，通货膨胀对一般家庭会有不利影响。不过通货膨胀期间，工资及其他所得通常也会随之调整。如果工资及其他所得的调整幅度和物价上涨幅度相当，则消费者未必有不利的影响，但如果工资及其他所得调整的幅度不如物价上涨幅度，对消费者势必有不利影响。

通货膨胀的过程很复杂，其造成的不利影响，也和经济体的调整幅度与速度有关。一般而言，通货膨胀的不利影响有以下五个方面。

一、财富的再分配

在可预期的通货膨胀且经济体能充分调整的情况下，随着物价上涨，各种生产要素的报酬可等幅上涨，所以财富重新分配现象并不明显。但在不可预期的通货膨胀条件下，或者虽然是可预期的通货膨胀但经济体不能充分调整的情况下，各种生产要素的报酬不能随物价上涨而充分调整，就会造成财富重新分配的现象。

常见的财富所得重新分配现象有：

(一)政府和民间的财富再分配

所得税是依名目所得来课征，在累进的所得税率下，当名目所得增加，适用的所得税率会随之上升。如果税率的级别并未与通货膨胀率连动，则当所得因通货膨胀而增加时，人们必须面对较高的税率，因而增加民间各部门的课税负担。相反，政府则因通货膨胀而增加税收。因此，通货膨胀会引起政府和民间部门财富再分配：政府的税收增加，民间部门则因税赋增加而使税后的所得减少。

(二)债务人和债权人的财富再分配

债务人(借款人)一般都是参照名义利率来支付利息，而不是根据实际利率。名义利率是债权人和债务人在借贷契约中签订的利率，通常名义利率未能充分反映物价的上涨。因此，在通货膨胀时期，实际利率反而会下降，而有利于债务人，不利于债权人。实际利率是债务人实际的资金借款成本，同时也是债权人的实际利息所得。就债务人而言，通货膨胀会使实际利率下降，从而降低实际借款资金成本，故通货膨胀有利于债务人；就债权人而言，当通货膨胀发生时，债权人的名义利息所得未改变，但实际利息所得却下降，实际利息所得的下降也就是购买力的降低，故通货膨胀不利于债权人。

(三)固定和非固定收入者的财富再分配

在非预期的通货膨胀下，或可预期的通货膨胀但各项生产要素报酬未能充分调整之下，也会造成固定收入和非固定收入者的财富重新分配。通常，非固定收入者，其所得能随物价上涨而调整。例如，在通货膨胀初期，非固定收入的企业其利润通常会有相对的成长。但通货膨胀进行一段时间后，因为工资及原料价格的调整，会使企业利润的相对成长消失。

对于固定收入者而言，像劳动者的工资收入属于固定收入，他们的工资通常依照合同而定，合同附有一定的期限。当通货膨胀发生时，若名义工资固定不变，将使其实际工资下降，实际工资所得下降也就是购买力下降。因此，通货膨胀对固定收入者不利。

二、资源分配的扭曲

通货膨胀所引起的资源分配扭曲，主要有以下三个方面：

(一)相对价格改变使得资源误用

通货膨胀通常会使各种商品、劳务和生产要素的相对价格改变，价格上涨率较高的商品会引起较多的生产要素投入，然而，所生产的商品未必是所需的商品。比如，通货膨胀期间，房地产常被认为是可保值的投资商品，而吸引资源的投入，但生产出来的房屋常被闲置。因此，相对价格的改变可能造成资源分配的扭曲。

(二)助长投机

由于通货膨胀会使货币的购买力降低，人们会尽量降低货币的持有，改持有实实在在的资产(如房地产)，或部分投机性较高的金融资产(如股票)，期望这些资产能随物价的上涨而上涨，以维持其实质财富及所得。这些资产价格的上涨，吸引许多资源投入，让部分生产资源未能用于生产用途，而只用于投机炒作，最后形成资产价格通胀的泡沫现象。此外，生产者也可能囤积居奇，哄抬物价，而导致资源的耗损及浪费。

(三)降低储蓄意愿与资本累积速度

在通货膨胀时期，由于实际利率降低，故会造成储蓄意愿降低，并使资本累积速度减缓。

三、不利经济增长

使通货膨胀不利于经济增长的有以下几种因素：

(一)资源分配效率降低

如同前面所述资源分配遭扭曲、误用或浪费，并使资本累积速度减缓，这些都会降低资源分配的效率，而阻碍经济增长。

(二)出口降低

出口降低，本国发生通货膨胀，会使本国的物价上涨率相对高于国外的物价上涨率，而使出口减少，不利于经济增长，尤其是出口依赖较高的国家。此外，通货膨胀同时也会使得进口增加。出口减少而进口增加使得贸易收支恶化，进而导致本国货币贬值，并引起资本外流的现象。

(三)反通货膨胀政策

由于通货膨胀有许多不利的影响，故政府必然会采取反通货膨胀政策(Anti-inflation Policy)，用各种措施来降低有效需求，因而不利经济增长。

四、对经济稳定的冲击

经济稳定包括产出稳定和物价稳定。通货膨胀会使产出不稳定和物价变得不稳定。

(一)产出不稳定

如前所述，通货膨胀会使资源分配扭曲，不利于经济增长。当经济衰退时，政府采用扩张的财政政策或宽松的货币政策，短期虽能使产出增加，但随着物价持续上涨而造成的总供给减少，将使得产出减少。所以，通货膨胀会造成产出及就业的不稳定。

(二)物价不稳定

不管是需求拉上的通货膨胀还是成本推动的通货膨胀，一旦发生通货膨胀时，由于政治面的考虑，政府所采取的反通货膨胀政策有时执行不会彻底。甚至在选举前改变政策，转向扩张性政策，而产生另一次通货膨胀，结果产生物价上涨率高低交替的现象。

五、社会及政治不稳定

除了上述不利的影响外，通货膨胀也会引起社会及政治的不稳定。

(一)社会的不稳定

通货膨胀使得个人及家庭的实际所得减少，个人及家庭可能采取下列方法应对，而这些行为都会使社会变得不安定。

(1)减少消费支出，较以前省吃俭用，并减少休闲、旅游等娱乐活动。

(2)调整消费习惯，到处比价，使得休闲时间减少，生活变得更为紧张。

(3)要求提高工资，以使实际所得不变。在要求提高工资的过程中，劳资双方常会有各种形式的冲突，使得两者间的关系紧张。

10-2 国际瞭望

德国通货膨胀

第一次世界大战的战败国——德国，背负着庞大的赔款和战后重建经费的需要，使其政府支出远远超过收入。虽然德国政府可通过增税和向民间借款来融资，但增税的收入有限且该措施不受欢迎，向社会大众借款也超过其偿还能力，加上所需经费实在过于庞大，于是只剩下一条途径——印钞票。1922 年 8 月至 1923 年 11 月，德国政府大量发行钞票，增加货币供给，于是引起严重的通货膨胀，通货膨胀率超过 1 000 000 000 000%(超过 10 亿倍)。假如，1922 年 8 月一支棒棒糖的价格为 1 元，但到了 1923 年 11 月，由于严重的通货膨胀，一支棒棒糖的价格变为 10 亿元。货币供给自 1922 年 8 月起呈爆炸性增长，导致物价水平像火箭发射升空般以喷射的速度上升。如此恶性的通货膨胀，造成百姓痛苦不堪，德国民众因而对通货膨胀深恶痛绝，这也解释了德国央行为何如此重视“物价稳定”的原因。

资料来源：搜狐网，2007.12.16

(二)政治的不稳定

通货膨胀发生后，社会大众会要求政府采取对策。当政府采取反通货膨胀政策时，会造成产出减少及失业率增加，而引起反弹；当政府采取管制物价及工资措施，以抑制通货膨胀时，也会造成物资短缺，而引起许多不满。更重要的是，一旦政府在一段时间之后仍不能有效控制通货膨胀，将使人们对政府失去信心，而导致政治社会的动乱。例如，2002 年的阿根廷，就因为政府不能有效控制通货膨胀，而引发大规模的游行抗议，甚至造成警民冲突等流血事件。通货膨胀及伴随而至的货币贬值，使得问题越来越严重，当时的总统被迫下台，继任的总统在接任几小时后也下台，短短一天内，换了两位总统。

从上述的分析，我们把通货膨胀对经济活动的影响归纳出四个主要方面，如图 10-4 所示。

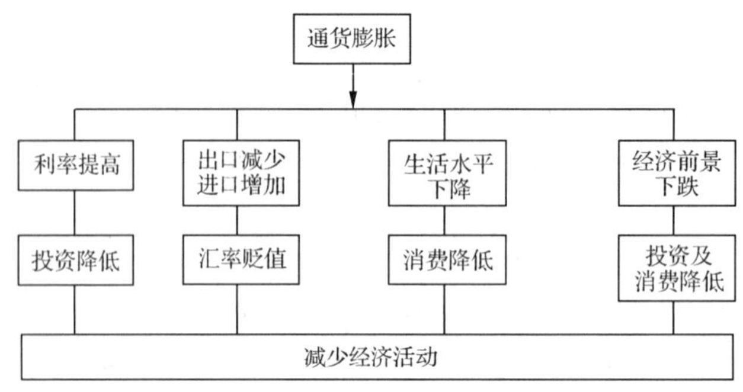

图 10-4　通货膨胀对经济活动的影响

专栏 10-3　案例讨论

旧钞新值：5 000 亿面值第纳尔再次抢手

自 2005 年初年以来，塞尔维亚第二大城市尼什市内的电视台不断播放一则广告："现价收购面值 5 000 亿第纳尔的旧钞！"与此同时，市内几乎各主要街道与报亭均张贴有同样内容的广告，每一张品相较好的 5 000 亿第纳尔旧钞，均可支付 40 第纳尔（约 0.5 欧元）的现钞。对于月平均收入不足 150 欧元的居民来说，一张废钞即可换来 0.5 欧元的收入，当然是意外之喜。因此居民们开始翻箱倒柜，寻找这一早早被人们遗忘的、前南斯拉夫通货膨胀时代发行的旧钞。

一个面包也需 10 000 亿第纳尔

随着 5 000 亿第纳尔旧钞的再次受宠，不由得再次唤起人们对那一年代的记忆。20 世纪 90 年代，随着柏林墙的倒塌，前南斯拉夫联邦中的斯洛文尼亚、克罗地亚、波黑、马其顿等各共和国纷纷宣布独立，退出联邦。1992 年 4 月由塞尔维亚和黑山两个共和国组成的新南斯拉夫联盟建立。由于国际社会指责塞尔维亚向波黑和克罗地亚派遣武装部队，以支援当地的塞族武装，因此联合国在当年通过决议，开始对南联盟实施包括政治、经济、文化等各领域在内的全面制裁。国际重压之下原材料及产品市场的丢失，导致原南联盟经济严重困难，为填补巨额财政亏空与通货膨胀赤字，政府不得不开始印制大面额钞票，希望以加大货币发行量的方式渡过眼前难关。1992 年开始发行 1 万第纳尔和 5 万第纳尔两种大面值的钞票，但谁知接下来却难以收场。1993 年开始，政府不得不再次整治通货膨胀，开始发行新第纳尔以使第纳尔坚挺。开始时发行有 10 万第纳尔、50 万第纳尔、100 万第纳尔、500 万第纳尔、1 000 万第纳尔、5 000 万第纳尔面额的货币，以后又逐渐发展到 1 亿第纳尔、5 亿第纳尔、10 亿第纳尔、100 亿第纳尔等各种超大面额。

由于极为恶劣的通货膨胀势头根本无法阻止，因此，1992 年，前南斯拉夫境内的通货膨胀水平已经达到每周约 15.20%，到 1993 年，又上涨到每周约 30.5%，个别时候一周之内货币甚至可贬值 5 倍之多。营业时间内，商店售货员每天的一项重要任务就是更换货价标签，最多时一天三四次。开始时还另写一张新货签取而代之，后来由于更换实在过于频繁，售货员干脆就直接在原价格基础上添"0"。购买一件东西，不带着一包的钞票恐怕只能空手而归。不得已，前南斯拉1993年下半年又发行面值为5 000亿第纳尔的钞票，即1个5后面跟有11个0的超大面额第纳尔开始出现。

到1993年11月，第纳尔每周的贬值速度已经远远超出5.8倍，在1993年最后一个月的时间里，第纳尔贬值的速率已达到了恐怕是人类自有货币以来最疯狂的程度，一周之内第纳尔即可贬值百倍。形象地说，如果想购买一个最为常见的普通面包，即使是最大面值的5000亿第纳尔钞票，你也需支付两张。人们开始畏惧自己手中留有第纳尔，所有人都希望在第一时间内将其兑换成商品。唯一高兴的就是各国驻当地的记者或外交官，由于他们手中持有硬通货，因此尽管每月电话费用惊人，但由于通胀速度太快，到月底结账时仅需兑换12美元的第纳尔，即足以支付全部费用。

直至1994年1月24日，在当时的南斯拉夫人民银行行长阿莫洛维奇——这位米洛舍维奇从世界银行搬来的救兵的主持下，塞尔维亚开始再次启动全新的货币政策，在大量收购国内居民手中现有德国马克的基础上，南斯拉夫人民银行开始发行超级第纳尔，以1第纳尔兑换1马克的汇率，稳定了市场，结束了超级恶性通货膨胀的历史。

1张5 000亿第纳尔面额钞票要15欧元

5 000亿第纳尔面额的钞票经影印而成，票面主体为棕红色，正面印有二十世纪四五十年代塞尔维亚著名儿童诗歌创作者约万·约万诺维奇·兹马仪的头像，背面为塞尔维亚人民图书馆大楼。整个纸币遍布菱形方格水印，方格连接处修饰有细小圆滑部分。与以前的第纳尔相比，票面面积并不大，整体设计与印刷也并非十分引人注目，但由于它投放市场使用一共还不到半年的时间，因此总体上钞票品相较好，有许多甚至还未来得及进入流通，票面基本是全新的。再加上其少见的巨额面值和具有的特定历史环境，因此较具收藏价值。

当地收藏协会的一位专家对记者表示，随着塞尔维亚的游客的增多，5 000亿第纳尔面额钞票的名声也开始传播，具有如此众多"0"的钞票在世界上确属少见。出于好奇，游客们有时多买几张，带回去送给亲朋好友。因此并非限于钱币收藏者，即使是普通居民也希望拥有一张以供观赏，从而导致5 000亿第纳尔面额钞票更加抢手。

案例讨论：1. 恶性通货膨胀的表现与发展特征有哪些？

2. 恶性通货膨胀对经济的影响有哪些？

资料来源：新浪财经网，2014.11.20

第四节 治理通货膨胀的政策措施

正因为通货膨胀对经济发展产生诸多不利影响，对社会再生产的顺利进行有破坏性作用，所以，一旦发生通货膨胀，必须下决心及时治理。但通货膨胀产生的原因比较复杂，因此，对通货膨胀必须对症下药，从其直接原因与深层原因、社会总供给与社会总需求等多方面进行综合治理。

一、控制货币供应量

由于通货膨胀形成的直接原因是货币供应过多，因此，治理通货膨胀的一个最基本的对策就是控制货币供应量，使之与货币需求量相适应，稳定币值以稳定物价。

大多数西方学者都主张通过控制货币供应量来制止通货膨胀，并提出了多种治理方案。例如，货币学派的代表弗里德曼认为，由于过多地增加货币量是通货膨胀的唯一原因，因此，治理通货膨胀的唯一方法就是降低货币增长率；他们力主政府采用"单一规则"来控制货币供应量，即公开宣布并长期实施一个固定不变的货币供应增长率，通过稳定货币来防治通货膨胀。

德国弗赖堡学派认为，治理通货膨胀的首要措施就是减少货币供应量，只要保证币值的稳定，已经上涨的物价自然就会降下来。他们力主采用以稳定币值为核心的货币政策，通过控制货币供应增长率保持适量的货币供应，从而有效地消除通货膨胀。

自由主义经济学家哈耶克提出改革国家货币制度的主张，认为应废除政府对货币发行的垄断，实行私人银行发行货币的制度，只有这样才能从根本上杜绝货币发行过多的问题。

合理预期学派则提出实行固定货币增长率的政策，以消除不合理的通货膨胀预期。

供给学派还提出过恢复金本位制来控制货币供应量的主张。

我国学者认为，治理通货膨胀的基本举措首先是控制货币供应量，长期实行稳定货币的政策。因为稳定货币是稳定物价的前提条件，也是保证社会再生产顺利进行、经济协调发展的必要条件，还是社会生活安定的基本保证。特别是社会主义市场经济体制确立以后，只有稳定货币才能稳定价格，稳定市场，保持正常的货币流通秩序，从根本上消除通货膨胀。而要稳定货币，首要的是控制货币供应量，为此必须实行适度从紧的货币政策，控制货币投放，保持适度的信贷规模，由中央银行运用各种货币政策工具灵活有效地调控货币信用总量，将货币供应量控制在与客观需求量相适应的水平上。

二、调节和控制社会总需求

通货膨胀的形成除了货币供应过多这一直接原因之外，还存在许多错综复杂的深层原因。因此，治理通货膨胀仅仅控制货币供应量是不够的，还必须根据各类通货膨胀的深层原因对症下药。除了坚持稳定的货币政策之外，还要综合运用财政政策、收入政策、税收政策等其他经济政策，多管齐下，共同治理通货膨胀。

对于需求拉上型通货膨胀，调节和控制社会总需求是关键。各国对于社会总需求的调节和控制，主要是通过制定和实施正确的财政政策和货币政策来实现的。

在财政政策方面，主要措施是大力压缩财政支出，努力增加财政收入，坚持收入平衡，不搞赤字财政。压缩财政开支重点是减少行政事业费用支出、控制公共投资规模、减少各种补贴和救济等福利性开支、精简政府机构。从我国发生的几次通货膨胀来看，财政支出过多、赤字过大是主要原因之一。因此，压缩财政支出，减少财政赤字就成为控制通货膨胀的重要措施之一。例如，1979—1980 年，我国财政赤字 29.8 亿元，1980 年零售物价上升 6%。通过增收节支，1981—1982 年，我国财政赤字压缩为 25.5 亿元和 29.3 亿元，财政支出 1981 年比上一年下降了 8.9%，1982 年仅比 1981 年增加 3.4%，这就使物价上涨率很快回落到 2%左右。1984—1989 年的通货膨胀，也与同一时期财政支出过多、赤字过大有关。同样，对这次通货膨胀的治理，在财政方面也是采取大力压缩开支、尽量减少赤字的办法，并且很快收到了成效，1990 年零售物价上涨幅度回落到 2.1%。通过控制通货膨胀，除了压缩财政开支以外，还要努力增加财政收入。提高税率是增加财政收入的一个办法。但税率的提高有一个限度，过高的税率不利于企业生产，最终不利于财政收入的稳步增加。因此，增加财政收入的办法主要是扩大生产，扩大税收基数，完善税收征管制度。

在货币政策方面，主要采取紧缩信贷，控制货币投放，减少货币供应量的措施。通货膨胀无论由何种原因引起，其直接表现都是货币供应量过多，从而社会总需求超过社会总供给。因此，治理通货膨胀，控制货币需求，必须实行适度从紧的货币政策，紧缩信贷，控制现金发行，减少货币供给总量。

采用财政政策和货币政策相配合，综合治理通货膨胀，很重要的途径是通过控制固定资产投资规模和控制消费基金过快增长，实现控制社会总需求的目的。我国几次出现的通货膨胀都与固定资产投资规模过大有密切关系，超过国力扩大投资，势必引发通货膨胀。

控制消费基金过快增长是控制社会总需求、治理通货膨胀的另一个重要方面。要保证收入的增加和劳动生产率的提高相适应，并与消费资料的有效供给保持平衡。必须控制企业分配，必须建立有约束的企业分配机制，杜绝实物补贴，规范收入形式。

三、增加商品的有效供给，调节经济结构

增加商品的有效供给，是治理通货膨胀的另一个重要方面。一般来说，增加有效供给的主要手段是降低成本，减少消耗，提高经济效益，提高投入产出的比例，同时，调整产业和产品结构，支持短缺商品的生产。

增加供给不能依靠增加投资，只有在提高效益的基础上合理增加投入，才能从根本上治理通货膨胀，保持经济的持续、稳定和健康发展。

控制需求和增加有效供给来治理通货膨胀，还必须与调整产品结构和产业结构结合起来。通货膨胀往往与经济的产品结构和产业结构失调连在一起，因此，在实施控制需求、增加供给的各项措施时，必须下决心调整产业、产品结构，在紧缩长线产品生产的同时，积极发展短线产品的生产。不加区别地搞全面紧缩、实行“一刀切”只能见效于一时，而不能从根本上治理通货膨胀。在实际工作中，结构调整比总量紧缩难度大得多，需要各项政策的协调配合和坚定不移的信心与勇气。

四、其他政策

除了控制需求、增加供给和调整结构之外，还有一些诸如限价、减税、指数化等其他治理通货膨胀的政策。

(一)限价政策

限价政策就是通过行政、法律等手段人为地限制工资及各类商品和劳务的价格上涨幅度，从而达到控制通货膨胀率过度上升的目的，但它只能是控制物价上涨较猛势头的权宜之计。限价政策的主要手段有：

(1)制定反托拉斯法以限制垄断高价；

(2)制定“工资——价格指导性”：政府通过管理当局规定在一定年份内允许工资、物价增长的目标数值线，一般不允许超过增长的最高指导性；

(3)管制和冻结工资、物价：在通货膨胀比较严重的时期，政府可以通过宣布在一定时期内对工资和物价实行冻结，以硬性规定的方式来限制工资和物价的上升；

(4)运用税收手段：通过对过多增加工资的企业按工资超额增长比例征收特别税等办法，来抑制工资收入的增长速度，并控制消费需求，进而控制物价上涨。在我国通货膨胀的治理过程中，限价政策起到了很大的作用。

(二)减税政策

减税政策主要是通过降低边际税率以刺激投资，刺激产出，通过总供给的增加来消除通货膨胀。但用这种对策来治理通货膨胀是有限度的，因为税率不能无限制地降低，否则国家财政收入会受到很大影响，引发新的问题。若财政支出不变，减税后会因财政收入减少而加大赤字，对通货膨胀反而起到加剧作用。

(三)指数化政策

指数化政策指主要经济变量(如收入、利率等)与通货膨胀率挂钩的政策。物价指数上涨，各经济变量也进行相应调整，从而消除通货膨胀对经济运行、收入分配和资源配置的不良影

响，防止继续发生通货膨胀。我国在1998年开办的保值贴补储蓄，实际上就是一种利率指数化措施，它对于控制20世纪80年代末期那次通货膨胀发挥了重要作用。

指数化政策中最重要的是收入指数化。收入指数化是指按照物价指数变动来自动调整收入的一种分配方案。指数化的范围通常包括工资、政府债券和其他各种货币性收入。通过指数化，一方面可以使政府无法从通货膨胀中获得收益，从而消除政府实施通货膨胀政策的动机；另一方面可以抵消或缓解物价波动对收入的影响，解决通货膨胀造成的收入分配不公问题，而且可以避免个人抢购商品、储物保值等造成通货膨胀加剧的行为。

总之，通货膨胀是十分复杂的经济现象，其产生的原因是多方面的。因此，治理通货膨胀是一项系统性工程，治理措施必须对症下药，合理搭配，才能收到较为理想的政策效果。

第五节　通货紧缩

自20世纪30年代末期以来，几乎世界各国的人们都是一直伴随着通货膨胀生活的，头脑中记挂的只是通货膨胀与反通货膨胀这对矛盾。说到通货紧缩(Deflation)，则把它视为是反通货膨胀的手段和措施，常常下意识有好感。至于陷入通货紧缩和力求摆脱通货紧缩是怎么一回事，即使从经济学角度知道存在这样的问题，也缺乏切身体会。

什么是通货紧缩呢？通货紧缩的概念与通货膨胀正好相反。通货紧缩是指一般物价水平持续下跌的现象，也就是通货膨胀率持续为负的现象。与通货膨胀的道理一样的是，暂时性的物价下跌并非通货紧缩。从供需的角度来看，通货紧缩不外乎是因为供给过多或需求过少所引起。此外，有一个很容易与Deflation混淆的名词，即Dis-inflation，这是指通货膨胀率持续下降，但基本上仍维持正数的情况。

当通货紧缩发生时，会出现产品滞销、企业减产裁员、民众所得降低、购买者延后购买等问题，并且引起物价的进一步下跌，进而引发新一波的产品滞销、减产裁员等的恶性循环，这样的过程称为通货紧缩的螺旋现象(Deflationary Spiral)。其背后的原理是，对于消费者而言，由于意识到物价未来将一日低过一日，故延后消费支出计划(特别是耐久性消费)，使产品需求下降；对于厂商而言，需求下降，将使厂商减少投资以压缩产能，且由于物价下跌将使实际工资成本提高、利润减少，故可能会造成关厂歇业或者解雇劳工；接下来，当企业利润下滑、人力需求减少时，受雇者的所得将停滞不前，甚至被裁员，而这将进一步抑制总需求，并使物价进一步下跌。通货紧缩与景气衰退可以说是形影不离。

除了总需求与物价陷入不断向下的旋涡之外，与通货膨胀相似的是，通货紧缩也会造成财富的重新分配，只是得利者与受害者刚好相反。例如，当通货膨胀发生时，固定利率的贷出者(Lenders)将受害，借款者(Borrowers)获利；而当通货紧缩发生时，则是固定利率的借款者受害，贷出者获利。

回顾过去，20世纪30年代的经济大萧条，即伴随着通货紧缩而来。在1930—1933年，物价每年约下跌10%。不过，这并不表示每当通货紧缩发生时，都一定会出现经济衰退的现象；如果是技术进步所带动的物价下跌，则通货紧缩与经济增长是可以并行不悖的。例如，自20世纪90年代中期以后，全球物价呈现明显下跌，但一直到2000年网络泡沫破裂以前，这段时间的实际经济仍表现不俗。我国也出现类似的情况。

在改革以来通货膨胀达到最严重的1994年后，国家采取了多项宏观紧缩措施，物价上涨率逐渐回落，但就在人们为经济的“软着陆”而欣喜时，1997年10月，我国首次出现“负”通货膨胀率——商品零售价格指数出现了下跌。1998 年 2 月,居民消费价格指数也开始出现下跌。到 1999 年,物价指数仍然在下跌:商品零售价格指数下跌了 35%,居民消费价格指数下跌了 1.4%。2000 年物价止跌趋稳,如图 10-5 所示。

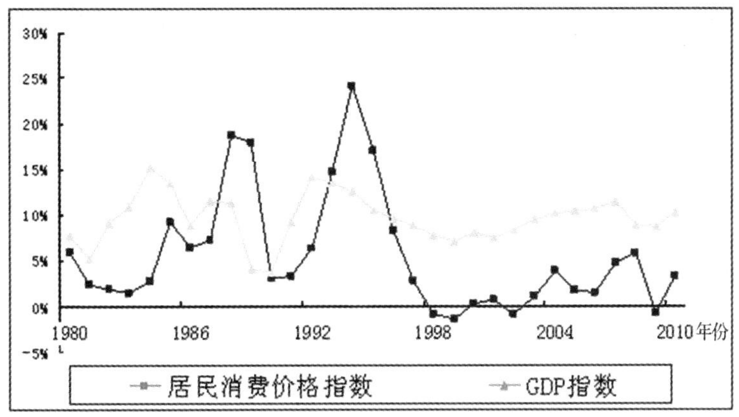

图 10-5　1980—2010 年我国通货膨胀水平与经济增长水平

 10-4　看现象学理论

通货紧缩对经济的影响

(一)通货紧缩的自我加强模式

和通货膨胀不同的是,在通货紧缩的状态下,通过降低利率的办法以达到刺激经济的目的往往很难实现,利率的下降对投资和消费的刺激作用常常受到预期等方面制约。因为在通货紧缩的环境下,虽然名义利率水平下降,但是实际利率水平却仍然很高,致使投资的成本居高不下,抑制了投资行为,而消费者则预期商品价格将进一步下跌,会减少即期消费,从而使得价格水平不断下降,并可能因此形成螺旋状的自我加强的恶性循环。在通货紧缩期间,农产品价格的下降幅度最大,这对农民来说,其收入受到的影响是十分巨大的。农民收入的减少直接导致了农民消费需求受到极大的抑制,这对我国在国外需求不是很旺的情况下,希望靠内需拉动经济增长产生了制约。通货紧缩的出现,使得工业品的出厂价格水平呈现负增长,工业投资受到打击,工业生产者成为主要的受害者。工业产品价格的下降,直接导致了工业产量的下降,恶化了企业的外部环境,使企业被迫减产和限产,裁减工人,使失业人员增加,而市场的供过于求的局面又会形成价格大战,各企业为了生存,纷纷采取低价销售的策略,这在一定的程度上又加剧了价格下跌的幅度,使通货紧缩程度进一步加深。

(二)通货紧缩对经济运行的影响

通货紧缩与通货膨胀一样,都是宏观经济运行的病态特征,都有碍于宏观经济的正常运行,亦即都有其消极效应,特别是总需求萎缩型通货紧缩就更是如此。通货紧缩的消极后果主要集中在两个方面:一个是导致经济衰退,阻碍生产的发展和经济的增长,造成更多的人失业;另一个是缩小货币政策的调控空间。严重的通货紧缩往往导致经济衰退。因为价格下降会导致销售收入和利润减少,生产萎缩,除非价格的下降是由于技术进步、要素生产率提高、成本下降所致。经济衰退还会导致失业增加、居民收入下降、消费需求减少;居民消费需求的减少,反过来会进一步导致价格下降,加剧通货紧缩和经济衰退的程度,形成自我强化的恶性循环。

在通货紧缩条件下,货币政策会失去灵活性。名义利息率一般需与物价变动率保持同方向变动的关系，以保持真实利率大致不变。在物价总水平下降时，为了保持真实利率不变，名义利息率就应随之下降，而随着名义利息率的下降，利率政策的可调空间将变得越来越小。当物价总水平大幅度地下降，出现严重通货紧缩时，利率政策有可能失去调控空间。比如，起初一个国家的物价水平变动率为5%、利率为8%，在这种情况下，最大降息空间为8个百分点，因为名义利息率的底线不会低于零利率；如果物价水平的变动率降为3%、利率相应地降为5%，那么这时最大降息空间就只有5个百分点；如果物价水平的变动率降为−2%，利率相应将为1%，那么这时最大降息空间就只有1个百分点；如果物价水平的变动率降为−3%以下时，利率应该相应地降低到零，那么降息空间则彻底消失。

资料来源：国家信息中心网站 2015-11-30

本章重点摘要

1. 通货膨胀是指一般物价水平在一定时期内持续上涨的现象。

2. 度量通货膨胀程度所采用的指标主要有居民消费物价指数、批发物价指数、国民生产总值平减指数。

3. 通货膨胀的形成原因有需求拉上、成本推动、结构因素以及供给不足、预期不当、体制制约等。

4. 通货膨胀会使财富及所得再分配、会造成资源分配的扭曲，既不利于经济增长也会对经济稳定产生冲击，甚至引起社会及政治的不稳定。

5. 治理通货膨胀的对策有控制货币供应量、调节和控制社会总需求、增加商品的有效供给，调节经济结构及其他政策。

6. 通货紧缩是与通货膨胀正好相反的一个概念，是指一般物价水平持续下跌的现象，也就是通货膨胀率持续为负的现象。

重要名词

需求拉上的通货膨胀　成本推动的通货膨胀　停滞性通货膨胀

公开型通货膨胀　隐蔽型通货膨胀

课后练习

一、单项选择题

1. 在以下情况中，可称为通货膨胀的是(　　)。

A. 物价总水平的上升持续了一个星期之后又下降了

B. 物价总水平上升而且持续上涨

C. 一种物品或几种物品的价格水平上升而且持续了一年

D. 一般物价水平稍有一些波动

2. 通货膨胀是(　　)条件下的特有经济现象。

A. 商品经济　　B. 货币流通　　C. 资本主义　　D. 纸币流通

3. 以下通货膨胀最常用的测量指标是(　　)。

A. CPI　　B. WPI　　C. GDP 平减指数　　D. PPI

4. 通货膨胀会产生收入再分配，在这种情况下将有利于(　　)。

A. 债务人　　B. 债权人　　C. 工人　　D. 退休人员

5.通货膨胀使(　　)受益。

A.工人　B.政府　C.农民　D.薪金收入者

6.治理通货膨胀的措施是(　　)。

A.废除旧币　B.冻结存款

C.紧缩政策、收入政策、供给管理政策　D.冻结工资物价

7.导致通货膨胀的直接原因是(　　)。

A.货币供应过多　B.货币贬值　C.纸币流通　D.物价上涨

8.能够比较准确地反映最终产品和劳务的一般物价水平变动情况,但容易受到价格结构影响的通货膨胀测量指标是(　　)。

A.消费物价指数　B.批发物价指数

C.国民生产总值平减指数　D.居民生活费用指数

9.因金融总量失控出现通货膨胀、信用危机和金融危机,会对(　　)带来诸多不利影响。

A.生产　B.流通　C.分配　D.消费

10.通货膨胀是在纸币流通条件下,货币流通量过多超过货币必要量所引起的(　　)经济现象。

A.生产过剩　B.需求不足　C.货币贬值　D.物价上涨

11.成本推动型通货膨胀可分为(　　)。

A.工资推动　B.预期推动　C.价格推动　D.利润推动

12.通货膨胀的治理,在货币政策方面,主要可采取的措施有(　　)。

A.紧缩信贷　B.控制货币投放

C.减少货币供应量　D.提高税收

13.衡量通货膨胀最常用的指数是(　　)。

A.居民消费价格指数　B.批发物价指数

C.GDP平减指数　D.生产品价格指数

14.下列哪一种物价指数最能反映大宗商品价格的波动(　　)。

A.居民消费价格指数　B.批发物价指数

C.GDP平减指数　D.生产品价格指数

15.下列不是通货膨胀下呈现的现象是(　　)。

A.所得分配失当　B.资源分配扭曲　C.经济增长受阻　D.国际收支改善

16.下列不是造成成本推动的通货膨胀的原因是(　　)。

A.原料价格提高　B.工资提高

C.货币供给减少　D.企业为增加利润而提高商品价格

17.需求拉上与成本推动的通货膨胀(　　)。

A.对物价的影响不同,对所得的影响相同　B.对物价的影响相同,对所得的影响不同

C.对物价与所得的影响相同　D.对物价与所得的影响不同

18.高失业与高通货膨胀率并存的现象称为(　　)。

A.结构性通货膨胀　B.需求拉上通货膨胀

C.成本推动通货膨胀　D.停滞性通货膨胀

19.物价上涨对下列何者不利(　　)。

A.债权人　B.债务人　C.投机者　D.政府

二、简答题

1."通货膨胀是一种货币现象",这一叙述是否正确?试说明你的看法。

2.为什么反通货膨胀一直是世界各国的重要施政目标,有时甚至是首要施政目标?

3.在发达的市场经济国家,是否可能出现无通货膨胀的经济增长?20世纪90年代,美国在新经济的标榜下,的确出现高经济增长与近乎无通货膨胀的结合,并从而有无论做任何有利于经济增长的事都不会引起通货膨胀的论断,你对这一论题有何思考?

4.20世纪末,长期处于通货膨胀压力下的中国突然陷入通货紧缩,其成因依然是有待研究的课题。学习本章后,你有什么见解?

5.已有的理论,大多认定通货紧缩对经济增长不利,但1998—2002年的中国却是通货紧缩与高经济增长相结合。是什么样的经济条件造成了这种结合?

第十一章 金融发展与金融危机

随着世界经济一体化进程的发展，金融全球化趋势更加明显，金融业务综合化的趋势、超大金融集团的形成，以及面临日益复杂的金融工具与金融机构风险，许多国家在享受金融发展带来的无限活力时，却无法避免金融危机爆发带来的一系列后果：银行倒闭、债务危机、货币大幅贬值与资本市场价格大跌，等等。“我们正处于百年一见的信用危机大海啸中”——这是美国前联储主席格林斯潘于2008年10月在美国国会做证时所说的第一句话。

思政目标

通过了解金融危机的成因及危害，使学生明晰金融底线思维，树立正确金融价值观，增强对我国社会主义经济制度优越性的认同感。

第一节 金融与经济发展

一、世界经济一体化

在世界范围内，全球经济一体化指的是各国之间在经济上越来越多的相互依存。商品、服务、资本和技术越过边界的流量越来越大。世界经济一体化的发展趋势，始于第二次世界大战以后的五六十年代，七八十年代广泛迅速发展，20世纪90年代异常迅猛，举世关注。

下面的趋势提供了这方面的明显迹象。第二次世界大战刚刚结束时，1947年的世界贸易量只有450亿美元，1997年，全球贸易量达6.10万亿美元，到了2018年，全球贸易量已达39.342万亿美元，2018年全球贸易额增长3%。

随着科学技术的进步和生产的发展，没有哪一个国家能够拥有发展本国经济所必需的全部资源、资金和技术，也没有哪一个国家能够生产自己所需要的一切产品，因此必须进行交流和相互合作。近50年来新技术革命的发展，又把世界各国的交往推到了一个新阶段。地球上的空间距离“缩短了”，信息的“时间差”也趋于消失。这种局面不仅大大改变了人类的生活条件，而且加快了经济生活的国际化，使世界变得空前开放了。开放的世界使世界各国原有的“一国经济”正在走向“世界经济”，从而形成了“全球相互依赖”的经济格局。全球经济一体化能缓解社会产业转型的困境，具体来说是由于全球经济发展不平衡和各国经济要素的不平衡。只有全球经济一体化，才能使不平衡趋向平衡，在此过程中便能提高社会功效，缓解矛盾。

二、世界经济区域集团化

世界经济区域集团化是当代世界经济全球化的重要特征之一。从长期来看，世界经济的总趋势是一体化，但是受当时历史条件的制约，一体化的具体实现方式呈现多样性。世界经济区域集团化是指在世界经济发展中，出现越来越多的区域性经济集团，它们日益取代国家经济成为世界经济主体的状态及其过程，是对诸多区域经济一体化组织的概括。从现实来看，在世界经济一体化的总趋势下，大量存在的国际经济现象是世界经济区域集团化。

在 20 世纪 60 年代，全球共有 19 个地区性经济一体化组织，而进入 20 世纪 90 年代，全球性区域组织及次区域性集团化组织已超过 100 个，其成员包括世界上绝大多数国家和地区。区域经济发展进入 21 世纪，延续了 20 世纪 90 年代以来的迅猛发展态势并有所加强。首先，各种不同层次的区域经济集团数量大量增加，区域经济一体化的效果明显，许多国家为了谋求自身利益发展，积极参与了许多不同领域的区域经济集团。脱离区域经济集团的国家最终将在国际竞争中失去自身应有的地位。其次，一些区域集团的范围和规模不断扩大，区域经济集团的成员结构发生较大的变化，范围和规模不断扩大，世界经济已经形成了以欧盟、北美自由贸易区等超大区域集团为中心的格局，随着北美自由贸易区"南进"、欧盟"东扩"以及亚太经合组织制度化，世界经济的"三足鼎立"局面将会更加明显。

区域集团化对世界经济乃至各国经济的影响是多方面的，既有积极的一面，又有消极的一面。从积极的方面来看：

(1)经济区域集团的形成，为各国进行平等对话和协商解决问题提供了组织和制度保障，有利于减少和解决成员方之间的矛盾和摩擦，有利于地区和国际形势的稳定，为各国的发展创造一个良好的国际环境。

(2)有利于整个世界经济的增长。区域经济集团将促进内部贸易增加，生产要素得到不同程度的自由流通，资源得到更合理的利用和配置，促进科技发展，增强竞争能力，提高经济增长率。

(3)区域经济集团化将对国际资本、技术、商品和人才的流向产生重大的影响。集团化将促进生产要素在集团内部流动，并促进产业结构在地区内部跨国界流动。区域性经济集团化也促进了资本的跨国界流动。

(4)今后的区域性经济集团将以发达国家为主，由发达国家与发展中国家混合组成，发达国家将作为资本、技术的主要提供者和产品的主要吸纳者，促进经济集团的发展。集团内的发展中国家如政策得当，将可通过区域合作，加强产业结构调整，取得较快的经济发展。

从消极的方面来看：

(1)新的贸易保护主义抬头，严重影响了发展中国家对外贸易的发展，使发展中国家贸易收益减少。

(2)由于各个区域经济集团内各国利益分配的不均衡，发达国家取得的利益要大于发展中国家，区域经济集团化可能使南北经济差距从总体上拉大。区域经济集团还会使发展中国家受到地区上的分割，削弱了发展中国家原来的统一和合作关系，将使全球南南合作，难以取得进展。

(3)任何一国加入区域经济集团组织，都是以民族主权的部分让渡为代价的，在这方面发展中国家面临更大风险。

专栏 12-1　国际瞭望

东盟自由贸易区

2003年10月，在印度尼西亚的巴厘岛举行的东盟和中、日、韩领导人会议上，东盟发表了具有历史性意义的《巴厘宣言》，宣言声明：10个成员国决心在2020年建立东盟经济共同体，到那时，东盟将不仅是一个单一市场及生产基地，货物、服务、投资和资金将在此区域内自由流通，而且在政治、经济和安全等各个领域也进行了统合。与此同时，中、日、韩三国领导人签署了《中日韩推进三方合作联合宣言》，确立了推动东北亚经济合作的基本框架。中国正式加入《东南亚友好合作条约》，向建立中国—东盟自由贸易迈出了重要的一步。

从2003年10月1日起，中国和泰国开始执行蔬菜和水果零关税协议。另外，从2004年1月1日起，中国—东盟自由贸易区总体框架下的"早期收获"方案开始实施，谷物、乳品、蛋、饮料等产品将率先降低关税；从2005年1月1日起，包括钢材、机械配件、棉织品、肥料、化工品等将开始降低关税。

资料来源：中国—东盟自由贸易区网站，2016.5.1

三、金融国际化趋势

金融国际化是经济全球化的重要组成部分，主要表现为金融市场国际化、金融交易国际化、金融机构国际化和金融监管国际化。金融国际化推动了经济全球化的发展。

金融国际化是指一国的金融活动超越本国国界，脱离本国政府金融管制，在全球范围展开经营、寻求融合、求得发展的过程。金融国际化是经济全球化的重要内容。金融国际化的表现形式有以下四个方面。

(一)金融市场国际化

金融市场国际化有两层含义。

(1)伴随着金融管制的取消或放松和国内金融市场向国际投资者的开放，本国的居民和非居民享受同等的金融市场准入和经营许可待遇；

(2)离岸金融市场，与国内金融市场即在岸市场相比，离岸市场直接面向境外投资者的国际金融交易，与市场所在国的国内经济几乎无关。

(二)金融交易国际化

金融交易国际化是指交易范围、交易对象、交易活动、交易规范、交易技术的国际化。

伴随着外汇管制和其他金融管制的逐步放松，国际金融市场上非中介化趋势日益显现。所谓非中介化是指银行不再充当借贷双方的中介机构。经银行中介的国际借贷渐遭冷落，国际证券市场开始繁荣，并成为国际融资的主要形式和渠道。

证券化筹资工具中除了传统的欧洲债券外，还包括各类融资票据、公司股票的异地上市、存托凭证以及金融衍生品等。

证券化融资的国际交易量及其增长，反映了金融国际化的迅猛发展势头。

(三)金融机构国际化

金融机构国际化包括两个方面。

(1)参与国际金融活动的机构日益增多，国际化范围扩大。这不仅是指跨国银行及其海外分支机构的增加，而且更表现为与证券化趋势相一致的各类直接融资代理机构的扩张。

(2)金融机构实施跨国经营战略，国际化程度提高。最近10多年中，国际金融市场上的机构投资者以全球化战略为指导，不断提高国外资产的控制额，同时更多地采用同业跨国收购或跨部门兼并的方式直接拓展海外金融市场份额，形成了诸如日本野村证券的“全球金融超级市场”、美国美林公司的“巨型零售经纪人商店”，以及所罗门公司的“全球证券贸易商行”。

(四)金融监管国际化

金融市场和交易的国际化，使银行和非银行金融机构日益摆脱各国政府的监管，国际金融市场上的不平等竞争和经营风险日益加剧。

为使银行提高资产效率和规避经营风险，1988年国际清算银行与12个发达国家协商后公布了《巴塞尔协议》，该协议已成为当代全球银行业共同遵守的基本准则。

国际金融监管还在地区层面上展开，如欧盟的银行顾问委员会和监管当局联络组，取得了显著成效。在证券领域，国际证券委员会不仅致力于保障银行业与非银行业之间的公平竞争，而且更关注衍生金融工具的国际风险管理。

四、金融国际化的发展趋势

(一)金融国际化的规模不断扩大

在当今各国普遍开放的全球政策背景下，金融国际化进程明显加快，规模不断扩大。1980年，全球资本市场金融资产交易的总存量为5万亿美元，1992年，这一存量升至35万亿美元。

除了绝对规模外，全球金融交易量相对于国际贸易和世界产值的比重也呈上升趋势。1980—1992年，全球外汇、债券和股票三个市场交易量的年均增长率分别为28%、11%和10%；同期，全球出口和经合组织国家的国内生产总值增长率仅为4%、3%。

(二)各国的国际金融依存度进一步提高

国际金融依存度是指金融资产的跨国持有的程度。它包括国内金融资产被外国居民持有和国内居民持有外国金融资产两个方面。

几乎所有的发达国家都基本实现了金融市场开放，允许金融资产的跨国经营。尽管大部分发展中国家经济与金融发展程度相对较低，但金融跨国化经营带来的积极效应，使它们进一步开放金融市场，提高了国际金融依存度。

(三)新兴工业化经济体在金融国际化中的作用增强

在金融国际化的各个方面，发达国家，尤其是美国、日本和欧盟中的发达国家发挥着主要的作用。全球资本市场85%的融资流动仍集中在发达国家。

然而，自亚太地区新兴国际金融中心崛起以来，金融国际化集中于发达国家的传统格局开始发生变化。

20世纪90年代以来，一些新崛起的发展中国家不断通过改革金融体制，投身金融国际化的潮流。

(四)金融衍生市场日益成为金融国际化的重要阵地

金融衍生市场是一种以证券市场、货币市场、外汇市场为基础派生出来的金融市场，它利用保证金交易的杠杆效应，以利率、汇率、股价的趋势为对象设计出大量的金融商品进行交易。

随着期货和期权等金融衍生品交易扩大至全球，各国证券交易所的竞争日趋激烈。这一市场自1983年形成以来发展神速，交易工具超过1 200种，全球金融衍生品在2016年交易量达到252亿手，创历史新高。

全球各交易所将金融衍生品定位为增长业务，正在加快强化。这是因为不但交易持续增加，而且与股票现货不同，上市审查等的成本较小，盈利能力更高。规模最大的美国芝加哥商品交易所集团（CME）利用并购（M&A）等举措扩大涉足的商品范围，目前在金融衍生品的收益中，大宗商品相关占到4成以上。而中国的交易所则以金属相关等为中心，金融衍生品交易正在增加。

（五）发展中国家的外部融资结构发生重要变化

根据世界银行的全球发展融资报告，外国直接投资加上在国外工作的本国工人汇款（汇回国内的部分工资），已超过外国私人贷款而成为发展中国家的重要资金来源。这一变化与经济全球化进程（资本和人员的跨国流动）加快密切相关，将对发展中国家产生深远影响，这一市场正不断吸引着国际游资和金融机构涉足其间。

第二节　金融自由化与金融创新

一、金融抑制与金融自由化

“金融自由化”理论是美国经济学家罗纳德·麦金农（R. J. Mckinnon）和爱德华·肖（E. S. Show）在20世纪70年代，针对当时发展中国家普遍存在的金融市场不完全、资本市场严重扭曲和患有政府对金融的“干预综合征”，影响经济发展的状况首次提出的。他们严密地论证了金融深化与储蓄、就业与经济增长的正向关系，深刻地指出“金融抑制”（Financial Repression）的危害，认为发展中国家经济欠发达是因为存在着金融抑制现象，因此主张发展中国家以金融自由化的方式实现金融深化（Financial Deepening），促进经济增长。

（一）金融抑制

“金融抑制”是指中央银行或货币管理当局对各种金融机构的市场准入、市场经营流程和市场退出按照法律和货币政策实施严格管理，通过行政手段严格控制各金融机构设置和其资金运营的方式、方向、结构及空间布局。

根据麦金农和肖的观点，如果政府过分干预金融市场，实行管制的金融政策，不但不能有效地控制通货膨胀，而且会使金融市场特别是国内资本市场发生扭曲，利率和汇率不足以反映资本的稀缺程度，发生“金融抑制”现象。

金融抑制现象在发展中国家普遍存在，其表现形式有严格的利率管制、高额存款准备金、信贷配给、本币汇率高估等。金融抑制现象的出现不是发展中国家政府的目标和主观愿望，而是其管制和干预金融的必然结果，致使金融体系的实际规模缩小，实际增长率降低，从而阻碍和破坏经济的发展。

（二）金融自由化

1. 金融自由化的内涵

金融自由化是“金融深化”理论的主要主张，是“金融抑制”的对称。金融自由化理论主张改革金融制度，改革政府对金融的过度干预，放松对金融机构和金融市场的限制，增强国内的筹资功能以改变对外资的过度依赖，放松对利率和汇率的管制使之市场化，从而使利率能反映资金供求，汇率能反映外汇供求，促进国内储蓄率的提高，最终达到抑制通货膨胀，刺激经济增长的目的。

1998年威廉姆森（Williamson）将金融自由化扩展为放松利率管制、消除贷款控制、金融服务业的自由进入、尊重金融机构自主权、银行私有化及国际资本流动的自由化六个方面。

金融自由化在不同的时期，其内涵不尽相同。20 世纪 80 年代的重点是推行国内的利率自由化。进入 20 世纪 90 年代，随着国际金融市场的迅速壮大以及国际经贸一体化进程的推进，金融自由化的内涵进一步扩展了。从各国的实践来看，金融自由化具体表现在以下四个方面。

(1)价格自由化，即取消对利率、汇率的限制，同时放宽本国资本和金融机构进入外国市场的限制，充分发挥公开市场操作、央行再贴现和法定储备率要求等货币政策工具的市场调节作用；

(2)业务自由化，即允许各类金融机构从事交叉业务，进行公平竞争，即所谓混业经营；

(3)金融市场自由化，即放松各类金融机构进入金融市场的限制，完善金融市场的融资工具和技术，完善金融市场的管理；

(4)资本流动自由化，即放宽外国资本、外国金融机构进入本国金融市场的限制，同时也放宽本国资本和金融机构进入外国市场的限制。

2. 拉美国家的金融自由化

20 世纪 70 年代以来，以拉美国家为代表的发展中国家首先进行了以金融自由化为核心的金融体制改革。拉美国家在传统上受新自由主义影响较深，尤其是美国和国际货币基金组织在拉美国家改革中发挥着重要作用。拉美国家曾一直是美国推行新自由主义的试验场。拉美国家的金融自由化具有典型的激进特征。拉美国家有过两次引人注目的金融自由化。

第一次始于 20 世纪 70 年代中期，20 世纪 80 年代初债务危机爆发后逐渐趋于停顿；拉美国家的金融自由化首先是在智利、阿根廷和乌拉圭等国家进行的。这些国家实施的金融自由化主要包括：①实行利率市场化；②取消定向贷款；③降低银行储备金比率。在实施中，上述措施的积极成效和消极影响都非常突出。

(1)金融中介在国民经济中的地位大幅度上升，储蓄和信贷迅速增加；

(2)资本流入量(包括外债)增长幅度很大；

(3)利率快速上升，如在 1975—1981 年，智利的实际利率高达 41%；

(4)资产价格欠稳定；

(5)由于政府放松了对金融机构的管制，越来越多的金融机构从事高风险的金融业务。

第二次始于 20 世纪 80 年代末，20 世纪 90 年代上半期达到高潮。它是该地区经济改革的重要组成部分。与第一次金融自由化相比，第二次金融自由化具有以下两个特点。

(1)实施金融自由化的国家不再限于少数，而是几乎遍布整个拉美大陆，只有海地、巴拿马和苏里南三国基本上很少或没有采取金融自由化措施；

(2)采取了对国有银行实施私有化、积极引进外国银行的参与及加强中央银行的独立性等措施。

拉美国家实施的金融自由化在一定程度上缓解了“金融抑制”。此外，它还使拉美国家吸引了大量外资，并增强了金融机构为投资项目融资的能力。但是，金融自由化在推动“金融深化”的过程中也加重了银行部门的脆弱性。20 世纪 80 年代以来，拉美的确发生了多次银行危机。拉美银行危机的根源当然是多方面的，但就拉美国家遇到的大多数银行危机而言，政府在实施金融自由化后对银行部门放松监管无疑是最重要的根源之一。

拉美国家金融自由化的教训是：①在缺乏监管或监管不力的情况下实施金融自由化，会产生许多严重的不良后果；②在实施金融自由化的过程中，有必要控制银行的放贷规模；③在实施金融自由化的过程中不能单纯追求利率市场化；④由于银行在一个国家的金融体系中占据着举足轻重的地位，因此，在金融自由化的过程中加强监管更为必要。

3. 东南亚国家的金融自由化

与拉美国家不同的是，东南亚国家的金融自由化进程要平缓得多，除了个别国家，东南亚国家的金融自由化主要采取渐进式的自由化战略。相对于拉美国家，东南亚国家的金融改革起步较晚，成效较为显著，曾被誉为一个成功的范例，但终因一些国家改革进程过快和政策失误而陷入严重的金融危机中。

东南亚国家的金融制度的演进大致经历了如下六个阶段：

(1)逐步放松了对利率的控制；

(2)为加强金融领域的竞争，取消了一些金融领域的准入限制；

(3)减少了政府对金融机构包括银行和非银行金融机构的干预，在日常经营和资产管理方面给了这些机构更多的自主权；

(4)改变了传统的金融分业经营方式，使金融机构向综合化方向发展；

(5)放松了对外汇交易的限制；

(6)使资本跨国流动更加自由。

商业银行是东南亚国家金融机构的主体，随着各国普遍放宽对商业银行利率、信贷规模以及经营范围的限制，使商业银行得到较快的发展。近10多年来，东南亚国家的非银行金融机构有较快的发展。东南亚国家的货币市场、资本市场和衍生工具市场等金融市场有着飞速发展。

但是，随着各国经济逐渐步入转型期，一些国家金融改革与经济转型不相适应，金融自由化进程过快，金融改革政策失误，最终酿成严重的金融危机。从东南亚金融自由化改革到金融危机的爆发，它给发展中国家的金融发展与改革敲响了警钟。因此，提升金融结构，大力发展资本市场和直接融资等多种投资、融资方式，改变企业融资过度依赖银行的状况，分散金融风险，促进金融机构的多元化竞争，是发展中国家金融改革和发展中应予以十分重视的问题。

归根结底，金融自由化应当是资金融通效率和金融监管高效稳健的有机结合，偏颇其中任何一方都将不利于金融自由化的顺利发展，从而阻碍经济持续稳定的增长。

二、金融创新

(一)金融创新的定义

大多数关于金融创新理论的研究主要是指20世纪50年代末至60年代初以后，金融机构特别是银行中介功能的变化。金融创新可以分为技术创新、产品创新以及制度创新。从这个层面上可将金融创新定义为，政府、金融当局和金融机构为适应经济环境的变化，防范或转移经营风险和降低成本，为更好地实现流动性、安全性和营利性目标而逐步改变金融中介功能，创造和组合一个新的高效率的资金营运方式或营运体系的过程。在金融创新中，最突出、最直接的表现就是金融工具的创新。

微观层面的金融创新仅指金融工具的创新。大致可分为四种类型：信用创新型，如用短期信用来实现中期信用，以及分散投资者独家承担贷款风险的票据发行便利等；风险转移创新型，它包括能在各经济机构之间相互转移金融工具内在风险的各种新工具，如货币互换、利率互换等；增加流动创新型，它包括能使原有的金融工具提高变现能力和可转换性的新金融工具，如长期贷款的证券化等，股权创造创新型，它包括使债权变为股权的各种新金融工具，如附有股权认购书的债券等。

我国学者对此的定义为：金融创新是指金融内部通过各种要素的重新组合和创造性变革所创造或引进的新事物。并认为金融创新大致可归为三类：①金融制度创新；②金融业务创新；③金融组织创新。

（二）金融创新的动因

1. 规避风险的需要

20 世纪 50 年代，三个月期的美元国库券利率在 1%～3.5%波动。到了 20 世纪 70 年代，它的波幅为 4%～11.5%。而 20 世纪 80 年代这一波幅已扩大至 5%～15%。利率的剧烈波动造成了巨额的资本利得或资本损失，并使投资回报率具有较大的不确定性。经济环境的这一变化，刺激了对满足该需求的创新的探求，激励人们创造一些能够降低利率风险的新的金融工具。在该需求的推动下，20 世纪 70 年代产生了三种新的金融创新：可变利率抵押贷款、金融期货交易和金融工具的期权交易。

2. 技术推动

当前计算机和通信技术的改善，是导致供给条件发生变化的最重要的源泉，它有力地刺激了金融创新。当能够大大降低金融交易成本的新计算机技术可以运用时，金融机构便可据以设想出可能对公众有吸引力的新金融产品和新金融工具。银行卡是其中之一。计算机和通信技术的进步也改善了市场获得证券信息的能力，这种由交易和信息技术的改善而引发的金融创新最重要的例证是证券化。此外，政府管理制度的变化也能够导致供给条件变化，由政府管理变化而发生的金融创新的例子是贴现经纪人和股票指数期货的出现。

3. 规避政府管制

由于金融业较其他行业受到更为严格的管理，政府管理法规就成为这个行业创新的重要推动力量。当管理法规的某种约束可以合理、默认地予以规避，并可以带来收益，创新就会发生。过去美国银行业在法定准备金与存款利率两个方面受到限制。自 20 世纪 60 年代末期开始，由于通货膨胀率引起的较高的利率水平同存款利率上限和存款准备金合在一起减少了银行的利润，促使商业银行产生了欧洲美元、银行商业票据、可转让提款通知书账户（NOW）、自动转换储蓄账户（ATS）和隔日回购协定、货币市场互助基金（MMMF）等形式的金融创新。

（三）金融创新的主要种类和内容

进入 20 世纪 90 年代以后，世界经济发展的区域化、集团化和国际金融市场的全球一体化、证券化趋势增强，国际债券市场和衍生品市场发展迅猛，新技术广泛使用，金融市场结构发生了很大变化。从金融创新的宏观生成机理来看，金融创新都是与经济发展阶段和金融环境密切联系在一起的。从微观层面的金融工具创新角度来看，金融创新大致可以归纳为以下几类。

1. 所有权凭证

股票是所有权的代表。传统的主要有普通股和优先股。由于创新出现了许多变种。以优先股为例，有可转换可调节优先股、可转换可交换优先股、再买卖优先股、可累积优先股、可调节股息率优先股、拍卖式股息率优先股等。

2. 融资工具

债务工具对借款人来说是债务凭证，对放款者来讲是债权凭证。最早的债务工具是借据，紧接着出现的是商业票据，以后又出现了银行票据和企业、政府发行的各种债券。由于创新，债务工具又发生了许多新变化。就个人债务工具而言，其变种主要表现有：信用卡、可转让提效单账户、可变或可调节利率抵押、可转换抵押、可变人寿保险等。

3.衍生金融产品

最传统的金融产品是商业票据、银行票据等。由于创新,在此基础上派生出许多具有新的价值的金融产品或金融工具,如期货合同、期权合同互换及远期协议合同。远期合同和期货近几年又有新的创新,具体表现在:远期利率协议、利率期货、外国通货期货、股票指数期货等。目前最新的杰作则为欧洲利率期货、远期外汇协议,前者为不同通货的短期利率保值,后者为率差变动保值。

4.组合金融工具

组合金融工具是指对种类不同的两种以上(含两种)的金融工具进行组合,使其成为一种新的金融工具。组合金融工具横跨多个金融市场,在多个市场中,只要有两个市场或两个以上市场的产品结合,就能创造出一种综合产品或一种组合工具,如可转换债券、股票期权、定期美元固定利率等,都是组合金融工具。其他衍生金融工具还有票据发行便利、备用信用证、贷款承诺等。

三、我国金融创新的发展趋势

1.金融业务的创新

资产证券化和证券投资组织化将成为新趋势。我国金融机构的不良资产比例较大,具有比较突出的金融风险。为了规避金融风险,提升金融机构的综合实力,资产证券化需要机构投资者的领导,资产证券化市场的不断革新为机构投资者创造了重要的发展机会。同时,国外机构不断进入中国市场,也将加速国内机构投资者的发展速度。

2.金融工具的创新

创新衍生工具成为市场的发展趋势。随着我国经济快速发展以及世界经济一体化的深化过程,我国对外贸易的需求不断增加,国内机构在国际市场的竞争中需要接受更高程度的国际市场风险。同时资本市场的深化发展及国际资本市场的融合,也会刺激对汇率等货币衍生工具的需求。为改善外汇市场的发展,期权交易等衍生产品需求增大。随着内外资交流程度的持续加深,深化衍生工具市场成为十分迫切的需求。

3.金融交易网络化和密集化

为了满足互联网发展的需要,未来的金融交易将在交易系统内形成网络化趋势,网络交易将获得飞速的发展,更好地推进金融创新的质量和效率。在金融衍生品竞争激烈的情况下,金融市场上的交易者还将通过风险多元化的金融中介机构来进行大量的交易,使金融交易呈现出密集型的特点。

4.混业经营趋势增加

我国当前依旧实行分业经营体制,金融机构的创新项目受到限制,需要在自身经营范围内实现创新。但是避免监管从而得到竞争优势一直是金融机构实现业务创新项目的关键推动力。伴随着资本市场的发展和竞争的进一步加剧,混业经营呈现出势在必行的趋势。随着越来越多国外金融机构的参与和国内垄断金融市场形势的解除,混业经营将成为中国金融创新未来的重要发展趋势。

目前我国金融业需要从以下几个方面着手加快金融创新。

(1)建立金融创新的宏观约束机制和激励机制,提高金融创新主体——金融机构的内在创新驱动力。

(2)提高金融管理者和创新主体的创新意识,使得金融创新达成自下而上、自上而下的共识。

(3)建立权威的金融创新开发与咨询机构,负责金融产品开发的统一管理,既研究新金融产品的开发,又负责金融新产品开发的鉴定和把关,限制盲目性创新,引导正确的金融创新。在金融创新产品的目标上要具备超前性、效率性、效益性。

(4)包括制度创新、体制创新、市场结构创新、监管创新、工具创新、服务创新在内的诸多方面,必须互相协调,共同发挥作用。

(5)在创新过程中,发挥科技进步的作用,善于利用新技术,将科技融入金融创新中,提高工作效率和使用效率,争取利润最大化。金融科技创新突破领域主要集中在支付手段创新、区块链技术应用、互联网融资方式创新、人工智能算法在投资决策中的运用、智能理财服务等。

(6)完善各种金融法规,对可能出现的金融风险进行防范,规范和引导金融市场。

(7)努力培养金融专业化人才,发挥人在金融创新中的主观能动性和创造性。

第三节　金融脆弱性与金融危机

一、金融脆弱性的概念

金融脆弱性这一概念的产生与不断发展的金融自由化浪潮的兴起及 20 世纪以来频繁爆发的金融危机有着密切的联系。自 20 世纪 80 年代初金融脆弱性理论提出以来,国外众多学者对金融脆弱性做出了定义。狭义的金融脆弱性指的是由金融业高负债经营的行业特性决定的脆弱性,也称为“金融内在脆弱性”,包括信贷融资和金融市场融资风险。

广义的金融脆弱性泛指一切融资领域——包括金融机构和金融市场融资中的风险积聚,具体包括以下一些方面的表现:①短期债务与外汇储备比例失调;②巨额经常项目逆差;③预算赤字大;④资本流入的组成中,短期资本比例过高;⑤汇率定值过高;⑥货币供应量迅速增加;⑦通货膨胀率持续,显著高于历史平均水平;⑧M_2 对官方储备比率变动异常;⑨高利率;等等。

二、金融脆弱性的成因

形成金融脆弱性的原因有很多,经济学家主要从信息不对称、资产价格波动、汇率的波动性及金融自由化等几个方面剖析了形成金融脆弱性的主要原因。

1. 信息不对称与金融市场的脆弱性

随着博弈论和信息经济学等微观经济学的发展,经济学家对金融市场的微观行为基础有了深刻的理解,对金融机构的脆弱性也有了更深刻的认识:因为存在信息不对称所导致的逆向选择和道德风险,以及存款者的“囚徒困境”可能引起的存款市场上的银行挤兑,因此银行等金融机构具有内在的脆弱性。

(1)借款人与金融机构间信息不对称。在信贷市场上,逆向选择和不当激励总是存在的。从历史经验来看,最容易诱使金融机构陷入困境的是那些在经济繁荣的环境下可能产生丰厚收益,但一旦经济形势逆转便会出现严重问题的投资项目,而这些项目很难用通常的统计方法来做出准确预测。

(2)存款人与金融机构间信息不对称。由于存款者对银行资产质量信息缺乏充分了解,存款者无法辨别他们的存款银行究竟是否功能健全。在存款基础稳定的条件下,金融机构可以保证足够的流动性以应付日常提款,但是一旦发生任何意外事件,由于金融机构要根据“顺序服务原则”行事，存款者便有强烈的冲动首先要去银行加入挤兑的行列。如果在他们提款时，金融机构资金耗尽，无力支付，他们便不能及时收回全部存款。由此，存款人个体行为理性的结果是导致集体的非理性，这正是博弈论的经典例证“囚徒困境”所说明的结论。这意味着在市场信心崩溃面前，金融机构是非常脆弱的。

2. 资产价格波动与金融市场的脆弱性

经济学家普遍认为金融市场上的脆弱性主要是来自资产价格的波动性及波动性的联动效应。

(1)传统的金融市场脆弱性主要来自股市的过度波动性。由于股市与真实经济的联系更为紧密，股市的波动对真实经济的影响也更为广泛且深刻。

(2)市场的不完全有效性引起金融市场的脆弱性。Fama 等人在 1961—1970 年提出的有效市场理论中指出，在弱有效市场上，大多数不明真相、信息缺乏的投资者往往容易产生盲目从众和极端投机行为，从而破坏市场的均衡，金融泡沫开始形成并迅速膨胀，金融市场的脆弱性增加，等到泡沫破灭时，引发金融危机。

(3)在半强有效市场上，仍然无法克服其自身存在的信息不对称性缺陷，也无法解决广泛存在的内幕消息问题。因此，在这类市场上仍可能会产生大量泡沫，但同弱有效市场相比，半强有效市场上的泡沫膨胀的程度可能要小。

(4)强有效市场是一种理想型的市场，在现实经济中并不存在，在现实的金融市场上还无法完全杜绝依靠内幕消息牟取暴利的投资者。

3. 汇率的波动性与金融市场的脆弱性

汇率的过度波动是指市场汇率的波动幅度超出了真实经济因素所能够解释的范围。在浮动汇率制度下，经常会出现汇率的过度波动和错位，汇率的易变性是浮动汇率下汇率运动的基本特征。因此，在浮动汇率下，汇率体系的稳定性被进一步弱化。浮动汇率制度下，市场预期会引起汇率的大幅波动。在金融市场中，预期是投机资本运动的心理基础，投机是在预期指导下的现实行为。对将来预期的微小变化，都会通过折现累加，导致汇率的大幅度变化。

在固定汇率制度下，也存在汇率过度波动的问题。当市场参与者对该货币当前汇率的稳定性失去信心时，他们就会抛售该国货币，使政府难以维持固定汇率水平，随之发生货币危机。国际金融市场上存在的巨额投机资金，常常使得货币当局维持汇率的努力显得很微弱，而市场上的其他参与者在面对某种货币汇率的强大调整压力时，其理性的行为方式常常是从众心理，这大大增加了汇市的振幅。

4. 金融自由化与金融市场的脆弱性

金融危机的爆发虽然表现为突然发生，但实际上是经历了脆弱性的积累。Williamson 研究了 1980—1997 年 35 个发生系统性金融危机的事件，发现其中 24 个金融危机与金融自由化有关。金融自由化在相当程度上激化了金融固有的脆弱性，暴露出金融体系内在的不稳定性和风险。1997 年的东南亚金融危机就是后果较严重的危机之一，爆发金融危机的大多数国家都实行了金融自由化，其经济的发展与国际资本市场有十分密切的联系。金融自由化对金融脆弱性的影响主要表现在以下几个方面。

(1)利率自由化与金融脆弱性

长期以来，利率自由化被认为是金融自由化的主要内容。金融自由化引发银行部门脆弱化的重要通道是利率上限取消以及降低进入壁垒所引起的银行特许权价值降低，导致银行部门的风险管理行为扭曲，从而带来金融体系的内在不稳定。

(2)混业经营与金融脆弱性

金融自由化的另一个主要措施是放松金融机构业务范围的限制，使得金融业由分业经营走向混业经营。在商业银行和投资银行日益融合的情况下，为竞争证券发行的承销权，双方通过各自的信贷、投资等部门向产业资本渗透，资本的高度集中会形成某些垄断因素，人为因素增加，金融业的波动性加大，同时也极易造成泡沫化。在资本市场欠发达国家，银行资金雄厚，但过度介入证券市场，将加剧证券市场的波动，促成“泡沫”形成。

(3)金融创新与金融脆弱性

近几十年来，金融创新从根本上改变了整个金融业的面貌。但随着新市场和新技术的不断开发，许多传统风险和新增加的风险往往被各种现象所掩盖，给金融体系的安全稳定带来了一系列的问题。由于新生金融产品本质上是跨国界的，系统性风险将更多地呈现出全球化特征。金融衍生产品市场的发展，打破了银行业与金融市场之间、衍生产品同原生产品之间以及各国金融体系之间的传统界限，从而将金融衍生产品市场的风险传播到全球的每一个角落，使得全球金融体系的脆弱性不断增加。由于金融创新大大丰富了银行资产的可选择性，商业银行不再轻易向中央银行借款，因而中央银行的货币政策工具的作用在下降。

(4)资本自由流动与金融脆弱性

伴随着金融自由化的发展，资本项目开放加速，资本自由流动逐渐成为一种观念，许多人认为资本在所有国家之间的自由流动，与商品和服务的自由贸易一样，可以互利互惠。但在东南亚金融危机爆发以后，国际上又开始重新重视资本流动带来的风险和脆弱性。

随着金融工具的不断更新、金融资产的迅速膨胀，国际资本私人化以及大量的资金在境外流通，国际资本日益显示出游资的特征并对国际金融市场产生巨大的影响。在现代通信和电子技术条件下，资金的转移非常迅速，它能随时对任何瞬间出现的暴利空间或机会发出快速攻击，造成金融市场的巨大动荡。游资常用的投机做法是运用杠杆原理，以较少的保证金买卖几十倍甚至上百倍于其保证金金额的金融商品，很容易在较短时间内吹起经济泡沫，引发市场的大幅波动。

三、金融危机理论

《新帕尔格雷夫经济学大辞典》将金融危机定义为“全部或部分金融指标——短期利率、资产(证券、房地产、土地)价格、商业破产数和金融机构倒闭数的急剧、短暂的和超周期的恶化”。根据 IMF 在《世界经济展望 1998》中的分类，金融危机大致可以分为以下四大类。

1. 货币危机(Currency Crises)

当某种货币的汇率受到投机性袭击时，该货币出现持续性贬值，或迫使当局扩大外汇储备，大幅度地提高利率。

2. 银行业危机(Banking Crises)

银行不能如期偿付债务，或迫使政府出面，提供大规模援助，以避免违约现象的发生，一家银行的危机发展到一定程度，可能波及其他银行，从而引起整个银行系统的危机。

3. 外债危机(Foreign Debt Crises)

一国内的支付系统严重混乱，不能按期偿付所欠外债，不管是主权债还是私人债等。

4. 系统性金融危机(Systematic Financial Crises)

系统性金融危机可以称为“全面金融危机”，是指主要的金融领域都出现严重混乱，如货币危机、银行业危机、外债危机的同时或相继发生。

专栏 12-2 国际瞭望

历史上的金融危机

1637 年郁金香狂热

1637 年的早些时候，当郁金香还在地里生长时，价格就已上涨了几百甚至几千倍。一棵郁金香可能是 20 个熟练工人一个月的收入总和。这被称为世界上最早的泡沫经济事件。

1720 年南海泡沫

17 世纪，英国经济兴盛，使得私人资本集聚，社会储蓄膨胀，投资机会却相应不足。当时，拥有股票还是一种特权。1720 年，南海公司接受投资者分期付款购买新股，股票供不应求，价格狂飙到 1000 英镑以上。后来《反金融诈骗和投机法》通过，南海公司股价一落千丈，南海泡沫破灭。

1837 年经济大恐慌

1837 年，美国的经济恐慌引起了银行业的收缩，由于缺乏足够的贵金属，银行无力兑付发行的货币，不得不一再推迟。这场恐慌带来的经济萧条一直持续到 1843 年。

1907 年银行危机

1907 年 10 月，美国银行危机爆发，纽约一半左右的银行贷款都被高利息回报的信托投资公司作为抵押投在股市和债券上，整个金融市场陷入极度投机状态。

1929 年股市大崩溃

1922—1929 年，美国空前的繁荣和巨额报酬让不少美国人卷入华尔街狂热的投机活动中，股票市场急剧升温，最终导致股灾，引发全球经济大萧条。

1973 滞涨

1973 年，由石油危机造成的供给冲击导致美国出现经济停滞与高通货膨胀，失业以及不景气同时存在的经济现象。

1987 年黑色星期一

1987 年，不断恶化的经济预期和中东局势的不断紧张，造就了华尔街的大崩溃。标准普尔指数下跌了 20%，这是华尔街有史以来形势最为严峻的时刻。

1994 年墨西哥金融危机

1994—1995 年，墨西哥发生了一场比索汇率狂跌、股票价格暴泻的金融危机。受其影响，不仅拉美股市暴跌，也让欧洲股市指数、远东指数及世界股市指数出现不同程度的下跌。

1997 年东南亚金融危机

1997 年 7 月 2 日，泰国宣布实行浮动汇率制，当天，泰铢兑换美元的汇率下降了 17%，引发了一场遍及东南亚的金融风暴。这使得许多东南亚国家和地区的汇市、股市轮番暴跌，金融系统乃至整个社会经济受到严重创伤。

2007 年美国次贷危机

“次贷危机”源起美国“零首付”的买房政策，2007 年 8 月开始席卷美国、欧盟和日本等世界主要金融市场。美国次贷风暴掀起的浪潮一波高过一波，美国金融体系摇摇欲坠，世界经济面临巨大压力，至今仍是国际关注的热点。

资料来源：新华网. 历史上的金融危机都是怎么发生的，2015.8.25

四、金融危机形成的机理

导致金融危机的原因复杂多样，且随着金融不断发展，危机的原因也呈现出多变性，但学术界一般认为，导致金融危机的根源主要是以下三点。

(一)金融交易交割的分离

金融的首要功能是通过转化闲散资金的用途以实现资源的优化配置，在优化资源分配的同时，金融交易与交割的分离(如期货、期权市场)为金融危机的产生提供了可能性。金融的这种过度发展导致虚拟经济与实体经济严重脱钩，金融交易与交割的分离(如期货、期权市场)为金融危机的产生提供了可能性。金融创新尤其是金融衍生工具的增多，更为危机爆发埋下了隐患。金融各个环节在时间与空间上的分离增加了市场上的不确定性与风险因素，当风险因素不断累积，偶尔出现的突发事件就很可能导致金融危机的爆发。

虽然金融创新有分散风险的作用，但本身并未将风险消除，而当金融创新过度膨胀之后，所带来的潜在风险的集中爆发，将使金融风险呈几何级数的放大，金融创新的副作用已不容忽视。2007 年突然爆发的美国次贷危机，现在已经被公认为是美国过度金融创新“惹的祸”。

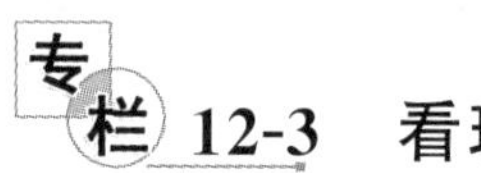
专栏 12-3 看现象学理论

2008 年全球金融危机的爆发的根源

2008 年 9 月爆发的全球性金融危机的标志性事件是雷曼公司的倒闭。这家创建于 1850 年世界著名投行的倒闭引发了美国金融领域的恐慌，不仅给许多与雷曼公司有直接业务关系的公司和个人造成巨大损失，而且使美国金融体系面临崩溃。

这次全球性金融危机爆发的根源是次贷危机，以次级抵押贷款为基础的证券被众多的机构持有。而美国房地产市场突然降温，导致次级贷款得不到偿还，以次级抵押贷款为基础的证券价值大跌，造成疯狂抛售，给众多金融机构造成巨大的损失，并且因为损失导致信誉下降，金融机构在资本市场和银行都借不到钱，流动性枯竭。因此，贝尔斯登、雷曼兄弟等投资银行先后被迫出售与破产，这更加加重了市场的恐慌情绪，人们冲进资本市场中赎回自己的投资，造成整个金融市场得不到资金的补充。同时，也造成大量的实体经济企业在已经流动性枯竭的资本市场上借不到钱，流动资金难以维系，造成破产。对虚拟经济和实体经济形成双重打击。

资料来源：中金在线网，2016.9.20

(二)经济周期的波动

金融是现代经济的核心，经济周期性的扩张与收缩，必然伴随着金融周期性扩张与收缩，从历史经验上来看，积累金融风险，经济收缩往往带动金融收缩，暴露金融风险。经济周期的存在为金融危机的爆发提供了外部环境。马克思更把金融危机看作是经济危机的表现形式。

以 1992 年英镑危机为例，当时英国正处在经济周期的顶点，通货膨胀高企，英国政府选择紧缩政策力图使经济“软着陆”，然而德国在东德回归后的经济扩张使得英镑难以承受降息带来的副作用，最终导致英镑脱离欧洲货币体系。

1997 年的亚洲金融危机，虽然是由国际投机资本冲击引发，但现在看来，亚洲各国在楼市和顺差大规模扩张后，经济已面临周期性回调的需要。各国政府没有提前做好应对之策，最终招来国际金融大鳄的袭击自然是不可避免的，也就是说，亚洲金融危机有着本身的必然性，尽管它是我们不愿看到的。

(三)经济环境的不确定性

经济环境的不确定性是金融活动中十分现实的问题,它是造成金融风险的外部条件。金融市场中交易对手的博弈行为、心理预期的多变、契约的不完备性、信息的不对称都使经济环境充满了不确定性。再加上经济全球化、金融自由化以及国际政治局势的不安,更加增添了这种不确定性。一旦金融危机出现苗头,"羊群效应"将使金融危机进一步恶化。而国际评级机构(如标普、穆迪、惠誉)调降危机国度评级和国际金融大鳄(如英镑危机和亚洲金融危机时的量子基金)的"煽风点火",将使危机进一步迈向失控境地。

专栏 12-4 国际瞭望

欧洲主权债务危机:起因、影响与展望

2009 年 10 月,希腊新任首相乔治·帕潘德里欧宣布,其前任隐瞒了大量的财政赤字,随即引发市场恐慌。截至同年 12 月,三大评级机构纷纷下调了希腊的主权债务评级,投资者在抛售希腊国债的同时,爱尔兰、葡萄牙、西班牙等国的主权债券收益率也在大幅上升,欧洲债务危机全面爆发。2011 年 6 月,意大利政府债务问题使危机再度升级。这场危机不像美国次贷危机那样一开始就来势汹汹,但在其缓慢的进展过程中,随着产生危机国家的增多与问题的不断浮现,加之评级机构不时地评级下调行为,目前已经成为牵动全球经济神经的重要事件。政府失职、过度举债、制度缺陷等问题的累积效应最终导致了这场危机的爆发。在欧元区 17 国中,以葡萄牙、爱尔兰、意大利、希腊与西班牙五个国家(以下简称"PIIGS 五国")的债务问题最为严重。

一、欧债危机起因

1. 过度举债

政府部门与私人部门的长期过度负债行为,是造成这场危机的直接原因。除西班牙与葡萄牙在 20 世纪 90 年代经历了净储蓄盈余外,PIIGS 五国在 1980—2009 年均处于负债投资状态。长期的负债投资导致了巨额政府财政赤字。欧盟《稳定与增长公约》规定,政府财政赤字不应超过国内生产总值的 3%,而在危机形成与爆发初期的 2007—2009 年,政府赤字数额急剧增加。以希腊为例,从 2001 年加入欧元区到 2008 年危机爆发前夕,希腊年平均债务赤字达到了 5%,而同期欧元区数据仅为 2%;希腊的经常项目赤字年均为 9%,同期欧元区数据仅为 1%。2009 年,希腊外债占 GDP 比例已高达 115%,这个习惯于透支未来的国家已经逐渐失去了继续借贷的资本。这些问题在 PIIGS 五国中普遍存在。

随着欧洲区域一体化的日渐深入,以希腊、葡萄牙为代表的一些经济发展水平较低的国家,在工资、社会福利、失业救济等方面逐渐向德国、法国等发达国家看齐,支出水平超出国内产出的部分越来越大。由于工资及各种社会福利在上涨之后难以向下调整,即存在所谓的黏性,导致政府与私人部门的负债比率节节攀升。

西班牙和爱尔兰债务问题的成因与希腊略有不同。这两个国家受到次贷危机的影响,房地产市场迅速萧条,国内银行体系出现大量坏账,最终形成银行业危机。而政府在救助银行业的过程中,举债与偿债的能力均出现了问题。

此时,已经背负巨额债务的五国政府,其进一步借贷的能力已大不如前,政府信用已经不能令投资者安心充当债权人的角色。投资者一般将6%作为主权债务危机的一个警戒值，一旦超过这一水平，该国将面临主权债务危机。意大利的债务问题在PIIGS五国中前景相对乐观，但目前其10年期国债的收益率水平已接近6%。除意大利之外，PIIGS五国2009年的政府赤字均已经数倍于3%的警戒值。当巨额的政府预算赤字不能用新发债务的方式进行弥补时，债务危机就会不可避免地爆发。

2.政府失职与制度缺陷

PIIGS五国经历如此严重的危机，动作迟缓、不作为或乱开“药方”的五国政府难辞其咎。虽然五国政府在危机前与危机中的表现不尽相同，但其失职行为是危机的重要助推因素。

3.欧元区的制度缺陷

欧元区的制度缺陷在本次危机中也有所显现。首先，根据欧元区的制度设计，各成员国没有货币发行权，也不具备独立的货币政策，欧洲央行负责整个区域的货币发行与货币政策实施。在欧洲经济一体化进程中，统一的货币使区域内的国家享受了很多好处，在经济景气阶段，这种安排促进了区域内外的贸易发展，降低了宏观交易成本。然而，在风暴来临时，陷入危机的国家无法因地制宜地执行货币政策，进而无法通过本币贬值来缩小债务规模和增加本国出口产品的国际竞争力，只能通过紧缩财政、提高税收等压缩总需求的办法增加偿债资金来源，这使原本就不景气的经济状况更加雪上加霜。冰岛总统近日指出，冰岛之所以能够从破产的深渊中快速反弹，就是因为政府和央行能够以自己的货币贬值来推动本国产品出口，这是任何欧元区国家无法享受的“政策福利”。而英国政府也多次重申不会加入欧元区。

二、欧债危机对其他主要国家的影响

以英国、美国为代表的欧元区外的发达国家，在实体经济层面受危机影响较小。欧洲虽然是美国的第二大出口市场，但由于出口仅占美国GDP的7%，整个欧洲出口对美国GDP的贡献仅有1%，因此美国经济对欧洲需求的依存度很低。但英、美等国的金融机构持有大量的危机国家债券，偿付前景尚不明朗，一旦止付将可能引发新一轮连锁反应。

以日本、中国为代表地对出口依赖较大的国家可能会受累于欧盟经济景气下滑，进而影响本国经济。欧盟是中国第一大出口市场，而中国的经济增长又在很大程度上依赖于外部需求，如果危机不能得到妥善解决，必将在实体层面向中国传导。

三、欧债危机对金融业的影响

本次欧债危机中，以爱尔兰、西班牙为代表的“泡沫破灭”国家的债务问题始于银行业，通过政府的救助开始由银行体系向本国政府传导。而银行由于持有大量的政府债券，再度面临潜在资本损失。很多银行由政府持股或控制，政府在危机时刻对一些具有系统重要性的金融机构也肯定会伸出援手。在此情形下，这种债务危机不断在政府与银行之间传导的模式一旦形成，必将对全球经济造成致命打击。在欧洲，银行持有政府债券的现象十分普遍。

在针对本次危机的救助过程中，欧洲央行、欧盟委员会、国际货币基金组织等机构纷纷向危机国家提出应对方案，伸出援助之手。希腊、爱尔兰和葡萄牙均先后向欧盟委员会申请救援，救助方案正处于制定之中或执行初期。这些组织对爱尔兰的救助是一个较为成功的案例。2010年年末，爱尔兰与欧盟和国际货币基金组织就接受850亿欧元援助达成协议。根据协议规定，国际货币基金组织、欧盟委员会和欧洲央行的联合审查组将每季度对爱尔兰财政、金融、经济情况以及推进救助计划的成效进行审查。2011年7月中旬的审查结果显示，救助计划如期推进，资金运用状况良好，爱尔兰政府稳步实施了协议规定的相关举措，对行业工资进行了一些有益的调整，尤其重点调整了一些目前失业率较高行业的工资结构。这些调整对于宏观经济供给层面的复苏具有积极意义。此次审议后，爱尔兰将再度获得40亿欧元的救助资金。

从长期来看，危机的救助不仅取决于外部援助，更取决于危机国家自身的努力方向与努力程度。此前，这些危机国家过度透支的消费与投资模式导致了危机的上演，而政府不但没能在政策制度上进行正确的引导，甚至在错误的方向上"推波助澜"。如果这些国家不能够"量入为出"，依然维持超出自身产出能力范围的消费支出，则即使暂时度过了这次危机，未来必定还会出现"入不敷出"引发的一系列问题。

经过危机的洗礼，欧元区必定在制度建设、规则制定、政策实施等方面更加谨慎、严格与完善。此前，欧洲央行由于无法针对区域内特定国家的情况制定政策，在针对遏制通胀与保证经济增长等目标制定政策时，显得僵化而滞后。在欧债危机之前，欧洲央行不合时宜的政策被认为是危机爆发的催化剂。在美国次贷危机席卷全球的2008年7月，欧洲央行不顾欧元区经济的脆弱性，将基准利率由4%提高到4.25%，使一些国家原本就不堪重负的财政和房地产行业处于"四面楚歌"的境地，而房地产业的大面积坏账又势必波及金融业。另外，欧洲央行大量持有各成员国国债。对陷入危机的希腊、爱尔兰和葡萄牙三个小型经济体，欧洲央行持有的国债金额分别为470亿欧元、190亿欧元和210亿欧元。因此，成员国的偿债能力与央行自身亦息息相关。相信在本次危机过后，以欧洲央行为代表的核心宏观经济管理机构会进行较为深刻的自省，这将有利于整个欧元区的长远健康发展。

案例讨论：

1.欧洲主权债务危机是如何产生的？深层次原因有哪些？

2.欧洲主权债务危机的爆发对世界经济会产生哪些影响？

资料来源：姚秋.欧洲债务危机：起因、影响与展望[J].银行家，2011(11).

五、金融危机的防范与治理

(一)金融危机的防范

针对金融危机的成因和特点，各国应采用以下的防范措施。

1.建立强有力的国内金融系统

强有力的国内金融系统通常具备下列要素：满足资本充足率要求、有效的银行监管、有效的银行合作管理、有效的破产法规以及可靠的合同履行手段等。当金融系统具备上述要素时，即便保有大量的债务，金融危机爆发的可能性也极低。而在缺乏上述要素的时候，即使金融系统保有数量非常小的债务都有可能使金融系统产生问题。

2.选择合适的汇率体制

资本自由流动的国家，倾向于在弹性汇率、货币局制定的固定汇率体制、美元化和货币区式的固定汇率体制之间做出选择，而不是选择爬行钉住或管理浮动等的中间汇率体制。

3.保持合理且稳定的宏观经济政策环境

这种环境会使财政政策和货币政策的脆弱性降至最低，特别是它能够避免超过一个国家国内金融能力的巨额财政赤字的出现。

4.采取措施降低流动性风险和资产负债表风险

(二)金融危机的治理

1.金融危机的国内治理方法

首先，国内方面的危机治理主要面临五大任务。

（1）增强市场和投资者信心

首先要通过增加金融系统的透明度，来加快金融系统信息传递的速度。其次要保障政府政策承诺的可靠性。最后是同债权人密切合作解决债务的偿还问题。

（2）制定正确的财政政策

一般而言，宽松的财政政策会助长危机的爆发，而紧缩性的财政政策是恢复信心的重要手段。但在大规模的资本流出形势下，不宜通过紧缩性的财政政策治理危机。因为贬值在短期内可能会通过支出缩减效应造成通货紧缩，而不是通过中期支出转换效应导致通货膨胀。

（3）制定正确的货币政策

危机初期应该实行紧缩性货币政策，危机中期则应把中期平均利率降至最低，实行扩张性货币政策。

（4）重构金融系统的稳定性

这可以通过支持健康的金融机构和对面临问题的金融机构进行干预来实现。这方面的普遍做法是对银行进行重新资本化、重组，以及推行债转股等。另外，利用法律或经济激励机制阻止银行不良贷款的发放也是增强金融系统稳定性的有效措施。

（5）建立有效的社会保障体系

有效的社会保障能够减轻危机时期的调节负担，而且能够保证社会中最脆弱的群体仅承担危机调节负担中的一小部分，而不是较大部分。

2.国际层面的危机治理

国际层面危机治理的中心任务是通过一系列的多边努力使这些国家及其债务人摆脱危机。治理目标是恢复市场信心和鼓励私人资本的正常流动。达到这些目标可以通过官方紧急援助条款；通过私人部门债权人的合作减少资本流出或轧平到期债务来实现。

（1）官方紧急援助

紧急援助条款对于恢复市场信心和鼓励私人资本流动都具有突出效果。20世纪90年代国际金融机构给予了危机国大规模的紧急资金援助。但这项紧急援助资金只有在危机国提供抵押和接受惩罚性利率的基础上才能向它们自由出借。所以又被称为有条件的紧急援助条款。

但官方紧急援助也存在较大的弊端。由政府融资预期或隐含担保诱致的道德风险将不可避免地使政府借款便利产生系统性损失和扭曲。因此，健全的金融系统不能建立在政府融资预期基础上。还有就是大规模官方借款的可行性问题。当世界资本市场走向一体化，国际资本流动大幅增加的时候，不大可能完全通过官方援助填平缺口和恢复信心。

（2）私人部门债权人的参与与合作

基于上述考虑，私人部门的参与和合作可以作为危机治理的第二类措施。在韩国和巴西危机的治理中，金融系统内民间债权人的合作起着非常重要的作用。因为私人部门参与危机治理可以缓解公共部门资金压力，并且能够降低道德风险发生的可能性。

遗憾的是这类合作在实行过程中也遇到了一些问题。比如，由于民间债权人在重订计划或债务减免方面的合作没有积极性，合作协议达成就存在问题；如果采取自愿的原则，则不能有效控制民间债权人的义务规避行为；如果利用强制手段，就会遇到公平性问题，例如，一国国内的债务的强制处理就有可能使债权人遭受不当损失或加重债务人的负担等。此外，存在对新一轮资本流动信心造成损害的风险。

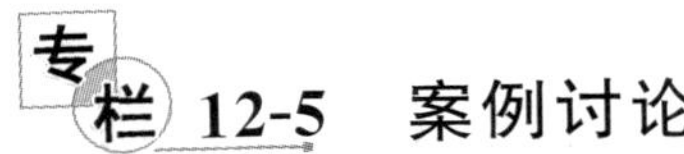
专栏 12-5 案例讨论

美国政府2007—2008年应对次贷危机与全球金融危机的对策措施盘点

从2007年3月美国次级抵押贷款危机爆发到2008年9月引发的全球金融危机以来，从信用危机到市场震荡，从金融体系到实体经济，从美国本土波及欧洲乃至亚洲，至今仍未出现整体向好的形势。为应对次贷危机这一重大挑战，美联储、财政部等美国政府部门相继采取了眼花缭乱的应对措施。研判政府在次贷危机中的不同阶段所相应采取的各类政府干预措施的经验和做法，具有重要意义。

一、2007年7—12月

这一时期，美联储悉数使用了传统的货币政策工具，以及相应的政策手段，对金融市场进行了全面的干预。

1. 公开市场操作，注入流动性。从2007年8月9日开始的8月，美联储频繁使用了公开市场操作，注入和回收流动性。除通常采用的隔夜回购交易外，根据需要，还多次使用14日回购交易等满足市场持续流动性需求。8月10日当日注入流动性更高达350亿美元，远远超过数十亿美元的日均交易规模。

2. 降低联邦基金基准利率。尽管面临着通胀的压力，2007年9月18日，美联储将联邦基金基准利率由5.25%降为4.75%，是2003年6月以来首次降息。此后，联邦基金利率多次下调，最近已经下调至2%。

3. 降低贴现率。2007年8月17日，美联储决定下调贴现率0.5个百分点，从6.25%降至5.75%，并将贴现期限由通常的隔夜暂时延长到30天，还可以根据需要展期。同时，贴现贷款的抵押品包括房屋抵押债券等多种资产。至2008年8月30日已经先后十余次降低贴现率，贴现贷款余额大幅上升，为银行业提供了大量流动性支持。

值得注意的是，为应对次贷危机的蔓延，各国央行在此次危机处理中都深度介入，形成了对美联储流动性操作的“配合”。欧洲央行连续数日大规模公开市场操作，8月9日、8月10日、13日分别向银行系统注资948亿、610亿、476亿欧元，日本、澳大利亚等国央行也纷纷注资。

此外，美联储还加强与欧洲中央银行、英格兰银行等合作，缓解各地货币市场资金需求，如分别和欧洲中央银行、瑞士央行合作建立200亿美元和40亿美元的货币互换机制，平抑离岸市场的美元拆借利率。

二、2008年2—8月

1. 2月14日美国总统布什签署了一项为期两年、总额达1 680亿美元的经济刺激方案，拟通过大幅退税刺激消费和投资。

2. 5月9日美国众议院通过一项法案，拟建立规模为3 000亿美元的抵押贷款保险基金，并向房屋所有者再提供数以十亿美元的资助，以稳定房屋市场。

3. 7月30日美国总统布什签署《住房和经济恢复法案》(*The Housing and Economic Recovery Act of* 2008)。根据该法案，美国财政部将向房利美和房地美提供足够信贷，并可在必要时出资购买其股票，同时政府将设立新的监管机构加强对这两家融资机构的监管。

三、2008年9—12月

1. 10月3日美国众议院通过7 000亿美元金融救援法案以及其他领域1 490亿美元的减

税方案。14 日美国总统布什宣布,政府将动用其 7 000 亿美元金融救援计划中的 2 500 亿美元直接购买金融机构股份。

2.10 月 10 日美国财政部和美联储联合对外宣布,将购买 AIG 价值 400 亿美元的高级优先股。美联储还授权纽联储设立两个新的独立机构,以舒缓 AIG 的资本和流动性压力。按照该方案,美国政府对 AIG 的救助金额将增至 1 500 亿美元。

3.10 月 23 日美国政府宣布将从 7 000 亿美元的金融救援方案中拨出 200 亿美元用于购买花旗集团的股份,而花旗集团将向政府所持股份提供年利率 8%的股息作为回报。美国财政部和联邦存款保险公司还将共同为花旗账面约 3 060 亿美元不良贷款和证券提供担保。

4.10 月 25 日美国财政部和美联储共同宣布,将追加总额达 8 000 亿美元的信贷投入,希望以此提振消费信贷以及抵押贷款担保证券市场。

5.12 月美国总统布什宣布,美国政府将从总额为 7 000 亿美元的金融救援方案中拨出 174 亿美元紧急贷款以救援陷入困境的美国汽车业。

案例讨论:

美国政府对金融危机的治理方法主要有哪些?

资料来源:第一财经日报,2009.11.6

本章重点摘要

1.开放的世界使世界各国原有的“一国经济”正在走向“世界经济”,从而形成了“全球相互依赖”的经济格局。商品、服务、资本和技术越过边界的流量越来越大。

在世界经济一体化的总趋势下,大量存在的国际经济现象是世界经济区域集团化。

2.金融国际化是经济全球化的重要组成部分,主要表现为金融市场国际化、金融交易国际化、金融机构国际化和金融监管国际化。金融国际化推动了经济全球化的发展。

3.美国经济学家罗纳德·麦金农和爱德华·肖严密地论证了金融深化与储蓄、就业与经济增长的正向关系,深刻地指出金融抑制的危害,认为发展中国家经济欠发达是因为存在着金融抑制现象,因此主张发展中国家以金融自由化的方式实现金融深化,促进经济增长。

4.金融创新都是与经济发展阶段和金融环境密切联系在一起的,金融创新包括制度创新、体制创新、市场结构创新、监管创新、工具创新、服务创新在内的诸多方面。

5.金融危机主要表现为全部或部分金融指标——短期利率、资产(证券、房地产、土地)价格、商业破产数和金融机构倒闭数的急剧、短暂的和超周期的恶化。金融危机可分为货币危机、银行危机、债务危机和系统性金融危机四大类。

重要名词

世界经济一体化　区域集团化　金融国际化　金融自由化
金融创新　金融抑制　金融深化　金融危机

课后练习

一、选择题

1.20 世纪 70 年代初期,由美国经济学家(　　)提出了“金融抑制”和“金融深化”的理论。

A.马歇尔与费雪　　B.麦金农与肖　　C.弗里德曼　　D.凯恩斯

2.金融抑制与金融深化理论是以(　　)为主要分析对象。

A.发达国家　　B.市场经济国家　　C.发展中国家　　D.计划经济国家

3.政府对金融体系和金融活动的过多干预压制了金融体系的发展;而金融体系的不发展,又阻碍了经济的发展,从而造成金融抑制与经济落后的恶性循环。这种现象是指(　　)。

A.金融约束　　B.金融风险　　C.金融抑制　　D.金融滞后

4.政府取消对金融活动的过多干预,可形成金融深化与经济发展良性循环的经济现象,这被称为(　　)

A.金融促进　　B.金融深化　　C.金融抑制　　D.金融约束

5.在金融创新中,最突出、最直接的表现是(　　)创新。

A.金融制度　　B.金融观念　　C.金融工具　　D.金融机构

6.按创新的动因来划分,金融创新可以分为(　　)等类型。

A.逃避管制的金融创新　　B.规避风险的金融创新

C 追逐规模的金融创新　　D.技术推动的金融创新

7.金融创新的内容可以划分为(　　)等类型。

A.金融制度的创新　B.金融产品创新　　C.金融观念创新　　D.金融技术创新

8.金融期货交易这种金融创新的直接原因是(　　)

A.规避风险　　B.规避管制　　C.竞争的需要　　D.政府推动

二、简答题

1.什么是金融自由化?它对经济发展的影响有哪些?

2.结合东南亚各国金融自由化的进程,谈谈金融自由化对经济的促进作用有哪些?给经济带来的负面影响有哪些?

3.金融危机的主要表现形式是什么?有哪些主要类型?

4.简析2007—2008年爆发的美国次贷危机的主要成因是什么。

5.请查阅相关资料,谈谈2009—2011年爆发的欧洲主权债务危机的治理与应对策略。

参考文献

1. 弗雷德里克. S. 米什金[美]. 货币金融学[M]. 11 版. 北京:中国人民大学出版社,2016.
2. 兹维·波迪[美]. 金融学[M]. 2 版. 北京:中国人民大学出版社,2013.
3. 劳埃德·B·托马斯[美]. 货币、银行与金融市场[M]. 8 版. 北京:北京大学出版社,2011.
4. 詹姆斯·托宾[美]. 货币、信贷与资本[M]. 大连:东北财经大学出版,2000.
5. 凯恩斯. 就业、利息和货币通论[M]. 高鸿业,译. 北京:商务印书馆,1999.
6. 曹龙骐. 金融学[M]. 5 版. 北京:高等教育出版社,2016.
7. 凌江怀. 金融学概论[M]. 北京:高等教育出版社,2015.
8. 胡庆康. 现代货币银行学教程[M]. 上海:复旦大学出版社,2001.
9. 姜旭朝. 货币银行学[M]. 北京:经济科学出版社,2010.
10. 黄达. 金融学(第四版)[货币银行学(第六版)][M]. 北京:中国人民大学出版社,2017.
11. 戴国强. 货币金融学[M]. 4 版. 上海:上海财经大学出版社,2018.
12. 蒋远胜. 金融学[M]. 成都:西南财经大学出版社,2008.
13. 姚长辉. 货币银行学[M]. 2 版. 北京:北京大学出版社,2002.
14. 蒋先玲. 货币银行学[M]. 北京:对外经济贸易大学出版社,2007.
15. 李雪茄,尹洪霞,马合增. 现代金融学[M]. 广州:中山大学出版社,2006.
16. 曾康霖. 信用论[M]. 北京:中国金融出版社,1993.
17. 周延军. 西方金融理论[M]. 北京:中信出版社,1992
18. 牛建高,杨亮芳. 金融学[M]. 南京:东南大学出版社,2005.8.
19. 杨长江,张波,王一富. 金融学教程[M]. 上海:复旦大学出版社,2004.
20. 许健. 中国经济转轨中的货币控制[M]. 北京:中国金融出版社,1997.
21. 戴国强. 商业银行经营学[M]. 5 版. 北京:高等教育出版社,2016.
22. 鲍静海,尹成远. 商业银行业务经营与管理[M]. 2 版. 北京:人民邮电出版社,2008.
23. 虞群娥,龚伯勇. 现代商业银行经营管理[M]. 杭州:浙江大学出版社,2001.
24. 唐旭,成家军. 现代商业银行业务与管理[M]. 北京:中央广播电视大学出版社,2002.
25. 杨胜刚,姚小义. 国际金融[M]. 北京:高等教育出版社,2005.
26. 姜波克,等. 国际金融学[M]. 3 版. 上海:复旦大学出版社,2008.
27. 姜波克. 国际金融新编[M]. 5 版. 复旦大学出版社,2012.
28. 王广谦. 中央银行学[M]. 4 版. 高等教育出版社. 2017.
29. 张亦春,郑振龙,林海. 金融市场学[M]. 5 版. 北京:高等教育出版社,2017.
30. 曾祥师. 现代国际金融学[M]. 北京:北京工业大学出版社,2009.
31. 钱荣堃,等. 国际金融[M]. 成都:四川人民出版社,2007.
32. 徐千婷. 货币银行学[M]. 台北:双叶书廊有限公司,2009.
33. 黄昱程. 货币银行学[M]. 台北:华泰文化事业有限公司,2009.
34. 胡乃红. 货币银行学习题集[M]. 上海:上海财经大学出版社,2003.
35. 王慧,曹铮. 金融学同步辅导[M]. 北京:中国时代经济出版社,2006.
36. 潘淑娟. 货币银行学学习指南[M]. 北京:中国财政经济出版社,2009.